Uni-Taschenbücher 1972

UTB FÜR WISSEN SCHAFT

Eine Arbeitsgemeinschaft der Verlage

Wilhelm Fink Verlag München
Gustav Fischer Verlag Jena und Stuttgart
A. Francke Verlag Tübingen und Basel
Paul Haupt Verlag Bern · Stuttgart · Wien
Hüthig Fachverlage Heidelberg
Leske Verlag + Budrich GmbH Opladen
Lucius & Lucius Verlagsgesellschaft Stuttgart
Mohr Siebeck Tübingen
Quelle & Meyer Verlag · Wiesbaden
Ernst Reinhardt Verlag München und Basel
Schäffer-Poeschel Verlag · Stuttgart
Ferdinand Schöningh Verlag Paderborn · München · Wien · Zürich
Eugen Ulmer Verlag Stuttgart
Vandenhoeck & Ruprecht in Göttingen und Zürich

Gadamer Lesebuch

herausgegeben von
Jean Grondin

Mohr Siebeck Tübingen

Hans-Georg Gadamer geb. am 11. 2. 1900 in Marburg/L.; Dr. phil. 1922 bei Paul Natorp; 1928 Habilitation bei Martin Heidegger; Priv.-Doz. 1929 in Marburg, Professor 1939 in Leipzig, 1947 in Frankfurt/M., 1949 in Heidelberg, 1968 emeritiert; Mitglied vieler Akademien im In- und Ausland, Träger vieler Verdienstorden; sein Hauptwerk *Wahrheit und Methode* (1960) wurde zum Grundbuch der philosophischen Hermeneutik und zu einer der dauerhaftesten Leistungen der deutschen Nachkriegsphilosophie; 1995 erschien der zehnte und letzte Band seiner Gesammelten Werke, die seine Arbeiten zur Hermeneutik, zur Ethik, zur griechischen und neueren Philosophie sowie zur Ästhetik und Poetik versammelt.

Jean Grondin, geb. 1955, ist Professor für Philosophie an der Université de Montréal. – Bücher: *Hermeneutische Wahrheit? Zum Wahrheitsbegriff Hans-Georg Gadamers*, Weinheim 1994[2]; *Le tournant dans la pensée de Martin Heidegger*, Paris 1987; *Kant et le problème de la philosophie: l'a priori*, Paris 1989; *Emmanuel Kant. Avant/Après*, Paris 1991; *Einführung in die philosophische Hermeneutik*, Darmstadt 1991 (*L'universalité de l'herméneutique*, Paris 1993); *L'horizon herméneutique de la pensée contemporaine*, Paris 1993; *Der Sinn für Hermeneutik*, Darmstadt 1994; *Kant zur Einführung*, Hamburg 1994; *Sources of Hermeneutics*, Albany 1995. – Übersetzungen: Hans-Georg Gadamer, *La philosophie herméneutique*, Paris 1966; (mit P. Fruchon und G. Merlio) Hans-Georg Gadamer, *Vérité et méthode*, Edition intégrale, Paris 1996.

Die Deutsche Bibliothek – CIP-Einheitsaufnahme

Gadamer, Hans-Georg:
Gadamer-Lesebuch / hrsg. von Jean Grondin. – Tübingen: Mohr 1997.
(UTB für Wissenschaft: Uni-Taschenbücher; 1972)
ISBN 3-8252-1972-0 (UTB)
ISBN 3-16-146684-5 (Mohr)
NE: Grondin, Jean [Hrsg.]; Gadamer, Hans-Georg: [Sammlung]; UTB für Wissenschaft / Uni-Taschenbücher

Einbandgestaltung: Alfred Krugmann, Stuttgart. Druck und Bindung: Presse-Druck, Augsburg

ISBN 3-8252-1972-0 UTB-Bestellnummer

Inhaltsverzeichnis

Vorwort des Herausgebers

Das Denken von Hans-Georg Gadamer hat seinen schriftlichen Niederschlag in der 1995 abgeschlossenen 10bändigen Ausgabe seiner Gesammelten Werke gefunden. Gadamers Werk zeigt sich in der Hauptsache in zwei Gestalten: zunächst in einem umfangreichen, spät entstandenen (1960) und epochemachenden Hauptwerk, *Wahrheit und Methode*, das den ersten Band der Gesammelten Schriften bildet, und dann in neun Bänden kleinerer Schriften, die sich alle auf den Denkentwurf des *magnum opus* beziehen lassen, auch wenn sie sich mit so verschiedenen Problemen wie den Geisteswissenschaften, der Poetik, der Ästhetik, der praktischen Philosophie und der Geschichte der antiken und neueren Philosophie beschäftigen. Denn es war gerade die Vielfältigkeit dieser Themenbereiche, die es Gadamer nahelegte, für die Erfahrung einer hermeneutischen Wahrheit, die nicht ganz in die von der methodischen Wissenschaft konstruierte Objektivität oder Gegenständlichkeit aufgeht, Universalität zu beanspruchen. Ist Wahrheit wirklich etwas, was man vergegenständlichen und endgültig verifizieren kann, ist sie etwas, was sich in der Form einer Aussage gleichsam erschöpfend kodifizieren und einfangen läßt? An der Erfahrung der Kunst, den geschichtlichen Geisteswissenschaften, der Philosophie und der Sprache ging Gadamer auf, daß die von der prometheischen Methodenwissenschaft suggerierte Wahrheitskonzeption vielleicht eine Verkürzung der menschlichen Freiheit zur Folge haben könnte. Denn ihr unkritisches Vertrauen auf die Technik lähmt doch auf unerhörte Weise die menschliche Urteilskraft, die menschliche Verantwortung, aber auch die aus Vertrautheit gebildete Solidarität, die aus ihnen hervorgeht und uns Verbindlichkeit verheißt. Wurde im Methodenglauben nicht vergessen, daß menschliche Praxis nicht in reine Technik, d. h. die reine Anwendung von Regeln, die eine Maschine oder ein Computer ohnehin besser besorgen kann, aufgeht? Um diese Wiedereroberung der Freiräume menschlicher Verantwortung ging es in der Hermeneutik Hans-Georg Gadamers. Daß es dabei wenig apodiktische Sicherheit und nicht allzuviele letztbegründete Normen gab, mochte viele gerade von dem Ausschließlichkeitsanspruch der neuzeitlichen Wahrheitsidee verführte Köpfe verunsichern. Von ihren methodischen Voraussetzungen aus (die Gadamer hinterfragte) konnten sie nichts anderes tun, als mit erhobenem Zeigefinger auf das hier anscheinend lauernde Gespenst des Relativismus hinzuzeigen.

Aber für Gadamer war es wichtiger, etwas Abstand von diesem technischen Hochmut zu gewinnen, dem vielleicht ein Vergessen der menschlichen Endlichkeit (Heidegger sprach hier bekanntlich von einer Seinsvergessenheit) zugrunde lag, um die hermeneutische Tugend des Dialogs, des Aufeinanderhörenkönnens wieder zu Ehren zu bringen. Ihr einziges methodisches Prinzip ist, daß es vielleicht der andere ist, der recht haben könnte.

Gadamers Stärke liegt deshalb auch im Hörenkönnen, im Gespräch. Von dieser Grundsituation aus hat er folgerichtig seine Hermeneutik entwickelt. Es ist bekannt, daß er sehr berühmte, schöpferische und damit auch eigensinnige Lehrer hatte, die aus den verschiedensten Schulen kamen, zwischen denen er vermitteln mußte: Neukantianer wie Richard Hönigswald oder Paul Natorp, realistischere Wertkantianer wie Nicolai Hartmann oder Max Scheler, Phänomenologen wie Edmund Husserl oder Martin Heidegger, Kunst- und Literaturwissenschaftler wie Ernst Robert Curtius, Leo Spitzer, Richard Hamann und Max Kommerell, Theologen wie Rudolf Bultmann oder Rudolf Otto, Altphilologen wie Paul Friedländer und Werner Jaeger. War das reine methodische Wahrheit, was aus all diesen genialen Entwürfen hervorging? Waren die so verschiedenen Ansätze dieser Lehrer denn so unvereinbar? So hielt es Gadamer zeit seines Lebens mit dem Grundsatz von Leibniz: Ich billige fast alles, was ich lese. Das klingt in der Tat nach Relativismus. Aber erst heute. Denn es wurde von einem Universalgenie wie Leibniz ausgesprochen, der wohl der beredteste Exponent der Aufklärung war und zweifelsohne als einer der entschiedensten Vertreter des Rationalismus zu gelten hat. Denn Vernunft ist die allgemeine Vermittlungsfähigkeit des Menschen. Leibniz hat sie auch geübt, als er selber eine vorbildhafte Versöhnung zwischen der neuzeitlichen Wissenschaftsidee und der antiken Metaphysik stiftete. Von Leibniz stammt auch der Satz vom Grund: *nihil est sine ratione*, Alles hat seinen Grund. Es liegt in der Konsequenz dieses Grundsatzes, daß sein Erfinder den Begriff der Perspektive in die Philosophie einführte. Alles hat seinen Grund, wenn man es von seinem jeweiligen Standpunkt aus betrachtet. Das heißt beileibe nicht, daß alles gleichberechtigt ist. Das ist nur der Kurzschluß des verkürzten Rationalismus, der die vermittelnde Funktion der Vernunft vergißt. Erst wenn man einen Wahrheitsanspruch aus seiner Perspektive, aus dem, was für ihn sprechen mag, erwägt, setzt man sich in den Stand, seine sachliche Legitimation beurteilen zu können. Das ist kein Relativismus, sondern, wenn man so will, ein Rationalismus aus dem Geiste von Leibniz. Man täte gut daran, den Universalitätsanspruch der Hermeneutik eher von Leibniz als von dem populären und trivialen Begriff des relativistischen Perspektivismus aus, den man aus Verlegenheit an Nietzsche anschließt, zu verstehen.

Diese Kunst des Gesprächs, des Hörenkönnens, der Anerkennung des anderen hat auch Gadamer als Lehrer und Autor geübt. Sein Hauptwerk – es in ihnen sozusagen Gadamers angewendete Hermeneutik sehen zu wollen, wie das oft geschieht. Eher dürfte man in ihnen die allererste Inspiration von Gadamers Hermeneutik erblicken. Denn in der Aussagekraft des dichterischen Wortes, an dem Wahrheit erfahren wird, sah Gadamer immer ein willkommenes Korrektiv gegen das reine und oft sterile Begriffsspiel der Philosophie. Die Thematik »Vom Wort zum Begriff« deutet auch auf diesen Verlust, den das Wort erleidet, wenn es aus seinen Gesprächszusammenhängen gelöst und zum nominalistischen Allgemeinbegriff gemacht wird. Gadamers Ästhetik, die natürlich auch den ersten Teil von *Wahrheit und Methode* abgab, ist darum bestrebt, Konsequenzen aus dieser Wahrheitsfunktion des dichterischen Wortes zu ziehen. Ihre erste findet sich in der entschiedenen Infragestellung des sogenannten ästhetischen Bewußtseins, das Kunstwerke nach rein ›ästhetischen‹ Kriterien beurteilen will und sie so um ihre Wahrheitsdimension und ihren Sitz im Leben bringt. Gadamers Ästhetik nimmt sich zunächst aus wie eine Antiästhetik, sofern sie die ästhetische Unterscheidung als eine von dem Wahrheitsmonopol der neuzeitlichen Methodenwissenschaft aufgedrängte Abstraktion aufdeckt. Der Aufsatz von 1964 »Ästhetik und Hermeneutik«, der hier den Auftakt zu dieser Freilegung der Wahrheitsfrage an der Erfahrung der Kunst bildet, drückt die Denkaufgabe so aus: Ästhetik muß sich in Hermeneutik zurücknehmen. Es geht dabei nicht um eine Aufhebung der ästhetischen Herausforderung im Medium der Verständlichkeit, wie der immer wieder erhobene Vorwurf aus der Schule der Dekonstruktion lautet, sondern um die Ausarbeitung einer Wahrheitserfahrung, die dieser Herausforderung, aber auch den mit ihr gesetzten Grenzen des Verstehens gerecht wird. In dieser Situation gewinnt der Aufsatz »Von der Wahrheit des Wortes« eine Schlüsselfunktion. Gadamer hat ihn zum ersten Mal 1971 vorgetragen, seitdem immer wieder auf ihn als einen zukunftsweisenden Text hingedeutet[2], ihn aber erst 1993[3] für den Druck freigegeben, als hätte er an dieser Thematik länger kauen wollen oder müssen. Die Entfaltung dieser Wahrheitsthematik, wie sie in der Aussage der Kunst begegnet, fand wohl ihre ausdrücklichste Form in dem Essay »Text und Interpretation«, der im Zusammenhang mit Gadamers Dialogsuche mit Derrida entstand, und ihre abschließende Gestalt in dem späteren Text »Wort und Bild – ›so wahr, so seiend‹«. Als die vielleicht reifsten Gestalten der ›Ästhetik‹, an der Gadamer nach

[2] Vgl. das Nachwort zur 3. Auflage von Wahrheit und Methode 1972 (GW, Band 2, S. 475). Dort wurde bereits auch auf das Arbeitsthema »Bild und Wort« hingewiesen.

[3] In den GW, Band 8, S. 37–57. Dieser Text ist nicht zu verwechseln mit dem Essay gleichen Titels, den Gadamer 1988 in der Jahresgabe der Martin-Heidegger-Gesellschaft und im Band 9 unter dem neuen Titel »Dichten und Denken im Spiegel von Hölderlins Andenken« der GW drucken ließ. Gleichwohl deutet die vielleicht unbemerkte, dafür um so bestechendere Identität des Titels auf die Zähigkeit des Themas.

dem Abschluß von *Wahrheit und Methode* intensiv arbeitete, wurden sie für dieses Lesebuch ausgewählt.

Währenddessen ist Gadamer stets im Gespräch mit den Klassikern des philosophischen Denkens geblieben. Studien zur Geschichte der Philosophie nehmen demgemäß in Gadamers Opus einen überragenden Platz ein. Seiner Hermeneutik zufolge läßt sich ja keine Philosophie ohne dieses jahrtausende währende Gespräch betreiben. Selbstverständlich konnte man hier am allerwenigsten der Reichhaltigkeit der Gadamerschen Einzelinterpretationen gerecht werden, aber man durfte den sie leitenden Geist ebensowenig ignorieren. Welche Deutungen hier klassischer oder wichtiger seien, ließe sich nur nach den jeweiligen Fragestellungen ausmachen. Auf drei Autoren mußte man sich beschränken: Plato, Hegel und Heidegger, wohl die ständigsten Denkpartner Gadamers, denen er auch einzelne Buchpublikationen (*Platos dialektische Ethik, Plato im Dialog, Hegels Dialektik* und *Heideggers Wege*) gewidmet hat. Bei der Auswahl repräsentativer Texte zu diesen Denkern wurden Essays ausgewählt, die am geeignetsten erschienen, Gadamers hermeneutische Vorgehens- und Gesprächsweise zu veranschaulichen. Diese liegt in der wirkungsgeschichtlichen Reflexion, d. h. in der Erwägung der Art und Weise, wie die Geschichte in jeden philosophischen Denkversuch hineinwirkt, auch über unser Bewußtsein von ihr hinaus. Jeder Denker steht selber in einem Traditionszusammenhang, den er fortbildet und dessen Wahrnehmung er selber möglich macht. Platon erklärt uns, wer und was Sokrates war, wie Hegel die Geschichte der Philosophie und Heidegger die Sprache der Metaphysik anschaulich und unumgehbar werden lassen. Von diesem Leitfaden des wirkungsgeschichtlichen Stehens in einem Gesprächszusammenhang wurde die Wahl der Texte bestimmt.

Nach dem bündigen, eröffnenden Text über »Die griechische Philosophie und das moderne Denken«, an dem plastisch wird, daß es vor allem die Einsicht in die Grenzen der Vergegenständlichung ist, die Gadamer bei den Griechen so sehr fasziniert, zeigt der späte Aufsatz »Plato als Porträtist« (1986), wie Platon, der erste Philosoph, dessen Corpus erhalten ist, selber auf das Modell des Sokrates denkend zurückgreift und für die Nachwelt wirkungsträchtig nachzeichnet. In ihm wird auch offenkundig, wie sehr das sokratische Motiv des Nichtwissens nicht nur für Platon, sondern grundsätzlich auch für die Denkanstrengung der Philosophie und für Gadamer konstitutiv bleibt. Er beleuchtet nicht zuletzt Gadamers eigene sokratische Deutung von Platon, die Platon weniger in der von ihm selten behandelten »Ideenlehre« als in der von ihm stets geübten Praxis der Dialektik, d. h. im Dialog sucht. *Plato im Dialog* ist auch der Titel von Gadamers letztem Buch über Platon und die griechische Philosophie, das 1991 als der 7. Band der Gesammelten Werke erschien. Dieses reife Platonbuch war neben der Ästhetik und Poetik das zweite große Vorhaben, das Gadamer nach dem Abschluß von *Wahrheit und Methode* verfolgte.

»Das Erbe Hegels« ging aus der Rede bei der Entgegennahme des Hegelpreises 1979 hervor. Es thematisiert ebenso sehr Hegels eigenen Aneignungsversuch der früheren Philosophiegeschichte, als deren Resultante Hegel sein eigenes System empfahl, wie die Wirkungsgeschichte Hegels, in der sich Gadamer findet. Der Text wurde aber nicht zuletzt deshalb ausgewählt, weil er auch den vierten Text über »Heidegger und die Sprache der Metaphysik« (1968) durch das Zitieren von Heideggerbriefen so glücklich ergänzt. An diesem Text gewahrt man richtig, wo und wie sich Gadamer mit seiner Hermeneutik von seinem Lehrer distanzierte. Galt Heideggers revolutionärer Neuansatz einer Destruktion der auf Distanz zu bringenden metaphysischen Begrifflichkeit, fragte sich Gadamer, ob es so eine Sprache der Metaphysik gäbe, zu der man eine übermütige Distanz in Anspruch nehmen konnte. War die Rede von einer abgeschlossenen Sprache der Metaphysik nicht selber in ihrem totalisierenden Anspruch eine geheime metaphysische Bildung? Erklärt sie auch nicht, warum sich Heideggers spätere Denkwege eine Rettung aus der Seinsvergessenheit allein aus einer vollkommen neuen, der Dichtung Hölderlins nachsehnenden Sprache erhoffen konnte? Vergaß er nicht dabei, daß die Sprache weniger das Haus des (kommenden) Seins als die Artikulation des menschlichen Miteinanders ist, das sich stets für neue Erfahrungs- und Aussagemöglichkeiten offenhält? Diese Frage nach dem metaphysischen oder phänomenologischen Erbe unserer Begrifflichkeit hält weiterhin den Selbstverständigungsversuch der heutigen Philosophie in Atem.

Der letzte hier aufgenommene Aufsatz über »Hermeneutik und ontologische Differenz« (1989) markiert eine neue Stufe in dem Gespräch mit Heidegger. Er dokumentiert nämlich Gadamers äußerst lebhafte Rezeption der neuerdings erschienenen frühen Vorlesungen seines Lehrers, die er selber von 1923 bis 1928 in Freiburg und Marburg gehört hatte. Die Lektüre dieser Vorlesungen wurde für ihn wie eine Wiederbegegnung mit der eigenen Jugend und Herkunft. In ihnen fand Gadamer den phänomenologischen Hermeneuten Heidegger wieder, der für ihn lebensentscheidend wurde, den er aber nie richtig in seinen Veröffentlichungen wiedererkannt hatte. Von dem nach seinem Sprachgefühl etwas zu manieristischen Duktus der Texte nach der ›Kehre‹ fühlte er sich bei aller Sympathie in der Sache immer etwas abgestoßen. Aber den mündlichen Heidegger hatte Gadamer auch nicht in *Sein und Zeit* wiedergehört, das ihm allzusehr wie eine äußerliche Anpassung an die Transzendentalphilosophie neukantianischer und Husserlscher Prägung vorkam, die Heideggers Intuitionen zur Hermeneutik des ins reine Da geworfenen Daseins vielleicht zuwiderliefen. Denn Heidegger war für Gadamer weniger der Seinsdenker als der Denker des ›Da‹, der zeitlichen

Weile, in die wir faktisch, d. h. verstehend und unverstehend versetzt sind. Die Übernahme des metaphysischen Seinsbegriffs würde bereits etwas von Heideggers Sprachsuche und -not verraten. In der Hermeneutik der Faktizität ging es weniger um das Sein als um die Erfahrung dieses zeitlichen, unverständlichen Da, dessen, daß »im Menschen das Da aufgeht und in aller Offenheit zugleich verborgen bleibt« in diesem Band S. 273. Diese Erfahrung ist es, die der junge Heidegger seinen Hörern so eindrucksvoll naherückte und im Namen derer er ihnen eine Destruktion der ontologischen Tradition vorexerzierte. Gadamer hat ihn damals so gut verstanden, daß er die Leitidee »einer kritischen Destruktion der philosophischen Tradition« bereits in einem Aufsatz von 1924 auf seine Fahne schrieb, als sein Lehrer noch nichts von seinen Entwürfen in diese Richtung publiziert hatte.[4] Diesen Begriff hatte Heidegger 1922 in einem handschriftlichen Manuskript unter der Überschrift »Phänomenologische Interpretationen zu Aristoteles (Anzeige der hermeneutischen Situation)« entwickelt, das er zur Begründung seiner Berufung nach Marburg an Paul Natorp geschickt hatte. Als Gadamer das Manuskript von Natorp zu lesen bekam, wirkte es auf ihn wie das Getroffenwerden von einem elektrischen Schlage.[5] Er entschloß sich daraufhin, sein Studium in Freiburg bei Heidegger fortzusetzen. Gadamer hielt dieses Manuskript stets für das Beste, was Heidegger je zu Papier gebracht hatte. Es wurde ihm ein besonderes Glück, daß das für verschollen geglaubte Manuskript 1989 zufällig wiederentdeckt und veröffentlicht wurde.[6] So sehr erkannte er in ihm die religiöse Bedrängnis seines Lehrers, daß er dazu eine Einleitung unter dem Titel »Heideggers theologische Jugendschrift« verfaßte. Der im selben Jahr entstandene Aufsatz über »Hermeneutik und ontologische Differenz« zeugt von diesem Glück und dem schlagartigen Effekt der frühen Vorlesungen Heideggers, in denen man die Keime vermuten darf, die zur Entwicklung von Gadamers philosophischer Hermeneutik führten.

Ein neues Interview bildet den Abschluß, weil es in der Hermeneutik einen monologischen Abschluß nicht gibt. Gadamer hat zwar in den letzten Jahren, als er auf dem Zenit seines Ruhmes stand, bereits sehr viele Interviews gegeben. Aber bei einem Menschen seines dialogischen und sokratischen Naturells ist das wahrlich kein Unglück. Denn an ihnen sieht man, wie sehr Gadamers Hermeneutik aus der Praxis des Dialogs entstanden ist. Da es bereits zahlreiche Interviews gibt, die einen biographischen Rückblick

---

[4] Vgl. H.-G. Gadamer, Metaphysik der Erkenntnis. Zu dem gleichnamigen Buch von Nicolai Hartmann, in *Logos* 12 (1923/24), S. 350. Dazu vom Hrsg., Gadamer vor Heidegger, in *Internationale Zeitschrift für Philosophie*, 1996.

[5] Vgl. H.-G. Gadamer, *Philosophische Lehrjahre*, Frankfurt a. M. 1977, S. 212. Vgl. GW, Band 3, S. 263 und 309.

[6] In *Dilthey-Jahrbuch* 6 (1989), S. 237–269.

bieten und sich um die immer wieder gestellte Frage nach der sozialen Rolle des Philosophen drehen, ging es in diesem Lesebuch-Gespräch nur darum, Gadamer mit einigen kritischen Stellen und Rezeptionen seines hermeneutischen Ansatzes, die aus seiner eigenen Wirkungsgeschichte nicht mehr wegzudenken sind, zu konfrontieren. Diese Antworten entstanden im Rückblick auf das gesammelte Werk und verstanden sich als alles andere als ein letztes Wort. Wenn es überhaupt so etwas gibt, liegt es bei einem Lesebuch immer beim Leser.

1. Selbstdarstellung

Hans-Georg Gadamer

* 11. 2. 1900
(abgeschlossen 1975)

Als ich im Jahre 1918 mit dem Reifezeugnis das Gymnasium zum Heiligen Geist in Breslau verließ und, noch im letzten Jahre des Ersten Weltkrieges, mich an der Breslauer Universität umzusehen begann, war es keineswegs entschieden, daß ich im akademischen Fach der Philosophie meinen Weg gehen würde.

Mein Vater war Naturforscher und allem Bücherwissen abhold, obwohl er seinen Horaz trefflich gelernt hatte. Er hatte daher während meiner Kindheit auf mannigfache Weise versucht, mich für die Naturwissenschaften zu interessieren, und war über seinen Mißerfolg recht enttäuscht. Denn daß ich es mit den ›Schwätzprofessoren‹ halten würde, war vom Beginn meines Studiums an klar. Er ließ mich zwar gewähren, aber war zeit seines Lebens recht unzufrieden mit mir.

Studium damals war wie der Beginn einer langen Odyssee. Vieles zog einen an, von vielem kostete man etwas, und wenn am Ende nicht meine literaturwissenschaftlichen, historischen und kunstgeschichtlichen Neigungen die Oberhand behielten, sondern das philosophische Interesse, so war das weniger eine Abkehr von dem einen und eine Hinwendung zu dem anderen, als der Weg eines langsamen Eindringens in disziplinierte Arbeit überhaupt. In der Verwirrung, die der Erste Weltkrieg und sein Ende über die deutsche Szene gebracht hatte, war die fraglose Einformung in eine fortbestehende Tradition nicht mehr möglich. So wurde allein schon die Ratlosigkeit ein Antrieb zu philosophischen Fragen.

Auch im Bereich der Philosophie war freilich ein bloßes Fortsetzen dessen, was die ältere Generation geschaffen hatte, für uns Jüngere nicht mehr angängig. Der Neukantianismus, der bis dahin eine echte, wenn auch umstrittene Weltgeltung besaß, war in den Materialschlachten des Stellungskrieges ebenso zugrunde gegangen wie das stolze Kulturbewußtsein des liberalen Zeitalters und sein auf Wissenschaft gegründeter Fortschrittsglaube. Wir, die wir damals jung waren, suchten eine neue Orientierung in einer desorientierten Welt. Dabei waren wir praktisch auf die innerdeutsche Szene beschränkt, in der Verbitterung und Neuerungssucht, Armut und Hoffnungslosigkeit und der ungebrochene Lebenswille der Jugend miteinander im Streite lagen. Ihr kultureller Ausdruck war eindeutig. Der Expressionismus in Leben und Kunst wurde die beherrschende Macht. Während die Naturwissenschaften ihren Aufschwung fortsetzten, der insbesondere in der Gestalt der Einsteinschen Relativitätstheorie von sich reden machte, war es in den weltanschaulich bedingten Gebieten des Schrifttums und der Wissenschaft eine wahre Katastrophenstimmung, die um sich griff und den Bruch mit den alten Traditionen betrieb. Der Zusammenbruch des deutschen Idealismus (so hieß ein damals oft zitiertes Buch von Paul Ernst) war nur die eine, die akademische Seite des neuen Zeitgefühls. Die andere weit umfassendere fand ihren Ausdruck in dem sensationellen Erfolg von Oswald Spenglers »Untergang des Abendlandes«, dieser Romanze aus Wissenschaft und welthistorischer Phantasie, »bewundert viel und viel gescholten« – und am Ende ebensosehr der Niederschlag einer welthistorischen Stimmung wie ein eigener Antrieb zur Infragestellung des neuzeitlichen Fortschrittsglaubens und seiner stolzen Leistungsideale. In dieser Lage tat auf mich eine ganz zweitrangige Schrift eine geradezu revolutionäre Wirkung. Es war das Buch von Theodor Lessing (der in späterer, noch mehr verwirrter Zeit einem Attentat von nationalistischer Seite zum Opfer fallen sollte) »Europa und Asien«, das das gesamte europäische Leistungsdenken von der Weisheit des Ostens her in Frage stellte. Erstmals relativierte sich mir damals der allumfassende Horizont, in den ich durch Herkunft, Erziehung, Schule und mich umgehende Welt hineingewachsen war. So etwas wie Denken begann. Bedeutende Schriftsteller stellten eine gewisse erste Anleitung dar. Ich erinnere mich des gewaltigen Eindrucks, den Thomas Manns »Betrachtungen eines Unpolitischen« schon auf den Primaner gemacht hatten. Die schwärmerische Entgegensetzung von Kunst und Leben, die aus Tonio Kröger sprach, rührte mich an und der schwermütige Klang in Hermann Hesses frühen Romanen bezauberte mich.

Eine erste Einführung in die Kunst des begrifflichen Denkens empfing ich von Richard Hönigswald, dessen wohlziselierte Dialektik mit Eleganz, wenn auch nicht ohne eine gewisse Eintönigkeit die transzendental-idealistische Position des Neukantianismus gegen allen Psychologismus verteidigte. Seine Vorlesung über »Grundfragen der Erkenntnistheorie« stenographierte ich mit und übertrug sie dann. Die beiden Hefte überließ ich inzwischen dem von Hans Wagner ins Leben gerufenen Hönigswald-Archiv. Sie waren eine gute Einführung in die Transzendentalphilosophie. So kam ich schon mit einer gewissen Vorbereitung im Jahre 1919 nach Marburg.

Dort sah ich mich bald mit neuen Studienerfahrungen konfrontiert. Denn anders als die Universitäten in den Großstädten führten die ›kleinen‹ Universitäten damals noch ein wirkliches akademisches Leben, ein ›Leben in Ideen‹ in Humboldts Sinne, und in der philosophischen Fakultät gab es überall, in jedem Fach, bei jedem Professor, einen ›Kreis‹, so daß man in vielseitige Interessen hineingezogen wurde. Damals begann in Marburg die Kritik an der historischen Theologie, die im Anschluß an Barths Römerbrief-Kommentar durch die sogenannte dialektische Theologie vorgetragen wurde. Damals wurde mehr und mehr unter den jungen Leuten am Methodologismus der neukantianischen Schulen Kritik geübt und demgegenüber Husserls phänomenologische Deskriptionskunst gepriesen. Vor allem aber durchdrang die Lebensphilosophie, hinter der das europäische Ereignis Friedrich Nietzsche stand, unser ganzes Weltgefühl, und in Verbindung damit beschäftigte das Problem des historischen Relativismus, wie es im Hinblick auf Wilhelm Dilthey und Ernst Troeltsch diskutiert wurde, die jungen Gemüter.

Dazu kam im besonderen, daß damals der Kreis um den Dichter Stefan George in die akademische Welt einzudringen begann. Es waren vor allem die höchst wirksamen und faszinierenden Bücher Friedrich Gundolfs, die eine neue kunstvolle Sinnlichkeit in den wissenschaftlichen Umgang mit Dichtung brachten. Überhaupt war alles, was aus diesem Kreise kam, Gundolfs Bücher so gut wie das Nietzsche-Buch von Ernst Bertram, Wolters' pamphletkundige Rhetorik, Salins kristallinische Feinheit und mit besonderer Ausdrücklichkeit der deklamatorische Angriff Erich von Kahlers auf Max Webers berühmte Rede über »Wissenschaft als Beruf«, eine einzige große Provokation. Es waren Stimmen einer entschlossenen Kulturkritik. Aber anders als ähnliche Klänge von anderen Seiten, die angesichts der typischen Unbefriedigung studentischer Anfänger, wie ich einer war, ein gewisses Gehör fanden, hatte man hier das Gefühl, daß etwas daran war. Eine Macht stand hinter den oft monotonen Deklamationen. Daß ein Dichter wie George mit dem magischen Klang seiner Verse und der Wucht seiner Person eine so gewaltige Formungswirkung auf Menschen ausübte, blieb dem nachdenklichen Gemüt eine bleibende Frage und stellte für das Begriffsspiel des philosophischen Studiums ein nie ganz vergessenes Korrektiv dar.

Überhaupt konnte ich mich dem nicht verschließen, daß die Erfahrung der Kunst die Philosophie etwas angeht. Daß die Kunst das wahre Organon der Philosophie sei, wenn nicht gar ihr überlegener Widerpart, das war eine Wahrheit, die der Philosophie der deutschen Romantik bis ans Ende der idealistischen Ära ihre umfassende Aufgabe gestellt hatte. Die Universitätsphilosophie der nachhegelschen Epoche hatte die Verkennung dieser Wahrheit mit ihrer eigenen Verödung zu bezahlen. Das galt und gilt für den Neukantianismus so gut wie für den neuen Positivismus bis heute. Diese Wahrheit wiederzugewinnen, wies uns unser geschichtliches Erbe an.

Gewiß war es keine befriedigende Auskunft, sich gegen die Zweifel des historischen Relativismus, die den begrifflichen Wahrheitsanspruch der Philosophie grundsätzlich in Frage stellten, auf die Wahrheit der Kunst zu berufen. Dies Zeugnis ist einerseits zu stark. Denn niemand wird den Fortschrittsglauben der Wissenschaft überhaupt je auf die Gipfel der Kunst ausdehnen wollen und etwa in Shakespeare einen Fortschritt über Sophokles oder in Michelangelo einen Fortschritt über Phidias sehen. Andererseits ist das Zeugnis der Kunst aber auch zu schwach, sofern das Kunstwerk die Wahrheit, die es verkörpert, dem Begriff vorenthält. In jedem Falle war die Bildungsgestalt des ästhetischen Bewußtseins ebensosehr im Verblassen wie die des historischen Bewußtseins und seines Denkens in ›Weltanschauungen‹. Das hieß aber nicht, daß die Kunst, auch nicht, daß die Begegnung mit geschichtlichen Denktraditionen ihre Faszination verlor. Im Gegenteil, die Aussage der Kunst wie die der großen Philosophen erhob nun erst recht einen verwirrenden, unabweisbaren Anspruch auf Wahrheit, der sich durch keine ›Problemgeschichte‹ neutralisieren und unter die Gesetze strenger Wissenschaftlichkeit und methodischen Fortschritts beugen ließ. Unter dem Einfluß einer neuen Kierkegaard-Rezeption nannte sich das damals in Deutschland ›existenziell‹. Es ging um Wahrheit, die nicht so sehr in allgemeinen Aussagen oder Erkenntnissen als in der Unmittelbarkeit des eigenen Erlebens und in der Unvertretbarkeit der eigenen Existenz ihren Ausweis haben sollte. Dostojewskij vor allem schien uns davon zu wissen. Die roten Piper-Bände der Dostojewskijschen Romane flammten auf jedem Schreibtisch. Die Briefe van Goghs, Kierkegaards ›Entweder-Oder‹, das er Hegel entgegenhielt, zogen uns an, und hinter all den Kühnheiten und Gewagtheiten unseres existenziellen Engagements stand – eine noch kaum sichtbare Bedrohung des romantischen Traditionalismus unserer Bildungskultur – die Riesengestalt Friedrich Nietzsches mit seiner ekstatischen Kritik an allen, aber auch an allen Illusionen des Selbstbewußtseins. Wo war der Denker, dessen philosophische Kraft diesen Anstößen gewachsen war?

Auch in der Marburger Schule brach sich das neue Zeitgefühl Bahn. Der musische Enthusiasmus, mit dem der scharfe Methodologe der Marburger Schule, Paul Natorp, auf seine alten Tage in die mystische Unsagbarkeit des Urkonkreten einzudringen suchte und außer Plato und Dostojewskij, Beethoven und Rabindranath Tagore, die mystische Tradition von Plotin und Meister Eckhart – bis zu den Quäkern – beschwor, hinterließ seine Eindrükke, und nicht minder die wilde Dämonie, mit der Max Scheler – als Vortragsgast in Marburg – seine durchdringende phänomenologische Begabung demonstrierte, die er auf immer neuen, unerwarteten Feldern bewies. Dazu kam der kühle Scharfsinn, mit dem Nicolai Hartmann seine eigene idealistische Vergangenheit durch kritische Argumentation abzustreifen suchte, ein Denker und Lehrer von imponierender Beharrlichkeit. Als ich meine Plato-Dissertation schrieb und 1922 promoviert wurde, viel zu jung, stand ich vorwiegend unter dem Einfluß Nicolai Hartmanns, der zu Natorps Systematik idealistischen Stils in Opposition getreten war. Was in uns lebte, war die Erwartung einer philosophischen Neuorientierung, die sich insbesondere an das dunkle Zauberwort ›Phänomenologie‹ knüpfte. Aber nachdem selbst Husserl, der mit all seinem analytischen Genie und seiner unermüdlichen deskriptiven Geduld stets auf letzte Evidenz drang, keine bessere philosophische Anlehnung gefunden hatte als die beim transzendentalen Idealismus neukantischer Prägung – von woher sollte Denkhilfe kommen? Heidegger brachte sie. Andere begriffen von ihm aus, was Marx, andere, was Freud, wir alle am Ende, was Nietzsche war. Mir selbst ging an Heidegger auf, daß wir jetzt erst das Philosophieren der Griechen ›wiederholen‹ konnten, jetzt, nachdem die von Hegel geschriebene, von der Problemgeschichte des Neukantianismus ausgeschriebene Geschichte der Philosophie ihr *fundamentum inconcussum,* das Selbstbewußtsein, eingebüßt hatte.

Von nun an hatte ich eine Ahnung von dem, was ich wollte – freilich ging es nicht um einen neuen, allumfassenden Systemgedanken. Kierkegaards Hegel-Kritik war nicht vergessen. Einen ersten Niederschlag fand die neue Reduktion der Philosophie auf tragende Grunderfahrungen der menschlichen Existenz, die es jenseits allen Historismus aufzuklären galt, in meinem Aufsatz in der Festschrift zu Paul Natorps 70. Geburtstag ›Zur Systemidee in der Philosophie‹ (1924). Eine Art Dokument meiner Unreife, war es auch ein Zeugnis meines neuen Engagements und der Inspiration, die mir an Heidegger geworden war. Gelegentlich hat man diesen Aufsatz als eine Antizipation der heideggerschen Wendung gegen den transzendentalen Idealismus gedeutet – im historischen Sinne ganz zu unrecht. Das Körnchen Wahrheit darin war höchstens, daß die paar Monate, die ich im Sommer 1923 in Freiburg bei Heidegger gewesen war, kaum zu solcher ›Inspiration‹ geführt hätten, wenn nicht schon allerhand dafür bereitlag. Jedenfalls war es die Anlehnung an Heidegger, die mir gegenüber den Marburger Lehrern, Natorps umfassenden Systemkonstruktionen und dem naiven Objektivismus der *Hartmannschen* Kategorialforschung, Abstand zu gewinnen erlaubte. Aber der Aufsatz war recht vorlautes Zeug.

Ich habe erst, als ich mehr wußte, schweigen gelernt. Bei meiner Habilitation 1928 hatte ich außer dem genannten Aufsatz nur noch einen ebenso vorlauten Logos-Aufsatz von 1923 über Hartmanns ›Metaphysik der Erkenntnis‹ als philosophische Publikation vorzulegen. Allerdings hatte ich inzwischen klassische Philologie studiert, und meine Aufnahmearbeit in das philologische Seminar Paul Friedländers ›Der aristotelische Protreptikos und die entwicklungsgeschichtliche Betrachtung der aristotelischen Ethik‹ habe ich später zu einem Aufsatz ausgebaut, den Richard Heinze für den

›Hermes‹ angenommen hatte – eine Jaeger-Kritik, deren später Erfolg mir schließlich im Kreise der Philologen Anerkennung verschaffte – und das, obwohl ich mich als Schüler Heideggers bekannte.

Was war es, was mich und andere an Heidegger so anzog? Natürlich wußte ich das damals nicht zu sagen. Heute stellt es sich mir so dar: Hier wurden die Gedankenbildungen der philosophischen Tradition lebendig, weil sie als Antworten auf wirkliche Fragen verstanden wurden. Die Aufdeckung ihrer Motivationsgeschichte verlieh diesen Fragen etwas Unausweichliches. Verstandene Fragen können nicht einfach zur Kenntnis genommen werden. Sie werden zu eigenen Fragen.

Es war zwar auch der Anspruch der neukantianischen Problemgeschichte gewesen, in den Problemen die eigenen Fragen wiederzuerkennen. Aber der Anspruch dieser überzeitlichen, ›ewigen‹ Probleme, sich in immer neuen systematischen Zusammenhängen zu wiederholen, war unausgewiesen, und in Wahrheit waren diese ›identischen‹ Probleme mit voller Naivität aus dem Baumaterial der idealistischen und neukantianischen Philosophie entwendet. Gegen solche angebliche Überzeitlichkeit war der Einwand der historisch-relativistischen Skepsis überzeugend und ließ sich nicht abwehren. Erst als ich an Heidegger lernte, das historische Denken in die Wiedergewinnung der Fragestellungen der Tradition einzubringen, machte das die alten Fragen so verständlich und lebendig, daß sie zu den eigenen wurden. Was ich damit beschreibe, ist die hermeneutische Grunderfahrung, wie ich das heute nennen würde.

Vor allem schlug uns die Intensität in ihren Bann, mit der Heidegger die griechische Philosophie beschwor. Daß sie mehr ein Gegenbild als ein Vorbild seines eigenen Fragens sein sollte, wurde uns kaum bewußt. Heideggers Destruktion der Metaphysik galt jedoch nicht nur dem Bewußtseinsidealismus der Neuzeit, sondern ebenso seinen Ursprüngen in der griechischen Metaphysik. Seine radikale Kritik stellte die Christlichkeit der Theologie wie die Wissenschaftlichkeit der Philosophie in Frage. Gegenüber der Blutlosigkeit akademischen Philosophierens, das sich in einer entfremdeten kantischen oder hegelschen Sprache bewegte und immer aufs neue den transzendentalen Idealismus zu vollenden oder zu überwinden strebte, erschienen Plato und Aristoteles mit einem Male als Eideshelfer des Philosophierens für jeden, dem die Systemspiele der akademischen Philosophie unglaubwürdig geworden waren – unglaubwürdig auch in der Form jenes offenen Systems der Probleme, Kategorien, Werte, auf das hin phänomenologische Wesenforschung oder problemgeschichtlich begründete Kategorialanalyse sich verstanden. An den Griechen ließ es sich lernen, daß das Denken der Philosophie nicht dem systematischen Leitgedanken einer Letztbegründung in einem obersten Grundsatz folgen muß, um Rechenschaft geben zu können, sondern immer schon unter einer Leitung steht: es hat im Weiterdenken ursprünglicher Welterfahrung die Begriffs- und Anschauungskraft der Sprache, in der wir leben, zu Ende zu denken. Das zu lehren, schien mir das Geheimnis des platonischen Dialogs.

Unter den deutschen Platoforschern war es damals vor allem Julius Stenzel, dessen Arbeiten in ähnliche Richtung wiesen, zumal, da er angesichts der Aporien des Selbstbewußtseins, in die sich der Idealismus und seine Kritiker in gleicher Weise verstrickt sahen, an den Griechen die ›Abdämpfung der Subjektivität‹ beobachtete. Mir erschien dies gleichfalls, und selbst schon, bevor Heidegger mich zu belehren begann, als die rätselhafte Überlegenheit der Griechen, daß sie aus selbstvergessener Hingabe an das Denken sich der Bewegung des Gedankens in maßloser Unschuld überließen.

Schon früh hatte ich – aus dem gleichen Grunde – an Hegel Interesse gefaßt, soweit ich ihn verstand, und gerade weil ich ihn nur so weit verstand. Vor allem seine ›Logik‹ hatte für mich wirklich etwas von griechischer Unschuld, und bot mir – ineins mit den genialen, nur leider miserabel edierten Vorlesungen zur Geschichte der Philosophie – die Brücke zu einem nichthistoristischen, sondern wahrhaft spekulativen Verständnis des platonischen und aristotelischen Denkens.

Das Wichtigste aber lernte ich von Heidegger. Da war vor allem das erste Seminar, an dem ich teilnahm. 1923, noch in Freiburg, über das sechste Buch der Nikomachischen Ethik. Damals wurde für mich die ›Phronesis‹, die Arete der ›praktischen Vernunft‹, eines *allo eidos gnōseōs*, einer ›anderen Art von Einsicht‹, ein wahres Zauberwort. Zwar forderte es einen unmittelbar heraus, als Heidegger eines Tages die Abgrenzung von Techne und Phronesis analysierte und bei dem Satz: *phronēseōs de ouk esti lēthē*[1] (in der Vernünftigkeit gibt es keine Vergeßlichkeit) erklärte: »Das ist das Gewissen.« Aber diese pädagogisch spontane Übertreibung visierte den entscheidenden Punkt an, von dem aus auch Heidegger selber später in ›Sein und Zeit‹ die neue Stellung der Seinsfrage vorbereitet hat. Man denke an Wendungen wie ›Gewissen-Habenwollen‹.

Mir war damals keineswegs klar, daß man Heideggers Bemerkung noch in ganz anderer Weise verstehen konnte, nämlich im Sinne einer geheimen Kritik an den Griechen. Dann hieß dieses Wort: nur als eine von keinem Vergessen bedrohte Wissens-Gewißheit vermochte das griechische Denken das ursprünglich menschliche Phänomen des Gewissens zu denken. – Mir war durch Heideggers provokative Bemerkung jedenfalls ein Weg gezeigt worden, fremde Fragen zu eigenen werden zu lassen und sich zugleich die Vorgreiflichkeit von Begriffen bewußt zu machen.

Der zweite wesentliche Punkt der Belehrung war, daß Heidegger mir bei Aristoteles (in einigen privaten Zusammenkünften) am Text demonstrierte,

[1] [Vgl. ›Praktisches Wissen‹, Ges. Werke Bd. 5, S. 230–248].

wie haltlos der angebliche ›Realismus‹ des Aristoteles war und daß Aristoteles auf dem gleichen Boden des Logos stand, den Plato mit seiner Sokratesnachfolge bereitet hatte. Jahre später hat uns Heidegger – im Anschluß an ein von mir gehaltenes Seminar-Referat – auseinandergesetzt, daß dieser Plato und Aristoteles gemeinsame neue Boden des dialektischen Philosophierens nicht nur die Kategorienlehre des Aristoteles trägt, sondern auch seine Begriffe von *Dynamis* und *Energeia* aufzuschlüsseln vermöge (was Walter Bröcker in seinem Aristoteles-Buch später durchgeführt hat).

So sah meine erste praktische Einführung in die Universalität der Hermeneutik aus.

Daß es das war, wurde mir freilich nicht sogleich klar. Erst langsam wuchs die Einsicht, daß der uns auf den Leib gerückte Aristoteles, dessen begriffliche Präzision auf ungeahnte Weise mit Anschauung, Erfahrung, Wirklichkeitsnähe bis an den Rand gefüllt war, nicht einfach das neue Denken selber aussprach. Heidegger folgte vielmehr dem Prinzip des platonischen ›Sophistes‹, den Gegner stärker zu machen, so gut, daß er uns fast wie ein *Aristoteles redivivus* erschien, der durch Kraft der Anschauung und Kühnheit eigener originaler Begriffsbildung alles in seinen Bann schlug. Immerhin war diese Identifikation, zu der Heideggers Interpretationen uns verführten, für mich eine gewaltige Herausforderung. Ich wurde dessen inne, daß meine bisherigen Studien, die mich durch viele Gebiete, insbesondere Literaturwissenschaft und Kunstgeschichte geführt hatten, selbst auf dem Felde der antiken Philosophie nichts taugten, auf dem ich meine Dissertation geschrieben hatte. So begann ich ein neues planmäßiges Studium der klassischen Philologie (unter der Leitung Paul Friedländers), bei dem mich neben den griechischen Philosophen vor allem der durch den damals neu zugänglich gewordenen Hölderlin angestrahlte Pindar anzog – und die Rhetorik, deren zur Philosophie komplementäre Funktion mir damals aufging und die mich bis in die Ausarbeitung meiner philosophischen Hermeneutik begleitet hat. Alles in allem verdanke ich diesen Studien, daß ich mir die kraftvolle Identifikation, zu der einen Heideggers Denken einlud, meinerseits immer schwerer machte. Im Innewerden der Andersheit der Griechen gleichwohl zu ihnen zu stehen, in ihrem Anderssein Wahrheiten zu entdecken, die vielleicht verschüttet, vielleicht aber heute noch in unbewältigter Weise wirksam waren, wurde das mir mehr oder minder bewußte Leitmotiv aller meiner Studien. Denn in Heideggers Deutung der Griechen lag ein Problem, das mich insbesondere nach ›Sein und Zeit‹ nicht mehr losließ. Gewiß war es für Heideggers Absicht damals möglich, dem existenzialen Begriff von ›Dasein‹ die pure Vorhandenheit als Gegenbegriff und äußerstes Derivat zuzuordnen, ohne zwischen dem griechischen Seinsverständnis und dem ›Gegenstand der naturwissenschaftlichen Begriffsbildung‹ zu differenzieren. Aber es lag darin eine Provokation, und ich folgte ihr so weit, daß ich mich auf Heideggers Anregung hin in die aristotelische Physik und die Entstehung der modernen Wissenschaft, vor allem in Galilei, vertiefte. Teile eines unvollendeten Physik-Kommentars werden vielleicht noch einmal publiziert werden.

Die hermeneutische Situation, von der ich ausging, war durch das Scheitern des idealistisch-romantischen Restaurationsversuchs gegeben. Der Anspruch, in die Einheit der philosophischen Wissenschaften auch die empirischen Wissenschaften der Neuzeit zu integrieren, der in dem Begriff einer ›spekulativen Physik‹ (im Titel einer Zeitschrift!) seinen Ausdruck fand, war unerfüllbar.

Es konnte nicht um eine Wiederholung dieses Versuchs gehen. Aber die Gründe dieser Unmöglichkeit klarer zu erkennen, mußte sowohl dem Wissenschaftsverständnis der Neuzeit ein schärferes Profil geben als auch dem griechischen Begriff von ›Wissenschaft‹, den der deutsche Idealismus noch einmal zu erneuern unternommen hatte. Daß Kants ›Kritik der Urteilskraft‹, insbesondere die der ›teleologischen Urteilskraft‹, in diesem Problemzusammenhang bedeutsam wurde, versteht sich von selbst, und manche meiner Schüler haben später von da aus weitergearbeitet.

Für die griechische Wissenschaftsgeschichte gilt ja offenbar anderes als für die Geschichte der modernen Wissenschaft. Damals ist in platonischer Zeit der Versuch gelungen, den Weg der Aufklärung, der Forschung und der Welterklärung in die Traditionswelt griechischer Religion und griechischer Lebensanschauung zurückzubinden. Plato und Aristoteles, und nicht Demokrit, haben die Wissenschaftsgeschichte des späteren Altertums beherrscht, und diese war keineswegs die Geschichte eines wissenschaftlichen Niedergangs. Die hellenistische Fachwissenschaft, wie man das heute nennt, hat sich nicht gegen die ›Philosophie‹ und ihre Voreingenommenheit wehren müssen, sondern hat eben durch die griechische Philosophie, durch den ›Timaios‹ und die aristotelische Physik, ihre Freigabe erfahren, wie ich 1973 in einer Arbeit unter dem Titel ›Gibt es die Materie?‹ zu zeigen versucht habe.[2] In Wahrheit ist auch noch der Gegenentwurf der Galilei-Newtonschen Physik von dort her bestimmt. Eine Studie über ›Antike Atomtheorie‹ (1934) war das einzige Stück aus diesem Studienkreis, das ich damals publiziert habe.[3] Sie sollte die kindliche Voreingenommenheit korrigieren, die die moderne Wissenschaft für Demokrit, den großen Unbekannten, besitzt. Der Größe Demokrits geschieht damit nicht der geringste Abbruch.

Aber im Zentrum meiner Studien blieb Plato. Mein erstes Plato-Buch ›Platos dialektische Ethik‹, aus meiner Habilitationsschrift hervorgegangen, war eigentlich ein steckengebliebenes Aristoteles-Buch. Mein Ausgangs-

---

[2] [Jetzt in Ges. Werke Bd. 5, S. 263–279].

[3] [Jetzt in Ges. Werke Bd. 6, S. 201–217].

punkt war die Dublette der beiden aristotelischen Abhandlungen über die ›Lust‹ (Eth. Nic. H 10–13 und K 1–5). Unter genetischen Gesichtspunkten kaum lösbar, sollte das Problem auf phänomenologische Weise gefördert werden, das heißt, ich wollte dieses Nebeneinander, wenn auch nicht historisch-genetisch ›erklären‹, so doch, womöglich, in seiner Berechtigung erweisen. Das konnte nicht geschehen, ohne beide Abhandlungen auf den platonischen ›Philebos‹ zu beziehen, und in dieser Absicht ging ich an eine phänomenologische Interpretation dieses Dialogs. Ich war damals noch nicht imstande, die universale Bedeutung des ›Philebos‹ für die platonische Zahlenlehre und überhaupt für das Problem des Verhältnisses von Idee und ›Wirklichkeit‹ zu würdigen.[4] Mir lag zweierlei am Herzen, beides unter dem gleichen methodischen Vorzeichen: die Funktion der platonischen Dialektik von der Phänomenologie des Dialogs aus und die Lehre von der Lust und ihren Erscheinungsformen durch eine phänomenologische Analyse der wirklichen Lebensphänomene aufzuklären. Die phänomenologische Deskriptionskunst, die ich an Husserl (in Freiburg 1923) und an Heidegger zu lernen versucht hatte, sollte einer ›an den Sachen selbst‹ orientierten Interpretation antiker Texte zugute kommen. Das ist ganz leidlich gelungen und fand Anerkennung, freilich nicht bei dem bloßen Historiker, der ja immer in dem Wahn lebt, es sei trivial zu verstehen, was dasteht. Es gelte zu erforschen, was dahinter ist. So konnte Hans Leisegang in seinem Bericht über die Platoforschung der Gegenwart (Archiv für Geschichte der Philosophie 1932) meinen Beitrag verächtlich beiseite schieben, indem er aus meinem eigenen Vorwort zu meiner Arbeit zitierte: »Ihr Verhältnis zur historischen Kritik ist schon dann ein positives, wenn diese – in der Meinung, keine Förderung durch sie zu finden – das, was sie sagt, für selbstverständlich befindet.«

In Wahrheit war ich inzwischen ein Stück klassischer Philologe geworden, schloß dieses Studium mit dem Staatsexamen ab (1927) und habilitierte mich bald darauf (1928/29). Worum es sich hier handelt, ist ein methodischer Gegensatz, den ich später in meinen hermeneutischen Analysen zu klären unternahm – freilich bei all denen ohne Erfolg, die zu Reflexionsarbeit nicht bereit sind, sondern nur das ›positive‹ Forschung nennen, wobei etwas Neues herauskommt (auch wenn es ebenso unverstanden bleibt wie das Alte).

Immerhin war der Start gelungen. Als Lehrer der Philosophie lernte ich jedes Semester Neues, damals noch unter den kargen Bedingungen eines Stipendiaten oder Lehrbeauftragten, aber mein Lehren war dafür immerhin den eigenen Forschungsplänen ganz angepaßt. So war es vor allem Plato, in

[4] [Vgl. inzwischen meine Akademie-Abhandlung ›Idee und Wirklichkeit in Platos Timaios‹, Ges. Werke Bd. 6, S. 242–270].

den ich tiefer eindrang, wobei mich insbesondere die Zusammenarbeit mit J. Klein in Richtung auf das Mathematische und Zahlentheoretische förderte. Kleins klassische Abhandlung ›Die griechische Logistik und die Entstehung der Algebra‹ (1936) ist damals entstanden.

Man wird nicht gerade sagen können, daß diese Studien, die sich über ein Jahrzehnt hinzogen, das Schauerspiel der Zeitereignisse bedeutungsvoll spiegeln. Höchstens indirekt, sofern ich nach 1933 eine größere Studie über sophistische und platonische Staatslehre vorsichtshalber abbrach, aus der ich nur zwei Teilaspekte publizierte: ›Plato und die Dichter‹ (1934) und ›Platos Staat der Erziehung‹ (1942).

Beides hatte seine Geschichte. Die erste kleine Schrift entwickelte die noch heute von mir für allein richtig gehaltene Deutung, daß der platonische Idealstaat eine bewußte Utopie darstellt, die mehr mit Swift als mit ›politischer Wissenschaft‹ zu tun hat.[5] Die Veröffentlichung dokumentierte zugleich meine Stellung zum Nationalsozialismus durch das vorangestellte Motto: »Wer philosophiert, ist mit den Vorstellungen seiner Zeit nicht einig.« Das war zwar wohlgetarnt, als ein Goethezitat, das mit Goethes Charakterisierung der platonischen Schriften fortfuhr. Aber wenn man sich schon nicht zum Märtyrer machen oder freiwillig in die Emigration gehen wollte, stellte ein solches Motto für den verständigen Leser im Zeitalter der ›Gleichschaltung‹ immerhin eine Betonung der eigenen Identität dar – ähnlich wie Karl Reinhardts bekannte Unterzeichnung der Vorrede seines Sophokles-Buches: »Im Januar und September 1933«. Daß man die politisch relevanten Themen im übrigen fortan eifrig vermied (und überhaupt die Publikation außerhalb von Fachzeitschriften), entsprach dem gleichen Gesetz der Selbsterhaltung. Es bleibt bis zum heutigen Tage wahr, daß ein Staat, der in philosophischen Fragen von Staats wegen eine ›Lehre‹ als die ›richtige‹ auszeichnet, wissen muß, daß seine besten Leute in andere Felder ausweichen, wo sie nicht von Politikern – und das heißt von Laien – zensuriert werden. Ob schwarz, ob rot, daran ändert kein Geschrei etwas. – So arbeitete ich unbemerkt weiter und fand begabte Schüler, von denen ich hier nur Walter Schulz, Volkmann-Schluck und Arthur Henkel nenne. Zum Glück milderte damals die nationalsozialistische Politik – in der Vorbereitung des Krieges im Osten – den Druck auf die Universitäten, und meine akademischen Chancen, die jahrelang gleich Null waren, besserten sich. Ich erhielt – nach zehnjähriger Dozententätigkeit – endlich den längst beantragten Professortitel. Ein Lehrstuhl für klassische Philologie in Halle winkte mir, und schließlich erhielt ich 1938 eine Berufung auf das philosophische Ordinariat in Leipzig, das mich vor neue Aufgaben stellte.

[5] [Dies habe ich inzwischen wieder aufgenommen in ›Platos Denken in Utopien‹, Gymnasium 90 (1983), S. 434–455; Ges. Werke Bd. 7, S. 270–289].

Das zweite Stück ›Platos Staat der Erziehung‹ war auch eine Art Alibi. Es war schon während des Krieges. Ein Professor der technischen Hochschule Hannover namens Osenberg hatte Hitler von der kriegsentscheidenden Rolle der Wissenschaft überzeugt und dadurch Vollmachten zur Schonung und Pflege der Naturwissenschaften und insbesondere ihres Nachwuchses erwirkt. Diese sogenannte Osenberg-Aktion hat vielen jungen Forschern das Leben gerettet. Sie erregte natürlich den Neid der Geisteswissenschaften, bis schließlich ein findiger PG auf die schöne Idee einer ›Parallelaktion‹ kam, die Musils Erfindung Ehre machte. Es war ›der Einsatz der Geisteswissenschaften für den Krieg‹. Daß es sich in Wahrheit um den Einsatz des Krieges für die Geisteswissenschaften – und um nichts anderes – handelte, war nicht zu verkennen. Um nun einer Mitarbeit im philosophischen Sektor zu entgehen, wo so schöne Themen wie ›Die Juden und die Philosophie‹ oder ›Das Deutsche in der Philosophie‹ auftauchten, wanderte ich in den Sektor der klassischen Philologie aus. Dort ging alles manierlich zu, und unter dem Schutz von Helmut Berve entstand ein interessantes Sammelwerk ›Das Erbe der Antike‹, das nach dem Kriege eine unveränderte zweite Auflage finden konnte. Mein Beitrag, ›Platos Staat der Erziehung‹, führte die Studie über ›Plato und die Dichter‹ weiter und wies immerhin auf die Richtung meiner neueren Studien hin, wenn seine letzten Worte ›die Zahl und das Sein‹ waren.

Eine einzige Monographie habe ich in der ganzen Zeit des Dritten Reiches veröffentlicht, ›Volk und Geschichte im Denken Herders‹ (1942). In dieser Studie arbeitete ich vor allem die Rolle des Kraftbegriffs in Herders Geschichtsdenken heraus. Sie vermied jede Aktualität. Trotzdem erregte sie Anstoß, vor allem bei denen, die sich damals über ähnliche Themen hatten vernehmen lassen und geglaubt hatten, etwas mehr ›Gleichschaltung‹ nicht vermeiden zu können. Mir war diese Arbeit aus einem bestimmten Grunde lieb. Ich hatte dieses Thema erstmals 1941 in einem Kriegsgefangenenlager französischer Offiziere in einem französischen Vortrag behandelt. In der Diskussion hatte sich eine Situation ergeben, in der ich sagte, ein Imperium, das sich über die Maßen ausdehne, sei ›auprès de sa chute‹. Die französischen Offiziere sahen sich bedeutsam an und verstanden. (Ob ich in dieser makabren und irrealen Situation auf anonyme Weise dem einen oder anderen meiner späteren französischen Kollegen begegnet bin, von denen ja manche dabei gewesen sein könnten?) Der politische Funktionär, der mich begleitet hatte, war über diese Bemerkung seinerseits ganz begeistert. Solche geistige Klarheit und rückhaltlose Unbefangenheit spiegele unsere Siegesgewißheit besonders wirksam. (Ob er das glaubte oder ob er nur mitspielte, vermochte ich nicht zu entscheiden. Jedenfalls nahm er keinen Anstoß, und ich mußte meinen Vortrag sogar in Paris wiederholen.)

Im ganzen war es klüger, sich unauffällig zu verhalten. Die Resultate meiner Studien teilte ich nur in Vorlesungen mit. Da konnte man sich ungehindert und unbefangen bewegen. Selbst über Husserl habe ich in Leipzig ungestört Übungen abgehalten. Manches, was ich erarbeitet hatte, trat zuerst in Arbeiten meiner Schüler in die Öffentlichkeit, insbesondere in Volkmann-Schlucks ausgezeichneter Dissertation ›Plotin als Interpret der Platonischen Ontologie‹ (1940).

Seit ich Professor in Leipzig war und dort – nach Theodor Litts Rücktritt – der einzige Fachvertreter, konnte ich meinen Unterricht nicht mehr so gut den eigenen Forschungsplänen anpassen. Ich hatte neben den Griechen und ihrem spätesten und größten Nachfahren, Hegel, die ganze klassische Tradition, von Augustin und Thomas bis Nietzsche, Husserl und Heidegger, zu vermitteln – freilich, als der halbe Philologe, der ich war, jeweils am Text. Daneben behandelte ich in Seminaren auch schwierige poetische Texte von Hölderlin, Goethe, Rilke vor allem. Letzterer war, dank dem hochgezüchteten Manierismus seiner Sprache, damals der wahre Dichter der akademischen Résistance. Wer wie Rilke redete oder wie Heidegger, der Hölderlin auslegte, stand abseits und zog die Abseitsstehenden an.

Die letzten Kriegsjahre waren natürlich sehr gefährlich. Doch hatten die zahlreichen Bombenangriffe, die man zu überstehen hatte und die die Stadt Leipzig wie die Arbeitsmittel der Universität in Trümmer legten, auch ihr Gutes: der Parteiterror wurde durch die entstehenden Notstandssituationen anderweitig gebunden. Der Unterricht an der Universität, von einem Notraum in den andern wechselnd, wurde bis kurz vor Kriegsende fortgesetzt. Als die Amerikaner Leipzig besetzten, studierte ich gerade die neu erschienenen Bände 2 und 3 von Werner Jaegers ›Paideia‹ – auch ein seltsames Faktum, daß dieses Werk eines ›Emigranten‹ in deutscher Sprache, in einem deutschen Verlag, in den Jahren höchster Kriegsnot erscheinen konnte. Totaler Krieg?

Nach Kriegsende mußte ich – als Rektor der Universität Leipzig – andere Dinge tun. An Fortführung philosophischer Arbeit war jahrelang nicht zu denken. Jedoch entstand an den freien Wochenenden der Großteil der Dichtungsinterpretationen, die heute den zweiten Band meiner Kleinen Schriften bilden. Mir kam vor, ich hätte niemals so leicht gearbeitet und geschrieben wie in diesen karg zugemessenen Stunden, gewiß ein Ausdruck dessen, daß während der unproduktiven, politischen und administrativen Alltagsarbeit sich etwas anstaute, das sich so entlud. Sonst blieb mir das Schreiben auf lange hinaus eine rechte Qual. Immer hatte ich das verdammte Gefühl, Heidegger gucke mir dabei über die Schulter.

Herbst 1947, nach zweijähriger Rektoratstätigkeit, folgte ich einem Ruf nach Frankfurt am Main und kehrte damit voll und ganz in mein akademisches Lehramt und in die Forschungsarbeit zurück – so gut es die Arbeitsverhältnisse zuließen. In den zwei Jahren, die ich in Frankfurt tätig war, suchte ich der Notlage der Studenten Rechnung zu tragen, nicht nur durch intensiven Unterricht, sondern auch durch einige Publikationen, so von Aristoteles Metaphysik XII (griechisch und deutsch) und von Diltheys Grundriß einer Geschichte der Philosophie, die beide der Klostermann-Verlag damals rasch herausbrachte. Wichtig war auch der große Kongreß in Mendoza (Argentinien) im Februar 1949, bei dem wir einerseits mit alten jüdischen Freunden, andererseits mit den Philosophen anderer Länder (Italien, Frankreich, Spanien, Südamerika) zu erstem Kontakt gelangten.

Daß ich 1949 den Ruf auf die Nachfolge von Karl Jaspers annahm, bedeutete den neuen Beginn einer ›akademischen‹ Tätigkeit in einer akademischen ›Welt‹. Wie ich zwanzig Jahre in Marburg Student und Dozent gewesen war, sollte ich von nun an über ein Vierteljahrhundert in Heidelberg tätig sein, und trotz der Vielfalt der Aufgaben des Wiederaufbaus, die uns alle in Anspruch nahmen, war es mir möglich, mich erneut von der Politik und Hochschulpolitik weitgehend zu entlasten und mich auf die eigenen Arbeitspläne zu konzentrieren, die endlich 1960 in ›Wahrheit und Methode‹ zu einem ersten Abschluß gelangten.

Daß ich überhaupt, bei meinem passionierten Engagement als Lehrer, zu der Abfassung eines größeren Buches kam, verdankte ich dem natürlichen Bedürfnis, darüber nachzudenken, wie sich all die verschiedenen Wege des Philosophierens, denen man im Unterricht zu folgen hatte, von der philosophischen Situation der Gegenwart aus zu wirklicher Aktualität erheben ließen. Die Einordnung in einen apriori konstruierten Geschichtsgang (Hegel) schien mir ebenso unbefriedigend wie die relativistische Neutralität des Historismus. Ich hielt es mit Leibniz, der von sich gesagt hat, er billige fast alles, was er lese. Aber anders als dieser große Denker empfand ich in dieser Erfahrung nicht einen Stimulus zum Entwurf einer großen Synthese. Vielmehr begann ich mich zu fragen, ob Philosophie sich unter solche synthetische Aufgabe überhaupt noch stellen dürfe und sich nicht vielmehr für den Fortgang hermeneutischer Erfahrung auf radikale Weise offen halten müsse, eingenommen von dem je Einleuchtenden und sich aller Wiederverdunkelung des Eingesehenen nach Kräften widersetzend . . . Philosophie ist Aufklärung, aber gerade auch Aufklärung gegen den Dogmatismus ihrer selbst.

Tatsächlich ist die Entstehung meiner ›hermeneutischen Philosophie‹ im Grunde nichts anderes als der Versuch, über den Stil meiner Studien und meines Unterrichts theoretisch Rechenschaft zu geben. Die Praxis war das erste. Von jeher war ich fast ängstlich bemüht, nur nicht zu viel zu sagen und mich nicht in theoretische Konstruktionen zu versteigen, die nicht voll von der Erfahrung eingelöst würden. Da ich fortfuhr, als Lehrer mein Eigentliches zu geben und insbesondere mit meinen engeren Schülern intensiven Kontakt zu pflegen, blieben für die Arbeit an dem Buch nur die Ferien. Fast 10 Jahre nahm diese Arbeit in Anspruch, und in dieser Zeit vermied ich möglichst jede Ablenkung. Als das Buch erschien – erst während des Drukkes war mir der Titel ›Wahrheit und Methode‹ dazu eingefallen –, war ich mir gar nicht sicher, ob es nicht zu spät kam und eigentlich überflüssig war. Denn daß eine neue Generation heranrückte, die teils technologischen Erwartungen, teils ideologiekritischen Affekten verfallen war, konnte man bereits ahnen.

Die Sache mit dem Titel des Buches war schwierig genug. Meine Fachgenossen im In- und Ausland erwarteten es als eine philosophische Hermeneutik. Aber als ich dies als Titel vorschlug, fragte der Verleger zurück: Was ist das? In der Tat war es besser, damals das noch fremde Wort in den Untertitel zu verbannen.

Im übrigen trug die beharrlich fortgesetzte akademische Lehrtätigkeit zunehmend mehr ihre Früchte. Mein alter Freund Karl Löwith kehrte aus der Fremde zurück und lehrte neben mir in Heidelberg, eine gesunde Spannung schaffend. Einige Jahre höchst fruchtbarer Wechselwirkung gab es mit Jürgen Habermas, den wir als jungen Extraordinarius zu uns beriefen, nachdem ich erfahren hatte, daß es zwischen Horkheimer und Adorno seinetwegen zu einem Gegensatz gekommen sei. Wer Max und Teddy auch nur ein wenig in ihrer geistigen Waffenbrüderschaft auseinanderzubringen vermocht hatte, mußte schon etwas sein, und in der Tat bestätigte das eingeforderte Manuskript das Talent des jungen Forschers, das mir schon längst aufgefallen war. – Aber es fanden sich auch leidenschaftlich der Philosophie ergebene Schüler, von denen ich hier nur einige nenne, die im akademischen Fach der Philosophie inzwischen als Lehrer tätig sind. Von Frankfurt hatte ich eine große Gruppe von Studenten mitgebracht, zu denen Dieter Henrich gehörte, der vom Marburger Erzkantianismus Ebbinghaus' und Klaus Reichs seine erste Prägung erfahren hatte. In Heidelberg fanden sich manche andere dazu. Ich nenne wieder nur diejenigen, die als Forscher oder Lehrer im Fach der Philosophie tätig geworden sind: Wolfgang Bartuschat, Rüdiger Bubner, Theo Ebert, Heinz Kimmerle, Wolfgang Künne, Ruprecht Pflaumer, J. H. Trede, Wolfgang Wieland. Einige kamen später erneut von Frankfurt, wo Wolfgang Cramer – abseits von der spektakulären Frankfurter Schule – eine intensive Wirkung übte, so Konrad Cramer, Friedrich Fulda, Reiner Wiehl. Mehr und mehr kamen auch Ausländer und fügten sich in den Kreis meiner Schüler ein, insbesondere aus Italien Valerio Verra und G. Vattimo, aus Spanien E. Lledo, und eine größere Zahl von Amerikanern, von denen ich manchem bei Amerikareisen in den letzten Jahren in Amt und Würden wiederbegegnet bin. Eine besondere Genugtuung hat es mir bereitet, daß aus meinem engsten Schülerkreis mancher hervorgegangen ist, der sich in anderen Fächern bewährt hat – eine Bewährungsprobe für die Idee der Hermeneutik selber.

Was ich lehrte, war vor allem hermeneutische Praxis. Hermeneutik ist vor allem eine Praxis, die Kunst des Verstehens und des Verständlichmachens. Sie ist die Seele allen Unterrichts, der Philosophieren lehren will. Was es dabei vor allem zu üben gilt, ist das Ohr, die Sensibilität für die in Begriffen liegenden Vorbestimmtheiten, Vorgreiflichkeiten, Vorprägungen. So galt ein gut Stück meiner Bemühungen der Begriffsgeschichte. Mit Hilfe der Deutschen Forschungsgemeinschaft habe ich eine Reihe begriffsgeschichtlicher Kolloquien veranstaltet und darüber auch berichtet, die inzwischen vielfache ähnliche Bestrebungen ausgelöst haben. Die Gewissenhaftigkeit im Gebrauch von Begriffen verlangt begriffsgeschichtliche Bewußtheit, damit man nicht der Willkür des Definierens anheimfällt oder der Illusion, man könne verbindliches philosophisches Sprechen normieren. Begriffsgeschichtliche Bewußtheit wird zur kritischen Pflicht. Auf andere Weise suchte ich diesen Aufgaben zu dienen, indem ich eine ganz der Kritik gewidmete Zeitschrift, die »Philosophische Rundschau« ins Leben rief, gemeinsam mit Helmut Kuhn, dessen kritisches Talent ich schon früh, vor 1933, an den letzten Jahrgängen der alten Kantstudien bewundern gelernt hatte. Unter der straffen Führung von Frau Käte Gadamer-Lekebusch sind dreiundzwanzig Jahrgänge dieser Zeitschrift herausgekommen, bis wir sie neuerdings jüngeren Händen anvertrauten.

Aber im Mittelpunkt meiner Tätigkeit stand nach wie vor der akademische Unterricht in Heidelberg. Erst nach meiner Emeritierung (1968) habe ich in größerem Umfang meine Ideen zur Hermeneutik, die auf breites Interesse stießen, auch im Ausland zu vertreten versucht, mittlerweile vor allem auch in Amerika.

Hermeneutik und griechische Philosophie blieben die beiden Schwerpunkte meiner Arbeit. Ich darf den inneren Zusammenhang, der meine Gedanken bewegt, kurz zur Darstellung bringen.

Da war zunächst die in »Wahrheit und Methode« entwickelte Hermeneutik.

Was war diese philosophische Hermeneutik? Wie unterschied sie sich von der romantischen Tradition, die mit Schleiermacher, der eine alte theologische Disziplin vertiefte, anhob, in Diltheys geisteswissenschaftlicher Hermeneutik gipfelte und als eine Methodenlehre der Geisteswissenschaften gemeint war? Mit welchem Recht konnte mein eigener Versuch eine ›philosophische‹ Hermeneutik heißen?

Es ist leider nicht überflüssig, auf diese Frage einzugehen. Denn viele sahen und sehen in dieser hermeneutischen Philosophie eine Absage an methodische Rationalität. Viele andere, insbesondere seit Hermeneutik ein Modewort geworden ist und eine jegliche ›Interpretation‹ sich Hermeneutik nennen möchte, mißbrauchen das Wort und die Sache, für die ich das Wort ergriffen hatte, umgekehrt derart, daß sie darin eine neue Methodenlehre sehen, mit der sie in Wahrheit methodische Unklarheit oder ideologische

Bemäntelung legitimieren. Wieder andere, die dem Lager der Ideologiekritik angehören, erkennen darin zwar Wahrheit, aber nur die halbe Wahrheit. Es sei gut und schön, daß Tradition in ihrer vorgreiflichen Bedeutung erkannt werde, aber es fehle das Entscheidende dabei, die kritische und emanzipatorische Reflexion, die von ihr befreie.

Vielleicht hilft es der Klärung, wenn ich die Motivation meiner Fragestellung so darlege, wie sie mir tatsächlich erwachsen ist. Es könnte dadurch deutlich werden, daß es die Methodenfanatiker so gut wie die radikalen Idologiekritiker sind, die in Wahrheit nicht genug reflektieren. Die einen behandeln die – unbestrittene – Rationalität von *trial and error* wie die ultima ratio menschlicher Vernünftigkeit, die anderen erkennen zwar die ideologische Voreingenommenheit solcher Rationalität, geben aber über die eigenen ideologischen Implikationen ihrer Ideologiekritik nicht genügend Rechenschaft.

Wenn ich eine philosophische Hermeneutik versuchte, so ergab es sich aus der Vorgeschichte der Hermeneutik von selbst, daß die »verstehenden« Wissenschaften den Ausgangspunkt bildeten. Aber zu ihnen trat noch eine bisher unbeachtet gebliebene Ergänzung. Ich meine die Erfahrung der Kunst. Denn beides, die Kunst wie die geschichtlichen Wissenschaften, sind Erfahrungsweisen, in denen unser eigenes Daseinsverständnis unmittelbar ins Spiel kommt. Die begriffliche Hilfe für die so in die rechte Weite gestellte Problematik des ›Verstehens‹ bot sich in Heideggers Entfaltung der existentialen Struktur des Verstehens, die er ehedem ›Hermeneutik der Faktizität‹, Selbstauslegung des faktischen, das heißt, des sich vorfindlichen menschlichen Daseins genannt hatte. Mein Ausgangspunkt war also die Kritik des Idealismus und seiner romantischen Traditionen. Es war mir klar, daß die Bewußtseinsgestalten unserer ererbten und erworbenen geschichtlichen Bildung, das ästhetische Bewußtsein und das historische Bewußtsein, entfremdete Gestalten unseres wahren geschichtlichen Seins darstellen und daß die ursprünglichen Erfahrungen, die durch Kunst und Geschichte vermittelt werden, nicht von da aus zu begreifen sind. Die beruhigte Distanz, in der ein bürgerliches Bildungsbewußtsein seinen Bildungsbesitz genoß, verkannte, wie sehr wir dabei selber im Spiele sind und auf dem Spiele stehen. So versuchte ich vom Begriff des Spieles aus die Illusionen des Selbstbewußtseins und die Vorurteile des Bewußtseinsidealismus zu überwinden. Spiel ist ja niemals ein bloßes Objekt, sondern hat sein Dasein für den, der es mitspielt, und sei es auch nur in der Weise des Zuschauers. Die Unangemessenheit der Begriffe Subjekt und Objekt, die Heidegger schon in seiner Exposition der Seinsfrage in ›Sein und Zeit‹ erwiesen hatte, ließ sich hier in concreto demonstrieren. Was Heidegger in seinem Denken dann zur ›Kehre‹ geführt hat, versuchte ich meinerseits als eine Grenzerfahrung unseres Selbstverständnisses zu beschreiben, als das wirkungsgeschichtliche Bewußtsein, das mehr Sein als Bewußtsein ist. Was ich damit formulierte, war weniger eine Aufgabe für die methodische Praxis der Kunst- und Geschichtswissenschaft, ja es galt auch nicht in erster Linie dem Methodenbewußtsein dieser Wissenschaften, sondern ausschließlich oder vorrangig dem philosophischen Gedanken der Rechenschaftsgabe. Wie weit ist Methode ein Garant für Wahrheit? Die Philosophie muß von Wissenschaft und Methode fordern, daß sie ihre Partikularität im Ganzen der menschlichen Existenz und ihrer Vernünftigkeit erkennen.

Am Ende war das Unternehmen selbstverständlich selber wirkungsgeschichtlich bedingt und wurzelte in einer ganz bestimmten deutschen philosophischen und kulturellen Überlieferung. Die sogenannten Geisteswissenschaften hatten wohl nirgends so stark wie in Deutschland wissenschaftliche und weltanschauliche Funktionen in sich vereint – oder besser: sich die weltanschauliche, ideologische Bestimmtheit ihrer Interessenahme so konsequent hinter dem Methodenbewußtsein ihres wissenschaftlichen Verfahrens verborgen. Die unauflösliche Einheit aller menschlichen Selbsterkenntnis drückte sich anderswo klarer aus, in Frankreich in dem weiten Begriff der ›lettres‹, im Englischen in dem neu eingebürgerten Begriff der ›humanities‹. Mit der Anerkennung des wirkungsgeschichtlichen Bewußtseins war daher vor allem eine Berichtigung der Selbstauffassung der historischen Geisteswissenschaften, die auch die Kunstwissenschaften einschließen, impliziert.

Die Problemdimension ist damit aber keineswegs voll ausgemessen. Auch in den Naturwissenschaften gibt es so etwas wie eine hermeneutische Problematik. Auch ihr Weg ist nicht einfach der des methodischen Fortschritts, wie inzwischen etwa durch Thomas Kuhn gezeigt worden ist und was in Wahrheit zu den Einsichten zusammenstimmt, die vor allem Heidegger in ›Die Zeit des Weltbildes‹ und in seiner Interpretation der aristotelischen Physik (Phys. B 1) impliziert hatte. Das ›Paradigma‹ ist für den Einsatz wie für die Deutung methodischer Forschung entscheidend und ist offenkundig nicht selbst das einfache Resultat einer solchen. *Mente concipio* hatte schon Galilei gesagt.[6]

Dahinter tut sich indes eine noch weitere Dimension auf, die in der prinzipiellen Sprachlichkeit oder Sprachbezogenheit gelegen ist. In aller Welterkenntnis und Weltorientierung ist das Moment des Verstehens herauszuarbeiten – und damit die Universalität der Hermeneutik zu erweisen. Natürlich kann mit der prinzipiellen Sprachlichkeit des Verstehens nicht gemeint sein, daß alle Welterfahrung sich nur als Sprechen und im Sprechen vollzöge. Allzu bekannt sind all jene vorsprachlichen und übersprachlichen Innewerdungen, Stummheiten, Schweigsamkeiten, in denen sich unmittel-

[6] [Vgl. meinen Vortrag in Lund ›Hermeneutik und Naturwissenschaft‹ von 1984 in Ges. Werke Bd. 7, S. 418–442.] *Anm. des Hrsgs.: Texte bzw. Fußnoten in Klammern bezeichnen im folgenden Zusätze des Verfassers zu bereits veröffentlichten Arbeiten.*

bare Weltbetroffenheit ausdrückt – und wer wird leugnen, daß es reale Bedingungen menschlichen Lebens, daß es Hunger und Liebe, Arbeit und Herrschaft gibt, die nicht selber Rede und Sprache sind, sondern ihrerseits den Raum bemessen, innerhalb dessen Miteinander-Reden und Aufeinander-Hören statthaben kann. Das ist so wenig strittig, daß es vielmehr gerade solche Vorgeformtheiten menschlichen Meinens und Redens sind, die die hermeneutische Reflexion erforderlich machen. Einer am sokratischen Gespräch orientierten Hermeneutik muß nicht erst entgegengehalten werden, daß Doxa nicht Wissen, daß das scheinhafte Einverständnis, in dem man so daherlebt und daherredet, kein wirkliches Einverständnis ist. Aber selbst noch die Aufdeckung des Scheinhaften, wie sie das sokratische Gespräch leistet, vollzieht sich im Element der Sprachlichkeit. Das Gespräch läßt uns sogar im Scheitern der Verständigung, im Mißverständnis und in dem berühmten Eingeständnis des Nichtwissens möglichen Einverständnisses gewiß sein. Die Gemeinsamkeit, die wir menschlich nennen, beruht auf der sprachlichen Verfaßtheit unserer Lebenswelt. Noch jeder Versuch, Verzerrungen zwischenmenschlicher Verständigung durch kritische Reflexion und Argumentation einzuklagen, bestätigt diese Gemeinsamkeit.

Der hermeneutische Aspekt kann also nicht auf die hermeneutischen Wissenschaften von Kunst und Geschichte, nicht auf den Umgang mit ›Texten‹, aber auch nicht, in Erweiterung, auf die Erfahrung der Kunst selbst beschränkt bleiben. Die Universalität des hermeneutischen Problems, die schon Schleiermacher erkannt hatte, geht auf das All des Vernünftigen, das heißt auf all das, worüber man sich zu verständigen suchen kann. Wo Verständigung unmöglich scheint, weil man ›verschiedene Sprachen spricht‹, ist die Hermeneutik nicht etwa am Ende. Dort stellt sich die hermeneutische Aufgabe vielmehr gerade in ihrem vollen Ernst, nämlich als die Aufgabe, die gemeinsame Sprache zu finden. Die gemeinsame Sprache ist aber nie schon eine feste Gegebenheit. Sie ist zwischen Sprechenden spielende Sprache, die sich so einspielen muß, daß Verständigung beginnen kann, und das selbst da, wo verschiedene ›Ansichten‹ sich unversöhnbar entgegenstehen. Die Verständigungmöglichkeit kann zwischen vernünftigen Wesen nie verneint werden. Selbst der Relativismus, der in der Vielfalt menschlicher Sprachen zu liegen scheint, ist keine Schranke für die Vernunft, deren Wort allen gemeinsam ist, wie schon Heraklit gewußt hat. Das Lernen fremder Sprachen und ebenso das Sprechenlernen des Kindes bedeutet eben nicht allein die Aneignung von Verständigungsmitteln. Dieses Lernen stellt vielmehr eine Art Vorschematisierung möglicher Erfahrung und ihren ersten Erwerb dar. Das Hineinwachsen in eine Sprache ist ein Weg der Welterkenntnis. Nicht nur solches ›Lernen‹ – alle Erfahrung vollzieht sich in beständiger kommunikativer Fortbildung unserer Weltkenntnis. In einem viel tieferen und allgemeineren Sinne, als die von August Boeckh für das Geschäft des Philologen geprägte Formel es meinte, ist Erfahrung immer ›Erkenntnis von Erkanntem‹. Wir leben in Überlieferungen, und diese sind nicht ein Teilbereich unserer Welterfahrung, nicht eine sogenannte kulturelle Überlieferung, die allein aus Texten und Denkmälern bestünde und einen sprachlich verfaßten und geschichtlich dokumentierten Sinn weitervermittelte. Vielmehr ist es die Welt selbst, die kommunikativ erfahren und als eine ins Unendliche offene Aufgabe uns beständig übergeben wird (traditur). Sie ist nie die Welt eines ersten Tages, sondern immer schon uns überkommen. Überall da, wo etwas erfahren, wo Unvertrautheit aufgehoben wird, wo Einleuchten, Einsehen, Aneignung erfolgt, vollzieht sich der hermeneutische Prozeß der Einbringung in das Wort und in das gemeinsame Bewußtsein. Selbst die monologische Sprache der modernen Wissenschaft gewinnt gesellschaftliche Realität nur auf diesem Wege. Hier scheint mir die Universalität der Hermeneutik, die etwa Habermas so entschieden bestreitet, wohlbegründet. Habermas ist, so meine ich, nie über ein idealistisches Verständnis des hermeneutischen Problems hinausgekommen und engt mich zu Unrecht auf ›kulturelle Überlieferung‹ im Sinne Theodor Litts ein. Die ausgedehnte Diskussion dieser Frage hat in dem Suhrkampband ›Hermeneutik und Ideologiekritik‹ ihre Dokumentation gefunden.

Unserer philosophischen Tradition gegenüber haben wir es mit der gleichen hermeneutischen Aufgabe zu tun. Philosophieren fängt nicht mit Null an, sondern hat die Sprache, die wir sprechen, weiterzudenken und weiterzusprechen, und wie in den Tagen der antiken Sophistik heißt das auch heute, die ihrem ursprünglichen Sagesinn entfremdete Sprache der Philosophie auf das Sagen des Gemeinten und auf die unser Sprechen tragenden Gemeinsamkeiten zurückzuführen.

Wir sind durch die moderne Wissenschaft und ihre philosophische Generalisierung für diese Aufgabe mehr oder minder blind geworden. Im platonischen ›Phaidon‹ stellt Sokrates die Forderung auf, er möchte den Weltenbau und das Naturgeschehen so verstehen, wie er verstehe, warum er hier im Gefängnis sitze und nicht das ihm gemachte Fluchtangebot angenommen habe –, nämlich weil er es für gut hielt, auch einen ungerechten Urteilsspruch auf sich zu nehmen. Die Natur so zu verstehen, wie Sokrates sich hier selbst versteht, ist eine Forderung, die durch die aristotelische Physik auf ihre Weise erfüllt worden ist. Mit dem, was Wissenschaft seit dem 17. Jahrhundert ist und was erst wirklich Wissenschaft von der Natur und wissenschaftlich gegründete Beherrschung der Natur ermöglicht hat, ist diese Forderung aber nicht mehr vereinbar. Genau das ist der Grund, warum die Hermeneutik und ihre methodischen Konsequenzen aus der Theorie der modernen Wissenschaft nicht so viel zu lernen haben wie aus älteren Traditionen, an die es sich zu erinnern gilt.

Die eine ist die Tradition der Rhetorik, wie sie als letzter Vico mit methodischer Bewußtheit gegen die moderne Wissenschaft, die er *critica* nannte, verteidigt hat. Schon in meinen klassischen Studien hatte ich die Rhetorik, die Redekunst wie ihre Theorie, besonders bevorzugt. Zumal die Rhetorik in einer noch lange nicht genug beachteten Weise auch der Träger der älteren Tradition der ästhetischen Begriffe gewesen ist, wie noch an Baumgartens Bestimmung der Ästhetik deutlich wird. Man muß es heute mit Nachdruck sagen: Die Rationalität der rhetorischen Argumentationsweise, die zwar ›Affekte‹ ins Spiel zu bringen sucht, aber grundsätzlich Argumente geltend macht und mit Wahrscheinlichkeiten arbeitet, ist und bleibt ein weitaus stärkerer gesellschaftlicher Bestimmungsfaktor als die Gewißheit der Wissenschaft. So habe ich mich in ›Wahrheit und Methode‹ ausdrücklich auf die Rhetorik bezogen und von mancher Seite, insbesondere in den Arbeiten von Ch. Perelman, der von der Rechtspraxis ausgeht, dafür Bestätigung gefunden. Es heißt nicht die Bedeutung der modernen Wissenschaft und ihrer Anwendung für die technische Zivilisation von heute verkennen, wenn man darauf besteht. Im Gegenteil. Es sind gewiß ganz neue Probleme der Vermittlung, die die moderne Zivilisation aufwirft. Aber die Lage hat sich dadurch nicht im Prinzip verändert. Die ›hermeneutische‹ Aufgabe der Integration der Monologik der Wissenschaften in das kommunikative Bewußtsein, und das schließt ein die Aufgabe, praktisch, sozial, politisch Vernünftigkeit zu üben, ist dadurch nur um so dringlicher geworden.

In Wahrheit ist es ein altes Problem, das wir seit Plato kennen. Sokrates hat alle, die sich auf ihr Wissen beriefen, Staatsmänner, Dichter, aber auch die wirklichen Könner ihrer handwerklichen Kunst, dessen überführt, daß sie das ›Gute‹ nicht wissen. Aristoteles hat den strukturellen Unterschied, der hier vorliegt, durch die Scheidung von *Techne* und *Phronesis* bestimmt. Das läßt sich nicht wegdiskutieren. Auch wenn sich diese Unterscheidung mißbrauchen läßt und etwa die Berufung auf das ›Gewissen‹ oft undurchschaute ideologische Abhängigkeiten verschleiern mag, ist es doch ein Mißverständnis dessen, was Vernunft und Vernünftigkeit sind, wenn man sie nur in der anonymen Wissenschaft und als Wissenschaft anerkennen will. So ist es mir für meine eigene hermeneutische Theorienbildung überzeugend geworden, daß wir dieses sokratische Vermächtnis einer ›menschlichen Weisheit‹, die gemessen an der göttergleichen Unfehlbarkeit des von der Wissenschaft Gewußten Unwissenheit ist, wieder aufnehmen müssen. Dafür kann uns die von Aristoteles entwickelte ›praktische Philosophie‹ als Modell gelten. Das ist die zweite Traditionslinie, die es zu erneuern gilt.

Das aristotelische Programm einer praktischen Wissenschaft scheint mir das einzige wissenschaftstheoretische Vorbild darzustellen, nach dem die ›verstehenden‹ Wissenschaften gedacht werden können. In der hermeneutischen Reflexion auf die Bedingungen des Verstehens kommt heraus, daß dessen Möglichkeiten sich in einer sich sprachlich formulierenden, nie mit Null anfangenden, nie mit Unendlich endenden Besinnung artikulieren. Aristoteles zeigt, daß praktische Vernunft und praktische Einsicht nicht die Lehrbarkeit von Wissenschaft besitzen, sondern selber in Praxis, und das heißt in der inneren Bindung an Ethos, ihre Möglichkeit gewinnen. Daran gilt es sich zu erinnern. Das Vorbild der praktischen Philosophie muß an die Stelle jener ›Theoria‹ treten, deren ontologische Legitimation allein in einem *intellectus infinitus* gefunden werden könnte, von dem unsere auf keine Offenbarung gestützte Daseinserfahrung nichts weiß. Dies Vorbild muß auch all denen entgegengehalten werden, die menschliche Vernünftigkeit unter den Methodengedanken der ›anonymen‹ Wissenschaft beugen. Der Perfektionierung des logischen Selbstverständnisses der Wissenschaft gegenüber scheint mir dies als die eigentliche Aufgabe der Philosophie, auch und gerade angesichts der praktischen Bedeutung der Wissenschaft für unser Leben und Überleben.

Die ›praktische Philosophie‹ bedeutet aber noch mehr als ein bloßes methodisches Vorbild für die ›hermeneutischen‹ Wissenschaften. Sie ist auch so etwas wie ihre sachliche Grundlage. Die methodische Sonderart der praktischen Philosophie ist nur die Folge der durch Aristoteles in ihrer begrifflichen Eigenart herausgearbeiteten ›praktischen Vernünftigkeit‹. Deren Struktur läßt sich vom modernen Wissenschaftsbegriff aus überhaupt nicht fassen. Selbst die dialektische Verflüssigung, die den traditionellen Begriffen durch Hegel abgewonnen worden ist und die manche Wahrheiten der ›praktischen‹ Philosophie erneuert hat, droht einen neuen undurchschauten Dogmatismus der Reflexion. Der Reflexionsbegriff, der der Ideologiekritik zugrunde liegt, impliziert nämlich einen abstrakten Begriff von zwangsfreiem Diskurs, der die eigentlichen Bedingungen menschlicher Praxis aus dem Auge verliert. Ich mußte das als eine illegitime Übertragung der therapeutischen Situation der Psychoanalyse zurückweisen. Es gibt im Felde der praktischen Vernunft keine Analogie für den ›wissenden‹ Analysten, der die produktive Reflexionsleistung des Analysanden leitet. In der Frage der Reflexion scheint mir Brentanos auf Aristoteles zurückgehende Unterscheidung des reflexiven Inneseins von der objektivierenden Reflexion dem Erbe des deutschen Idealismus überlegen. Das gilt in meinen Augen selbst noch gegenüber der transzendentalen Reflexionsforderung, die von Apel und anderen an die Hermeneutik gerichtet worden ist. Das alles ist in dem vielgelesenen Band ›Hermeneutik und Ideologiekritik‹ (Suhrkamp) wohl dokumentiert.

So haben mich mehr als die großen Denker des deutschen Idealismus die platonischen Dialoge geprägt, indem sie mich ständig begleiteten. Sie sind ein einzigartiger Umgang. Wenn immer sonst wir, durch Nietzsche, durch Heidegger belehrt, die Vorgreiflichkeit der griechischen Begrifflichkeit, von

Aristoteles bis Hegel und bis zur modernen Logik, als eine Grenze empfinden mögen, jenseits derer unsere eigenen Fragen ohne Antwort und unsere Intentionen unbefriedigt bleiben – Platos Dialogkunst ist auch noch dieser Scheinüberlegenheit, die wir als Erben der judäo-christlichen Überlieferung zu besitzen meinen, zuvorgekommen. Gewiß hat gerade er, mit der Ideenlehre, mit der Dialektik der Ideen, mit der Mathematisierung der Physik und mit der Intellektuierung dessen, was wir ›Ethik‹ nennen würden, den Grund zu der metaphysischen Begrifflichkeit unserer Tradition gelegt. Aber er hat zugleich alle seine Aussagen mimetisch begrenzt, und wie Sokrates es mit seiner gewohnten Ironie bei seinen Gesprächspartnern zu erreichen wußte, so beraubt auch Plato durch seine Kunst der Dialogdichtung seinen Leser seiner vermeintlichen Überlegenheit. Mit Plato philosophieren, nicht: Plato kritisieren, ist die Aufgabe. Plato kritisieren ist vielleicht ebenso einfältig, wie Sophokles vorzuhalten, daß er nicht Shakespeare ist. Das klingt paradox, aber nur für den, der gegen die philosophische Relevanz der poetischen Imagination Platos blind ist.

Freilich muß man es erst lernen, Plato wirklich mimetisch zu lesen. In unserm Jahrhundert ist dafür einiges geschehen, insbesondere durch Paul Friedländer, aber auch durch manche inspirierte, wenn auch nicht so gründlich fundierte Bücher aus dem Kreis des Dichters Stefan George (Friedemann, Singer, Hildebrandt) sowie durch die Arbeiten von Leo Strauss und seinen Freunden und Schülern. Die Aufgabe ist noch weit von ihrer Lösung. Sie besteht darin, die begrifflichen Aussagen, die im Gespräch begegnen, mit Genauigkeit auf die dialogische Wirklichkeit zu beziehen, aus der sie erwachsen. Da gibt es eine ›dorische Harmonie‹ von Tat und Rede, Ergon und *Logos*, von der bei Plato nicht nur mit Worten die Rede ist. Sie ist vielmehr das eigentliche Lebensgesetz der sokratischen Dialoge. Sie sind im wörtlichen Sinne ›hinführende Reden‹. Erst von ihr her schließt sich auf, was die oft sophistisch wirkende und tatsächlich oft die schlimmste Verwirrung betreibende Widerlegungskunst des Sokrates in Wahrheit intendiert. Ja, wenn menschliche Weisheit so wäre, daß sie von einem zu dem anderen übergehen könnte, wie Wasser von einem Gefäß zum anderen an einem Wollfaden herübergeleitet werden kann . . . (Symp. 175 d) Aber so ist menschliche Weisheit nicht. Sie ist das Wissen des Nichtwissens. An ihr wird der andere, mit dem Sokrates das Gespräch führt, seines eigenen Nichtwissens überführt –, und das bedeutet: es geht ihm etwas über sich selbst auf und sein Leben in Vermeintlichkeiten. Oder, um es mit einer kühnen Wendung aus Platos 7. Brief zu sagen: Nicht seine These allein, sondern seine Seele wird widerlegt. Das gilt sowohl von den Knaben, die sich Freunde glauben und doch noch gar nicht wissen, was Freundschaft ist (Lysis), wie von den berühmten Feldherren, die glauben, die Tugend des Soldaten in sich zu verkörpern (Laches), oder von den ehrgeizigen Staatsmännern, die ein allem anderen Wissen überlegenes Wissen zu besitzen meinen (Charmides), – es gilt ebenso von all denen, die den professionellen Lehrern der Weisheit folgen, und am Ende gilt es von dem einfachsten Bürger selbst, der von sich glauben muß und glauben machen muß, daß er ›gerecht‹ ist, als Kaufmann, Händler, Bankier so gut wie als Handwerker usw. Offenkundig ist es nicht Fach-Wissen, auf das es dabei ankommt, sondern eine andere Art von Wissen, jenseits aller speziellen Ansprüche und Kompetenzen wissender Überlegenheit, jenseits aller sonst bekannten Technai und Epistemai. Dies andere Wissen meint die ›Wendung zur Idee‹, die hinter allen Bloßstellungen der vermeintlich Wissenden liegt.

Aber auch das heißt nicht, daß Plato am Ende eine Lehre hat, die man von ihm lernen kann: die ›Ideenlehre‹. Und wenn er diese ›Lehre‹ in seinem Parmenidesdialog kritisiert, heißt das erst recht nicht, daß er damals an ihr irre geworden ist. Es heißt vielmehr, daß die Annahme von ›Ideen‹ nicht so sehr eine ›Lehre‹ war, sondern eine Fragerichtung bezeichnet, deren Implikationen zu entwickeln und zu diskutieren die Aufgabe der Philosophie, das heißt der platonischen Dialektik, war. Dialektik ist die Kunst, ein Gespräch zu führen, und das schließt die Kunst ein, dies Gespräch mit sich selbst zu führen und der Verständigung mit sich selbst nachzugehen. Sie ist die Kunst des Denkens. Das aber bedeutet die Kunst, nach dem zu fragen, was man eigentlich mit dem meint, was man denkt und sagt. Man begibt sich damit auf einen Weg. Besser: man ist damit auf einem Wege. Denn es gibt so etwas wie eine ›Naturanlage des Menschen zur Philosophie‹. Unser Denken bleibt nicht stehen bei dem, was einer mit diesem oder mit jenem meint. Denken weist stets über sich hinaus. Das platonische Dialogwerk hat dafür seinen Ausdruck – es weist auf das Eine, das Sein, das ›Gute‹, das sich in der Ordnung der Seele, der Stadtverfassung wie des Weltenbaues darstellt.

Wenn Heidegger die Annahme der Ideen als den Anfang der Seinsvergessenheit interpretiert, die in der bloßen Vorgestelltheit und der Objektivierung gipfelt, in die die technologische Ära des universal gewordenen Willens zur Macht ausläuft, und wenn er konsequent genug ist, auch das früheste griechische Seinsdenken als die Vorbereitung dieser in der Metaphysik sich ereignenden Seinsvergessenheit zu verstehen, so bedeutet demgegenüber die eigentliche Dimension der platonischen Dialektik der Ideen im Grunde etwas anderes. Der ihr zugrunde liegende Überschritt auf das Jenseits alles Seienden hin ist ein Schritt über die ›einfältige‹ Annahme der Ideen hinaus und in letzter Konsequenz eine Gegenbewegung gegen die metaphysische Auslegung des Seins als des Seins des Seienden.

Tatsächlich ließe sich die Geschichte der Metaphysik auch als eine Geschichte des Platonismus schreiben. Ihre Stationen wären etwa Plotin und Augustin, Meister Eckhart und Nikolaus von Kues, Leibniz, Kant und Hegel, das heißt aber: alle jene Denkanstrengungen des Abendlandes, die hinter das substantiale Sein der Idee und überhaupt hinter die Substanzlehre der metaphysischen Tradition zurückfragen. Der erste Platoniker in dieser Reihe aber wäre kein anderer als Aristoteles selbst. Das glaubhaft zu machen, und zwar sowohl gegen die Instanz der aristotelischen Kritik an der Ideenlehre als auch gegen die Substanzmetaphysik der abendländischen Tradition, wäre das Ziel meiner Studien auf diesem Felde. Ich stünde damit übrigens nicht ganz allein. Es hat Hegel gegeben.[7]

Es wäre auch kein bloß ›historisches‹ Unternehmen. Denn dahinter stünde durchaus nicht die Absicht, die von Heidegger entworfene Geschichte der wachsenden Seinsvergessenheit durch eine Geschichte der Seinserinnerung zu ergänzen. Das wäre nicht sinnvoll. Wohl ist es angemessen, von wachsender Vergessenheit zu sprechen. So bestand Heideggers große Leistung in meinen Augen gerade darin, uns aus einer geradezu völligen Vergessenheit aufzurütteln, indem er uns lehrte, im Ernste zu fragen: Was ist das, das ›Sein‹? Ich erinnere mich, wie im Jahre 1924 Heidegger in einem Seminar über Cajetans ›De nominum analogia‹ eine Diskussion mit der Frage beendete: Was ist das, das Sein? und wie wir uns über der Absurdität dieser Frage kopfschüttelnd ansahen. Inzwischen sind wir alle in gewissem Sinne an die Seinsfrage erinnert worden. Auch die Verteidiger der traditionellen metaphysischen Tradition, die Kritiker Heideggers sein wollen, sind nicht mehr in der Selbstverständlichkeit befangen, mit der das in der metaphysischen Tradition begründete Verständnis von Sein fraglos galt. Sie verteidigen vielmehr die klassische Antwort als eine Antwort, das heißt aber, sie haben die Frage als Frage wiedergewonnen.

Überall, wo Philosophieren versucht wird, geschieht in dieser Weise Seins-Erinnerung. Trotzdem gibt es, wir mir scheint, keine Geschichte der Seinserinnerung. Erinnerung hat keine Geschichte. Es gibt nicht in derselben Weise, wie es wachsende Vergessenheit gibt, eine wachsende Erinnerung. Erinnerung ist immer das, was einem kommt, was über einen kommt, so daß ein Wiedervergegenwärtigtes dem Vergehen und Vergessen eine Weile Halt gebietet. Seinserinnerung aber ist obendrein nicht Erinnerung an etwas vordem Gewußtes und jetzt Vergegenwärtigtes, sondern Erinnerung an vordem Gefragtes, ist Erinnerung an eine verschollene Frage. Alle Frage aber, die als Frage gefragt wird, ist nicht länger erinnerte. Als Erinnerung an das damals Gefragte ist sie das jetzt Gefragte. So hebt das Fragen die Geschichtlichkeit unseres Denkens und Erkennens auf. Philosophie hat keine Geschichte. Der erste, der eine Ge-

[7] [Vgl. inzwischen meine Arbeit ›Die Idee des Guten zwischen Plato und Aristoteles‹ (Abh. d. Heidelberger Ak. d. Wiss., Philos.-histor. Kl.Jg. 1978, 3. Abh.) Heidelberg 1978; Ges. Werke Bd. 7, S. 128–227.]

schichte der Philosophie schrieb, die wirklich eine solche war, war auch der letzte: Hegel. In ihm hob sich Geschichte in die Gegenwart des absoluten Geistes auf.

Aber ist das unsere Gegenwart? Ist auch nur Hegel für uns diese Gegenwart? Gewiß soll man Hegel nicht dogmatisch einengen. Wenn er vom Ende der Geschichte sprach, die mit der Freiheit aller erreicht sei, so hieß das, daß die Geschichte nur in dem Sinne zu Ende sei, daß kein höheres Prinzip als die Freiheit aller aufgestellt werden könne. Die steigenden Unfreiheit aller, die sich als das vielleicht unausweichliche Schicksal der Weltzivilisation abzuzeichnen begonnen hat, wäre in seinen Augen kein Einwand gegen das Prinzip. Es wäre nur »schlimm für die Tatsachen«. Gleichwohl fragen wir gegen Hegel: Ist das Prinzip, das erste und letzte, worin der philosophische Gedanke des Seins endet, ›Geist‹? Dagegen hat die Kritik der Junghegelianer sich polemisch orientiert, und nach meiner Überzeugung ist Heidegger es gewesen, der als erster eine positive Möglichkeit freilegt, die über die bloße dialektische Umkehrung hinausging. Denn das ist sein Punkt: ›Wahrheit‹ ist nicht die volle Unverborgenheit, deren ideale Erfüllung am Ende die Selbstgegenwart des absoluten Geistes bliebe. Er lehrte uns vielmehr, Wahrheit als Entbergung und Verbergung zugleich zu denken. Die großen Denkversuche der Tradition, in denen wir uns immer wieder wie mitausgesprochen wissen, stehen alle in dieser Spannung. Was ausgesagt ist, ist nicht alles. Das Ungesagte erst macht das Gesagte zum Wort, das uns erreichen kann. Das scheint mir von zwingender Richtigkeit. Die Begriffe, in denen sich Denken formuliert, stehen gleichsam gegen eine Wand von Dunkelheiten. Sie wirken einseitig, festlegend, vorurteilsvoll. Man denke etwa an den griechischen Intellektualismus oder an die Willensmetaphysik des deutschen Idealismus oder an den Methodologismus der Neukantianer und Neupositivisten. Sie sagen sich auf ihre Weise aus, aber nicht ohne sich für sich selbst dabei unkenntlich zu werden. Sie sind in der Vorgreiflichkeit ihrer Begriffe befangen.

Aus diesem Grunde ist jeder Dialog mit dem Denken eines Denkers, den wir zu führen suchen, indem wir ihn zu verstehen trachten, ein in sich unendliches Gespräch. Ein wirkliches Gespräch, in dem wir ›unsere‹ Sprache zu finden suchen – als die gemeinsame. Die historische Abstandnahme, und gar die Placierung des Partners in einem historisch überschaubar gemachten Ablauf, bleiben untergeordnete Momente unseres Verständigungsversuchs und sind in Wahrheit Formen der Selbstvergewisserung, mit denen wir uns gegen den Partner verschließen. Im Gespräch dagegen versuchen wir uns für ihn zu öffnen, das heißt die gemeinsame Sache festzuhalten, in der wir zusammenstehen.

Wenn das so ist, dann steht es freilich schlecht mit einer eigenen Position. Bedeutet solche dialogische Unendlichkeit nicht in letzter Radikalität einen völligen Relativismus? Aber wäre das nicht selbst wieder eine solche Position und obendrein eine, die sich in bekannter Weise in Selbstwiderspruch verstrickte? Am Ende ist es so wie beim Erwerb von Lebenserfahrung auch: Eine Fülle von Erfahrungen, Begegnungen, Belehrungen, Enttäuschungen mündet nicht darin, daß man am Ende alles weiß, sondern daß man Bescheid weiß und Bescheidenheit gelernt hat. In einem zentralen Kapitel meines Buches ›Wahrheit und Methode‹ habe ich diesen ›personalen‹ Begriff von Erfahrung gegen die Verdeckung verteidigt, die er durch den institutionalisierten Prozeß der Erfahrungswissenschaften erlitten hat, und empfinde mich darin M. Polanyi verwandt. Die ›hermeneutische‹ Philosophie versteht sich von da aus nicht als eine ›absolute‹ Position, sondern als ein Weg der Erfahrung. Sie besteht darauf, daß es kein höheres Prinzip gibt als dies, sich dem Gespräch offenzuhalten. Das aber heißt stets, das mögliche Recht, ja die Überlegenheit des Gesprächspartners im voraus anzuerkennen. Ist das zu wenig? Es scheint mir die Art Redlichkeit, die man von einem Professor der Philosophie allein verlangen kann –, die man aber auch verlangen sollte.

Es scheint mir evident, daß der Rückgang auf die ursprüngliche Dialogik menschlicher Welthabe nicht hintergehbar ist. Das gilt auch dann, wenn letzte Rechenschaftsgabe, ›Letztbegründung‹ gefordert oder ›Selbstverwirklichung des Geistes‹ gelehrt wird. So mußte vor allem Hegels Denkweg erneut befragt werden. Heidegger hat die griechischen Hintergründe der Tradition der Metaphysik aufgedeckt und in Hegels dialektischer Auflösung der traditionellen Begrifflichkeit in seiner ›Wissenschaft der Logik‹ die radikalste Gefolgschaft gegenüber den Griechen erkannt. Aber seine Destruktion der Metaphysik hat dieselbe nicht ihres Sinnes beraubt. Insbesondere machte sich Hegels kunstvolle spekulative Überschreitung der Subjektivität des subjektiven Geistes geltend und bot sich als ein eigener Lösungsweg gegenüber dem neuzeitlichen Subjektivismus an. War hier die Intention nicht die gleiche wie in Heideggers Abkehr von der transzendentalen Selbstauffassung im Denken der ›Kehre‹? War nicht auch Hegels Intention, die Orientierung am Selbstbewußtsein und an der Subjekt-Objekt-Spaltung der Bewußtseinsphilosophie hinter sich zu lassen? Oder sind da noch Unterschiede? Bedeutet die Orientierung an der Universalität der ›Sprache‹, das Bestehen auf der Sprachlichkeit unseres Weltzuganges, das wir mit Heidegger teilen, gar einen Schritt über Hegel hinaus, einen Schritt hinter Hegel zurück?

Zu einer ersten Ortsbestimmung meines eigenen Denkversuches könnte ich in der Tat sagen, daß ich die Ehrenrettung der ›schlechten Unendlichkeit‹ auf mich genommen habe. Freilich mit einer in meinen Augen entscheidenden Modifikation. Denn der unendliche Dialog der Seele mit sich selber, der das Denken ist, ist nicht zu charakterisieren als eine endlose Fortbestimmung der zu erkennenden Gegenstandswelt, weder im neukantianischen Sinne der unendlichen Aufgabe noch im dialektischen Sinne des denkenden Hinaus-

Seins über jede jeweilige Grenze. Hier hat für mich Heidegger einen neuen Weg gewiesen, indem er die Kritik an der metaphysischen Tradition in die Vorbereitung wendete, die Frage nach dem Sein auf neue Weise zu stellen, und sich dabei ›unterwegs zur Sprache‹ fand. Es ist der Weg der Sprache, die nicht in der Urteilsaussage und ihrem gegenständlichen Geltungsanspruch aufgeht, sondern die sich stets an das Ganze des Seins hält. Totalität ist nicht eine zu bestimmende Gegenständlichkeit. Kants Kritik an den Antinomien der reinen Vernunft scheint mir insofern gegen Hegel recht zu behalten. Totalität ist nicht Gegenstand, sondern der Welthorizont, der uns umschließt und in den wir hineinleben.

Ich brauchte nicht erst Heidegger zu folgen, der Hölderlin gegen Hegel aufbaute und das Werk der Kunst als ein ursprüngliches Wahrheitsgeschehen deutete, um im dichterischen Werk ein Korrektiv für das Ideal objektiver Bestimmtheit und für die Hybris der Begriffe anzuerkennen. Das war mir vielmehr von meinen allerersten eigenen Denkversuchen her gewiß. Es sollte meiner eigenen hermeneutischen Orientierung beständig zu denken geben. Der hermeneutische Versuch, Sprache vom Dialog aus zu denken – ein für einen lebenslangen Schüler Platos unausweichlicher Versuch –, bedeutete letzten Endes die Überholbarkeit jeder Fixierung durch den Fortgang des Gesprächs. So wird die terminologische Fixierung, die im konstruktiven Bereich der modernen Wissenschaft und ihrer Verfügbarmachung des Wissens für jedermann ganz angemessen ist, im Felde der Bewegung des philosophischen Gedankens eigentümlich verdächtig. Die großen griechischen Denker wahrten sich die Beweglichkeit der eigenen Sprache auch dort, wo sie – in thematischer Analyse – gelegentlich begriffliche Fixierungen vornahmen. Es gibt aber Scholastik, antike, mittelalterliche, neue und neueste. Sie begleitet die Philosophie wie ihr Schatten. Daher wird der Rang eines Denkens fast dadurch bestimmbar, wie weit es die Versteinerungen aufzubrechen vermag, die der überlieferte philosophische Sprachgebrauch darstellt. Hegels programmatischer Versuch, den er als seine dialektische Methode handhabte, hat im Grunde viele Vorgänger. Selbst ein so zeremoniell gesinnter Denker wie Kant, der die lateinische Schulsprache stets mit im Sinne hatte, fand seine ›eigene‹ Sprache, die zwar Neubildungen vermied, aber den traditionellen Begriffen viele neue Wendungen abgewann. Auch Husserls Rang bestimmt sich gegenüber dem zeitgenössischen und älteren Neukantianismus gerade dadurch, daß seine geistige Anschauungskraft überlieferte Kunstausdrücke und die deskriptive Geschmeidigkeit seines sprachlichen Vokabulars zur Einheit eines Stils verschmolz. Heidegger vollends berief sich geradezu auf das Vorbild Platos und Aristoteles', um die Neuartigkeit seines Sprachgebarens zu rechtfertigen, und man ist ihm dabei weit mehr gefolgt, als die erste provokatorische Wirkung und Verblüffung erwarten ließ. Die Philosophie befindet sich eben, im Unterschied zu den Wissenschaften und der Lebenspraxis, in einer eigentümlichen Schwierigkeit. Die Sprache, die wir sprechen, ist nicht für die Absichten des Philosophierens geschaffen. Philosophie verstrickt sich in einer konstitutiven Sprachnot, und diese Sprachnot wird um so fühlbarer, je kühner ein Philosophierender vorausdenkt. Im allgemeinen ist es das Kennzeichen des Dilettanten, daß er willkürlich Begriffe ›bildet‹ und eifrig seine Begriffe ›definiert‹. Der Philosoph weckt die Anschauungskraft der Sprache, und jede sprachliche Kühnheit und Gewaltsamkeit kann am Platze sein, wenn sie es nur erreicht, daß sie in die Sprache derer eingeht, die mitdenken und weiterdenken, und das heißt, wenn sie nur den Horizont der Verständigung fortbewegt, ausdehnt, lichtet.

Es ist unvermeidlich, daß die Sprache der Philosophie, die ihren Gegenstand niemals vorfindet, sondern selbst erst aufbaut, sich nicht in Satzsystemen bewegt, deren logische Formalisierung und kritische Überprüfung auf Schlüssigkeit und Eindeutigkeit hin die Einsichten der Philosophie vertiefen könnte. Diese Tatsache wird keine ›Revolution‹, auch nicht die durch die Analysis of *ordinary language* proklamierte, aus der Welt schaffen. Um es am Beispiel zu illustrieren: Es kann einen Gewinn an Klarheit bringen, wenn man die in einem Platonischen Dialog begegnenden Argumentationen mit logischen Mitteln analysiert, Inkohärenzen aufweist, Sprünge ausfüllt, Fehlschlüsse entlarvt usw. Aber lernt man so Plato lesen? Seine Fragen zu den eigenen zu machen? Gelingt es, an ihm zu lernen, statt sich eigene Überlegenheit zu bestätigen? Was für Plato gilt, gilt aber mutatis mutandis für alle Philosophie. Plato hat das in seinem 7. Brief, wie mir scheint, ein für allemal richtig beschrieben: Die Mittel des Philosophierens sind nicht es selbst. Plane logische Schlüssigkeit ist noch nicht alles. Nicht als ob die Logik nicht ihre evidente Gültigkeit hätte. Aber die Thematisierung des Logischen beschränkt den Fragehorizont auf formale Überprüfbarkeit und verstellt damit die Weltöffnung, die in unserer sprachlich ausgelegten Welterfahrung geschieht. Das ist eine hermeneutische Feststellung, bei der ich am Ende mit dem späten Wittgenstein eine gewisse Konvergenz zu bemerken meine. Er revidierte dort die nominalistischen Vorurteile seines ›Traktats‹ zugunsten einer Zurückführung alles Sprechens auf Zusammenhänge der Lebenspraxis. Freilich blieb ihm der Ertrag dieser Reduktion auch weiterhin negativ. Er bestand für ihn in der Abweisung der unausweisbaren Fragen der Metaphysik und nicht darin, die unabweisbaren Fragen der Metaphysik – so unausweisbar sie sein mögen – wiederzugewinnen, indem man sie aus der Sprachverfaßtheit unseres In-der-Welt-Seins heraushört. Hierfür ist weit mehr als von Wittgenstein von dem Worte der Dichter zu lernen.

Da ist es genau so und niemand bestreitet es dort, daß es so ist: die begriffliche Explikation vermag den Gehalt eines dichterischen Gebildes nicht auszuschöpfen. Das ist mindestens seit Kant anerkannt, wenn nicht gar schon seit Baumgartens Entdeckung der ästhetischen Wahrheit *(cognitio sensitiva)*. Aber unter hermeneutischem Aspekt muß das besonders interessieren. Der Dichtung gegenüber genügt nicht die bloße Scheidung des Ästhetischen vom Theoretischen und seine Befreiung vom Druck der Regeln oder des Begriffes. Auch Dichtung bleibt noch eine Gestalt der Rede, in der Begriffe zueinander in Beziehung treten. So besteht die hermeneutische Aufgabe darin, den besonderen Ort der Dichtung im Zusammenhang der Verbindlichkeit der Sprache, in der immer Begriffliches im Spiele ist, bestimmen zu lernen. Auf welche Weise wird Sprache zur Kunst? Diese Frage stellt sich hier nicht nur, weil es sich bei der Kunst der Interpretation immer um Formen von Rede und Text handelt und weil es sich bei der Dichtung auch um sprachliche Gebilde, um Texte handelt. Dichterische Gebilde sind in einem neuartigen Sinne ›Gebilde‹, sie sind in eminenter Weise ›Texte‹. Sprache tritt hier in ihrer vollendeten Autonomie heraus. Sie steht für sich und bringt sich zum Stehen, während sonst Worte durch die Intentionsrichtung der Rede überholt werden, die sie hinter sich läßt.

Hier steckt ein hermeneutisches Problem von eigener Schwierigkeit. Es ist eine besondere Art von Kommunikation, die bei Dichtungen vor sich geht. Mit wem findet sie statt? Mit dem Leser? Mit welchem Leser? Hier gewinnt die Dialektik von Frage und Antwort, die dem hermeneutischen Prozeß immer zugrunde liegt und dem Grundschema des Dialogischen entspringt, eine besondere Modifikation. Aufnahme und Interpretation von Dichtung scheint ein dialogisches Verhältnis eigener Art zu implizieren.

Das tritt besonders hervor, wenn man die verschiedenen Weisen des Sprechens in ihrer Sonderart studiert. Es ist nicht nur das dichterische Wort, das eine reiche Skala von Differenzierungen aufweist, z. B. episch, dramatisch, lyrisch. Es gibt offenbar auch andere Weisen des Sprechens, in denen sich das hermeneutische Grundverhältnis von Frage und Antwort eigentümlich modifiziert. Ich denke an die verschiedenen Formen des religiösen Sprechens, wie Verkündigung, Gebet, Predigt, Segnung. Ich nenne die mythische ›Sage‹, den Rechtstext, und eben auch die mehr oder minder stammelnde Sprache der Philosophie. Sie bilden eine hermeneutische Anwendungsproblematik, der ich mich seit dem Erscheinen von ›Wahrheit und Methode‹ zunehmend mehr gewidmet habe. Von zwei Seiten aus glaube ich der Sache nähergekommen zu sein, einmal von meinen Studien zu Hegel her, in denen ich die Rolle des Sprachlichen in seinem Zusammenhang mit dem Logischen verfolge, und sodann von moderner hermetischer Dichtung her, wie ich sie in einem Kommentar zu Paul Celans ›Atemkristall‹ zum Gegenstand gemacht habe. Das Verhältnis von Philosophie und Poesie steht im Zentrum dieser Untersuchungen. Das Nachdenken darüber dient mir dazu, und kann uns allen dazu dienen, sich beständig daran zu erinnern, daß Plato kein Platoniker war und Philosophie nicht Scholastik ist.

A. Zur Hermeneutik

2. Klassische und philosophische Hermeneutik

1968

Der Titel ›Hermeneutik‹ deckt, wie das oft mit solchen aus dem Griechischen stammenden Worten, die in unsere Wissenschaftssprache Eingang gefunden haben, geschehen ist, sehr verschiedene Niveaus der Reflexion. Hermeneutik meint in erster Linie eine kunstvolle Praxis. Das deutet die Wortbildung an, zu der ›Techne‹ zu ergänzen ist. Die Kunst, um die es sich dabei handelt, ist die der Verkündung, des Dolmetschens, Erklärens und Auslegens und schließt natürlich die ihr zugrunde liegende Kunst des Verstehens ein, die überall dort erfordert ist, wo der Sinn von etwas nicht offen und unzweideutig zutage liegt. So liegt schon im ältesten Gebrauch des Wortes[21] eine gewisse Zweideutigkeit. Hermes hieß der Götterbote, der die Botschaften der Götter den Menschen überbrachte – in der homerischen Schilderung oft so, daß er wörtlich ausrichtet, was ihm aufgetragen ist. Oft aber, und insbesondere im profanen Gebrauch, besteht das Geschäft des *hermēneus* gerade darin, daß er ein in fremder oder unverständlicher Weise Geäußertes in die verständliche Sprache aller übersetzt. Das Geschäft des Übersetzens hat daher immer eine gewisse ›Freiheit‹. Es setzt das volle Verständnis der fremden Sprache, aber mehr noch, auch das Verständnis der eigentlichen Sinn-Meinung des Geäußerten voraus. Wer als Dolmetscher verständlich sein will, muß das Gemeinte neu zur Sprache bringen. Immer ist die Leistung der ›Hermeneutik‹ eine solche Übertragung von einer Welt in eine andere, der Welt der Götter in die der Menschen, der Welt der einen, fremden Sprache in die Welt der anderen, eigenen Sprache. (Menschliche Übersetzer können immer nur in die eigene Sprache übersetzen.) Da aber die eigene Aufgabe des Übersetzens eben darin besteht, etwas ›auszurichten‹, schwankt der Sinn von *hermēneuein* zwischen Übersetzung und praktischer Anweisung, zwischen bloßem Mitteilen und Gehorsam-Fordern. Zwar pflegt *hermēneia* in ganz neutralem Sinne ›Aussage von Gedanken‹ zu bedeuten, aber es ist bezeichnend, daß Plato[22] nicht jeglichen Ausdruck von

[21] [Daß die Etymologie des Wortes wirklich etwas mit dem Gott ›Hermes‹ zu tun hat, wie der Wortgebrauch und die antike Etymologie nahelegen, ist in der neueren Forschung (Benveniste) bezweifelt worden.]

[22] Plato, Politikos 260 d.

Gedanken, sondern allein das Wissen des Königs, des Herolds usw., das den Charakter der Anweisung hat, unter dem Ausdruck versteht. Nicht anders dürfte die Nachbarschaft der Hermeneutik zur Mantik[23] zu verstehen sein: die Kunst, den Gotteswillen zu übermitteln, steht neben der Kunst, ihn oder die Zukunft aus Zeichen zu erraten. – Immerhin ist für die andere, rein kognitive Bedeutungskomponente bezeichnend, daß Aristoteles in der Schrift *Peri hermēneias* nur noch den logischen Sinn der Aussage meint, wenn er den *logos apophantikos* behandelt. Entsprechend entwickelt sich dann im späteren Griechentum der rein kognitive Sinn von *hermēneia* und *hermēneus* und kann ›gelehrte Erklärung‹ bzw. ›Erklärer‹ und ›Übersetzer‹ bedeuten. Freilich haftet der ›Hermeneutik‹ als Kunst immer noch die alte Herkunft aus der Sakralsphäre[24] ein wenig an: es ist die eine Kunst, deren Spruch man sich als maßgeblich zu unterwerfen hat, bzw. die man bewundernd anerkennt, weil sie Verschlossenes – fremde Rede oder gar die unausgesprochene Überzeugung eines andern – zu verstehen und darzulegen vermag. Es ist also eine *ars*, auf deutsch: eine Kunstlehre, wie die Redekunst oder die Schreibkunst oder die Rechenkunst – mehr eine praktische Fertigkeit als eine ›Wissenschaft‹.

Das gilt selbst noch in so späten Nachklängen des alten Wortsinnes, wie sie die neuere theologische und juristische Hermeneutik darstellen: sie sind eine Art von ›Kunst‹ oder sind mindestens solcher ›Kunst‹ als Mittel dienstbar und schließen immer eine normative Kompetenz ein: nicht nur, daß die Ausleger ihre Kunst verstehen, sondern daß sie Normatives – das göttliche oder menschliche Gesetz – zum Ausdruck bringen.

Wenn wir heute von ›Hermeneutik‹ reden, stehen wir dagegen in der Wissenschaftstradition der Neuzeit. Der ihr entsprechende Wortgebrauch von ›Hermeneutik‹ setzt genau damals ein, das heißt, mit der Entstehung des modernen Methoden- und Wissenschaftsbegriffs. Jetzt ist immer eine Art methodischer Bewußtheit impliziert. Man besitzt nicht nur die Kunst der Auslegung, sondern weiß dieselbe theoretisch zu rechtfertigen. Die erste Bezeugung des Buchtitels ›Hermeneutik‹ stammt aus dem Jahre 1654: bei Dannhauer[25]. Wir unterscheiden seither eine theologisch-philologische und eine juristische Hermeneutik.

Theologisch bedeutet ›Hermeneutik‹ die Kunst der rechten Auslegung der Heiligen Schrift, die, an sich uralt, schon in patristischer Zeit zu methodischer Bewußtheit geführt wurde, vor allem durch Augustin in ›De doctrina christiana‹. Die Aufgabe einer christlichen Dogmatik war durch die Spannung zwischen der besonderen Geschichte des jüdischen Volkes, wie sie

[23] Epinomis 975 c.

[24] Photios, Bibl. 7; Plato, Ion 534 e; Legg. 907 d.

[25] J. Dannhauer: Hermeneutica sacra sive methodus exponendarum sacrarum litterarum (1654).

das Alte Testament heilsgeschichtlich auslegt, und der universalistischen Verkündigung Jesu im Neuen Testament bestimmt. Hier mußte methodische Reflexion helfen und Lösungen schaffen. Augustin lehrt in ›De doctrina christiana‹ mit Hilfe neuplatonischer Vorstellungen den Aufstieg des Geistes über den wörtlichen und den moralischen zum geistlichen Sinn. Damit löst er das dogmatische Problem, indem er unter einem einheitlichen Gesichtspunkt das antike hermeneutische Erbe zusammenfaßt.

Der Kern der antiken Hermeneutik ist das Problem der allegorischen Interpretation. Diese ist an sich schon älter. *Hyponoia*, der Hintersinn, war das ursprüngliche Wort für allegorischen Sinn. Solche Auslegung wurde schon im Zeitalter der *Sophistik* gepflegt, wie seinerzeit schon A. Tate behauptet hatte und wie durch neuere Papyrostexte bestätigt wird. Der geschichtliche Zusammenhang, der zugrunde liegt, ist deutlich: Von dem Augenblick an, da die Wertewelt des homerischen Epos, das für eine Adelsgesellschaft gedacht war, ihre Verbindlichkeit einbüßte, wird eine neue Deutungskunst für die Überlieferung erforderlich. Das geschah mit der Demokratisierung der Städte, deren Patriziat die Adelsethik übernommen hatte. Der Ausdruck derselben war die Bildungsidee der Sophistik: Odysseus lief Achilles den Rang ab und nahm auch auf der Bühne nicht selten sophistische Züge an. Die Allegorese wurde dann besonders in der hellenistischen Homer-Interpretation der Stoa zu einer universellen Methode ausgebildet. Die patristische Hermeneutik, die Origenes und Augustin zusammenfaßten, knüpfte daran an. Sie wurde im Mittelalter durch Cassian systematisiert und zur Methode des vierfachen Schriftsinns entwickelt.

Einen neuen Impuls erhielt die Hermeneutik durch den reformatorischen Rückgang zum Buchstaben der Heiligen Schrift, als die Reformatoren sich polemisch gegen die Tradition der Kirchenlehre und deren Behandlung des Textes mit den Methoden des mehrfachen Schriftsinnes richteten[26]. Insbesondere wurde nun die allegorische Methode verworfen, bzw. das allegorische Verstehen auf die Fälle beschränkt, wo der Gleichnissinn – etwa in den Reden Jesu – es eigens rechtfertigte. Ineins damit erwachte ein neues Methodenbewußtsein, das objektiv, objektgebunden, von aller subjektiven Willkür frei sein wollte. Doch bleibt das zentrale Motiv ein normatives: Es geht in der theologischen wie auch in der humanistischen Hermeneutik der Neuzeit um rechte Auslegung von solchen Texten, die das eigentlich Maßgebliche enthalten, das es zurückzugewinnen gilt. Insofern gehört zu der Motivierung der hermeneutischen Anstrengung nicht so sehr, wie später bei

[26] Vgl. K. Holls Untersuchungen zu Luthers Hermeneutik: Luthers Bedeutung für den Fortschritt der Auslegungskunst (1920), und ihre Fortsetzung durch G. Ebeling: Ev. Evangelienauslegung. Eine Untersuchung zu Luthers Hermeneutik (1942); Die Anfänge von Luthers Hermeneutik, Z. Theol. Kirche 48 (1951); Hermeneutische Theologie? In: Wort und Glaube Bd. II, Tübingen 1969, S. 99–120.

Schleiermacher, daß eine Überlieferung schwer verständlich ist und zu Mißverständnissen Anlaß gibt, als vielmehr, daß sie zu neuem Verständnis gebracht wird, indem eine bestehende Tradition durch Aufdeckung ihrer verschütteten Ursprünge aufgebrochen oder verwandelt wird. Ihr verdeckter oder entstellter Ur-Sinn soll wieder aufgesucht und erneuert werden. Hermeneutik sucht überall im Rückgang zu den originalen Quellen ein neues Verständnis für etwas zu gewinnen, das durch Verzerrung, Entstellung oder Mißbrauch verdorben war – die Bibel durch die Lehrtradition der Kirche, die Klassiker durch das barbarische Latein der Scholastik, das römische Recht durch regionale Rechtsübung usw. Dem sollte die neue Anstrengung gelten, nicht bloß richtiger zu verstehen, sondern Vorbildliches neu geltend zu machen, im selben Sinne, wie wenn es sich um die Verkündung einer Götterbotschaft, die Auslegung eines Orakelspruches oder eines zwingend vorschreibenden Gesetzes handelt.

Neben dieser sachgerichteten Motivation der Hermeneutik wurde aber im Beginn der Neuzeit auch eine formale wirksam, sofern das Methodenbewußtsein der neuen Wissenschaft, die sich insbesondere der Sprache der Mathematik bediente, auf eine allgemeine Auslegungslehre von Zeichensprachen hindrängte. Um ihrer Allgemeinheit willen wurde sie als ein Teil der *Logik* abgehandelt[27]. Für das 18. Jahrhundert hat gewiß die Aufnahme eines hermeneutischen Kapitels in die Logik Chr. Wolffs[28] die entscheidende Rolle gespielt. Hier war ein logisch-philosophisches Interesse wirksam, das der Grundlegung der Hermeneutik in einer allgemeinen Semantik zustrebte. Der Grundriß einer solchen liegt uns zuerst bei Maier vor, der in Chladenius[29] einen geistvollen Vorläufer hat. – Im allgemeinen blieb dagegen im 17. Jahrhundert die in Theologie und Philologie aufkommende Disziplin der Hermeneutik fragmentarisch und diente mehr didaktischen als philosophischen Zwecken. In pragmatischer Abzweckung hat sie zwar einige methodische Grundregeln entwickelt, die sie größtenteils der antiken Grammatik und Rhetorik entnahm (Quintilian[30]), blieb aber im ganzen nur eine Sammlung von Stellenerklärungen, die das Verständnis der Schrift (oder, im humanistischen Bereich, der Klassiker) aufschließen sollten. ›Clavis‹, ›Schlüssel‹, ist der häufige Titel, z. B. bei Flacius[31].

Das begriffliche Vokabular der altprotestantischen Hermeneutik ent-

---

27 Vgl. die Darstellung von L. Geldsetzer in der Einleitung zum Neudruck von Georg Friedrich Maier: Versuch einer allgemeinen Auslegungskunst (1965) bes. X ff.

28 Chr. Wolff: Philosophia rationalis sive logica (^{2}1732) 3. Teil, 3. Abschn. Kap. 6,7.

29 J. A. Chladenius: Einl. zur richtigen Auslegung vernünftiger Reden und Schriften (1742 – Neudruck 1970).

30 Quintilian, Institutio oratoria.

31 M. Flacius: Clavis scripturae sacrae (1567); vgl. auch De ratione cognoscendi sacras litteras (Teil der Clavis), Neudruck 1968 dt.-lat.

stammt durchweg der antiken Rhetorik. Melanchthons Umwendung der rhetorischen Grundbegriffe auf das rechte Studium der Bücher *(bonis auctoribus legendis)*, die ja auch in der spätantiken Rhetorik und ihrer Schriftlichkeit ihr Vorbild hatte (Dionys von Halikarnass), war dafür epochemachend. So geht die Forderung, alles Einzelne aus dem Ganzen zu verstehen, auf das Verhältnis von *caput* und *membra* zurück, das sich die antike Rhetorik zum Vorbild nahm. Bei Flacius führt dieses hermeneutische Prinzip freilich zu höchst spannungsvoller Anwendung, da die dogmatische Einheit des Kanon, die er gegen die Einzelauslegung der neutestamentlichen Schriften ausspielte, den lutherischen Grundsatz des Schriftprinzips stark einschränkt.

Die paar allgemeinen hermeneutischen Regeln, die in Anlehnung an die antike Rhetorik in diesen ›Hermeneutiken‹ vorausgeschickt werden, rechtfertigen gewiß nicht ein philosophisches Interesse an diesen Schriften. Gleichwohl spiegelt sich in der Frühgeschichte der protestantischen Hermeneutik bereits die tiefere philosophische Problematik, die erst in unserem Jahrhundert voll aufbrechen sollte. Der lutherische Grundsatz *›sacra scriptura sui ipsius interpres‹* enthält zwar eine klare Absage an die dogmatische Tradition der römischen Kirche, aber da dieser Satz keineswegs einer naiven Inspirationstheorie das Wort reden wollte und da insbesondere die Wittenberger Theologie, der Bibelübersetzung des großen Gelehrten Luther folgend, ein reiches philologisches und exegetisches Rüstzeug zum Einsatz brachte, um die eigene Arbeit zu rechtfertigen, mußte die Problematik jeder Interpretation auch die Berufung auf das *sui ipsius interpres* mitergreifen. Das Paradox dieses Grundsatzes war allzu offenkundig, und es konnte nicht ausbleiben, daß die Verteidiger der katholischen Lehrüberlieferung, das tridentinische Konzil und das gegenreformatorische Schrifttum, die theoretische Schwäche desselben aufdeckten. Es war nicht zu leugnen: Die protestantische Bibelexegese arbeitete auch nicht ohne dogmatische Leitlinien, die teils in den ›Glaubensartikeln‹ systematisch zusammengefaßt, teils in der Auswahl der *loci praecipui* suggeriert wurden. Richard Simons Kritik an Flacius[32] ist für uns heute ein bezeichnendes Dokument für die hermeneutische Problematik des ›Vorverständnisses‹, und es wird sich zeigen, daß darin ontologische Implikationen stecken, die erst die Philosophie unseres Jahrhunderts sichtbar machte. Im Zusammenhang der Ablehnung der Lehre von der Verbalinspiration sucht schließlich auch die theologische Hermeneutik der frühen Aufklärung allgemeine Regeln des Verstehens zu gewinnen. Insbesondere die historische Bibelkritik findet damals ihre erste Legitimation. Spinozas theologisch-politischer Traktat war das Hauptereignis. Seine Kritik, beispielsweise am Wunderbegriff, war durch den Anspruch der

[32] R. Simon: Histoire critique du texte du nouveau testament (1689); De l'inspiration des livres sacrés (1687).

Vernunft legitimiert, nur Vernünftiges, d. h. Mögliches anzuerkennen. Sie war nicht nur Kritik. Sie enthielt zugleich eine positive Wendung, sofern das in der Schrift, woran die Vernunft Anstoß nimmt, eine natürliche Erklärung erheischt. Das führt zu der Wendung ins Historische, d. h. zur Wendung von den angeblichen (und unverständlichen) Wundergeschichten zu dem (verständlichen) Wunderglauben.[33]

Ihrer negativ-aufklärerischen Wirkung tritt die pietistische Hermeneutik entgegen, die seit A. H. Francke die *erbauliche* Anwendung mit der Auslegung der Texte aufs engste verknüpfte. Hier strömt die Tradition der antiken Rhetorik und ihrer Lehre von der Rolle der Affekte ein, insbesondere für die Lehre von der Predigt (*sermo*), die im protestantischen Kult eine neue, große Rolle bekommen hatte. Die einflußreiche Hermeneutik von J. J. Rambach[34] stellte ausdrücklich neben die *subtilitas intelligendi* und *explicandi* die *subtilitas applicandi*, was gewiß dem Sinn der Predigt entsprach. Der wohl aus der humanistischen Wettbewerbsgesinnung stammende Ausdruck *subtilitas* (Feinheit) deutet auf elegante Weise an, daß die ›Methodik‹ der Auslegung – wie alle Anwendung von Regeln überhaupt – Urteilskraft verlangt, die nicht selber wieder durch Regeln gesichert werden kann[35]. Das sollte für die Anwendung der Theorie auf die hermeneutische Praxis eine dauernde Einschränkung bedeuten. Obendrein sucht die Hermeneutik als theologische Hilfsdisziplin auch im späteren 18. Jahrhundert noch beständig den Ausgleich mit dem dogmatischen Interesse (z. B. bei Ernesti, Semler).

Erst Schleiermacher löst (angeregt durch F. Schlegel) die Hermeneutik als eine universale Lehre des Verstehens und Auslegens von allen dogmatischen und okkasionellen Momenten ab, die bei ihm nur anhangsweise in einer speziellen biblischen Wendung zu ihrem Recht kommen. Er verteidigte mit seiner hermeneutischen Theorie die Wissenschaftlichkeit der Theologie, und das insbesondere gegen die Inspirationstheologie, die die methodische Verifizierbarkeit des Verstehens der Heiligen Schrift mit Mitteln der Textexegese, der historischen Theologie, der Philologie usw. grundsätzlich in Frage stellte. Aber im Hintergrunde der Schleiermacherschen Konzeption einer allgemeinen Hermeneutik stand nicht nur ein solches theologisch-wissenschaftspolitisches Interesse, sondern ein philosophisches Motiv. Einer der tiefsten Antriebe des romantischen Zeitalters war der Glaube an das Gespräch als eine eigene, undogmatische und durch keine Dogmatik ersetzbare Wahrheitsquelle. Hatten Kant und Fichte in der Spontaneität des ›Ich denke‹ das oberste Prinzip aller Philosophie ausgezeichnet, so setzte sich in der durch glühende Freundschaftspflege ausgezeichneten romantischen Ge-

[33] [Vgl. meine kritische Erörterung von Strauss' Spinoza-Interpretation in ›Hermeneutik und Historismus‹, Ges. Werke, Band 2, S. 414 ff.]

[34] J. J. Rambach: Institutiones hermeneuticae sacrae (1723).

[35] Vgl. Kant, KdU (^{2}1799) VII.

neration der Schlegel und Schleiermacher dieses Prinzip in eine Art Metaphysik der Individualität um. Die Unaussagbarkeit des Individuellen lag ja auch der Wendung zur geschichtlichen Welt zugrunde, die mit dem Traditionsbruch des Revolutionszeitalters ins Bewußtsein trat. Fähigkeit zur Freundschaft, Fähigkeit zum Gespräch, zum Brief, zur Kommunikation überhaupt – all diese Züge des romantischen Lebensgefühls kamen dem Interesse am Verstehen und Mißverstehen entgegen, und so bildete diese menschliche Urerfahrung in Schleiermachers Hermeneutik den methodischen Ausgangspunkt. Von ihm aus stellte sich Verstehen von Texten, von fremden, fernen, umdunkelten und zu Schrift erstarrten Geistesspuren, d. h. die lebendige Auslegung von Literatur und insbesondere der Heiligen Schrift, als spezielle Anwendungen dar.

Freilich, Schleiermachers Hermeneutik ist durchaus nicht ganz frei von der etwas schulstaubigen Luft der älteren hermeneutischen Literatur – wie ja auch sein eigentlich philosophisches Werk etwas im Schatten der anderen großen idealistischen Denker steht. Er hat weder die zwingende Kraft Fichtescher Deduktion, noch Schellings spekulative Eleganz, noch auch die körnige Eigensinnigkeit von Hegels Begriffskunst – er war ein Redner, auch wo er philosophierte. Seine Bücher sind mehr die Merkzettel eines Redners. Insbesondere seine Beiträge zur Hermeneutik sind stark beschnitten, und was hermeneutisch am meisten interessiert, seine Bemerkungen über Denken und Sprechen, stehen überhaupt nicht in der ›Hermeneutik‹, sondern in seiner Dialektik-Vorlesung. Auf eine brauchbare kritische Ausgabe der Dialektik warten wir aber noch immer umsonst[36]. Der normative Grundsinn der Texte, der der hermeneutischen Bemühung ursprünglich ihren Sinn gab, tritt bei Schleiermacher in den Hintergrund. Verstehen ist reproduktive Wiederholung der ursprünglichen gedanklichen Produktion aufgrund der Kongenialität der Geister. So lehrte Schleiermacher auf dem Hintergrund seiner metaphysischen Konzeption von der Individualisierung des All-Lebens. Die Rolle der Sprache tritt damit hervor, und das in einer Form, die die gelehrtenhafte Einschränkung auf das Schriftliche grundsätzlich überwand. – Schleiermachers Begründung des Verstehens auf das Gespräch und die zwischenmenschliche Verständigung bedeutete insgesamt eine Tieferlegung der Fundamente der Hermeneutik, aber so, daß sie die Errichtung eines auf hermeneutischer Basis errichteten Wissenschaftssystems gestattete. Die Hermeneutik wurde zur Grundlage für alle historischen Geisteswissenschaften, nicht nur für die Theologie. Die dogmatische Voraussetzung des ›maßgeblichen‹ Textes, unter der das hermeneutische Geschäft, sowohl das des Theologen wie das des humanistischen Philologen (von dem des

[36] [G. Vattimo, Schleiermacher filosofo dell' interpretazione. Milano 1968]

Juristen gar nicht zu reden), seine ursprüngliche Funktion der Vermittlung hatte, ist nun verschwunden. Damit hat der Historismus freie Bahn.

Insbesondere die psychologische Interpretation wurde in der Nachfolge Schleiermachers, gestützt durch die romantische Lehre vom unbewußten Schaffen des Genies, die immer entschiedenere theoretische Basis der Geisteswissenschaften insgesamt. Das zeigt sich höchst lehrreich bereits bei Steinthal[37] und führt bei Dilthey zu einer systematischen Neubegründung der Idee der Geisteswissenschaften auf eine ›beschreibende und zergliedernde Psychologie‹. Schleiermacher liegt freilich noch nicht die eigentliche philosophische Begründung der historischen Wissenschaften am Herzen. Er gehört vielmehr selber in den Denkzusammenhang des von Kant und Fichte begründeten transzendentalen Idealismus. Insbesondere Fichtes ›Grundlage der gesamten Wissenschaftslehre‹ kam an epochaler Bedeutung fast der ›Kritik der reinen Vernunft‹ gleich. Wie schon der Titel andeutet, handelt es sich hier um die Ableitung allen Wissens aus einem einheitlichen ›obersten Grundsatz‹ oder Prinzip, der Spontaneität der Vernunft (›Tathandlung‹ sagte Fichte anstelle von ›Tatsache‹), und diese Wendung vom kantischen ›kritischen‹ zum ›absoluten‹ Idealismus liegt allen Späteren zugrunde, Schiller und Schleiermacher, Schelling, Friedrich Schlegel und Wilhelm von Humboldt – bis hin zu Boeckh, Ranke, Droysen und Dilthey. Daß die ›historische Schule‹ trotz ihrer Ablehnung der aprioristischen Konstruktion der Weltgeschichte im Stile Fichtes und Hegels gleichwohl die theoretischen Grundlagen der idealistischen Philosophie teilt, ist insbesondere von Erich Rothakker[38] nachgewiesen worden. Sehr einflußreich wurden die Vorlesungen des berühmten Philologen August Boeckh über ›Enzyklopädie der philologischen Wissenschaften‹. Boeckh bestimmte dort die Aufgabe der Philologie geradezu als das ›Erkennen des Erkannten‹. Damit war eine gute Formel für den Sekundärcharakter der Philologie gefunden. Der normative Sinn der klassischen Literatur, der im Humanismus neu entdeckt worden war und primär *imitatio* motivierte, war zu historischer Indifferenz verblaßt. Von der Grundaufgabe solchen ›Verstehens‹ her differenzierte Boeckh die verschiedenen Interpretationsweisen in die grammatische, die literarisch-gattunghafte, historisch-reale und die psychologisch-individuale. Dilthey knüpfte hier mit seiner verstehenden Psychologie an.

Freilich hatte sich insbesondere durch den Einfluß der ›induktiven Logik‹ von J. St. Mill die ›erkenntnistheoretische‹ Orientierung inzwischen verändert, und wenn Dilthey auch gegen die auf Herbarts und Fechners Basis sich ausbreitende experimentelle Psychologie die Idee einer ›verstehenden‹ Psychologie verteidigte, teilte er doch den generellen Standpunkt der ›Erfah-

[37] H. Steinthal: Einl. in die Psychol. und Sprachwiss. (1881).

[38] [Einleitung in die Geisteswissenschaften. Tübingen 1920]

rung‹, freilich in der auf den ›Satz des Bewußtseins‹ und den Erlebnisbegriff gegründeten Form. Auch bedeutete für ihn der geschichtsphilosophische, ja geschichtstheologische Hintergrund, auf dem sich die geistvolle Historik des Historikers J. G. Droysen erhob, sowie die strenge Kritik, die sein Freund, der spekulative Lutheraner Yorck von Wartenburg, an dem naiven Historismus des Zeitalters übte, eine beständige Mahnung. Beides hat dazu beigetragen, daß sich in der späteren Entwicklung Diltheys etwas Neues Bahn brach. Der Erlebnisbegriff, der bei ihm die psychologische Grundlage der Hermeneutik gebildet hatte, wurde durch die Unterscheidung von Ausdruck und Bedeutung ergänzt, teils unter dem Eindruck der Psychologismuskritik Husserls (in den ›Prolegomena‹ zu seinen ›Logischen Untersuchungen‹) und durch seine platonisierende Bedeutungstheorie, teils im Wiederanschluß an Hegels Theorie des objektiven Geistes, die sich Dilthey vor allem durch seine Studien zur Jugendgeschichte Hegels aufgeschlossen hatte[39]. – Das trug im 20. Jahrhundert seine Früchte. Diltheys Arbeiten wurden fortgesetzt von G. Misch, B. Groethuysen, E. Spranger, Th. Litt, J. Wach, H. Freyer, E. Rothacker, O. Bollnow u. a. Die Summe der idealistischen Tradition der Hermeneutik von Schleiermacher bis zu Dilthey und über ihn hinaus wurde von dem Rechtshistoriker E. Betti[40] gezogen.

Dilthey selbst ist freilich mit der Aufgabe nicht wirklich zu Rande gekommen, die ihn quälte, das ›historische Bewußtsein‹ mit dem Wahrheitsanspruch der Wissenschaft theoretisch zu vermitteln. E. Troeltschs Formel ›Von der Relativität zur Totalität‹, die die theoretische Lösung des Relativismusproblems im Sinne Diltheys darstellen sollte, blieb, wie Troeltschs eigenes Werk, im Historismus stecken, den es zu überwinden galt. Bezeichnend, daß Troeltsch auch in seinem dreibändigen Historismuswerk immer wieder in (glanzvolle) historische Exkurse abschweift. Dilthey umgekehrt suchte hinter alle Relativität auf ein Konstantes zurückzugehen und entwarf eine höchst einflußreiche Typenlehre der Weltanschauungen, der der Mehrseitigkeit des Lebens entsprechen sollte. Das war nur in sehr bedingtem Sinne eine Überwindung des Historismus. Denn die bestimmende Grundlage dieser wie jeder solchen Typenlehre war der Begriff der ›Weltanschauung‹, d. h. aber einer nicht weiter hintergehbaren ›Bewußtseinsstellung‹, die man nur beschreiben und mit anderen Weltanschauungen vergleichen konnte, aber als eine ›Ausdruckserscheinung des Lebens‹ gelten lassen mußte. Daß ein ›Erkennenwollen durch Begriffe‹, also der Wahrheitsanspruch der Philosophie, zugunsten des ›historischen Bewußtseins‹ aufzugeben sei, war die selber unreflektierte dogmatische Voraussetzung Diltheys und ist durch

[39] W. Dilthey: Ges. Schriften Bd. 4, 8. Inzwischen auch Bd. 18, 19.

[40] E. Betti: Zur Grundlegung einer allg. Auslegungslehre (1954); Allg. Auslegungslehre als Methodik der Geisteswiss. (1967).

eine Welt geschieden von Fichtes viel mißbrauchtem Wort ›Was für eine Philosophie man wählt, hängt davon ab, was man für ein Mensch ist‹«[41], ein Wort, das ein eindeutiges Bekenntnis zum Idealismus darstellt.

Das sollte sich an Diltheys Nachfolgern zeigen: Die pädagogisch-anthropologischen, psychologischen, soziologischen, kunsttheoretischen, historischen Typenlehren, die sich damals ausbreiteten, demonstrierten ad oculos, daß ihre Fruchtbarkeit jeweils von der geheimen Dogmatik abhing, die ihnen zugrunde lag. An allen diesen Typologien von Max Weber, Spranger, Litt, Pinder, Kretschmer, Jaensch, Lersch usw. zeigte sich, daß sie einen begrenzten Wahrheitswert hatten, aber denselben einbüßten, sowie sie die Totalität aller Erscheinungen erfassen, d. h. vollständig sein wollten. Solcher ›Ausbau‹ einer Typologie ins Allumfassende bedeutet aus Wesensgründen ihre Selbstauflösung, d. h. den Verlust ihres dogmatischen Wahrheitskerns. Selbst Jaspers' ›Psychologie der Weltanschauungen‹ war von dieser Problematik aller Typologie in der Nachfolge von Max Weber und Dilthey durchaus noch nicht so frei, wie es seine ›Philosophie‹ später verlangte (und erreichte). Das Denkmittel der Typologie ist in Wahrheit nur von einem extrem nominalistischen Standpunkt aus legitimierbar. Sogar Max Webers nominalistische Radikalität der Selbstaskese kannte ihre Grenzen und ergänzte sich durch das völlig irrationale, dezisionistische Zugeständnis, daß ein jeder ›seinen Gott‹ wählen müsse, dem er folgen wolle.[42]

Die theologische Hermeneutik der mit Schleiermachers allgemeiner Grundlegung beginnenden Epoche ist auf ähnliche Weise in ihren dogmatischen Aporien steckengeblieben. Schon der Herausgeber der Schleiermacherschen Hermeneutik-Vorlesungen, Lücke, hatte das theologische Moment in ihnen stärker akzentuiert. Die theologische Dogmatik des 19. Jahrhunderts kehrte im ganzen zu der altprotestantischen Problematik der Hermeneutik zurück, die mit der regula fidei gegeben war. Ihr stand die an aller Dogmatik Kritik übende historische Forderung der liberalen Theologie entgegen und führte zu zunehmender Indifferenz gegenüber der theologischen Sonderaufgabe. Daher gab es im Zeitalter der liberalen Theologie im Grunde keine spezifisch theologische hermeneutische Problematik.

Insofern war es ein epochales Ereignis, als im Durchgang durch den radikalen Historismus und unter dem Anstoß der dialektischen Theologie (Barth, Thurneysen) die hermeneutische Besinnung R. Bultmanns, die in der Parole der Entmythologisierung münden sollte, eine echte Vermittlung zwischen historischer und dogmatischer Exegese begründete. Das Dilemma zwischen historisch-individualisierender Analyse und Weitertragung des Kerygma bleibt freilich theoretisch unlösbar, Bultmanns Begriff des ›Mythos‹

---

[41] J. G. Fichte: Werke, hg. I. H. Fichte (1845/48) 1, 434.

[42] Vgl. D. Henrich: Die Einheit der Wissenschaftslehre Max Webers (1952).

erwies sich rasch als eine höchst voraussetzungsvolle Konstruktion auf dem Boden der modernen Aufklärung. Er verneinte den Wahrheitsanspruch, der in der Sprache des Mythos inkorporiert sei – eine hermeneutisch höchst einseitige Position. Die Debatte über die Entmythologisierung, wie sie G. Bornkamm mit großer Sachkunde dargestellt hat[43], bleibt jedoch von hohem allgemeinem hermeneutischem Interesse, sofern in ihr die alte Spannung von Dogmatik und Hermeneutik in zeitgenössischer Modifikation wieder aufgelegt ist. Bultmann hatte seine theologische Selbstbesinnung vom Idealismus weg und in die Nähe des Denkens von Heidegger geführt. Darin wirkte sich der Anspruch aus, den Karl Barth und die dialektische Theologie erhoben, indem sie die ebenso menschliche wie theologische Problematik des ›Redens über Gott‹ bewußt machten. Bultmann suchte eine ›positive‹, d. h. methodisch zu rechtfertigende, nichts von den Errungenschaften der historischen Theologie preisgebende Lösung. Heideggers Existenzialphilosophie von ›Sein und Zeit‹ schien ihm in dieser Lage eine neutrale, anthropologische Position anzubieten, von der aus das Selbstverständnis des Glaubens eine ontologische Begründung erfuhr[44]. Die Zukünftigkeit des Daseins im Modus der Eigentlichkeit und auf der Gegenseite das Verfallen an die Welt ließen sich theologisch durch die Begriffe von Glauben und Sünde ausdeuten. Das war zwar nicht im Sinne der Heideggerschen Exposition der Seinsfrage, sondern eine anthropologische Umdeutung. Aber die universelle Relevanz der Gottesfrage für die menschliche Existenz, die Bultmann auf die ›Eigentlichkeit‹ des Seinkönnens begründete, brachte einen wirklichen hermeneutischen Gewinn. Er lag vor allem in dem Begriff des Vorverständnisses – von dem reichen exegetischen Ertrag solcher hermeneutischen Bewußtheit ganz zu schweigen.

Heideggers philosophischer Neuansatz zeitigte aber nicht nur in der Theologie positive Wirkungen, sondern vermochte vor allem die relativistische und typologische Erstarrung zu brechen, die in der Schule Diltheys herrschte. G. Misch kommt das Verdienst zu, durch Konfrontation von Husserl und Heidegger mit Dilthey die philosophischen Impulse Diltheys neu freigesetzt zu haben[45]. Auch wenn seine Konstruktion des lebensphilosophischen Ansatzes Diltheys einen letzten Gegensatz zu Heidegger fixiert – für Heideggers Ausarbeitung seiner Philosophie war Diltheys Rückgang hinter das ›transzendentale Bewußtsein‹ auf den Standpunkt des ›Lebens‹ eine wichtige Stütze. Die von G. Misch u. a. veranstaltete Ausgabe der

[43] G. Bornkamm: Die Theologie Rudolf Bultmanns in der neueren Diskussion, in: Theol. Rdsch. NF 29 (1963) H. 1/2, S. 33–141.

[44] Über die Fragwürdigkeit einer solchen ›neutralen‹ Inanspruchnahme der Existenzialphilosophie: K. Löwith, Grundzüge der Entwicklung der Phänomenol. zur Philos. und ihr Verhältnis zur protestantischen Theologie, Theol. Rdsch. (1930) 26ff. und 333ff.

[45] G. Misch: Phänomenologie und Lebensphilosophie (1930).

vielen verstreuten Abhandlungen Diltheys in den Bänden V–VIII, sowie Mischs kundige Einleitungen machten Diltheys philosophische Arbeit, die von seinen historischen Leistungen überschattet gewesen war, in den zwanziger Jahren erstmals sichtbar. Indem die Ideen Diltheys (und Kierkegaards) in die Grundlegung der Existenzialphilosophie eingingen, erfuhr das hermeneutische Problem seine philosophische Radikalisierung. Damals bildete Heidegger den Begriff einer ›Hermeneutik der Faktizität‹ und formulierte damit gegen die phänomenologische Wesensontologie Husserls die paradoxe Aufgabe, das ›Unvordenkliche‹ (Schelling) der ›Existenz‹ dennoch auszulegen, ja Existenz selber als ›Verstehen‹ und ›Auslegung‹, nämlich als Sich-Entwerfen auf die Möglichkeiten seiner selbst, zu interpretieren. Hier war ein Punkt erreicht, an dem sich der instrumentalistische Methodensinn des hermeneutischen Phänomens ins Ontologische kehren mußte. ›Verstehen‹ meint nicht mehr ein Verhalten des menschlichen Denkens unter anderen, das sich methodisch disziplinieren und zu einem wissenschaftlichen Verfahren ausbilden läßt, sondern macht die Grundbewegtheit des menschlichen Daseins aus. Die Charakterisierung und Akzentuierung, die Heidegger dem Verstehen verliehen hat, indem er es als die Grundbewegung der Existenz verstand, mündet so in den Begriff von Interpretation, der in seiner theoretischen Bedeutung vor allem von Nietzsche entwickelt worden ist. Diese Entwicklung beruht auf dem Zweifel gegenüber den Aussagen des Selbstbewußtseins, wie Nietzsche ausdrücklich sagt, es müsse besser gezweifelt werden als Descartes.[46] Das Resultat dieses Zweifels ist in Nietzsche eine Veränderung des Sinnes von Wahrheit überhaupt, so daß der Prozeß der Interpretation eine Form des Willens zur Macht wird und damit ontologische Bedeutung gewinnt.

Nun scheint mir, daß ein ähnlicher ontologischer Sinn im 20. Jahrhundert dem Begriff der Geschichtlichkeit zugeteilt worden ist, sowohl beim jungen Heidegger wie bei Jaspers. Die Geschichtlichkeit ist nicht länger eine Grenzbestimmung der Vernunft und ihres Anspruchs, die Wahrheit zu erfassen, sondern stellt vielmehr eine positive Bedingung für die Erkenntnis der Wahrheit dar. Dadurch verliert die Argumentation des historischen Relativismus jedes wirkliche Fundament. Ein Kriterium für absolute Wahrheit verlangen enthüllt sich als ein abstrakt-metaphysisches Idol und verliert jede methodologische Bedeutung. Die Geschichtlichkeit hört auf, das Gespenst des historischen Relativismus heraufzurufen, vor dem noch Husserls Programm-Aufsatz von ›Philosophie als strenge Wissenschaft‹ so leidenschaftlich gewarnt hatte.

In diese neue Orientierung fügt sich vor allem und höchst wirksam der erneuerte Einfluß des Denkens von Kierkegaard ein, der nach dem Vorgang

---

[46] KGW VII/3, 40 [25]; Vgl. auch 40 [10], [20].

von Unamuno und anderen eine neue Kritik am Idealismus inspirierte und den Gesichtspunkt des Du, des anderen Ich, entwickelte. So bei Theodor Haecker, Friedrich Gogarten, Eduard Griesebach, Ferdinand Ebner, Martin Buber, Karl Jaspers, Viktor von Weizsäcker und auch in dem Buch von Karl Löwith ›Das Individuum in der Rolle des Mitmenschen‹ (München 1928).

Auch die geistvolle Dialektik, durch die E. Betti das Erbe der romantischen Hermeneutik im Zusammenspiel von Subjektivem und Objektivem zu rechtfertigen suchte, mußte unzureichend erscheinen, nachdem ›Sein und Zeit‹ die ontologische Vorgreiflichkeit des Subjektbegriffs gezeigt und vollends, als der spätere Heidegger im Denken der ›Kehre‹ den Rahmen der transzendentalphilosophischen Reflexion gesprengt hatte. Das ›Ereignis‹ der Wahrheit, die den Spielraum von Entbergung und Verbergung bildet, gab allem Entbergen – auch dem der verstehenden Wissenschaften – eine neue ontologische Valenz. Damit wurde eine Reihe neuer Fragen an die traditionelle Hermeneutik möglich.

Die psychologische Grundlage der idealistischen Hermeneutik erwies sich als problematisch: Erschöpft sich der Sinn eines Textes wirklich in dem ›gemeinten‹ Sinn (*mens auctoris*)? Ist Verstehen nichts als die Reproduktion einer ursprünglichen Produktion? Daß das für die juristische Hermeneutik, die eine offenkundige rechtsschöpferische Funktion ausübt, nicht gelten kann, ist klar. Aber das pflegte man auf die Seite ihrer normativen Aufgabenstellung zu schieben und als eine praktische Anwendung anzusehen, die nichts mit ›Wissenschaft‹ zu tun habe. Der Begriff der Objektivität der Wissenschaft verlange das Festhalten an dem Kanon, der durch die *mens auctoris* gebildet wird. Aber kann er wirklich genügen? Wie ist es z. B. bei der Auslegung von *Kunstwerken* (die beim Regisseur, beim Dirigenten und beim Übersetzer selber noch die Gestalt einer praktischen Produktion hat)? Kann man denn leugnen, daß der reproduzierende Künstler die originale Schöpfung ›interpretiert‹ – und nicht einfach eine Neuschöpfung daraus macht? Wir unterscheiden sehr genau zwischen angemessenen und ›unerlaubten‹ oder ›stilwidrigen‹ reproduktiven Interpretationen von musikalischen oder dramatischen Werken. Mit welchem Rechte will man diesen reproduktiven Sinn von Interpretation von dem der Wissenschaft abscheiden? Geschieht eine solche Reproduktion nachtwandlerisch und ohne Wissen? Der Sinngehalt der Reproduktion ist nicht auf das zu beschränken, was einer bewußten Sinnverleihung durch den Verfasser entstammt. Die Selbstinterpretation der Künstler ist bekanntlich von fragwürdiger Geltung. Der Sinn ihrer Schöpfung stellt gleichwohl der praktischen Interpretation eine eindeutige Approximationsaufgabe. Die Reproduktion ist durchaus nicht beliebiger Willkür überlassen, so wenig wie die von der Wissenschaft unternommene Auslegung.

Und wie ist es mit dem Sinn und der Deutung geschichtlicher Ereignisse?

Das Bewußtsein der Zeitgenossen ist dadurch gezeichnet, daß sie, die die Geschichte ›erleben‹, nicht wissen, wie ihnen geschieht. Dagegen hielt Dilthey an der systematischen Konsequenz seines Begriffes des Erlebnisses bis zum Schluß fest, wie das Modell der Biographie und Autobiographie für Diltheys Theorie des geschichtlichen Wirkungszusammenhangs lehrt[47]. Auch die geistvolle Kritik des positivistischen Methodenbewußtseins durch R. G. Collingwood[48], die sich im übrigen des dialektischen Instrumentariums des Croceschen Hegelianismus bedient, bleibt mit ihrer Lehre vom *reenactment* in subjektivistischer Problemverengung befangen, wenn sie als Modellfall für geschichtliches Verstehen den Nachvollzug ausgeführter Pläne zugrunde legt. Da war Hegel konsequenter. Sein Anspruch, die Vernunft in der Geschichte zu erkennen, hatte seine Begründung in einem Begriff des ›Geistes‹, zu dessen Wesen es gehört, daß er ›in die Zeit fällt‹ und aus seiner Geschichte allein seine inhaltliche Bestimmtheit gewinnt. Wohl gab es auch für Hegel die ›weltgeschichtlichen Individuen‹, die er als ›Geschäftsträger des Weltgeistes‹ auszeichnete und deren persönliche Entschlüsse und Leidenschaften mit dem übereinstimmten, was ›an der Zeit war‹. Aber diese Ausnahmefälle definierten für ihn nicht den Sinn des geschichtlichen Verstehens, sondern wurden ihrerseits von dem Begreifen des geschichtlich Notwendigen her, das der Philosoph vollbringt, als Ausnahmen definiert. Der Ausweg, dem Historiker Kongenialität mit seinem Gegenstande zuzumuten, den schon Schleiermacher beschritten hatte, führt offenkundig nicht wirklich weiter. Darin wäre die Weltgeschichte in ein ästhetisches Schauspiel verwandelt. Das hieße den Historiker einerseits überfordern und dann auch wieder seine Aufgabe unterschätzen, die den eigenen Horzont mit dem der Vergangenheit zu konfrontieren hat.

Und wie steht es mit dem kerygmatischen Sinn der Heiligen Schrift? Hier führt sich der Begriff der Kongenialität vollends ad absurdum, indem er das Schreckbild der Inspirationstheorie heraufbeschwört. Aber auch die historische Exegese der Bibel stößt hier an Grenzen, insbesondere am Leitbegriff des ›Selbstverständnisses‹ der Schriftsteller der Heiligen Schrift. Ist der Heilssinn der Schrift nicht notwendig etwas anderes als das, was sich durch die bloße Summierung der theologischen Anschauungen der Schriftsteller des Neuen Testamentes ergibt? So verdient die pietistische Hermeneutik (A. H. Francke, Rambach) in dem Punkte noch immer Beachtung, daß sie in ihrer Auslegungslehre zu dem Verstehen und Explizieren die Applikation hinzufügte und damit den Gegenwartsbezug der ›Schrift‹ auszeichnete. Hier liegt das Zentralmotiv einer Hermeneutik verborgen, die die Geschichtlichkeit des Menschen wirklich ernst nimmt. Dem trägt gewiß auch die idealisti-

[47] Vgl. Dilthey, a.a.O. Bd. 8.

[48] R. G. Collingwood: Denken Eine Autobiographie (1955).

sche Hermeneutik Rechnung, insbesondere E. Betti durch den ›Kanon der Sinnentsprechung‹. Doch scheint erst die entschlossene Anerkennung des Begriffs des Vorverständnisses und des Prinzips der Wirkungsgeschichte, bzw. die Entfaltung des wirkungsgeschichtlichen Bewußtseins, eine zureichende methodische Basis zu bieten. Der Kanonbegriff der neutestamentlichen Theologie findet darin als ein Spezialfall seine Legitimation. Auch die theologische Bedeutung des Alten Testaments läßt sich schwerlich rechtfertigen, wenn man an der *mens auctoris* als Kanon festhält, wie vor allem die große positive Leistung G. v. Rads beweist, die die Enge dieser Perspektive hinter sich läßt. Es entspricht dieser Sachlage, daß die neueste Diskussion der Hermeneutik auch auf die katholische Theologie übergegriffen hat (Stachel, Biser, Coreth)[49].

In der Theorie der Literatur wird Ähnliches, z. T. unter dem Titel ›Rezeptionsästhetik‹ (Jauss, Iser, Gerigk) vertreten. Doch ist gerade auf diesem Gebiet auch der Widerstand der auf Methodologie fixierten Philologie laut geworden (D. Hirsch, Th. Seebohm)[50], die für die Objektivität der Forschung fürchtet.

Im Lichte dieser Frage gewinnt die ehrwürdige Tradition der juristischen Hermeneutik ein neues Leben. Innerhalb der modernen Rechtsdogmatik konnte sie nur eine kümmerliche Rolle spielen, gleichsam als der nie ganz vermeidbare Schandfleck an einer sich selbst vollendenden Dogmatik. Immerhin ließ sich nicht verkennen: Sie ist eine normative Disziplin und versieht die dogmatische Funktion der Rechtsergänzung. Als solche erfüllt sie eine unentbehrliche Aufgabe, weil sie den unaufhebbaren Hiat zwischen der Allgemeinheit des gesetzten Rechts und der Konkretion des Einzelfalls zu überbrücken hat. Insofern hat schon Aristoteles in der Nikomachischen Ethik bei Erörterung des Problems des Naturrechts und des Begriffs der *epieikeia* den hermeneutischen Raum innerhalb der Rechtslehre abgesteckt. Auch die Rückbesinnung auf ihre Geschichte[51] zeigt, daß das Problem der verstehenden Auslegung auf unlösliche Weise mit dem der Anwendung verknüpft ist. Solche Doppelaufgabe war der Rechtswissenschaft insbesondere seit der Rezeption des römischen Rechts gestellt. Damals galt es nicht nur, die römischen Juristen zu verstehen, sondern zugleich die Dogmatik des römischen Rechtes auf die neuzeitliche Kulturwelt anzuwenden[52]. Da-

---

[49] G. Stachel: Die neue Hermeneutik (1967): E. Biser: Theologische Sprachtheorie und Hermeneutik (1970); E. Coreth: Grundfragen der Hermeneutik (1969).

[50] H. R. Jauss: Literaturgeschichte als Provokation der Literaturwiss. (1970) und Ästhetische Erfahrung und literarische Hermeneutik. Frankfurt 1977; W. Iser, Die Appellstruktur der Texte (1970) und Der implizite Leser, München 1972; E. D. Hirsch: Validity in Interpretation (1967); Th. Seebohm: Zur Kritik der hermeneutischen Vernunft (1972).

[51] Vgl. C. Fr. Walch: Vorwort zur ›Hermeneutica Juris‹ von C. H. Eckard (1779).

[52] Vgl. u. a. P. Koschaker: Europa und das römische Recht (^{3}1958).

raus erwuchs der Rechtswissenschaft eine nicht minder enge Bindung der hermeneutischen an die dogmatische Aufgabe, als sie der Theologie auferlegt ist. Eine Auslegungslehre des römischen Rechts konnte sich auf historische Verfremdung mindestens so lange nicht einlassen, als das römische Recht seine gesetzliche Rechtsgeltung behielt. Die Auslegung des römischen Rechts von Thibaut 1806[53] sieht es daher als eine Selbstverständlichkeit an, daß die Auslegungslehre sich nicht allein auf die Absicht des Gesetzgebers stützen kann, sondern den ›Grund des Gesetzes‹ zum eigentlichen hermeneutischen Kanon erheben muß.

Mit der Schaffung moderner Gesetzeskodifikationen mußte dann die klassische Hauptaufgabe, die Auslegung des römischen Rechts, ihr dogmatisches Interesse im praktischen Sinne verlieren und zugleich zum Glied einer rechtsgeschichtlichen Fragestellung werden. So konnte sie sich als Rechtsgeschichte dem Methodengedanken der historischen Wissenschaften vorbehaltlos einordnen. Umgekehrt wurde die juristische Hermeneutik als eine subsidiäre Disziplin der Rechtsdogmatik neuen Stils an den Rand der Jurisprudenz gewiesen. Aber das grundsätzliche Problem der ›Konkretisierung im Recht‹[54] bleibt bestehen, und das Verhältnis von Rechtsgeschichte und normativer Wissenschaft ist weit komplizierter, als daß die Rechtsgeschichte die Hermeneutik ersetzen könnte. Die geschichtliche Aufklärung über die historischen Umstände und die tatsächlichen Erwägungen des Gesetzgebers vor oder bei Erlaß eines Gesetzestextes mögen hermeneutisch noch so aufschlußreich sein – die *ratio legis* geht darin nicht auf und bleibt eine unentbehrliche hermeneutische Instanz für alle Jurisdiktion. So bleibt das hermeneutische Problem in aller Rechtswissenschaft ebenso beheimatet, wie das für die Theologie und ihre beständige Aufgabe der ›Applikation‹ gilt.

Man muß sich daher fragen, ob nicht Theologie und Rechtslehre einen wesentlichen Beitrag für eine allgemeine Hermeneutik bereithalten. Diese Frage zu entfalten, kann freilich die immanente Methodenproblematik der Theologie, der Rechtswissenschaft und der historisch-philologischen Wissenschaften nicht ausreichen. Es kommt gerade darauf an, die Grenzen der Selbstauffassung des historischen Erkennens aufzuweisen und der dogmatischen Interpretation eine begrenzte Legitimität zurückzugeben[55]. Dem steht freilich der Begriff der Voraussetzungslosigkeit der Wissenschaft entgegen[56].

---

53 A. F. J. Thibaut: Theorie der log. Auslegung des römischen Rechts (1799, ²1806, Neudruck 1967).

54 K. Engisch: Die Idee der Konkretisierung in Recht und Rechtswiss. unserer Zeit. Abh. Heidelb. Akad. Wiss. (1953).

55 Vgl. E. Rothacker: Die dogmatische Denkform in den Geisteswiss. und das Problem des Historismus (Mainz 1954).

56 Vgl. E. Spranger: Über die Voraussetzungslosigkeit der Wiss., Abh. Berl. Akad.

Aus diesen Gründen ging die Untersuchung, die ich in ›Wahrheit und Methode‹ unternommen habe, von einem Erfahrungsbereich aus, der in gewissem Sinne dogmatisch genannt werden muß, sofern sein Geltungsanspruch absolute Anerkennung verlangt und sich nicht in suspenso halten läßt: das ist die Erfahrung der Kunst. Hier heißt Verstehen in aller Regel Anerkennen und Geltenlassen: »Begreifen, was uns ergreift« (E. Staiger). Die Objektivität der Kunstwissenschaft oder Literaturwissenschaft, die als wissenschaftliche Bemühung ihren vollen Ernst behält, bleibt in jedem Falle der Erfahrung der Kunst oder Dichtung selber erst nachgeordnet. Nun ist in der authentischen Erfahrung der Kunst *applicatio* von *intellectio* und *explicatio* gar nicht zu trennen. Das kann für die Wissenschaft von der Kunst nicht ohne Folgen sein. Die hier liegende Problematik ist zuerst von H. Sedlmayr in seiner Unterscheidung einer ersten und einer zweiten Kunstwissenschaft erörtert worden[57]. Die vielfältigen Methoden kunst- und literaturwissenschaftlicher Forschung, die entwickelt worden sind, haben am Ende ihre Fruchtbarkeit immer wieder daran zu bewähren, wie weit sie der Erfahrung des Kunstwerkes zu gesteigerter Klarheit und Angemessenheit verhelfen: Sie bedürfen von sich aus der hermeneutischen Integration. So mußte die Applikationsstruktur, die in der juristischen Hermeneutik ihr angestammtes Heimatrecht hat, Modellwert gewinnen. Gewiß kann die Wiederannäherung des rechtshistorischen und rechtsdogmatischen Verstehens, die sich von da aus aufdrängt, deren Unterschiede nicht aufheben, wie insbesondere von Betti und Wieacker betont worden ist. Aber der Sinn von ›Applikation‹, der ein konstitutives Element allen Verstehens darstellt, ist nicht der einer nachträglichen und äußerlichen ›Anwendung‹ von etwas, das ursprünglich für sich ist. Anwendung von Mitteln zu vorbestimmten Zwecken oder Anwendung von Regeln in unserem Verhalten meint im allgemeinen auch nicht, daß wir eine in sich selbständige Gegebenheit, etwa eine ›rein theoretisch‹ bekannte Sache, einem praktischen Zweck unterordnen. Vielmehr sind im allgemeinen Mittel vom Zwecke her und Regeln vom Verhalten her bestimmt oder gar abstrahiert. Schon Hegel hat in seiner ›Phänomenologie des Geistes‹ die Dialektik von Gesetz und Fall analysiert, in die sich die konkrete Bestimmtheit auseinanderwirft.[58]

So bedeutet die Applikationsstruktur des Verstehens, die sich der philosophischen Analyse enthüllt, durchaus keine Einschränkung der ›voraussetzungslosen‹ Bereitschaft, zu verstehen, was ein Text selber sagt, und gestattet durchaus nicht, daß man den Text seiner ›eigenen‹ Sinnmeinung entfrem-

---

Wiss. (1929), der die Herkunft dieses Schlagwortes aus der Kulturkampf-Stimmung der Zeit nach 1870 nachgewiesen hat, freilich ohne gegen seine uneingeschränkte Geltung auch nur den leisesten Verdacht zu schöpfen.

[57] H. Sedlmayr: Kunst und Wahrheit (1959).

[58] [Phänomenologie des Geistes (Hoffmeister) S. 189ff.]

det und vorgefaßten Absichten dienstbar macht. Die Reflexion deckt nur die Bedingungen auf, unter denen Verstehen jeweils steht und die immer schon – als unser ›Vorverständnis ‹ – in Anwendung sind, wenn wir uns um die Aussage eines Textes bemühen. Das hat keineswegs den Sinn, daß man die ›Geisteswissenschaften‹ als die ›ungenauen‹ Wissenschaften in all ihrer bedauerlichen Mangelhaftigkeit weitervegetieren lassen muß, solange sie sich nicht zur *science* erheben und der *unity of science* eingegliedert werden können. Vielmehr wird eine philosophische Hermeneutik zu dem Ergebnis kommen, daß Verstehen nur so möglich ist, daß der Verstehende seine eigenen Voraussetzungen ins Spiel bringt. Der produktive Beitrag des Interpreten gehört auf eine unaufhebbare Weise zum Sinn des Verstehens selber. Das legitimiert nicht das Private und Arbiträre subjektiver Voreingenommenheiten, da die Sache, um die es jeweils geht, – der Text, den man verstehen möchte – der alleinige Maßstab ist, den man gelten läßt. Wohl aber ist der unaufhebbare, notwendige Abstand der Zeiten, der Kulturen, der Klassen, der Rassen – oder selbst der Personen – ein übersubjektives Moment, das jedem Verstehen Spannung und Leben leiht. Man kann diesen Sachverhalt auch so beschreiben, daß Interpret und Text je ihren eigenen ›Horizont‹ besitzen und daß jegliches Verstehen eine Verschmelzung dieser Horizonte darstellt. So hat sich sowohl in der neutestamentlichen Wissenschaft (vor allem bei E. Fuchs und G. Ebeling) als auch beispielweise in dem *literary criticism*, aber auch in der philosophischen Fortentwicklung des Heideggerschen Einsatzes, die Problematik der Hermeneutik grundsätzlich von der subjektiv-psychologischen Basis weg und in die Richtung des objektiven, wirkungsgeschichtlich vermittelten Sinns hin verschoben.

Die grundlegende Gegebenheit für die Vermittlung solcher Abstände ist die Sprache, in der der Interpret (oder Übersetzer!) das Verstandene neu zur Sprache bringt. Theologen wie Poetologen reden geradezu von dem Sprachereignis. In gewissem Sinne nähert sich die Hermeneutik damit auf ihrem eigenen Wege der von der neopositivistischen Metaphysikkritik ausgehenden analytischen Philosophie. Seit diese nicht mehr daran festhält, durch Analyse der Redeweisen und Eindeutigmachen aller Aussagen mit Hilfe künstlicher Symbolsprachen die ›Verhexung durch die Sprache‹ ein für allemal aufzulösen, kann auch sie über das Funktionieren der Sprache im Sprachspiel am Ende nicht zurück, wie gerade Wittgensteins ›Philosophische Untersuchungen‹ gezeigt haben. K. O. Apel hat mit Recht betont, daß die Kontinuität der Überlieferung durch den Begriff des ›Sprachspiels‹ freilich nur diskontinuierlich beschreibbar wird[59]. Sofern die

[59] KO. Apel: Wittgenstein und das Problem des Verstehens. Z. Theol. Kirche 63 (1966) [Jetzt in: Transformation der Philosophie. Frankfurt 1973, Bd. I, S. 335–377].

Hermeneutik die positivistische Naivität, die im Begriff des Gegebenen liegt, durch die Reflexion auf die Verstehensbedingungen überwindet (Vorverständnis, Vorgängigkeit der Frage, Motivationsgeschichte jeder Aussage), stellt sie zugleich eine Kritik der positivistischen Methodengesinnung dar. Wieweit sie dabei dem Schema transzendentaler Theorie (K. O. Apel) oder eher dem der historischen Dialektik (J. Habermas) folgt, ist umstritten[60].

Hermeneutik hat jedenfalls eine eigenständige Thematik. Ihrer formalen Allgemeinheit zum Trotz läßt sie sich nicht legitim in die Logik eingliedern. In gewissem Sinne teilt sie mit der Logik die Universalität, in gewissem Sinne übertrifft sie dieselbe sogar an Universalität. Zwar kann jeder Aussagezusammenhang auf seine logische Struktur hin betrachtet werden: Die Regeln der Grammatik, Syntax und schließlich die Gesetze der Konsequenzlogik lassen sich stets auf Rede- und Gedankenzusammenhänge anwenden. Aber selten genügt ein wirklich gelebter Redezusammenhang den strikten Forderungen der Aussagelogik. Rede und Gespräch sind nicht im Sinne des logischen Urteils ›Aussagen‹, deren Eindeutigkeit und Bedeutung für jedermann nachprüfbar und vollziehbar ist, sondern haben ihre okkasionelle Seite. Sie begegnen in einem kommunikativen Prozeß, zu dem der Monolog wissenschaftlicher Rede oder Beweisführung nur einen Spezialfall bildet. Die Vollzugsweise der Sprache ist der Dialog, und sei es auch der Dialog der Seele mit sich selbst, als den Plato das Denken bezeichnet hat. Insofern ist die Hermeneutik als die Theorie des Verstehens und der Verständigung von höchster Allgemeinheit. Sie versteht jede Aussage nicht bloß in ihrer logischen Valenz, sondern als Antwort auf eine Frage, d. h. aber: wer versteht, muß die Frage verstehen, und da das Verstehen ihren Sinn dergestalt aus ihrer Motivationsgeschichte gewinnen muß, hat es notwendig über den logisch faßbaren Aussagegehalt hinauszugehen. Das liegt im Grund schon in Hegels Dialektik des Geistes und ist von B. Croce, Collingwood und anderen erneuert worden. *The logic of question and answer* ist ein höchst lesenswertes Kapitel in Collingwoods ›Autobiography‹. Aber auch eine rein phänomenologische Analyse kann sich dem nicht entziehen, daß es weder isolierte Wahrnehmungen noch isolierte Urteile gibt. Das ist durch H. Lipps ›Hermeneutische Logik‹ auf der Grundlage von Husserls Lehre von den anonymen Intentionalitäten phänomenologisch begründet und unter dem Eindruck von Heideggers existenzialem Weltbegriff ausgeführt worden. In England hat Austin die Wendung des späten Wittgenstein in ähnlicher Richtung weitergeführt.

In der Konsequenz dieses Rückgangs von der Sprache der Wissenschaft

[60] Vgl. die Beiträge in ›Hermeneutik und Dialektik‹ und mein Nachwort zu ›Wahrheit und Methode‹ (^{3}1972), in Ges. Werke, Band 2, S. 449ff.

auf die Sprache des täglichen Lebens, von den Erfahrungswissenschaften auf die Erfahrung der ›Lebenswelt‹ (Husserl), lag, daß die Hermeneutik, statt sich der ›Logik‹ unterzuordnen, auf die ältere Tradition der Rhetorik zurückorientieren mußte, mit der sie ehedem, wie oben gezeigt[61], eng verknüpft war. Sie nimmt damit einen Faden wieder auf, der im 18. Jahrhundert abgebrochen war. Damals hatte vor allem G. B. Vico die alte rhetorische Tradition, die er als Professor der Rhetorik in Neapel vertrat, gegenüber dem Monopolanspruch der ›modernen‹ Wissenschaft verteidigt, die er *critica* nannte. Insbesondere wurde die Bedeutung der Rhetorik für die Erziehung und die Ausbildung des *sensus communis* von ihm hervorgehoben, und in der Tat teilt die Hermeneutik mit der Rhetorik die Rolle, die das *eikos*, das *persuasive* Argument spielt. Die Tradition der Rhetorik, die in Deutschland – trotz Herder – im 18. Jahrhundert besonders gründlich abbrach, ist jedoch auf unerkannte Weise im Bereich der Ästhetik wie der Hermeneutik wirksam geblieben, wie Kl. Dockhorn vor allem gezeigt hat[62]. Gegenüber den Monopolansprüchen der modernen mathematischen Logik und ihrer Fortentwicklung melden sich daher auch in unserer Zeit von der Rhetorik und der forensischen Rationalität aus die Widerstände, so durch Ch. Perelman und seine Schule[63].

Doch schließt sich daran noch eine weit umfassendere Dimension des hermeneutischen Problems, die mit der Zentralstellung zusammenhängt, die die Sprache im hermeneutischen Bereich einnimmt. Sprache ist nicht nur ein Medium unter anderen – innerhalb der Welt der ›symbolischen Formen‹ (Cassirer) –, sondern steht in besonderer Beziehung zur potentiellen Gemeinsamkeit der Vernunft. Es ist Vernunft, was sich in Sprache kommunikativ aktualisiert, wie schon R. Hönigswald betont hat: Die Sprache ist nicht nur ›Faktum‹, sondern ›Prinzip‹. Darauf beruht die Universalität der hermeneutischen Dimension. Solche Universalität begegnet bereits in der Bedeutungslehre von Augustinus und Thomas, sofern sie die Bedeutung der Zeichen (der Worte) durch die Bedeutung der Sachen überboten sahen und damit das Hinausgehen über den *sensus litteralis* rechtfertigten. Die Hermeneutik wird dem heute gewiß nicht einfach folgen können, d. h. sie wird keine neue Allegorese inthronisieren. Dafür wäre eine Sprache der Schöpfung vorausgesetzt, durch die Gott zu uns spricht. Wohl aber ist der Erwägung nicht auszuweichen, daß nicht nur in Rede und Schrift, sondern in alle menschliche Schöpfungen ›Sinn‹ eingegangen ist, den herauszulesen eine hermeneutische Aufgabe ist. Dem hat Hegel mit seiner Lehre vom ›objekti-

---

61 Vgl. oben S. 35f.

62 Kl. Dockhorn: Rezension von H.-G. Gadamer: Wahrheit und Methode, GGA. 218 (1966).

63 Vgl. auch: Philosophy, Rhetoric and Argumentation, hg. M. Natanson und H. W. Johnstone jr. (1965).

ven Geist‹ Ausdruck gegeben, und dieser Teil seiner Geistesphilosophie ist auch unabhängig von seinem dialektischen Systemganzen lebendig geblieben (vgl. etwa Nicolai Hartmanns Lehre vom objektiven Geist und den Idealismus Croces und Gentiles). Nicht nur die Sprache der Kunst stellt legitime Verständnisansprüche, sondern jegliche Form menschlicher Kulturschöpfung überhaupt. Ja, die Frage weitet sich aus. Was gehört nicht alles zu unserer sprachlich verfaßten Weltorientierung? Alle Welterkenntnis des Menschen ist sprachlich vermittelt. Eine erste Weltorientierung vollendet sich im Sprechenlernen. Aber nicht nur das. Die Sprachlichkeit unseres In-der-Welt-Seins artikuliert am Ende den ganzen Bereich der Erfahrung. Die Logik der Induktion, die Aristoteles beschreibt und die F. Bacon zur Grundlegung der neuen Erfahrungswissenschaften ausgebaut hat[64], mag als logische Theorie der wissenschaftlichen Erfahrung unbefriedigend sein und der Korrektur bedürfen[65] – die Sachnähe zur sprachlichen Weltartikulation tritt an ihr glänzend heraus. Schon Themistius hat in seinem Aristoteleskommentar das einschlägige Kapitel des Aristoteles (An.Post B 19) durch das Sprechenlernen illustriert und in dieses Gebiet hat die moderne Linguistik (Chomsky) und Psychologie (Piaget) neue Schritte getan. Doch gilt es in noch viel weiterem Sinne: Alle Erfahrung vollzieht sich in beständiger kommunikativer Fortbildung unserer Welterkenntnis. Sie ist selber stets Erkenntnis von Erkanntem in einem viel tieferen und allgemeineren Sinne, als die von A. Boeckh für das Geschäft des Philologen geprägte Formel es meinte. Denn die Überlieferung, in der wir leben, ist nicht eine sogenannte kulturelle Überlieferung, die aus Texten und Denkmälern allein bestünde und einen sprachlich verfaßten oder geschichtlich dokumentierten Sinn vermittelte, während die realen Determinanten unseres Lebens, Produktionsbedingungen usw., ›draußen‹ blieben: Vielmehr wird uns die kommunikativ erfahrene Welt selbst als eine offene Totalität beständig übergeben, *traditur*. Das ist nichts als Erfahrung. Sie ist überall da, wo Welt erfahren, Unvertrautheit aufgehoben wird, wo Einleuchten, Einsehen, Aneignung erfolgt, und am Ende liegt die vornehmste Aufgabe der Hermeneutik als philosophischer Theorie darin, zu zeigen, daß erst die Integration aller Erkenntnis der Wissenschaft in das persönliche Wissen des Einzelnen ›Erfahrung‹ heißen kann, wie Polanyi gezeigt hat.[66]

So betrifft die hermeneutische Dimension im besonderen die Arbeit des philosophischen Begriffs, die durch die Jahrtausende geht. Als Überlieferung denkender Erfahrung muß sie als ein einziges großes Gespräch verstanden werden, an dem jede Gegenwart teilnimmt und das sie nicht auf überle-

---

64 Aristoteles, Anal. post. II, 19.

65 K. R. Popper: Logik der Forschung (^{2}1966).

66 M. Polanyi, Personal Knowledge. Chicago 1958.

gene Weise meistern und kritisch beherrschen kann. Das war die Schwäche der Problemgeschichte gewesen, die Geschichte der Philosophie nur als Bestätigung der eigenen Problemeinsicht lesen zu können und nicht als einen kritischen Partner, der unsere eigenen Einsichten in ihrer Begrenztheit enthüllt. Dazu gilt es freilich, sich der hermeneutischen Reflexion zu stellen. Sie lehrt uns, daß die Sprache der Philosophie immer etwas Unangemessenes hat und in ihrer Intention mehr verfolgt, als in ihrer Aussage gefunden und beim Wort genommen werden darf. Die Begriffsworte, die in ihr geprägt und in ihr überliefert werden, sind nicht feste Marken und Signale, durch die etwas Eindeutiges bezeichnet wird, wie in den Symbolsystemen der Mathematiker und Logiker und in ihren Anwendungen. Sie entspringen der kommunikativen Bewegung menschlicher Weltauslegung, die in der Sprache geschieht, werden von ihr fortbewegt und gewandelt und reichern sich an, rücken in neue Zusammenhänge, welche die alten verdecken, sinken ab zur halben Gedankenlosigkeit und werden in neuem fragendem Denken wieder lebendig.

So liegt aller philosophischen Arbeit des Begriffs eine hermeneutische Dimension zugrunde, die man heutzutage mit dem etwas ungenauen Wort ›Begriffsgeschichte‹ bezeichnet. Sie ist nicht eine sekundäre Bemühung und meint nicht, daß man statt von den Sachen zu reden, von den Verständigungsmitteln spräche, die wir dabei gebrauchen, sondern sie bildet das kritische Element im Gebrauch unserer Begriffe selbst. Der Furor des Laien, der nach eindeutigen Definitionen verlangt, aber ebenso der Eindeutigkeitswahn einer einseitigen, semantischen Erkenntnistheorie verkennen, was Sprache ist und daß auch die Sprache des Begriffs nicht erfunden, nicht willkürlich verändert, gebraucht und weggelegt werden kann, sondern dem Element entstammt, in dem wir uns denkend bewegen. Nur die erstarrten Krusten dieses lebendigen Stroms von Denken und Sprechen begegnen in der Kunstform der Terminologie. Auch sie ist noch eingeführt und getragen von dem kommunikativen Geschehen, das wir sprechend vollziehen und in dem sich Verständnis und Einverständnis aufbaut[67]. Das scheint mir der Konvergenzpunkt zwischen der Entwicklung der analytischen Philosophie in England und der Hermeneutik. Aber die Entsprechung bleibt begrenzt. Wie im 19. Jahrhundert Dilthey den englischen Empirismus des Mangels an geschichtlicher Bildung zieh, besteht der kritische Anspruch der geschichtlich reflektierten Hermeneutik darin, nicht so sehr Weisen des Sprechens in ihrer logischen Struktur beherrschbar zu machen, wie das etwa das Ideal der ›analytischen‹ Philosophie ist, als die sprachlich vermittelten Inhalte mit

[67] Vgl. ›Die Begriffsgeschichte und die Sprache der Philosophie‹. Arbeitsgemeinschaft für Forschung des Landes Nordrhein-Westfalen, Heft 170 (1971) (= Ges. Werke Bd. 4, S. 78–94).

ihrem ganzen Niederschlag an geschichtlicher Erfahrung zur Aneignung zu bringen.

Eine neue Virulenz erhielt das hermeneutische Problem im Felde der Logik der Sozialwissenschaften. Gewiß muß man anerkennen, daß aller Welterfahrung die hermeneutische Dimension zugrunde liegt und daher auch in der Arbeit der Naturwissenschaften eine Rolle spielt, wie insbesondere durch Thomas Kuhn[68] aufgewiesen worden ist. Doch gilt das noch viel mehr in den Sozialwissenschaften. Denn sofern Gesellschaft immer ein sprachlich verständigtes Dasein hat[69], ist das eigene Gegenstandsfeld der Sozialwissenschaften selber (und nicht nur ihre Theorienbildung) durch die hermeneutische Dimension beherrscht. Die hermeneutische Kritik an dem naiven Objektivismus in den Geisteswissenschaften hat in gewissem Sinne ihr Gegenstück in der marxistisch inspirierten Ideologiekritik (Habermas – vgl. auch die dagegen gerichtete vehemente Polemik von Hans Albert)[70]. Ebenso ist das Heilen durch Gespräch ein eminentes hermeneutisches Phänomen, für das vor allem J. Lacan und P. Ricoeur[71] die theoretischen Grundlagen neu diskutiert haben. Die Reichweite der Analogie zwischen Krankheiten des Geistes und Krankheiten der Gesellschaft scheint mir freilich zweifelhaft[72]. Die Lage des Sozialwissenschaftlers gegenüber der Gesellschaft ist nicht vergleichbar mit der des Psychoanalytikers gegenüber seinem Patienten. Eine Ideologiekritik, die sich selbst aus aller ideologischen Präokkupation herauszuhalten meint, ist nicht minder dogmatisch als eine ›positivistische‹ Sozialwissenschaft, die sich als Sozialtechnik versteht. Angesichts solcher Vermittlungsversuche scheint mir die Opposition der Theorie der Dekonstruktion gegen die Hermeneutik, die Derrida[73] vertritt, verständlich. Die hermeneutische Erfahrung verteidigt jedoch gegen eine solche Theorie der ›Sinn‹-Dekonstruktion ihr eigenes Recht. In *écriture* ›Sinn‹ zu suchen hat – trotz Nietzsche – nichts mit Metaphysik zu tun.

Wenn man der Hermeneutik folgt, zielt vielmehr jede Anstregung des Begreifens im Prinzip auf den möglichen Konsensus, das mögliche Einver-

---

[68] Th. Kuhn: The Structure of Scientific Revolutions, Chicago 1962.

[69] Charles Taylor: Interpretation and the Sciences of Man. Rev. of Met. 25 (1971), S. 3–51, jetzt in C. Taylor, Erklärung und Interpretation in den Wissenschaften vom Menschen. Frankfurt 1975, S. 154–219.

[70] J. Habermas: Zur Logik der Sozialwiss. Beiheft der Phil. Rdsch. (1967); Hermeneutik und Ideologiekritik (1971); Hans Albert: Konstruktion und Kritik (1972). [Auch Habermas' spätere Arbeiten diskutieren die Hermeneutik. Vgl. ›Theorie des kommunikativen Handelns‹ 2 Bde. Frankfurt 1981, I, S. 143 und 192 ff.].

[71] P. Ricoeur: De l'interprétation. Essai sur Freud (1965, dt. 1969); Le conflit des interprétations (1969); Herméneutique et critique des idéologies (in: Démythisation et idéologie, ed. Castelli) (1973); La métaphore vive. Paris 1975; J. Lacan: Ecrits (1966).

[72] Vgl. J. Habermas (Hrsg.): Hermeneutik und Ideologiekritik (1971).

[73] L'écriture et la différence, Paris 1967.

ständnis, ja sie muß selbst schon auf einem verbindenden Einverständnis beruhen, wenn je herauskommen soll, daß man sich versteht. Das ist durchaus keine dogmatische Annahme, sondern eine einfach phänomenologische Beschreibung. Wo nichts verbindet, kann auch kein Gespräch gelingen. So muß die Ideologiekritik als letzte Instanz selber den rationalen Diskurs einführen, der es möglich machen soll, sich auf zwangsfreie Weise zu verständigen. Das gleiche bestätigt sich im Vorgehen der Psychoanalyse. Der Erfolg der Dialogtherapie der Psychoanalyse gründet sich nicht nur auf die freiwillige Reflexionsarbeit des Patienten. Daß es ihm schließlich gelingen soll, mit Hilfe des Arztes durch Sprechtherapie seine Blockaden aufzulösen, ist nicht alles. Das schließliche Endziel ist vielmehr das, seine natürliche Fähigkeit wiederzugewinnen, mit anderen zu kommunizieren, und das heißt, zu jenem Grundeinverständnis zurückzukehren, das es überhaupt erst sinnvoll macht, daß einer mit dem anderen redet.

Hier tut sich ein Unterschied auf, den man nicht ignorieren kann. Die Ideologiekritik beansprucht, emanzipatorische Reflexion zu sein, und entsprechend beansprucht der therapeutische Dialog, die Maskierungen des Unbewüßten bewußt zu machen und dadurch aufzulösen. Alle beide setzen dabei ihr Wissen voraus und halten sich für wissenschaftlich fundiert. Im Unterschiede dazu enthält die hermeneutische Reflexion keinerlei inhaltlichen, vorgängigen Anspruch solcher Art. Sie behauptet nicht, zu wissen, daß die faktischen gesellschaftlichen Bedingungen nur verzerrte Kommunikation möglich machen. Das schlösse in ihren Augen bereits ein, man wisse, was bei der unverzerrten richtigen Kommunikation herauskommen müsse. Auch meint sie nicht wie ein Therapeut zu operieren, der den Reflexionsprozeß des Patienten zu dem guten Ende führt, indem er ihn zu einer höheren Einsicht in seine Lebensgeschichte und sein wahres Wesen führt. In beiden Fällen, in der Ideologiekritik wie in der Psychoanalyse, meint die Interpretation von einem vorgängigen Wissen geleitet zu sein, von dem aus sich die vorgefaßten Fixierungen und Vorurteile auflösen lassen. In diesem Sinne verstehen sich beide als ›Aufklärung‹. Im Gegensatz dazu betrachtet die hermeneutische Erfahrung jeden Anspruch vorgängigen Wissens mit Skepsis. Der Begriff des Vorverständnisses, der von Bultmann eingeführt worden ist, meint kein solches Wissen: unsere Vorurteile sollen im Vorgang des Verstehens aufs Spiel gesetzt werden . . . Begriffe wie der der ›Aufklärung‹, der ›Emanzipation‹, des ›zwangsfreien Dialogs‹ enthüllen sich in der Konkretion der hermeneutischen Erfahrung als arme Abstraktionen. Die hermeneutische Erfahrung realisiert nämlich, wie tief Vorurteile eingewurzelt sein können und wie wenig ein bloßes Sich-Bewußtwerden derselben imstande ist, ihre Gewalt aufzulösen. Das wußte einer der Väter der modernen Aufklärung, Descartes, sehr wohl, als er weniger durch Argumentation als Meditation, durch immer wiederholtes Nachdenken seinen neuen Metho-

GW 2: 115

denbegriff zu legitimieren suchte. Man schelte das nicht als bloße rhetorische Aufmachung. Ohne eine solche gibt es keine Kommunikation, auch nicht in philosophischen und wissenschaftlichen Beiträgen, die sich alle mit rhetorischen Mitteln zur Geltung bringen müssen. Die ganze Geschichte des Denkens bestätigt die antike Nachbarschaft zwischen Rhetorik und Hermeneutik. Doch enthält Hermeneutik stets ein Element, das über die bloße Rhetorik hinausgeht: Sie schließt stets eine Begegnung mit den Meinungen des anderen ein, die ihrerseits zu Worte kommen. Das gilt auch für zu verstehende Texte, wie für alle anderen kulturellen Schöpfungen dieser Art. Sie müssen ihre eigene Überzeugungskraft entfalten, um verstanden zu werden. Die Hermeneutik ist deshalb Philosophie, weil sie sich nicht darauf beschränken läßt, eine Kunstlehre zu sein, die die Meinungen eines anderen ›nur‹ versteht. Die hermeneutische Reflexion schließt vielmehr ein, daß in allem Verstehen von etwas Anderem oder eines Anderen Selbstkritik vor sich geht. Wer versteht, nimmt keine überlegene Position in Anspruch, sondern gesteht zu, daß die eigene vermeintliche Wahrheit auf die Probe gestellt wird. Das ist in allem Verstehen mit eingeschlossen, und deshalb trägt jedes Verstehen dazu bei, das wirkungsgeschichtliche Bewußtsein fortzubilden.

Das Grundmodell aller Verständigung ist der Dialog, das Gespräch. Ein Gespräch ist bekanntlich nicht möglich, wenn einer der Partner sich unbedingt in einer überlegenen Position glaubt, im Vergleich mit dem anderen, etwa so, daß er ein vorgängiges Wissen über die Vorurteile zu besitzen behauptet, in denen der andere befangen ist. Er schließt sich damit in seine eigenen Vorurteile ein. Dialogische Verständigung ist im Prinzip unmöglich, wenn einer der Partner des Dialoges sich nicht wirklich für das Gespräch freiläßt. So ein Fall liegt z. B. vor, wenn einer im gesellschaftlichen Umgang den Psychologen oder Psychoanalytiker spielt und die Aussagen eines anderen nicht in ihrem Sinne ernst nimmt, sondern auf psychoanalytische Weise zu durchschauen beansprucht. Die Partnerschaft, auf der gesellschaftliches Leben beruht, ist in solchem Falle zerstört. Die Problematik ist vor allem von seiten Paul Ricoeurs einer systematischen Diskussion unterzogen worden, wo er von dem ›Konflikt der Interpretationen‹ spricht. Dort stellt Ricoeur Marx, Nietzsche und Freud auf die eine Seite, die phänomenologische Intentionalität des Verstehens von ›Symbolen‹ auf die andere Seite und sucht nach einer dialektischen Vermittlung. Auf der einen Seite steht die genetische Herleitung, als Archäologie, auf der anderen Seite die Orientierung auf einen gemeinten Sinn hin, als Teleologie. In seinen eigenen Augen ist das nur eine vorbereitende Unterscheidung, die einer allgemeinen Hermeneutik vorarbeitet. Diese müsse dann die konstitutive Funktion des Verstehens von Symbolen und des Sich-Verstehens mit Hilfe von Symbolen aufklären. – Eine solche allgemeine hermeneutische Theorie scheint mir inkonsistent. Die Weisen des Verstehens von Symbolen, die hier nebeneinander gestellt werden, hatten jeweils einen anderen, und nicht den gleichen Sinn von Symbol im Auge, und konstituieren damit nicht nur jeweils einen verschiedenen ›Sinn‹ derselben. Die eine Weise des Verstehens schließt vielmehr die andere aus, weil sie etwas anderes meint. Die eine versteht, was das Symbol sagen will, die andere, was es verbergen und maskieren will. Das ist ein total verschiedener Sinn von ›Verstehen‹.

Die Universalität der Hermeneutik hängt letztlich davon ab, wie weit der theoretische, transzendentale Charakter der Hermeneutik auf ihre Geltung innerhalb der Wissenschaft beschränkt bleibt oder ob sie auch die Prinzipien des *›sensus communis‹* ausweist und damit die Weise, wie aller Wissenschaftsgebrauch in das praktische Bewußtsein integriert wird. Die Hermeneutik rückt – so universal verstanden – in die Nachbarschaft zur ›praktischen Philosophie‹, deren Wiederbelebung inmitten der deutschen transzendentalphilosophischen Tradition durch die Arbeiten J. Ritters und seiner Schule betrieben wird. Die philosophische Hermeneutik ist sich dieser Konsequenz bewußt[74]. Eine Theorie der Praxis des Verstehens ist offensichtlich Theorie und nicht Praxis, aber eine Theorie der Praxis ist deshalb nicht eine ›Technik‹ oder eine angebliche Verwissenschaftlichung der gesellschaftlichen Praxis: Sie ist eine philosophische Besinnung auf die Grenzen, die aller wissenschaftlich-technischen Beherrschung von Natur und Gesellschaft gesetzt sind. Das sind Wahrheiten, die gegenüber dem neuzeitlichen Wissenschaftsbegriff zu verteidigen eine der wichtigsten Aufgaben einer philosophischen Hermeneutik ist[75].

---

[74] Vgl. J. Ritter: Metaphysik und Politik (1969) und M. Riedel: Zur Rehabilitierung der praktischen Philosophie (1972).

[75] Gadamer: Theorie, Technik, Praxis. In: Neue Anthropologie Bd. 1, Einführung (1972) [Ges. Werke Bd. 4, S. 243–266].

3. Die Universalität des hermeneutischen Problems

1966

Warum hat in der heutigen philosophischen Diskussion das Problem der Sprache eine ähnlich zentrale Stellung erworben wie vor etwa 150 Jahren der Begriff des Denkens oder des sich selber denkenden Denkens? Ich möchte mit dieser Frage indirekt auf *die* Frage eine Antwort geben, die wir als die zentrale Frage der Neuzeit, wie sie uns durch die Existenz der modernen Wissenschaft aufgegeben ist, bezeichnen müssen. Ich meine die Frage, wie sich unser natürliches Weltbild, die Welterfahrung, die wir als Menschen haben, sofern wir unsere Lebensgeschichte und unser Lebensschicksal durchleben, zu jener unangreifbaren und anonymen Autorität verhält, welche die Stimme der Wissenschaft darstellt. Seit dem 17. Jahrhundert ist das die eigentliche Aufgabe der Philosophie geworden, diesen neuen Einsatz des menschlichen Wissen-Könnens und Machen-Könnens mit dem Ganzen unserer menschlichen Lebenserfahrung zu vermitteln. Das spricht sich in vielem aus und umfaßt auch noch den Versuch, den die heutige Generation zu machen unternimmt, wenn sie das Thema der Sprache, die Grundvollzugsweise unseres In-der-Welt-Seins, als die alles umgreifende Form der Weltkonstitution in den Mittelpunkt der Philosophie rückt. Wir haben dabei immer die in den sprachlosen Zeichen erstarrende Aussage der Wissenschaften im Auge und die Aufgabe der Rückbindung der durch sie verfügbar gemachten und in unsere Willkür gestellten gegenständlichen Welt, die wir Technik nennen, an die unwillkürlichen und nicht mehr von uns zu machenden, sondern zu ehrenden Grundordnungen unseres Seins.

Ich will ein paar schlichte Dinge explizieren, an denen sich die Universalität dieses Gesichtspunktes, den ich unter Anknüpfung an eine von Heidegger in seiner Frühzeit entwickelte Sprechweise und damit in Fortführung einer aus der protestantischen Theologie ursprünglich stammenden und durch Dilthey in unser Jahrhundert überlieferten Perspektive ›hermeneutisch‹ genannt habe.

Was ist Hermeneutik? Ich möchte ausgehen von zwei Entfremdungserfahrungen, die uns in dem Bereiche der uns angehenden Bedeutsamkeiten unseres Daseins begegnen. Ich meine die Entfremdungserfahrung des ästhetischen Bewußtseins und die Entfremdungserfahrung des historischen Bewußtseins. Was ich damit sagen will, läßt sich in beiden Fällen mit wenigen Worten angeben: Das ästhetische Bewußtsein realisiert die Möglichkeit, die wir als solche weder ableugnen noch in ihrem Werte mindern können, daß man sich zur Qualität eines künstlerischen Gebildes kritisch oder affirmativ verhält; das heißt aber so, daß das Urteil, das wir selber haben, über die Aussagekraft und die Geltung dessen, was wir so beurteilen, letzten Endes entscheidet. Das, was wir verwerfen, hat uns nichts zu sagen oder wir verwerfen es, weil es uns nichts zu sagen hat. Das charakterisiert unser Verhältnis zur Kunst im großen Sinne des Wortes, die ja bekanntlich, wie Hegel gezeigt hat, auch noch die ganze griechisch-heidnische religiöse Welt mit umfaßt, als Kunst-Religion, als die Weise, das Göttliche zu erfahren in der bildnerischen Antwort des Menschen. Wenn nun diese ganze Erfahrungswelt sich zum Gegenstand ästhetischer Beurteilung verfremdet, dann verliert sie offenbar ihre ursprüngliche und fraglose Autorität. Indessen, wir müssen uns eingestehen, daß uns die Welt der künsterlischen Überlieferung, die großartige Gleichzeitigkeit, die uns die Kunst mit so vielen menschlichen Welten verschafft, mehr ist als ein bloßer Gegenstand unseres freien Annehmens und Verwerfens. Ist es nicht in Wahrheit so, daß das, was uns als Kunstwerk ergriffen hat, uns gar nicht mehr die Freiheit läßt, es noch einmal von uns wegzuschieben und von uns aus anzunehmen oder zu verwerfen? Und stimmt es nicht obendrein, daß diese Gebilde der menschlichen Kunstfertigkeit, wie sie durch die Jahrtausende gehen, ganz gewiß nicht für solches ästhetische Annehmen oder Verwerfen gebildet worden sind? Kein Künstler der religiös gebundenen Kulturen der Vergangenheit hat je sein Kunstwerk in einer anderen Absicht aufgestellt als in der, daß das, was er da geschaffen hat, in dem, was es sagt und darstellt, angenommen wird und in die Welt hineingehört, in der die Menschen miteinander leben. Das Bewußtsein von Kunst, das ästhetische Bewußtsein, ist immer ein sekundäres Bewußtsein. Es ist sekundär gegenüber dem unmittelbaren Wahrheitsanspruch, der von dem Kunstwerk ausgeht. Insofern ist es eine Verfremdung von etwas, was uns in Wahrheit viel innerlicher vertraut ist, wenn wir etwas auf seine ästhetische Qualität hin beurteilen. Solche Verfremdung zum ästhetischen Urteil greift immer dort Platz, wo einer sich entzogen hat, wo einer dem unmittelbaren Anspruch dessen, was ihn ergreift, sich nicht stellt. Deswegen war einer der Ausgangspunkte meiner Überlegungen eben dieser, daß die ästhetische Souveränität, die sich im Bereiche der Erfahrung der Kunst geltend macht, gegenüber der eigentlichen Erfahrungswirklichkeit, die uns in der Gestalt der künstlerischen Aussage begegnet, eine Verfremdung darstellt.[1]

[1] [Vgl. dazu bereits 1958 ›Zur Fragwürdigkeit des ästhetischen Bewußtseins‹ und meine anderen Arbeiten in Ges. Werke Bd. 8]

Vor etwa 30 Jahren wurde das hier liegende Problem auf entstellte Weise bewußt, als die nationalsozialistische Kunstpolitik auf dem Wege und zu dem Zwecke ihrer eigenen politischen Ziele den Formalismus einer reinen ästhetischen Kultur durch ihre Rede von der volksverbundenen Kunst zu kritisieren versuchte, eine Redeweise, der man bei allem Mißbrauch, der diese Parole mit sich führte, doch nicht absprechen kann, daß sie auf etwas Wirkliches hinweist. Jedem echten künsterlischen Schaffen ist seine Gemeinde zugeordnet, und eine solche ist immer etwas anderes als die Bildungsgesellschaft, die von der Kunstkritik informiert und terrorisiert wird.

Die zweite Weise von Entfremdungserfahrung ist das, was man das historische Bewußtsein nennt, jene langsam sich ausbildende großartige Kunst des Sich-selber-gegenüber-kritisch-Werdens in der Aufnahme der Zeugnisse vergangenen Lebens. Die bekannte Rankesche Formulierung von der Auslöschung der Individualität hat in eine populäre Formel gekleidet, was Ethos des historischen Denkens ist: daß das historische Bewußtsein sich die Aufgabe stellt, alle Zeugnisse einer Zeit aus dem Geiste dieser Zeit zu verstehen, sie wegzurücken von den uns einnehmenden Aktualitäten unseres gegenwärtigen Lebens und ohne moralische Besserwisserei die Vergangenheit zu erkennen, wie auch sie eine menschliche war.[2] Nietzsches bekannte Abhandlung ›Über Nutzen und Nachteil der Historie für das Leben‹ hat den Widerspruch zwischen einer solchen historischen Distanzierung und dem unmittelbaren Formungswillen, der immer der Gegenwart eignet, formuliert. Zugleich hat er manche der Folgen dieses, wie er es nannte, alexandrinerhaften, geschwächten Formwillens des Lebens, der sich als die moderne historische Wissenschaft darstellt, aufgezeigt. Ich erinnere an seine Anklage der Wertungsschwäche, die den modernen Geist befallen hat, weil er sich so sehr gewöhnt habe, in immer wieder anderes und wechselndes Licht zu treten, so daß er geblendet sei und zu einer eigenen Wertung dessen, was sich ihm zeigt, zu einer Standortbestimmung gegenüber dem, was ihm gegenübertritt, nicht mehr fähig ist; die Wertblindheit des historischen Objektivismus wird hier zurückgeführt auf den Konflikt zwischen der verfremdeten geschichtlichen Welt und den Lebenskräften der Gegenwart.

Nietzsche ist gewiß ein ekstatischer Zeuge, aber daß es mit dem historischen Bewußtsein und seinem Anspruch auf historische Objektivität eigene Schwierigkeiten hat, das hat die geschichtliche Erfahrung, die wir mit diesem historischen Bewußtsein in den letzten hundert Jahren gemacht haben, eindrucksvoll gelehrt. Es gehört zu den Selbstverständlichkeiten

---

[2] [Vgl. O. Vossler, Rankes historisches Problem. Einleitung zu: L. Ranke, Französische Geschichte – vornehmlich im XVI. und XVII. Jahrhundert, Leipzig 1943, auch in: O. Vossler, Geist und Geschichte – Gesammelte Aufsätze, München 1964, S. 184–214.]

unserer wissenschaftlichen Erfahrung, daß wir die Meisterwerke historischer Forschung, in denen Rankes Forderung der Selbstauslöschung des Individualismus zu einer Art Vollendung gebracht scheint, dennoch mit unfehlbarer Sicherheit den politischen Tendenzen ihrer eigenen Gegenwart zuordnen können. Wir wissen, wenn wir Mommsens römische Geschichte lesen, wer das nur geschrieben haben kann, d. h. in welcher politischen Situation der eigenen Zeit dieser Historiker die Stimmen der Vergangenheit zu einer sinnvollen Aussage zusammengeordnet hat. Wir wissen es ebenso von Treitschke oder von Sybel, um nur ein paar recht markante Beispiele aus der preußischen Historiographie zu wählen. Das will zunächst nur heißen: offenbar ist es nicht die ganze Wirklichkeit der geschichtlichen Erfahrung, die in der Selbstauffassung der historischen Methode zur Sprache kommt. Es ist unbestreitbar ein berechtigtes Ziel, die Vorurteile der eigenen Gegenwart so sehr unter Kontrolle zu nehmen, daß man die Zeugnisse der Vergangenheit nicht mißversteht. Aber es ist offenbar nicht die ganze Aufgabe des Verstehens der Vergangenheit und ihrer Überlieferung, die sich darin vollendet. Ja, es könnte sein, – und diesem Gedanken nachzugehen, ist in der Tat eine der ersten Aufgaben, die sich bei der kritischen Prüfung der Selbstauffassung der historischen Wissenschaft stellen – daß nur die *belanglosen* Dinge in der historischen Forschung diesem Ideal einer totalen Auslöschung der Individualität nahezukommen erlauben, während die großen produktiven Forschungsleistungen stets etwas von dem glanzvollen Zauber einer unmittelbaren Spiegelung von Gegenwart in Vergangenheit und Vergangenheit in Gegenwart bewahren. Auch diese zweite Erfahrung, von der ich ausgehe, die historische Wissenschaft, bringt nur einen Teil dessen zur Sprache, was unsere wahrhafte Erfahrung, d. h. was die Begegnung mit der geschichtlichen Überlieferung für uns ist, und kennt sie nur in einer entfremdeten Gestalt.

Wenn ich nun das hermeneutische Bewußtsein als eine umfassendere Möglichkeit, die es zu entwickeln gilt, dem gegenüberstelle, so gilt es auch da, zunächst die wissenschaftstheoretische Verkürzung zu überwinden, mit der das, was man traditionellerweise ›Wissenschaft der Hermeneutik‹ nennt, in die moderne Wissenschaftsidee eingegliedert worden ist. Wenn wir uns der Schleiermacherschen Hermeneutik zuwenden, in der Schleiermacher die Stimme der historischen Romantik geführt hat und zugleich das Anliegen des christlichen Theologen dabei wachsam im Auge behielt, sofern seine Hermeneutik als eine allgemeine Kunstlehre des Verstehens der Sonderaufgabe der Auslegung der Heiligen Schrift zugute kommen sollte, so zeigt sich seine Perspektive für diese hermeneutische Disziplin durch den modernen Wissenschaftsgedanken eigentümlich beschränkt. Schleiermacher definiert die Hermeneutik als die Kunst, Mißverstand zu vermeiden. Sicherlich ist das keine ganz verkehrte Beschreibung der hermeneutischen Bemühung. Das

Fremde verführt leicht zu Mißverstand, der durch den Zeitenabstand, die Veränderung von Sprachgewohnheiten, den Wandel von Wortbedeutungen und von Vorstellungsweisen uns nahegelegt ist. Es gilt, Mißverstehen durch kontrollierte methodische Besinnung auszuschalten. Nur ist auch hier die Frage: Ist das Phänomen des Verstehens angemessen definiert, wenn ich sage: Verstehen heißt, Mißverstehen vermeiden? Liegt nicht in Wahrheit allem Mißverstehen etwas wie ein ›tragendes Einverständnis‹ voraus?

Es ist ein Stück Lebenserfahrung, das ich hier zu evozieren suche. Wir sagen etwa: Verstehen und Mißverstehen spielt zwischen Ich und Du. Schon die Formulierung ›Ich und Du‹ bezeugt aber eine ungeheure Verfremdung. So etwas gibt es ja gar nicht. Es gibt weder ›das‹ Ich noch ›das‹ Du, es gibt ein Du-Sagen eines Ich und es gibt ein Ich-Sagen gegenüber einem Du; aber das sind Situationen, denen immer schon Verständigung vorhergeht. Zu jemandem Du-Sagen – wir wissen es alle – setzt ein tiefes Einverständnis voraus. Da trägt schon etwas, was dauerhaft ist. Auch bei dem Versuch, uns über eine Sache zu verständigen, in der wir verschiedener Meinung sind, ist das immer mit im Spiele, selbst, wenn wir dieses Tragenden uns nur selten bewußt werden. Nun will uns die Wissenschaft der Hermeneutik glauben machen, der Text, den wir zu verstehen haben, sei etwas Fremdes, das uns zum Mißverständnis zu verführen suche, und es komme darauf an, durch ein kontrolliertes Verfahren historischer Erziehung, durch historische Kritik und kontrollierbare Methode im Bunde mit psychologischer Einfühlungskraft alle die Momente auszuschalten, durch die ein Mißverstehen sich einschleichen kann. Das ist, wie mir scheint, eine in einem Teilaspekt gültige, aber doch sehr teilhafte Beschreibung eines umfassenden Lebensphänomens, das das Wir-Sein, das wir alle sind, konstituiert. Es scheint mir die Aufgabe, über die Vorurteile, die dem ästhetischen Bewußtsein, dem historischen Bewußtsein und dem zu einer Technik des Vermeidens von Mißverständnissen restringierten hermeneutischen Bewußtsein zugrunde liegen, hinauszukommen und die in ihnen gelegenen Verfremdungen zu überwinden.

Was ist es denn, was uns in diesen drei Erfahrungen als das Ausgelassene erschien, und warum ihre Partikularität uns so fühlbar wird? Was ist das *ästhetische* Bewußtsein angesichts der Fülle dessen, was uns immer schon angesprochen hat und was wir in der Kunst ›klassisch‹ nennen?[3] Ist nicht auf diese Weise immer schon bestimmt, was für uns sprechend wird und was wir bedeutsam finden? All das, wovon wir mit einer instinktiven – wenn auch

---

[3] [Es ist ein Mißverständnis, meine Ausführungen in W u M, Ges. Werke Bd. 1, S. 290f. über ›Das Beispiel des Klassischen‹ als Bekenntnis zu einem platonisierenden klassizistischen Stilideal zu sehen (H. R. Jauss, Ästhetische Erfahrung und literarische Hermeneutik, Frankfurt 1979) und nicht als Herausarbeitung einer geschichtlichen Kategorie.]

vielleicht irrigen – Sicherheit, aber für unser Bewußtsein zunächst gültig, sagen; »das ist klassisch, das wird bleiben«, hat doch schon unsere Möglichkeit, etwas ästhetisch zu beurteilen, vorgeformt. Es ist nicht so, daß es rein formale Kriterien wären, welche das Gestaltungsniveau oder den Formungsgrad beliebig auf seine artistische Virtuosität hin zu beurteilen und gutzuheißen beanspruchten. Wir stehen vielmehr mitten in einem durch die Stimmen, die uns ständig erreichen, beschickten ästhetischen Resonanzraum unserer sensitiv-geistigen Existenz, – und das liegt aller ausdrücklichen ästhetischen Beurteilung voraus.

Ähnlich steht es mit dem *historischen* Bewußtsein. Auch da werden wir gewiß zugeben, daß es unzählige Aufgaben historischer Forschung gibt, die keinen Bezug zu unserer eigenen Gegenwart und ihrer geschichtlichen Bewußtseinstiefe haben. Wohl aber scheint es mir kein Zweifel, daß sich der große Vergangenheitshorizont, aus dem heraus unsere Kultur und unsere Gegenwart leben, bei allem als wirksam erweist, was wir in die Zukunft hinein wollen, hoffen oder fürchten. Die Geschichte ist mit da und ist selbst nur da im Lichte dieser unserer Zukünftigkeit. Hier haben wir alle durch Heidegger gelernt, der gerade den Primat der Zukünftigkeit für das mögliche Erinnern und Behalten und damit für das Ganze unserer Geschichte gezeigt hat.

Das wirkt sich in dem, was Heidegger über die Produktivität des hermeneutischen Zirkels gelehrt hat, aus, und ich habe dem die Formulierung gegeben, daß nicht so sehr unsere Urteile als unsere Vorurteile unser Sein ausmachen.[4] Das ist eine provokatorische Formulierung, sofern ich damit einen positiven Begriff des Vorurteils, der durch die französische und englische Aufklärung aus dem Sprachgebrauch verdrängt worden ist, wieder in sein Recht einsetze. Es läßt sich nämlich zeigen, daß der Begriff des Vorurteils ursprünglich durchaus nicht allein den Sinn hat, den wir damit verbinden. Vorurteile sind nicht notwendig unberechtigt und irrig, so daß sie die Wahrheit verstellen. In Wahrheit liegt es in der Geschichtlichkeit unserer Existenz, daß die Vorurteile im wörtlichen Sinne des Wortes die vorgängige Gerichtetheit all unseres Erfahren-Könnens ausmachen. Sie sind Voreingenommenheiten unserer Weltoffenheit, die geradezu Bedingungen dafür sind, daß wir etwas erfahren, daß uns das, was uns begegnet, etwas sagt. Gewiß heißt das nicht, daß wir, durch eine Mauer von Vorurteilen eingefriedet, nur das durch die enge Pforte lassen, was seinen Paß vorweisen kann, auf dem steht: hier wird nichts Neues gesagt. Gerade der Gast ist uns willkommen, der unserer Neugier Neues verheißt. Aber woher erkennnen wir den Gast, der zu uns eingelassen wird, als einen, der uns etwas *Neues* zu

[4] [Vgl. W u M, Ges. Werke Bd. 1, S. 278ff. und ›Vom Zirkel des Verstehens‹, in Ges. Werke Bd. 2, S. 57ff.]

sagen hat?[5] Bestimmt sich nicht auch unsere Erwartung und unsere Bereitschaft, das *Neue* zu hören, notwendig von dem Alten her, das uns schon eingenommen hat? Das Bild soll eine Art Legitimation dafür geben, warum der Begriff des Vorurteils, der mit dem Begriff der Autorität in einem tiefen inneren Zusammenhang steht, einer hermeneutischen Rehabilitierung bedarf. Wie jedes Bild ist auch dieses schief. Die hermeneutische Erfahrung ist nicht von der Art, daß etwas draußen ist und Einlaß begehrt: Wir sind vielmehr von etwas eingenommen und gerade durch das, was uns einnimmt, aufgeschlossen für Neues, Anderes, Wahres. Es ist, wie Plato es mit dem schönen Vergleich zwischen den leiblichen Speisen und der geistigen Nahrung klar macht: während man jene zurückweisen kann, z. B. auf Anraten des Arztes, hat man diese immer schon in sich aufgenommen.[6]

Nun fragt es sich freilich, wie sich die hermeneutische Bedingtheit unseres Seins gegenüber der Existenz der modernen Wissenschaft legitimieren soll, die doch mit dem Prinzip der Unvoreingenommenheit und Vorurteilslosigkeit steht und fällt. Es wird sicherlich nicht damit getan sein – ganz abgesehen davon, daß solche Deklamationen immer etwas Lächerliches haben –, daß man der Wissenschaft Vorschriften macht und ihr empfiehlt, sich zu mäßigen. Den Gefallen wird sie uns nicht tun. Sie wird mit einer nicht in ihrem Belieben liegenden inneren Notwendigkeit ihre Wege weitergehen und immer mehr an Erkenntnisse und Machbarkeiten heranführen, bei denen uns der Atem stockt. Sie wird nicht anders können. Es ist sinnlos, etwa einem Forscher auf dem Gebiete der Erbgenetik wegen der drohenden Züchtung des Übermenschen in den Arm zu fallen. So kann das Problem nicht aussehen, daß sich unser menschliches Bewußtsein in einen Gegensatz zum wissenschaftlichen Gang der Dinge stellt und sich herausnimmt, hier eine Art von Gegen-Wissenschaft aufzubauen. Trotzdem ist der Frage nicht auszuweichen, ob nicht das, was wir an scheinbar so harmlosen Gegenständen wie dem ästhetischen Bewußtsein und dem historischen Bewußtsein gewahren, eine Problematik darstellt, die erst recht unserer modernen Naturwissenschaft und unserem technischen Weltverhalten einwohnt. Wenn wir auf der Grundlage der modernen Wissenschaft die neue technische Zweckwelt errichten, die alles um uns herum verändert, so unterstellen wir nicht, daß der Forscher, der die dafür entscheidenden Erkenntnisse gewonnen hat, auch nur mit *einem* Blick auf solche technischen Verwertbarkeiten geblickt hat. Es ist echter Erkenntniswille und nichts sonst, was den wahren Forscher befeuert. Und trotzdem ist die Frage zu stellen, ob sich nicht auch gegenüber dem Ganzen unserer modernen wissenschaftlich fundierten Zivi-

[5] [Zum Begriff des ›Neuen‹ vgl. ›Das Alte und das Neue‹, Rede zur Eröffnung der Salzburger Festspiele 1981 (Ges. Werke Bd. 4, S. 154–160.]

[6] [Prot. 314a]

lisation wiederholt, daß hier etwas ausgelassen ist – und ob nicht, wenn Voraussetzungen, unter denen diese Erkenntnis-Möglichkeiten und Machens-Möglichkeiten stehen, im Halbdunkel bleiben, eben das zur Folge haben kann, daß die Hand, die diese Erkenntnisse anwendet, zerstörerisch wird.[7]

Das Problem ist wirklich universell. Die hermeneutische Frage, wie ich sie charakterisierte, ist durchaus nicht beschränkt auf die Gebiete, von denen ich bei meinen eigenen Untersuchungen ausgegangen bin. Es ging nur darum, erst einmal eine theoretische Basis zu befestigen, die auch das Grundfaktum unserer gegenwärtigen Kultur, die Wissenschaft und ihre industrielle technische Verwertung, zu tragen vermag. Ein nützliches Beispiel dafür, wie die hermeneutische Dimension das gesamte Verfahren der Wissenschaft umfaßt, ist die Statistik. Sie lehrt als Extrembeispiel, daß Wissenschaft stets unter bestimmten methodischen Abstraktionsbedingungen steht und daß die Erfolge der modernen Wissenschaften darauf beruhen, daß andere Fragemöglichkeiten durch Abstraktion abgedeckt werden. An der Statistik kommt das handgreiflich heraus, weil sie sich durch die Vorgreiflichkeit der Fragen, die sie beantwortet, so sehr zu Propagandazwecken eignet. Was Propagandaeffekt machen soll, muß ja immer das Urteil des Angesprochenen vorgängig zu beeinflussen und seine Urteilsmöglichkeit einzuschränken suchen. Was da festgestellt wird, sieht so aus wie die Sprache der Tatsachen; aber auf welche Fragen diese Tatsachen eine Antwort geben und welche Tatsachen zu reden begönnen, wenn andere Fragen gestellt würden, das ist eine hermeneutische Fragestellung. Sie würde erst die Bedeutung dieser Tatsachen und damit die Folgerungen, die aus dem Bestehen dieser Tatsachen sich ergeben, legitimieren.

Ich greife damit vor und habe unwillkürlich die Wendung gebraucht, welche Antworten auf welche Fragen eigentlich in den Tatsachen stecken. Das ist in der Tat das hermeneutische Urphänomen, daß es keine mögliche Aussage gibt, die nicht als Antwort auf eine Frage verstanden werden kann, und daß sie nur so verstanden werden kann. Das beeinträchtigt die großartige Methodik der modernen Wissenschaft nicht im geringsten. Wer eine Wissenschaft lernen will, muß ihre Methodik beherrschen lernen. Wir wissen aber auch, daß Methodik als solche überhaupt noch nicht für die Produktivität ihrer Anwendung garantiert. Es gibt vielmehr (das ist etwas, was eines jeden Lebenserfahrung zu bestätigen vermag) die methodische Sterilität, d. h. die Anwendung der Methodik auf etwas Nicht-Wissenswürdiges, auf etwas, was gar nicht aus einer echten Fragestellung heraus zum Gegenstand von Forschung gemacht wird.

[7] [Das inzwischen viel diskutierte Problem der Verantwortlichkeit der Wissenschaft ist in meinen Augen ein moralisches Problem.]

Das methodische Selbstbewußtsein der modernen Wissenschaft freilich steht dem entgegen. So wird einem etwa der Historiker entgegenhalten, das sei ja alles sehr schön mit dieser geschichtlichen Überlieferung, in der allein die Stimmen der Vergangenheit Bedeutung gewönnen und durch die die Vorurteile, die die Gegenwart bestimmen, inspiriert seien. Aber es sei doch ganz anders, wo es sich ernsthaft um historische Forschung handele. Wie könne man im Ernste meinen, daß z. B. die Aufklärung der Steuergewohnheiten der Städte im 15. Jahrhundert oder der Ehesitten der Eskimos irgendwie von dem Gegenwarts-Bewußtsein und seinen Antizipationen ihre Bedeutung erst verliehen bekäme. Das seien doch Fragen der historischen Erkenntnis, die man ganz unabhängig von jedem Gegenwartsbezug als Aufgaben ergreife.

Auf diesen Einwand ist zu antworten, daß das Extrem dieses Standpunktes dem ähneln würde, was es in gewissen großindustriellen Forschungseinrichtungen gibt, so vor allem in Amerika und in Rußland, ich meine den sogenannten Seriengroßversuch, in dem man die Materien, mit denen man zu tun hat, ohne Rücksicht auf Verluste und Kosten einfach durchmißt – mit der Chance, daß schließlich einmal unter Tausenden von Messungen eine Messung einen interessanten Befund ergibt, d. h. sich als Antwort auf eine Frage erweist, von der aus man weiterkommt. Kein Zweifel, daß die moderne Forschung auch in den Geisteswissenschaften in gewissem Umfange so arbeitet. Man denke etwa an die großen Editionen und insbesondere an die immer perfekteren Indices. Ob freilich die moderne historische Forschung bei solchen Verfahren die Chance vergrößert, die interessante Tatsache wirklich zu bemerken und aus ihr dann die entsprechende Bereicherung unserer Erkenntnis zu gewinnen, muß offenbleiben. Aber selbst wenn es so wäre, dürfte man fragen: ist das ein Ideal, daß von tausend Historikern ungezählte Forschungsvorhaben, d. h. also Feststellung von Tatsachenzusammenhängen, erarbeitet werden, damit der 1001. Historiker dabei etwas bemerkt, was interessant ist? Gewiß zeichne ich damit eine Karikatur echter Forschung. Aber wie in jeder Karikatur, ist auch in dieser Wahrheit. Sie enthält eine indirekte Antwort auf die Frage: Was macht eigentlich den produktiven Forscher? Daß er die Methoden gelernt hat? Das hat gerade auch der, der nie etwas Neues herausbringt. Phantasie ist die entscheidende Aufgabe für den Forscher. Phantasie meint hier natürlich nicht ein vages Vermögen, sich allerhand einzubilden, Phantasie steht vielmehr in hermeneutischer Funktion und dient dem Sinn für das Fragwürdige, dem Freilegen-Können von wirklichen, produktiven Fragen – was im allgemeinen nur dem gelingt, der alle Methoden seiner Wissenschaft beherrscht.

Als Platoniker liebe ich die unvergeßlichen Szenen besonders, in denen Sokrates mit den sophistischen Alles-Künstlern in Streit gerät und sie durch seine Fragen zur Verzweiflung bringt, bis sie es schließlich nicht mehr aushalten können und ihrerseits die Rolle des Fragers beanspruchen, die so erfolgreich scheint. Und was geschieht dann? Sie wissen nichts zu fragen. Es fällt ihnen einfach nichts ein, was man in der Weise fragen kann, daß es lohnt, darauf einzugehen und beharrlich eine Antwort zu geben.

Ich ziehe die Konsequenz. Das hermeneutische Bewußtsein, das ich anfangs nur von bestimmten Punkten aus bezeichnete, hat seine eigentliche Wirksamkeit immer darin, daß man das Fragwürdige zu sehen vermag. Wenn wir nun nicht nur die künstlerische Überlieferung der Völker, nicht nur die historische Überlieferung, nicht nur das Prinzip der modernen Wissenschaft in seinen hermeneutischen Vorbedingungen uns vor Augen gestellt haben, sondern das Ganze unseres Erfahrungslebens, dann, meine ich, gelangen wir dahin, an unsere eigene, allgemeine und menschliche Lebenserfahrung auch die Erfahrung der Wissenschaft wieder anzuschließen. Denn jetzt haben wir die Fundamentalschicht erreicht, die man (mit Johannes Lohmann[8]) die ›sprachliche Weltkonstitution‹ nennen kann. Sie stellt sich dar als das wirkungsgeschichtliche Bewußtsein, das alle unsere Erkenntnismöglichkeiten vorgängig schematisiert. Ich sehe davon ab, daß der Forscher, auch der Naturforscher, von Mode und Gesellschaft und von allen möglichen Faktoren seiner Umwelt vielleicht nicht ganz unabhängig ist – was ich meine, ist, daß es *innerhalb* seiner wissenschaftlichen Erfahrung nicht so sehr die ›Gesetze des eisenharten Schließens‹ (Helmholtz) als vielmehr unvorhersehbare Konstellationen sind, die ihm die fruchtbare Idee eingeben, ob es nun Newtons fallender Apfel ist oder welche zufällige Beobachtung immer, an der der Funke der wissenschaftlichen Inspiration zündet.

Das wirkungsgeschichtliche Bewußtsein hat seinen Vollzug im Sprachlichen. Wir können von dem denkenden Sprachforscher lernen, daß die Sprache in ihrem Leben und Geschehen nicht bloß als ein sich Veränderndes gedacht werden muß, sondern daß darin eine Teleologie wirksam ist. Das will sagen, daß die Worte, die sich bilden, die Ausdrucksmittel, die in einer Sprache auftreten, um bestimmte Dinge zu sagen, sich nicht zufällig fixieren, soweit sie nicht überhaupt wieder abkommen, sondern daß auf diese Weise eine bestimmte Weltartikulation aufgebaut wird – ein Vorgang, der wie gesteuert wirkt und den wir ja alle immer wieder bei dem sprechenlernenden Kind beobachten können. Ich berufe mich dafür auf eine Stelle des Aristoteles, die ich genauer explizieren möchte, weil an ihr der Akt der Sprachbildung von einer bestimmten Seite aus genial beschrieben ist. Es handelt sich um das, was Aristoteles die *Epagoge* nennt, d. h. die Bildung des Allgemeinen. Wie kommt es zum Allgemeinen? In der Philosophie sagt

[8] ›Philosophie und Sprachwissenschaft‹, veröffentlicht in der Reihe Erfahrung und Denken, Schriften zur Förderung der Beziehungen zwischen Philosophie und Einzelwissenschaften, Nr. 15 (1965).

man: zum Allgemeinbegriff; aber auch Worte sind in diesem Sinne offenkundig Allgemeines. Wie kommt es dazu, daß sie ›Worte‹ sind, d. h. eine allgemeine Bedeutung haben? Da findet sich das sinnlich ausgestattete Wesen bei seinen ersten Apperzeptionen in einem flutenden Reizmeer, und es beginnt schließlich eines Tags etwas, wie wir sagen, zu erkennen. Offenbar wollen wir damit nicht sagen, daß es vorher blind war –, sondern wir meinen, wenn wir sagen ›erkennen‹ –, ›wiedererkennen‹, d. h. etwas als dasselbe herauserkennen aus dem Strom vorbeiflutender Bilder. Dieses so Herauserkannte wird offenbar festgehalten. Aber wie eigentlich? Wann erkennt ein Kind zum ersten Male seine Mutter? Dann, wenn es sie zum ersten Mal gesehen hat? Nein. Ja wann eigentlich? Wie geschieht denn das? Können wir überhaupt sagen, daß das ein einmaliges Ereignis ist, in dem ein erstes Erkennen das Kind aus dem Dunkel des Unwissens herausreißt? Es scheint mir offenkundig, daß es so nicht ist. Aristoteles hat es wunderbar beschrieben. Er sagt, es ist so, wie wenn ein Heer auf der Flucht ist, panisch gejagt von Angst, und schließlich fängt einer an stehenzubleiben und sich umzusehen, ob eigentlich der Feind so gefährlich nahe ist. Das Heer bleibt nicht dadurch stehen, daß einer stehenbleibt. Es bleibt dann ein Zweiter stehen. Das Heer bleibt nicht dadurch stehen, daß zwei stehenbleiben. Wann bleibt dann eigentlich das Heer stehen? Plötzlich steht es wieder. Plötzlich gehorcht es wieder dem Kommando. Bei dem, was Aristoteles hier beschreibt, ist noch ein sehr feiner sprachlicher Scherz dabei. Kommando heißt nämlich auf griechisch *Archē*, d. h. *Principium*. Wann ist das Prinzip als Prinzip da? Durch welches Vermögen? – Das ist in der Tat die Frage nach dem Zustandekommen des Allgemeinen.[9]

Genau die gleiche Teleologie ist es, wenn ich Joh. Lohmanns Darlegungen nicht mißverstehe, die sich ständig im Leben der Sprache auswirkt. Wenn Lohmann von den sprachlichen Tendenzen spricht, in denen sich als dem eigentlichen Agens der Geschichte bestimmte Formen ausbreiten, so weiß er natürlich, daß sich das in diesen Formen des – wie das deutsche Wort sagt – Zustandekommens, des Zum-Stehen-Kommens vollzieht. Was sich dabei zeigt, ist, wie ich meine, die eigentliche Vollzugsweise unserer menschlichen Welterfahrung überhaupt. Das Sprechen-Lernen ist gewiß eine Phase besonderer Produktivität, und das Genie unserer Dreijährigkeit haben wir alle inzwischen in ein karges und spärliches Talent umgewandelt. Aber im Gebrauch der am Ende zustandegekommenen sprachlichen Weltauslegung bleibt noch etwas von der Produktivität unserer Anfänge lebendig. Wir kennen das alle z. B. bei dem Versuch des Übersetzens, im Leben oder in der Literatur oder wo immer, dieses seltsame, unruhige und quälende Gefühl, solange man nicht das richtige Wort hat. Wenn man es hat, den rechten

[9] [Vgl. Aristoteles, An. Post. B 19, 100 a 3 ff.]

Ausdruck gefunden hat (es braucht nicht immer ein Wort zu sein), wenn es einem gewiß ist, daß man es hat, dann ›steht‹ es, dann ist etwas ›zustande‹ gekommen, dann haben wir wieder einen Halt inmitten der Flut des fremden Sprachgeschehens, dessen unendliche Variation die Orientierung verlieren läßt. Was ich so beschreibe, ist aber die Weise der menschlichen Welterfahrung überhaupt. Ich nenne sie hermeneutisch. Denn der so beschriebene Vorgang wiederholt sich ständig ins Vertraute hinein. Es ist stets eine sich schon auslegende, schon in ihren Bezügen zusammengeordnete Welt, in die Erfahrung eintritt als etwas Neues, das umstößt, was unsere Erwartungen geleitet hatte, und das sich im Umstoßen selber neu einordnet. Nicht das Mißverständnis und nicht die Fremdheit ist das Erste, so daß die Vermeidung des Mißverstandes die eindeutige Aufgabe wäre, sondern umgekehrt ermöglicht erst das Getragensein durch das Vertraute und das Einverständnis das Hinausgehen in das Fremde, das Aufnehmen aus dem Fremden und damit die Erweiterung und Bereicherung unserer eigenen Welterfahrung.

So ist der Anspruch auf Universalität zu verstehen, der der hermeneutischen Dimension zukommt. Verstehen ist sprachgebunden. Darin liegt keineswegs eine Art Sprachrelativismus. Es ist zwar wahr: man lebt in einer Sprache. Sprache ist nicht ein System von Signalen, die man, wenn man in das Büro oder in die Sendestation tritt, mit Hilfe einer Tastatur losläßt. Das ist kein Sprechen, denn es hat nicht die Unendlichkeit des sprachbildnerischen und welterfahrenden Tuns. Aber obwohl man ganz in einer Sprache lebt, ist das kein Relativismus, weil es durchaus kein Gebanntsein in eine Sprache gibt – auch nicht in die eigene Muttersprache. Das erfahren wir alle, wenn wir fremde Sprachen lernen, und besonders auf Reisen, sofern wir die fremde Sprache einigermaßen beherrschen, und eben das heißt, daß wir nicht immerfort mit dem Blick auf unsere Welt und ihr Vokabular innerlich sozusagen nachschlagen, wenn wir uns in dem fremden Lande sprechend bewegen. Je besser wir die Sprache können, desto weniger ist solch ein Seitenblick auf die Muttersprache fühlbar, und nur weil wir fremde Sprachen nie genug können, fühlen wir etwas davon immer. Aber es ist gleichwohl bereits ein Sprechen, wenn auch vielleicht ein stammelndes, das wie alles echte Stammeln das Gestautsein eines Sagen-Wollens und daher ins Unendliche der Aussprachemöglichkeit geöffnet ist. In *dem* Sinne ist jede Sprache, in der wir leben, unendlich, und es ist ganz verkehrt, zu schließen, weil es die verschiedenartigen Sprachen gibt, gibt es eine in sich zerklüftete Vernunft. Das Gegenteil ist wahr. Gerade auf dem Wege über die Endlichkeit, die Partikularität unseres Seins, die auch an der Verschiedenheit der Sprachen sichtbar wird, öffnet sich das unendliche Gespräch in Richtung auf die Wahrheit, das wir sind.

Wenn das richtig ist, dann wird sich vor allem auf der Ebene der Sprache das eingangs geschilderte Verhältnis unserer modernen, durch die Wissenschaft begründeten Industrie- und Arbeitswelt spiegeln. Wir leben in einer Epoche steigender Nivellierung aller Lebensformen, – das ist ein Gebot der rationalen Notwendigkeit der Lebenserhaltung auf unserem Planeten. Das Nahrungsproblem der Menschheit z. B. ist überhaupt nur zu bewältigen durch die Preisgabe jener großartig schönen Verschwendung, mit der ehedem die Erde bebaut wurde. Es ist unvermeidlich, daß sich die maschinelle Industriewelt auch innerhalb des Lebens des Einzelnen als eine Art technischer Perfektionssphäre ausbreitet, und wenn wir moderne Liebespaare miteinander reden hören, dann fragen wir uns schon manchmal, ob das Worte sind, mit denen sie sich verständigen, oder Reklamemarken und Fachausdrücke aus der Zeichensprache der modernen Industriewelt. Es kann nicht ausbleiben, daß sich die nivellierten Lebensformen des Industriezeitalters auch auf die Sprache auswirken, wie in der Tat die Verarmung des Vokabulars der Sprache ungeheure Fortschritte macht und damit die Annäherung der Sprache an ein technisches Zeichensystem. Leute, die ›trotz‹ mit dem Dativ verbinden, wie ich das noch tue, werden bald eine Art Museumswert haben. Nivellierungstendenzen dieser Art sind unaufhaltsam. Und trotzdem dauert immer noch und gleichzeitig der Aufbau der eigenen Welt in der Sprache überall fort, wo wir einander etwas sagen wollen. Es ist die eigentliche Zuordnung der Menschen zueinander, die sich damit ergibt, daß jeder zunächst eine Art Sprachkreis ist, und daß sich diese Sprachkreise berühren und mehr und mehr verschmelzen. Was so zustandekommt, ist immer wieder die Sprache, in Vokabular und Grammatik wie eh und je, und nie ohne die innere Unendlichkeit des Gespräches, das zwischen jedem solchen Sprechenden und seinem Partner im Gange ist. Das ist die fundamentale Dimension des Hermeneutischen. Echtes Sprechen, das etwas zu sagen hat und deswegen nicht vorgesehene Signale gibt, sondern Worte sucht, durch die man den anderen erreicht, ist allgemeine menschliche Aufgabe – es ist aber eine besondere Aufgabe für den, der schriftliche Überlieferung zum Reden zu bringen sucht, z. B. für den Theologen, dem das Weitersagen einer Botschaft aufgetragen ist, die geschrieben steht.

4. Sprache und Verstehen

1970

Das Problem des Verstehens hat in den letzten Jahren zunehmend an Aktualität gewonnen – gewiß nicht außer Zusammenhang mit der weltpolitischen und gesellschaftspolitischen Zuspitzung der Lage und der Verschärfung der unsere Gegenwart durchziehenden Spannungen. Es begegnet allerorten, daß Versuche der Verständigung zwischen den Zonen, den Nationen, den Blöcken, den Generationen daran scheitern, daß eine gemeinsame Sprache zu fehlen scheint und daß die gebrauchten Leitbegriffe wie Reizworte wirken, die die Gegensätze verfestigen und die Spannungen verschärfen, zu deren Behebung man zusammenkommt. Man denke nur an Worte wie ›Demokratie‹ oder ›Freiheit‹.

So bedarf es eigentlich keines Beweises für die These, daß alle Verständigung ein Sprachproblem ist und im Medium der Sprachlichkeit gelingt oder mißlingt. Alle Phänomene der Verständigung, des Verstehens und Mißverstehens, die den Gegenstand der sogenannten Hermeneutik bilden, stellen eine Spracherscheinung dar. Indessen ist die These, die ich im folgenden diskutieren möchte, noch einen Schritt radikaler. Sie besagt nämlich, daß nicht nur der zwischenmenschliche Vorgang der Verständigung, sondern der Prozeß des Verstehens selbst auch dann ein Sprachgeschehen darstellt, wenn er sich auf Außersprachliches richtet oder auf die erloschene Stimme des geschriebenen Buchstabens horcht, ein Sprachgeschehen von der Art jenes inneren Gesprächs der Seele mit sich selber, als das Plato das Wesen des Denkens charakterisiert hat.

Daß alles Verstehen sprachlich ist, ist eine herausfordernde Behauptung. Wir brauchen nur um uns und auf unsere eigenen Erfahrungen zu blicken, um sofort eine Fülle scheinbarer Gegenbeispiele zu haben, in denen sich gerade das schweigende, das stille Verstehen als die höchste und innigste Weise des Verstehens darstellt. Wer sich bemüht, die Sprache abzuhören, wird sofort auf solche Phänomene gestoßen werden, wie etwa das ›schweigende Einverständnis‹ oder ›das stille Erraten‹. Es fragt sich freilich, ob das nicht in gewissem Sinne Modi der Sprachlichkeit sind. Warum es einen Sinn hat, das zu sagen, hoffe ich noch deutlicher zu machen.

Aber wie ist es mit noch anderen Phänomenen, zu denen uns die Sprache selber leitet, ich denke etwa an ›das sprachlose Staunen‹ oder ›das stumme Bewundern‹? Was uns so begegnet, sind Phänomene, von denen wir geradezu sagen können: Das verschlägt uns die Sprache. Und es verschlägt uns die Sprache offenbar gerade dadurch, daß es so sehr einleuchtet, daß es allzu groß dasteht vor unserem immer mehr erfassenden Blick, als daß Worte hinreichen könnten, es zu fassen. Ist das nicht eine allzu kühne Behauptung, zu sagen, das sei auch noch eine Form der Sprachlichkeit, daß es einem die Sprache verschlägt? Sollte das nicht jener absurde Dogmatismus der Philosophen sein, die immer wieder und immer noch einmal die Dinge auf den Kopf zu stellen versuchen, die ganz gut auf ihren Beinen stehen? Indessen, wenn es einem die Sprache verschlägt, so heißt das, daß man so *viel* sagen möchte, daß man nicht weiß, wo beginnen. Das *Versagen* der Sprache bezeugt ihr *Vermögen*, für *alles* Ausdruck zu suchen – und so ist es ja selbst geradezu eine Redensart, daß es einem die Sprache verschlägt – und eine solche, mit der man seine Rede nicht beendet, sondern beginnt.

Das möchte ich vor allem an dem ersten von mir angeführten sprachlichen Gegenbeispiel zeigen, nämlich daß wir von ›stillem Einverständnis‹ reden. Welches ist der hermeneutische Stellenwert dieser sprachlichen Wendung? Die Problematik des Verstehens, die wir heute so vielfältig diskutiert finden, insbesondere in all den Wissenschaften, in denen sich keine exakten Methoden der Verifikation anbieten, besteht darin, daß es dort eine bloße innere Evidenz des Verstehens ist, die plötzlich aufleuchtet, zum Beispiel, wenn ich einen Satzzusammenhang, eine Aussage von irgend jemandem in einer bestimmten Situation plötzlich verstehe. Das heißt, wenn es mir plötzlich ganz klar und greifbar ist, mit welchem Recht der andere das sagt, was er sagt, oder auch mit welchem Unrecht. Solche Erfahrungen des Verstehens setzen offenkundig immer Schwierigkeiten im Verstehen voraus, die Gestörtheit des Einverständnisses. So beginnt alle Anstrengung des Verstehenwollens damit, daß einem etwas, was einem begegnet, befremdlich, herausfordernd, desorientierend entgegentritt.

Die Griechen hatten ein sehr schönes Wort für das, wobei unser Verstehen zum Stocken kommt, sie nannten das das *atopon*. Das heißt eigentlich: Das Ortlose, das, was nicht unterzubringen ist in den Schematismen unserer Verstehenserwartung und das uns deswegen stutzen läßt. Die berühmte platonische Lehre, daß das Philosophieren mit dem Staunen beginnt, meint dieses Stutzen, dieses Nichtweiterkommen mit den vorschematisierten Erwartungen unserer Weltorientierung, das zum Denken aufruft. Aristoteles beschreibt es einmal sehr hübsch, daß das, was wir erwarten, davon abhängt, wieviel Einsicht wir in einen Zusammenhang haben, und er nennt als Beispiel: Wenn einer sich darüber wundert, daß die Wurzel aus zwei irrational ist, daß also das Verhältnis von Diagonale und Seitenlänge eines Quadrats nicht rational ausdrückbar ist, so sieht man daran, daß er kein Mathe-

GW 2: 185

matiker ist; ein Mathematiker würde sich wundern, wenn jemand dieses Verhältnis für rational hielte. So relativ ist dies Stutzen, so sehr bezogen auf Wissen und tieferes Eindringen in die Sachen. All dies Stutzen und Staunen und im Verstehen Nichtweiterkommen ist offenkundig immer auf Weiterkommen, auf eindringlichere Erkenntnis angelegt!

Ich behaupte daher: wir müssen das Phänomen des Verstehens aus der Bevorzugung der Verstehensstörung bewußt herausdrehen, wenn wir seinen Ort im ganzen unseres Menschseins, auch unseres sozialen Menschseins, wirklich in den Blick bekommen wollen. Einverständnis ist vorausgesetzt, wo es Gestörtheit von Einverständnis gibt. Es sind die relativ seltenen Hindernisse in der Verständigung und im Einverständnis, an denen sich allererst die Aufgabe gezielten Verstehen-Wollens stellt, das zur Behebung eines gestörten Verstehens führen soll. Mit anderen Worten, das Beispiel des ›stillen Einverständnisses‹ ist so wenig ein Einwand gegen die Sprachlichkeit des Verstehens, daß es der Sprachlichkeit des Verstehens vielmehr ihre Weite und Universalität sichert. Das scheint mir eine Grundwahrheit, die es wieder zu Ehren zu bringen gilt, nachdem wir durch einige Jahrhunderte den Methodenbegriff der modernen Wissenschaft für unser Selbstverständnis absolutgesetzt haben.

Die moderne Wissenschaft ist die im 17. Jahrhundert entstehende Wissenschaft, die auf den Gedanken der Methode und des methodischen Sicherns des Erkenntnisfortschritts gegründet ist. Sie hat unseren Planeten in einer einzigartigen Weise verändert, indem sie eine Form des Zugangs zur Welt privilegiert hat, der weder der einzige noch der umfassendste Zugang ist, den wir besitzen. Es ist der Zugang, der durch methodische Isolierung und bewußte Befragung – im Experiment – die partikularen Bereiche, die durch solche Isolierung thematisiert werden, einem neuen Zugriff unseres Tuns aufbereitet. Das war die große Leistung der mathematischen Naturwissenschaften, im besonderen der Galileischen Mechanik im 17. Jahrhundert. Bekanntlich ist die geistige Leistung der Entdeckung der Gesetze des freien Falls, der schiefen Ebene, nicht durch bloße Beobachtung erbracht worden. Es gab kein Vakuum. Der freie Fall war eine Abstraktion. Jeder erinnert sich wohl noch an das eigene Staunen über das Experiment, das er in der Schulstube erlebte, wie da im relativen Vakuum das Bleiblättchen und die Bettfeder gleich schnell fallen. Für Galilei war es eine Isolierung von Bedingungen, die in der Natur so gar nicht vorkommen, wenn er vom Widerstand des Mediums abstrahierte. Nur solche Abstraktion aber ermöglicht die mathematisch exakte Beschreibung der Faktoren, die ein Resultat im Naturgeschehen bilden, und damit den kontrollierten Eingriff des Menschen.

Die Mechanik, die Galilei so aufbaute, ist in der Tat die Mutter unserer technischen Zivilisation. Hier ist eine ganz bestimmte methodische Erkenntnisweise aufgekommen, die die Spannung zwischen unserem unmethodischen, die ganze Breite unserer Lebenserfahrung umfassenden Welterkennen und der Erkenntnisleistung der Wissenschaft heraufbeschworen hat. Es war die große philosophische Leistung Kants, daß er für diese neuzeitliche Problemspannung eine überzeugende begriffliche Lösung fand. Denn die Philosophie des 17. und 18. Jahrhunderts hatte sich in der unlösbaren Aufgabe verzehrt, das große Allwissen der metaphysischen Tradition mit der neuen Wissenschaft zu vereinigen – ein Versuch, der einen wirklichen Ausgleich zwischen Vernunftwissenschaft aus Begriffen und Erfahrungs-Wissenschaft nicht erreichen konnte. Kant dagegen fand die Lösung. Seine die englische Metaphysikkritik aufgreifende kritische Einschränkung der Vernunft und ihrer begrifflichen Erkenntnis auf das in der Erfahrung Gegebene bedeutete zwar die Zerstörung der Metaphysik als dogmatischer Vernunftwissenschaft. Aber der ›Alleszermalmer‹, als den die Zeitgenossen den zarten Professor Kant zu Königsberg empfanden, war zugleich der große Begründer der Moralphilosophie auf dem strengen Prinzip der Autonomie der praktischen Vernunft. Indem er die Freiheit als ein einzigartiges Faktum der Vernunft erkannte, d. h. zeigte, daß ohne die Annahme der Freiheit die praktische Vernunft des Menschen und damit das sittliche und gesellschaftliche Dasein des Menschen nicht gedacht werden können, eröffnete er gegenüber allen deterministischen Tendenzen, die von der modernen Naturwissenschaft ausgingen, dem Denken unter Freiheitsbegriffen eine neue Legitimation. In der Tat steht sein moralphilosophischer Impuls, vor allem in der Vermittlung Fichtes, hinter den großen Bahnbrechern der ›historischen Weltanschauung‹: Wilhelm von Humboldt, Ranke, Droysen vor allem. Aber gewiß auch Hegel und alle von ihm positiv oder negativ Bestimmten sind von dem Begriff der Freiheit bis ins letzte erfüllt und behalten daher gegenüber jedem bloßen Methodologismus der historischen Wissenschaft einen Zug ins Große und Ganze der Philosophie.

Indessen, eben dieser Zusammenhang zwischen der neuen Wissenschaft und dem Methodenideal, das sie trägt, war es auch, der das Phänomen des Verstehens sozusagen verfremdet hat. So wie die Natur für den Naturforscher zunächst das undurchdringliche Fremde ist, das er durch Berechnung und gezielten Zwang, durch Folterung mit Hilfe des Experimentes, zu Aussagen nötigt, so haben die Wissenschaften, die das Verstehen gebrauchen, sich mehr und mehr von dem Methodenbegriff dieser Art her verstanden und deswegen Verstehen vorwiegend und in erster Linie als Wegräumen von Mißverständnissen, als Überbrücken der Fremdheit zwischen Ich und Du in den Blick genommen. Aber ist das Du je so fremd wie es per definitionem der Gegenstand der experimentellen Naturforschung ist? Es gilt anzuerkennen: Einverständnis ist ursprünglicher als Mißverständnis, so daß das Verstehen immer wieder zurückmündet in das wiederhergestellte

Einverständnis. Das, scheint mir, gibt der Universalität des Verstehens ihre volle Legitimation.

Aber warum ist die Erscheinung des Verstehens eine sprachliche? Warum bedeutet das ›stille Einverständnis‹, das sich immer wieder herstellt als die Gemeinsamkeit der Weltorientierung, Sprachlichkeit? So fragen impliziert die Antwort. Es ist die Sprache, die diese Gemeinsamkeit der Weltorientierung ständig aufbaut und trägt. Miteinandersprechen ist nicht primär Sichmiteinander-Auseinandersetzen. Es scheint mir bezeichnend für Spannungen innerhalb der Moderne, daß sie diese Wendung unserer Sprache so liebt. Miteinanderreden ist auch nicht primär Aneinandervorbeireden. Im Miteinanderreden baut sich vielmehr ein gemeinsamer Aspekt des Beredeten auf. Das macht die eigentliche Wirklichkeit menschlicher Kommunikation aus, daß das Gespräch nicht die Meinung des einen gegen die Meinung des anderen durchsetzt oder die Meinung des einen zu der Meinung des anderen wie in einer Addition hinzufügt. Das Gespräch verwandelt beide. Ein gelungenes Gespräch ist von der Art, daß man nicht wieder zurückfallen kann in den Dissensus, aus dem es sich entzündete. Gemeinsamkeit, die so sehr gemeinsam ist, daß sie nicht mehr mein Meinen und dein Meinen ist, sondern gemeinsame Ausgelegtheit der Welt, macht erst sittliche und soziale Solidarität möglich. Was recht ist und als Recht gilt, verlangt seinem Wesen nach die Gemeinsamkeit, die sich im Sich-Verstehen der Menschen errichtet. Gemeinsames Meinen baut sich in der Tat ständig im Miteinandersprechen auf und sinkt dann zurück in die Stille des Einverständnisses und des Selbstverständlichen. Aus diesem Grunde scheint mir die Behauptung gerechtfertigt, daß alle außerverbalen Formen des Verstehens zurückzielen auf das Verstehen, das sich im Sprechen und Miteinandersprechen ausbreitet.

Wenn ich von dieser Einsicht ausgehe, so heißt das nicht mehr, als daß in allem Verstehen eine potentielle Sprachbezogenheit liegt, so daß es immer möglich ist – das ist der Stolz unserer Vernunft –, dort, wo ein Dissensus auftaucht, durch Miteinanderreden Einverständnis anzubahnen. Es wird uns nicht immer gelingen, aber unser Sozialleben beruht auf der Voraussetzung, daß das im Miteinander-Reden im weitesten Umfange gelingt, was im Sichversteifen auf seine eigenen Meinungen sich versperrt. Es ist daher auch ein schwerer Irrtum, wenn jemand meint, daß die Universalität des Verstehens, von der ich hier ausgehe und die ich glaubhaft zu machen suche, etwa eine besondere harmonisierende oder konservative Grundhaltung zu unserer gesellschaftlichen Welt einschließe. Die Fügungen und Ordnungen unserer Welt ›verstehen‹, uns miteinander in dieser Welt verstehen, setzt ganz gewiß ebensoviel Kritik und Bekämpfung von Erstarrtem oder einem Fremdgewordenen voraus wie Anerkennung oder Verteidigung bestehender Ordnungen.

Das zeigt sich wiederum in der Art, wie wir miteinander sprechen und

Einverständnis aufbauen. Man kann es von Generation zu Generation beobachten. Vollends wenn die Weltgeschichte einmal Siebenmeilenstiefel anlegt, wie das vielleicht besonders im letzten Jahrzehnt geschehen ist, wird man gleichsam zum Zeugen dessen, wie da neue Sprache entsteht. Neue Sprache meint hier gewiß nicht eine total neue Sprache, aber doch offenkundig mehr als eine bloße Ausdrucksveränderung für das gleiche. Mit neuen Aspekten, mit neuen Zielen wird auch ein neues Sprechen ausgearbeitet und geboren. Neue Sprache bringt Störung in die Verständigung, aber im kommunikativen Geschehen zugleich auch Überwindung der Störung. Mindestens ist das das ideelle Ziel aller Kommunikation. Es mag sich unter besonderen Bedingungen als unerreichbar erweisen. Zu solchen besonderen Bedingungen zählt insbesondere der pathologische Abbruch des zwischenmenschlichen Einverständnisses, welcher durch den Tatbestand der Neurose gekennzeichnet ist, und es fragt sich, ob auch im gesellschaftlichen Leben im ganzen der kommunikative Vorgang nicht auch der Verbreitung und Aufrechterhaltung eines ›falschen‹ Bewußtseins zu dienen vermag. Das wenigstens ist die These der Ideologiekritik, daß der Gegensatz in den gesellschaftlichen Interessenlagen das kommunikative Geschehen praktisch ebenso unmöglich macht wie im Falle der seelischen Erkrankung. Aber wie im letzteren Falle die Therapie gerade darin besteht, den Erkrankten an die Verständigungsgemeinschaft der Gesellschaft wieder anzuschließen, ist es doch auch gerade der Sinn der Ideologiekritik selbst, das falsche Bewußtsein zu berichtigen und damit ein richtiges Einverständnis neu zu begründen. Sonderfälle eines tiefgestörten Einverständnisses mögen dabei eigene Formen der Wiederherstellung nötig machen, die auf einem expliziten Wissen um die Störung beruhen. Sie bestätigen aber eben damit die konstitutive Funktion der Verständigung als solcher.

Überdies ist es selbstverständlich, daß Sprache immer in dem Antagonismus zwischen Konventionalität und revolutionärem Aufbruch ihr spannungsvolles Leben führt. Wir alle haben die erste sprachliche Dressur erfahren, als wir in die Schule kamen. Was da alles nicht mehr erlaubt war, das doch unserer gesunden Sprachphantasie richtig schien! Nicht anders ist es etwa beim Zeichenunterricht, der ja sehr oft dazu führt, daß das Kind auf der Schule die Lust am Zeichnen und das Zeichnen verlernt. In Wirklichkeit ist eben die Schule eine Institution des gesellschaftlichen Konformismus im großen. Natürlich nur eine unter anderen. Ich möchte nicht so mißverstanden werden, als ob damit ein bestimmter Angeklagter bezeichnet werden sollte. Vielmehr meine ich: das *ist* Gesellschaft, so wirkt Gesellschaft, immer normierend und konformistisch. Das heißt keineswegs, daß alle gesellschaftliche Erziehung nur ein Repressionsvorgang sei und Spracherziehung ein bloßes Instrument solcher Repression. Denn allem Konformismus zum Trotze lebt die Sprache. Es entstehen neue sprachliche Fügungen und Aussageweisen aus den Veränderungen unseres Lebens und unserer Erfahrung. Der Antagonismus, der Sprache zu etwas Gemeinsamem macht und dennoch immer neue Impulse zur Verwandlung dieses Gemeinsamen aufkommen läßt, besteht immer fort.

Nun wird man sich die Frage stellen, ob sich nicht dieses Verhältnis zwischen dem natürlichen Konformismus der Gesellschaft und den sie sprengenden Kräften, die aus kritischer Einsicht entbunden werden, in einer hochindustrialisierten technischen Zivilisation qualitativ verändert hat. Unmerkliche Veränderungen im Gebrauch und Leben der Sprache, Aufkommen und Absterben von Modeworten und Schlagworten hat es immer gegeben, und besonders kritische Zeiten konnten in ihrem Verfallsgeschehen geradezu durch die Beobachtung des Sprachwandels abgebildet werden, wie etwa Thukydides in der berühmten Schilderung der Folgen der Pest im belagerten Athen gezeigt hat. Aber bei unseren gegenwärtigen Umständen handelt es sich vielleicht doch um etwas qualitativ Neues und Andersartiges, was so noch nicht da war. Ich meine die zielbewußte Sprachregelung. Das scheint ein von der technischen Zivilisation erst erfundener Sachverhalt. Dann was wir so Sprachregelung nennen, ist nicht mehr die absichtslose des Schulmeisters oder der Organe der öffentlichen Meinung, sondern ein bewußt gehandhabtes Instrument der Politik. Sie vermag mit dem Mittel eines zentral gelenkten Kommunikationssystems Sachverhalte dadurch suggestiv zu machen, daß sie Sprachregelungen auf technischem Wege sozusagen verordnet. Ein aktuelles Beispiel, das wir gerade jetzt wieder in einer sich verwandelnden Sprachbewegung begriffen finden, war die Bezeichnung der anderen Hälfte Deutschlands als DDR. Diese Ausdrucksweise war bekanntlich jahrzehntelang durch amtliche Sprachregelung verpönt, und niemand wird übersehen können, daß das dafür empfohlene ›Mitteldeutschland‹ einen scharfen politischen Akzent setzte. Hier sei ganz von allen inhaltlichen Fragen abgesehen und nur der Vorgang als solcher beachtet. Die technische Form der Meinungsbildung von heute gibt der zentralgesteuerten Sprachregelung einen Einfluß, der den natürlichen Konformismus der Gesellschaft eigentümlich verzerrt. Es gehört zu den Problemen unserer Gegenwart, wie man die Politik zentralgesteuerter Meinungsbildung mit den Forderungen in Einklang halten soll, die die Vernunft erhebt, aus freier Einsicht und kritischem Urteil das Leben der Gesellschaft mitzubestimmen.

Man mag als Lösung dieses Problems im Auge haben, daß es doch gerade die Auszeichnung der Wissenschaft sei, Unabhängigkeit von der öffentlichen Meinungsbildung und von der Politik zu ermöglichen und die Urteilsbildung aus freier Einsicht zu schulen. In ihrem eigensten Bereiche darf dies in der Tat die Auszeichnung der Wissenschaft heißen. Aber bedeutet das, daß sie auch aus eigener Kraft zur öffentlichen Wirkung kommt? Wissenschaft mag sich allen Manipulationen ihrer eigenen Intention nach noch so sehr entziehen wollen – die ungeheure öffentliche Schätzung der Wissenschaft steht dem ganz und gar entgegen. Sie begrenzt beständig die kritische Freiheit, die sie am Forscher bewundert, indem sie Berufung auf die Autorität der Wissenschaft auch dort vornimmt, wo es in Wahrheit um politische Machtkämpfe geht.

Gibt es überhaupt eine eigene Sprache der Wissenschaft, auf die man hören sollte? Der Ausdruck ist offenkundig zweideutig: Einerseits entwickelt sie eigene sprachliche Mittel zur Fixierung und kommunikativen Verständigung im Prozeß der Forschung selbst. Andererseits, und das ist eine andere Bedeutung, führt sie eine Sprache, die das öffentliche Bewußtsein erreichen und die legendäre Unverständlichkeit der Wissenschaft überwinden möchte. Ob aber die kommunikativen Systeme, die innerhalb der wissenschaftlichen Forschung entwickelt werden, überhaupt den Charakter einer eigenen Sprache haben? Wenn man in diesem Sinne von der Sprache der Wissenschaft redet, meint man offenbar solche Kommunikationssysteme, die nicht aus der alltäglichen Sprache erwachsen. Bestes Beispiel ist die Mathematik und ihre Rolle in den Naturwissenschaften. Was die Mathematik für sich ist, das ist ihr Privatgeheimnis. Das wissen nicht einmal die Physiker. Was sie erkennt, was ihr Gegenstand ist, was ihre Fragen sind, ist etwas Einzigartiges. Es ist offenbar eins der großen Wunder der menschlichen Vernunft, daß sie sich da in sich selbst entfaltet, als Vernunft sich anschaut und bei sich selbst forschend verweilt. Aber als Sprache, in der über die Welt gesprochen wird, ist die Mathematik ein Symbolsystem unter anderen Symbolsystemen im Ganzen unserer Sprachhaltung und nicht eine eigene Sprache. Der Physiker, der bekanntlich immer in der peinlichsten Lage ist, wenn er außerhalb seiner Gleichungen anderen oder auch nur sich selbst verständlich machen will, was er da ausgerechnet hat, befindet sich ständig in der Spannung dieser Integrationsaufgabe. Gerade die großen Physiker werden da auf eine oft sehr geistreiche Weise poetisch. Was diese Atömchen da alles machen, wie sie sich Elektronen einfangen und andere brave und listige Prozeduren vornehmen, das ist eine ganze Märchensprache, in der ein Physiker das, was er exakt in Gleichungen abbildet, sich selber und in gewissem Umfange dann auch uns allen verständlich zu machen sucht.

Doch darin liegt: Die Mathematik, mit der der Physiker seine Erkenntnisse gewinnt und formuliert, ist nicht eine eigene Sprache, sondern gehört in das vielfältig-sprachliche Instrumentarium, mit dem er das, was er sagen will, zur Sprache bringt. Mit anderen Worten heißt das: wissenschaftliches Sprechen ist immer Vermitteln einer Fachsprache oder von Fachausdrücken – wir nennen es: eine gelehrte Terminologie – mit der in sich lebenden, wachsenden und sich wandelnden Sprache. Diese Integrations- und Vermittlungsaufgabe hat beim Physiker ihre ganz besondere Zuspitzung, weil er von allen Naturforschern der am meisten in Mathematik Sprechende ist. Gerade weil er der Extremfall des Gebrauchs einer weitgehend mathematischen Symbolik ist, ist er besonders lehrreich. An jener poetischen Metaphorik zeigt sich, daß für die Physik die Mathematik nur ein Teil der Sprache ist, aber keineswegs ein autonomer. Sprache ist autonom, wo sie, wie etwa die gewachsenen Sprachen, als Weltaspekte der verschiedenen Kulturen ihre Wirklichkeit hat. Nun ist die Frage, wie das Verhältnis von wissenschaftlichem und außerwissenchaftlichem Sprechen und Denken ist. Ist es etwa nur ein Annäherungszustand an die wissenschaftliche Sprache, was in der biegsamen Freiheit unseres alltäglichen Sprechens geschieht? Wer das verneint, dem könnte man einwenden, daß es gegenwärtig zwar noch so aussieht, als wären die gewachsenen Sprachen unentbehrlich. Aber wir müßten eben alle noch ein bißchen besser lernen, und schließlich verstünden wir die Gleichungen der Physik ohne Worte und rechneten vielleicht sogar uns selbst und unsere Handlungen aus Gleichungen aus; dann brauchten wir keine andere Sprache mehr als die Wissenschaftssprache. In der Tat hatte der moderne Logikkalkül eine solche eindeutige Kunstsprache zum Ziel. Aber das ist umstritten. Vico und Herder hielten im Gegenteil die Poesie für die Ursprache des Menschengeschlechts und die Intellektuierung der modernen Sprachen für ihr armes Schicksal und nicht für die Vollendung der Sprach-Idee. Die Frage ist dabei: Ist diese Meinung, daß es eine wachsende Annäherung an eine wissenschaftliche Sprache ist, der jede Sprache als ihrer Vollendung zustrebt, überhaupt richtig?

Um diese Frage erörtern zu können, möchte ich zwei Phänomene einander gegenüberstellen. Das eine ist die *Aussage* und das andere ist das *Wort*. Ich will zunächst die beiden Begriffe erläutern. Wenn ich sage ›das Wort‹, so meine ich nicht das Wort, dessen Plural die Wörter sind, wie sie im Lexikon stehen. Ich meine auch nicht das Wort, dessen Plural die Worte sind und das jeweils mit anderen den Kontext des Satzes bildet, sondern ich meine das Wort, das ein Singularetantum ist. Das ist das Wort, das einen trifft, das Wort, das einer sich gesagt sein läßt, das Wort, das in einem bestimmten und eindeutigen Lebenszusammenhang ›fällt‹ und seine Einheit eben aus dieser Gemeinsamkeit des Lebenszusammenhangs empfängt. Es ist gut, sich zu erinnern, daß hinter diesem Singularetantum ›das Wort‹ schließlich auch der Sprachgebrauch des Neuen Testaments steht. Denn was auch immer jener Anfang mit dem ›Wort‹ meint, über dem Faust brütet, wenn er das Johannes-Evangelium übersetzen will – dieses kraftausstrahlende und tätige Wort ist für Goethe nicht ein einzelnes Zauberwort, sondern weist (ohne Anspielung auf das Inkarnationsgeschehen) über das Verbindende der menschlichen Vernunft auf ihren ›Durst nach Existenz‹.

Wenn ich in diesem Sinn ›das Wort‹ der ›Aussage‹ gegenüberstelle, so wird dadurch auch der Sinn von Aussage deutlich. Wir reden von Aussage in der

Verbindung Aussagelogik, Aussagekalkül, in der modernen mathematischen Formalisierung der Logik. Diese uns selbstverständliche Ausdrucksweise geht letzten Endes auf eine der folgenschwersten Entscheidungen unserer abendländischen Kultur zurück, und das ist der Aufbau der Logik auf der Aussage. Aristoteles, der Schöpfer jenes Teils der Logik, der meisterhafte Analytiker der Schlußprozesse des logischen Denkens, hat dies durch eine Formalisierung von Aussagesätzen und ihrer Schlüssigkeitszusammenhänge geleistet. Man kennt die bekannten Schulbeispiele eines Syllogismus: Alle Menschen sind sterblich. Darius ist ein Mensch, Darius ist sterblich. Was ist hier für eine Abstraktionsleistung vollbracht? Offenbar diese, daß hier das Ausgesagte allein zählt. Alle anderen Formen der Sprache und des Sprechens werden nicht zum Gegenstand der Analyse gemacht, nur Aussage allein. Das griechische Wort heißt *apophansis, logos apophantikos,* das heißt die Rede, der Satz, dessen einziger Sinn ist, das *apophainesthai,* das Sichzeigen des Gesagten zu bewirken. Das ist ein Satz, der in dem Sinne theoretisch ist, daß er von allem abstrahiert, was er nicht ausdrücklich sagt. Nur das, was er selber durch sein Gesagtsein offenbarmacht, bildet hier den Gegenstand der Analyse und das Fundament der logischen Schlüssigkeit.

Ich frage nun: Gibt es solche reinen Aussagesätze, und wann und wo? Jedenfalls ist die Aussage nicht die einzige Redeform, die es gibt. Aristoteles spricht davon in dem Zusammenhang seiner Lehre von der Aussage, und es ist klar, woran man noch zu denken hat: etwa an Gebet und Bitte, an Fluch und Befehl. Man muß sogar eines der rätselhaftesten Zwischenphänomene in Betracht ziehen: die Frage, zu deren eigentümlichem Wesen offenbar gehört, daß sie der Aussage so nah steht wie keines dieser anderen Sprachphänomene und dennoch offenkundig keine Logik im Sinne der Aussagelogik gestattet. Vielleicht gibt es eine Logik der Frage. Zu einer solchen könnte gehören, daß die Antwort auf eine Frage notwendig neue Fragen weckt. Vielleicht gibt es auch eine Logik der Bitte, z. B. daß die erste Bitte nie die letzte Bitte ist. Aber ob das ›Logik‹ heißen soll oder ob Logik allein den Zusammenhang reiner Aussagen betrifft? Aber wie grenzt sich denn ab, was eine Aussage ist? Kann man eine Aussage ablösen von ihrem Motivationszusammenhang?

In der Methodenlehre der modernen Wissenschaft ist davon freilich nicht gerade oft die Rede. Denn es ist ja das Wesen der Wissenschaftsmethodik, daß ihre Aussagen gleichsam eine Art von Schatzhaus methodisch gesicherter Wahrheiten sind. Wie jedes Schatzhaus enthält auch das der Wissenschaft einen Vorrat zu beliebiger Verwendung. In der Tat ist das das Wesen der modernen Wissenschaft, daß sie den Vorrat von Erkenntnis zu beliebiger Verwendung beständig anreichert. All die Probleme der gesellschaftlichen und humanen Verantwortung der Wissenschaft, die wir seit Hiroshima so dringend in unserem Gewissen tragen, haben darin ihre Schärfe, daß es eine

Folge der methodischen Konsequenz der modernen Wissenschaft ist, nicht imstande zu sein, die Zwecke, zu denen ihre Erkenntnisse angewendet werden, so zu beherrschen, wie sie die Sachzusammenhänge selber beherrscht. Es ist die methodische Abstraktion der modernen Wissenschaft, die ihr ihre Erfolge verschafft hat, sofern sie praktische Anwendung ermöglicht, die wir Technik nennen. Technik, als Anwendung von Wissenschaft, ist daher nicht selber wieder beherrschbar. Ich bin damit keineswegs ein Fatalist und ein Untergangsprophet, wenn ich bestreite, daß die Wissenschaft sich selber begrenzen könnte. Ich meine vielmehr, daß es nicht die Wissenschaft als solche ist, sondern letzten Endes unser aller menschliche und politische Fähigkeit, der es allein gelingen kann, die vernünftige Anwendung unseres Könnens zu garantieren oder jedenfalls dahin zu führen, daß wir die äußersten Katastrophen vermeiden. Damit ist zugleich anerkannt, daß die Isolierung der Aussagewahrheit und die auf den Aussagesatz aufgebaute Logik in der modernen Wissenschaft durchaus legitim ist – nur daß wir dafür den teuren Preis zu zahlen haben, den die moderne Wissenschaft ihrem Wesen nach uns nicht ersparen kann: daß nämlich der Universalität des Machenkönnens, die sie uns aufbaut, keine Begrenzung des Machenkönnens durch theoretische Vernunft und mit den Mitteln der Wissenschaft entspricht. Kein Zweifel, daß es hier ›reine‹ Aussagesätze gibt, das heißt aber, daß sich in ihnen Wissen darstellt, das allen möglichen Zwecken zu dienen vermag.

Ich frage mich freilich, ob nicht selbst dieses Beispiel noch, in dem sich die isolierten Aussagesätze als das Fundament der weltumgestaltenden Macht der Technik herausstellen, in Wahrheit zeigt, daß Aussagen nie in vollständiger Isolierung begegnen. Scheint es nicht auch hier wahr, daß jede Aussage immer motiviert ist? Liegt doch der Abstraktion und Konzentration auf das Machenkönnen, wie es im 17. Jahrhundert schließlich zu diesem großen methodischen Gedanken der modernen Wissenschaft führte, eine Trennung von den religiösen Vorstellungen der mittelalterlichen Welt und ein Entschluß zur Bescheidung und zur Selbsthilfe zugrunde. Das ist die Motivationsgrundlage für ein Wissenwollen, das zugleich Machenkönnen ist und deshalb jeder Begrenzung oder Steuerung spottet. Dagegen ist das Wissen in den großen Hochkulturen Ostasiens dadurch ausgezeichnet, daß dort die technische Anwendung des Wissens von Bindekräften der gesellschaftlichen Vernunft gesteuert wurde, so daß Möglichkeiten des eigenen Könnens unrealisiert blieben. Welche Kräfte, die uns fehlen, das ermöglichten, ist eine Frage an den Religionsforscher, den Kulturhistoriker und letzten Endes auch an den noch immer nicht gefundenen Philosophen, der in der chinesischen Sprache und Kultur wirklich zu Hause ist.

Jedenfalls scheint mir das Extrembeispiel der modernen wissenschaftlichen und technischen Kultur zu zeigen, daß die Isolierung der Aussage, ihre

Ablösung von jeglichem Motivationszusammenhang, ihre Fragwürdigkeit hat, sowie man auf das Ganze der Wissenschaft sieht. So bleibt es richtig, daß das, was wir unter Aussage verstehen, eine motivierte Aussage ist. Da gibt es besonders vielsagende Phänomene, etwa das Verhör oder die Zeugenaussage. Aus Gründen der Rechtsprechungsweisheit bzw. der Rechtsfindungsnotwendigkeit ist es da so, daß der Zeuge, in gewissen Fällen wenigstens, vor Fragen gestellt wird, von denen er nicht weiß, warum sie an ihn gestellt werden. Nur darauf beruht ja gegebenenfalls der Zeugniswert der Aussage, die der Zeuge macht, daß sie nicht als Entlastung oder Belastung des Angeklagten gewollt sein kann, weil der Zeuge den Zusammenhang, der aufgeklärt werden soll, nicht durchschaut. Nun wird jeder, der einmal Zeuge oder Opfer eines Verhörs war, wissen, wie grauenhaft das ist, daß man auf Fragen antworten soll, ohne es zu wissen, warum man so gefragt wird. Der Fiktion der ›reinen‹ Aussage entspricht bei solcher Art von Zeugenaussagen offenbar die der nicht minder fiktiven reinen Tatbestandsfeststellung, und es ist gerade diese fiktive Restriktion auf das Tatsächliche, was dann den Anwälten ihre Chance gibt. Das extreme Beispiel der Aussage vor Gericht lehrt also, daß man motiviert redet, also nicht eine Aussage macht, sondern antwortet. Auf eine Frage antworten heißt aber, den Sinn der Frage und damit ihren Motivationshintergrund realisieren. Bekanntlich ist nichts so schwierig, wie auf sogenannte ›dumme Fragen‹ antworten zu sollen, das heißt auf Fragen, die derart schief gestellt sind, daß sie in keine eindeutige Sinnrichtung weisen.

Es erhellt daraus, daß niemals eine Aussage ihren vollen Sinn-Gehalt in sich selber enthält. In der Logik hat man das lange als das Problem der Okkasionalität gekannt. Die sogenannten ›okkasionellen‹ Ausdrücke, die in jeder Sprache vorkommen, sind dadurch ausgezeichnet, daß sie ihren Sinn offenkundig nicht wie andere Ausdrücke in sich voll enthalten. Zum Beispiel, wenn ich sage ›hier‹. Was ›hier‹ ist, ist nicht dadurch, daß es gesagt wurde oder geschrieben steht, für jeden verständlich, sondern man muß wissen, wo das war oder wo das ist. ›Hier‹ erfordert für seine eigene Bedeutung die Ausfüllung durch die Gelegenheit, die *occasio,* bei der es gesagt wird. Die Ausdrücke dieser Art fanden deshalb das besondere Interesse der logisch-phänomenologischen Analyse, weil man an diesen Bedeutungen zeigen kann, daß sie die Situation und die Gelegenheit in ihren eigenen Bedeutungsgehalt einschließen. Das Sonderproblem der sogenannten ›okkasionellen‹ Ausdrücke scheint nämlich in vieler Hinsicht der Erweiterung bedürftig. Hans *Lipps* hat das in seinen *Untersuchungen zur hermeneutischen Logik*[14] getan, und ähnlich ist es in der modernen englischen Analytik, etwa bei den sogenannten ›Austinianern‹, den Anhängern von *Austin,* eine

[14] [Tübingen 1938, jetzt in Werke Bd. 2, Frankfurt 1976]

wichtige Fragestellung, der *Austin* den Ausdruck gegeben hat: »How to do things with words« (Wie kann man mit Worten etwas tun?)[15]. Das sind Beispiele von sich selbst ins Handeln transzendierenden Formen des Sprechens, die sich von dem reinen Begriff der Aussage besonders scharf abheben.

Stellen wir nun diesem Begriff der isolierten Aussage mit ihren verschwimmenden Grenzen das ›Wort‹ entgegen, aber nicht als die kleinste Einheit, die es im Sprechen gibt. Das Wort, das man sagt oder gesagt bekommt, ist nicht jenes grammatische Element einer sprachlichen Analyse, von dem sich an konkreten Phänomenen des Sprechenlernens zeigen läßt, wie sekundär es etwa gegenüber der Sprachmelodie eines Satzes ist. Das Wort, das wirklich als eine kleinste Einheit von Sinn gelten kann, ist nicht das Wort, bei dem die Aufgliederung einer Rede als letztem Bestandstück ankommt. Dies Wort ist aber auch nicht der Name, und Sprechen ist nicht Nennen, und zwar deswegen nicht, weil bei Name und nennen, wie etwa der Bericht der Genesis zeigt, die falsche Implikation der Namengebung besteht. Das gerade ist nicht unser sprachliches Grundverhältnis, daß wir uns je in der Willkür und Freiheit des Namengebens befänden: Es gibt kein erstes Wort. Die Rede von einem ersten Wort ist in sich selbst widerspruchsvoll. Es liegt immer schon ein System von Worten dem Sinn jedes Wortes zugrunde. Ich kann auch nicht etwa sagen: »Ich führe ein Wort ein.« Es gibt zwar immer wieder Leute, die das so sagen, aber sie überschätzen sich gewaltig. Sie sind es nicht, die das Wort einführen. Bestenfalls bringen sie einen Ausdruck zum Vorschlag oder prägen einen Fachausdruck, den sie definieren. Aber ob der ein Wort wird, das steht nicht bei ihnen. Ein Wort führt sich ein. Erst dann ist es ein Wort geworden, wenn es in kommunikativen Gebrauch übergetreten ist. Das geschieht nicht durch den einführenden Akt von jemandem, der es vorgeschlagen hat, sondern offenkundig, wenn und weil es ›sich eingeführt hat‹. Selbst die Wendung vom ›Sprachgebrauch‹ suggeriert immer noch Dinge, die am Wesen unserer sprachlichen Welterfahrung vorbeigehen. Da sieht es immer noch so aus, als hätte man die Worte in der Hosentasche und holte sie, je wie man sie braucht, heraus, als wäre der Sprachgebrauch im Belieben dessen, der die Sprache gebraucht. Sie ist gerade nicht von ihm abhängig. In Wahrheit heißt Sprachgebrauch auch dies, daß die Sprache sich weigert, mißbraucht zu werden. Die Sprache selber ist es, die vorschreibt, was sprachlicher Brauch ist. Darin lieg keine Mythologisierung der Sprache, sondern das meint einen nicht auf individuelles subjektives Meinen je reduzierbaren Anspruch der Sprache. Daß wir es sind, die da sprechen, keiner von uns, und doch wir alle, das ist die Seinsweise der ›Sprache‹.

Das Wort ist auch nicht durch die ›ideale Einheit‹ der Wortbedeutung von

[15] [J. L. Austin, How to do Things with Words, Oxford 1962]

Zeichen oder anderen Ausdrucksphänomenen voll abhebbar. Zwar war es eine der wichtigsten logischen und phänomenologischen Leistungen am Anfang unseres Jahrhunderts, daß die Phänomenologie, besonders *Husserl* in seinen *Logischen Untersuchungen*, den Unterschied zwischen allen Zeichen sonst und der Bedeutung von Worten herausgearbeitet hat. Er hat richtig gezeigt, daß die Bedeutung eines Wortes nichts zu tun hat mit den realpsychischen Vorstellungsbildern, die sich beim Gebrauch eines Wortes einstellen. Die Idealisierung, die ein Wort dadurch hat, daß es eine – und immer diese eine – Bedeutung hat, unterscheidet es von allem anderen Sinn von ›Bedeutung‹, etwa der Zeichen-Bedeutung. So grundlegend die Einsicht war, daß die Bedeutung eines Wortes nicht einfach psychischer Natur ist, so ungenügend ist es doch andererseits, von der idealen Einheit einer Wortbedeutung zu sprechen. Sprache beruht offenbar darauf, daß Worte ihrer bestimmten Bedeutung zum Trotz keine Eindeutigkeit haben, sondern eine schwankende Bedeutungsbreite besitzen, und gerade dieses Schwanken macht die eigentümliche Waghalsigkeit des Sprechens aus. Erst im Vollzug des Sprechens, im Weitersprechen, im Aufbau eines sprachlichen Kontextes fixieren sich die bedeutungtragenden Momente der Rede, indem sie sich gleichsam gegenseitig zurechtrücken.

Wir erkennen das besonders an dem Verstehen von fremdsprachigen Texten. Da ist es ganz allbekannt, wie sich das Schwanken der Wortbedeutungen im Durchgehen und Reproduzieren der Sinneinheit eines Satzgebildes langsam stabilisiert. Selbst das ist natürlich noch eine ganz unvollkommene Beschreibung. Man braucht nur an den Vorgang des Übersetzens zu denken, um zu sehen, wie unvollkommen diese Beschreibung ist. Denn darin liegt das ganze Elend des Übersetzens, daß die Einheit der Meinung, die ein Satz hat, sich durch die bloße Zuordnung von Satzgliedern zu den entsprechenden Satzgliedern der anderen Sprache nicht treffen läßt und daß so diese gräßlichen Gebilde zustande kommen, die uns im allgemeinen in übersetzten Büchern zugemutet werden – Buchstaben ohne Geist. Was dort fehlt und allein Sprache ausmacht, ist, daß ein Wort das andere gibt, ein jedes Wort von dem anderen Worte sozusagen herbeigerufen wird und seinerseits selber den Fortgang des Redens weiter offen hält. Ein übersetzter Satz, wenn er nicht von einem Meister der Übersetzungskunst so gründlich verwandelt ist, daß man ihm nicht mehr anmerkt, wie ein anderer lebendiger Satz dahinter war, ist wie eine Landkarte im Vergleich zu der Landschaft selber. Die Bedeutung eines Wortes ist eben nicht nur im System und im Kontext allein da, sondern dieses In-einem-Kontext-Stehen bedeutet zugleich, daß sie sich von der Vieldeutigkeit, die das Wort an sich hat, auch dann nicht völlig abscheidet, wenn der Zusammenhang den jeweiligen Sinn eindeutig macht. Der Wortsinn, der dem Wort in der Rede, in der es begegnet, zukommt, ist es offenkundig nicht allein, was da ist. Da ist anderes mitpräsent, und die Präsenz all dieses Mitpräsenten macht die Evokationskraft aus, die in der lebendigen Rede liegt. Daher läßt sich sagen, daß jedes Sprechen ins Offene des Weitersprechens weist. Stets ist mehr und mehr in der Richtung zu sagen, in der das Sprechen einsetzte. Darin liegt die Wahrheit der These begründet, daß Sprechen im Element des ›Gesprächs‹ vor sich geht.

Wenn man das Phänomen der Sprache nicht von der isolierbaren Aussage her, sondern von der Totalität unseres Weltverhaltens aus faßt, die zugleich ein Gesprächsleben ist, dann wird besser verständlich, warum das Phänomen der Sprache so rätselhaft, anziehend und abweisend zugleich, ist. Sprechen ist die am tiefsten selbstvergessene Handlung, die wir als vernünftige Wesen überhaupt ausführen. Jedermann kennt die Erfahrung, wie man beim eigenen Sprechen stockt und einem die Worte in dem Augenblick ausgehen, in dem man auf sie bewußt achtet. Eine hübsche kleine Geschichte, die ich mit meiner kleinen Tochter erlebt habe, kann das illustrieren: Sie sollte ›Erdbeeren‹ schreiben und fragte, wie das geschrieben wird. Als man es ihr sagte, bemerkte sie: »Komisch, wenn ich das so höre, verstehe ich das Wort überhaupt nicht mehr. Erst wenn ich es wieder vergessen habe, bin ich wieder in dem Worte drin.« So Drinsein im Worte, daß man ihm nicht als Gegenstand zugewendet ist, ist offenbar der Grundmodus alles sprachlichen Verhaltens. Die Sprache hat eine bergende und sich selbst verbergende Kraft, so daß das, was in ihr geschieht, vor dem Zugriff der eigenen Reflexion geschützt ist und gleichsam im Unbewußten geborgen bleibt. Wenn man das entbergend-bergende Wesen der Sprache erkannt hat, dann wird man über die Dimensionen der Aussagelogik hinausgenötigt und dringt in weitere Horizonte vor. Innerhalb der Lebenseinheit der Sprache ist die Sprache der Wissenschaft stets nur ein integriertes Moment, und im besonderen gibt es solche Weisen des Wortes wie die, die wir im philosophischen, im religiösen und im dichterischen Sprechen vor uns haben. In ihnen allen ist das Wort etwas anderes als der selbstvergessene Durchgang zur Welt. Wir sind in ihm zuhause. Es ist wie eine Art Bürge für das, wovon es spricht. Das liegt besonders im dichterischen Sprachgebrauch klar vor aller Augen.

5. Über die Möglichkeit einer philosophischen Ethik

1963

Daß eine ›philosphische‹ Ethik, eine Philosophie der Moral, etwas anderes ist als eine ›praktische‹ Ethik, das heißt als die Einrichtung einer Tafel der Werte, auf die der Handelnde blickt, und als das appellierende Wissen, das seinen Blick auf diese Werttafel beim Handeln lenkt, ist keineswegs eine Selbstverständlichkeit. In der antiken Tradition war es im Gegenteil selbstverständlich, daß die philosophische Pragmatie, die seit Aristoteles ›Ethik‹ hieß, selbst ein ›praktisches‹ Wissen war. Aristoteles hat es ausgesprochen, was im Grunde schon in der sokratisch-platonischen Lehre von dem Tugendwissen lag, daß wir nicht bloß wissen wollen, was Tugend ist, sondern es wissen wollen, um gut zu werden. Das ist zwar auch für Aristoteles das Besondere der ethischen Pragmatie, doch gehört es zum antiken Wissensbegriff überhaupt, daß solcher Übergang zur Praxis in ihm selber liegt: Wissenschaft ist nicht ein anonymer Inbegriff von Wahrheiten, sondern eine menschliche Haltung (*ἕξις τοῦ ἀληθεύειν*). Auch die ›Theoria‹ steht nicht im Gegensatz zur Praxis schlechthin, sondern ist selbst eine höchste Praxis, eine höchste Seinsweise des Menschen. Das bleibt für das oberste Wissen, das Wissen um das Erste, das Wissen der Philosophie, richtig, auch wenn es zwischen dem Wissen der Wissenschaft (*ἐπιστήμη, τέχνη*) und dem der Erfahrung, wie Aristoteles anerkennt, eine echte Spannung gibt, so daß der erfahrene Praktikus dem ›gelernten‹ Fachmann manchmal überlegen ist. Es gilt aber vollends für den ethischen Bereich, wo es eine solche Spannung von Theorie und Praxis gar nicht geben kann, da es dort kein Fachwissen ist, um dessen Anwendung es ginge.

Dagegen ist der neuzeitliche Begriff der rationalen ›Theorie‹ von Grund auf durch den Bezug auf ihre praktische Anwendung bestimmt, und das bedeutet: durch den Gegensatz zu ihrer praktischen Anwendung. Den Gegensatz von Schule und Leben wird es in gewissen Formen immer gegeben haben. Aber erst mit dem Beginn der Neuzeit, insbesondere im Zeitalter des Humanismus, als das hellenistische Ideal der *sapientia* wiederauflebte und sich mit der Kritik an der Schule, der *doctrina,* verknüpfte, trat er voll ins Bewußtsein. Nicolaus Cusanus konnte seine tiefsinnigen Lehren in den Mund des Laien des *›idiota‹* legen, der tiefer blickt als der *›orator‹* und der *›philosophus‹,* mit denen er spricht. Vollends mit der Entstehung der modernen Naturwissenschaft gewinnt der Gegensatz als solcher seine Festigkeit und zugleich damit der Begriff der Theorie ein neues Profil. Theorie heißt nun diejenige Erklärung der Vielfältigkeit der Erscheinungen, die deren praktische Beherrschung erlaubt. Sie hört – als ein Instrument verstanden – auf, eine eigene menschliche Haltung zu sein – und uneins damit, eine mehr als relative Wahrheit zu beanspruchen.

Ein solcher Begriff von Theorie, wie er uns allen im Grunde selbstverständlich geworden ist, führt nun in der Anwendung auf die moralischen Phänomene zu einer schwer auflösbaren Verwicklung. Es scheint unausweichlich, daß sich damit Fortschrittsoptimismus verknüpft, da mit dem Gang der wissenschaftlichen Forschung immer neue, immer angemessenere theoretische Erkenntnis erzielt wird. In der Anwendung auf die moralische Welt würde das aber zu einem absurden moralischen Fortschrittsglauben führen. Hier hat Rousseaus Kritik der Aufklärung ein unüberhörbares Veto gesprochen. Kant selber hat bekannt: »Rousseau hat mich zurechtgebracht.« Die ›Grundlegung zur Metaphysik der Sitten‹ läßt darüber keinen Zweifel, daß die Philosophie der Moral ›die gemeine sittliche Vernunfterkenntnis‹, das heißt das Pflichtbewußtsein dessen, dem sein einfaches Herz und sein gerader Sinn sagen was recht ist, niemals übertreffen kann. Indessen darf die moralphilosophische Besinnung auch nach Kant nicht als eine bloße Theorie erscheinen. Kant lehrt vielmehr – so sehr er dem Verstandeshochmut der Aufklärung eine moralische Absage erteilt – die Notwendigkeit des Übergangs zur Moralphilosophie, und so ist es im Grunde immer geblieben, daß die Philosophie der Moral den Anspruch, selber von moralischer Relevanz zu sein, nie ganz verleugnen konnte. Wenn Max Scheler, der Begründer der materialen Wertethik, eines Tages von einem seiner Schüler deswegen zur Rede gestellt, weil er zwar die Ordnung der Werte und ihre normative Kraft so einleuchtend schildere, ihr aber selber in seiner Lebensführung so wenig entspreche, zur Antwort gab: »Geht denn der Wegweiser in die Richtung, die er zeigt?«, so ist das offenkundig unbefriedigend. Nicolai Hartmann, der Schelers ethische Konzeption systematisch ausgebaut hat, konnte einleuchtenderweise nicht darauf verzichten, der Wertphilosophie auch eine moralische Bedeutung zuzusprechen. Sie habe eine maieutische Funktion für das sittliche Wertbewußtsein, das heißt, sie befördere die immer reichere Entfaltung desselben, indem sie vergessene oder verkannte Werte aufdecke. Das ist alles, was von der alten Erwartung übrigbleibt, die dem Philosophen entgegengebracht wird, daß er in der moralischen Ratlosigkeit oder Verwirrung des öffentlichen Bewußtseins nicht nur seiner theoretischen Passion folge, sondern die Ethik neu begründe, das heißt, neue verbindliche Werttafeln errichte. Aber freilich könne es sein, daß Heidegger recht hat, wenn er auf die Frage: »Wann schreiben Sie eine Ethik?«, seinen Brief ›Über den Humanismus‹ mit dem Satz beginnt:

»Wir bedenken das Wesen des Handelns noch lange nicht entschieden genug.«

In der Tat scheint eine unauflösliche Schwierigkeit in der Idee der Moralphilosophie selber zu stecken, die zuerst durch Kierkegaards Kritik an Hegel und seine Kritik am kirchlichen Christentum bewußt gemacht worden ist. Kierkegaard hat gezeigt, daß alles ›Wissen auf Abstand‹ der moralischen und religiösen Grundsituation des Menschen nicht genugtut. Wie es der Sinn der christlichen Verkündigung ist, als ›gleichzeitig‹ erfahren und vernommen zu werden, so ist auch die ethische Wahl keine Sache des theoretischen Wissens, sondern der Helle, Schärfe und Bedrängnis des Gewissens. Alles Wissen auf Abstand bedroht die in der sittlichen Wahlsituation gelegene Forderung mit Verschleierung oder Schwächung. Bekanntlich hat in unserem Jahrhundert unter dem Einfluß Kierkegaards die Kritik am neukantianischen Idealismus, die von theologischer und philosophischer Seite geführt wurde, im Verfolg dieses Motivs die Fragwürdigkeit der Ethik zu grundsätzlicher Anerkennung gebracht. Sofern Ethik als ein Wissen von Allgemeinem verstanden wird, ist sie in die sittliche Fragwürdigkeit verflochten, die mit dem Begriff des allgemeinen Gesetzes verbunden ist. Man berief sich vor allem auf den Römerbrief. Daß durch das Gesetz die Sünde gekommen sei, verstand man nicht in dem Sinne, daß das Verbotene als solches reizt und insofern die Sünde mehrt, sondern in dem Sinne, daß gerade das Einhalten des Gesetzes zu der eigentlichen Sünde, die nicht nur eine gelegentliche Übertretung des Gesetzes ist, führt, zu jener *superbia*, durch die der Gesetzesgehorsam gegen das Liebesgebot versperrt. Nicht der Priester und Levit, sondern der Samariter ist es, der die Liebesforderung, die von der Situation ausgeht, vernimmt und befolgt. Vom Begriff der Situation aus ist auch von philosophischer Seite die Idee der Ethik zu ihrer äußersten Fragwürdigkeit zugespitzt worden, zum Beispiel von Eberhard Grisebach, dem philosophischen Freund Gogartens.

In der Tat scheint die philosophische Ethik angesichts solcher Sachlage in einem unlösbaren Dilemma. Die Reflexionsallgemeinheit, in der sie sich als Philosophie notwendigerweise bewegt, verstrickt sie in die Fragwürdigkeit aller Gesetzesethik. Wie soll sie der Konkretion gerecht werden, mit der das Gewissen, mit der die Empfindung der Billigkeit, mit der die Versöhnlichkeit der Liebe auf die Situation antwortet?

Ich glaube nur zwei Wege zu sehen, die innerhalb der philosophischen Ethik aus diesem Dilemma herauszuführen vermögen. Der Eine ist der von Kant gegangene des ethischen Formalismus, der andere ist der Weg des Aristoteles. Beide dürften nicht für sich, aber beide dürften zu ihren Teilen der Möglichkeit einer Ethik gerecht werden.

Kant fragte nach jener Art von Verbindlichkeit, die durch ihre unbedingte Allgemeinheit allein dem Begriff des Ethischen genüge. Er sah den Modus ethischer Verbindlichkeit, auf dem allein eine Ethik begründet werden kann, in der Unbedingtkeit der Pflicht, die sich gegen Interesse und Neigung an das Gebotene hält. Sein kategorischer Imperativ will als Prinzip jeder Moral verstanden werden, gerade weil er nichts anderes tut, als die Form der Verbindlichkeit des Sollens, das heißt die Unbedingtheit des Sittengesetzes, darzustellen. Wenn es einen sittlich guten Willen gibt, dann muß er dieser Form genügen. Daß es einen solchen unbedingten guten Willen geben kann, daß also der kategorische Imperativ zu einer wirklichen Bestimmung unseres Willens zu werden vermag, ist durch diese Erkenntnis der allgemeinen ›Form‹ des Sittlichen freilich nicht bewiesen. Darauf gibt erst der Metaphysiker Kant die durch die ›Kritik der reinen Vernunft‹ vorbereitete Antwort. Zwar ist jede faktische Willensbestimmung, als in den Bereich der Erscheinungen gehörig, den Grundsätzen der Erfahrung unterworfen, unter denen niemals eine unbedingte gute Handlung mit Sicherheit angetroffen werden kann. Aber die Selbstbegrenzung der reinen Vernunft hat gelehrt, daß außer der Ordnung der Erscheinungen, in der es nur das Verhältnis von Ursache und Wirkung gibt, noch eine andere intelligible Ordnung existiert, der wir nichts als Sinnenwesen, sondern als Vernunftwesen angehören und innerhalb derer der Standpunkt der Freiheit, die Selbstgesetzgebung durch die Vernunft, mit Recht gedacht wird. Daß wir sollen, ist eine unbedingte Gewißheit der praktischen Vernunft, der die theoretische Vernunft nicht widerspricht. Freiheit ist theoretisch nicht unmöglich, und sie ist praktisch notwendig.

Auf dieser Basis nun ergibt sich für Kant eine Antwort auf die Frage, warum es der moralphilosophischen Besinnung bedarf, ohne daß deshalb die Moralphilosophie sich über die rechtschaffene Einfalt des einfachen Pflichtbewußtseins überhebt. Kant sagt nämlich: »Es ist eine herrliche Sache um die Unschuld, nur ist es auch wiederum sehr schlimm, daß sie sich nicht wohl bewahren läßt und leicht verführt wird.«[1] Die Unschuld des einfachen Herzens, das unbeirrbar seine Pflicht kennt, besteht nicht so sehr darin, durch die Übergewalt der Neigungen nicht vom Wege abgebracht zu werden. Vielmehr erweist sich die Herzensunschuld darin, daß sie in aller Abweichung vom Wege des Rechten, wie sie nur bei einem ›heiligen Willen‹ überhaupt nicht vorkommt, dennoch das Unrecht unbeirrt erkennt; – sie erwehrt sich nicht der übermächtigen Neigungen schlechthin, wohl aber der Beirrung durch die Vernunft selber. Die praktische Vernunft entfaltet nämlich unter den Einflüsterungen der Affekte eine spezifische Dialektik, durch die sie die verpflichtende Kraft des Gebotenen abzuschwächen weiß. Sie macht Gebrauch von dem, was ich die ›Dialektik der Ausnahme‹ nennen möchte. Sie bestreitet nicht die Geltung des Sittengesetzes, aber sie sucht den

[1] Grundlegung zur Metaphysik der Sitten. PhB 22; Ak.-Ausg. IV, 404f.

Ausnahmecharakter der Situation, in der sich der Handelnde befindet, geltend zu machen, in dem Sinne, daß unter den gegebenen Umständen bei aller Geltung des Gesetzes doch eine Ausnahme gerechtfertigt sei. Es ist die von solcher Verführung gedrohte sittliche Vernunft, daß die moralphilosophische Reflexion zu Hilfe kommen soll. Sie bedarf solcher Hilfe um so mehr, als die moralphilosophische Reflexion selber in ihrer ›gemeinen‹ Form dieser Verführung indirekt Vorschub leistet. Indem Kants ›Grundlegung‹ im Wesen der sittlichen Verbindlichkeit die Ausnahmslosigkeit denkt – das ist der Sinn des kategorischen Imperativs –, stellt sie die Reinheit der sittlichen Vernunftentscheidung her.

Der Sinn des Kantischen Formalismus besteht also darin, die Reinheit dieser sittlichen Vernunftentscheidung gegen alle Trübungen durch die Gesichtspunkte der Neigung und des Interesses – im naiven wie im philosophischen Bewußtsein – zu sichern. Insofern hat der Kantische Rigorismus, der nur eine solche Willensbildung für sittlich wertvoll erklärt, die rein aus Pflicht und gegen alle Neigung geschieht, einen klaren methodischen Sinn. Es ist, mit Hegel zu reden, die Gestalt der gesetzprüfenden Vernunft, die hier vorliegt[2].

Allein hier stellt sich doch die Frage, wie es zu solcher Gesetzesprüfung angesichts der empirischen Abhängigkeit der menschlichen Vernunft, ihrem eingewurzelten ›Hang zum Bösen‹, überhaupt kommt. Kants moralphilosophische Reflexion setzt, wie vor allem Gerhard Krüger[3] mit Recht betont hat, die Anerkennung des Sittengesetzes bereits voraus. Die Formeln, die der Urteilskraft als Typen an die Hand gegeben werden, zum Beispiel die des Naturgesetzes oder die des Zwecks an sich, sind so unwirklich, daß sie nicht an sich mit Überzeugungskraft ausgestattet sind. Erinnern wir uns etwa an das Beispiel des Selbstmörders, von dem Kant sagt: Ist er noch soweit im Besitz der Vernunft, daß er nach dem Modell einer solchen Formel seinen Entschluß zum Selbstmord überprüfen kann, dann wird er zu der Einsicht in die Unhaltbarkeit seines Entschlusses gelangen. Das ist doch offenbar eine bloße Konstruktion. Soviel Vernunft hat der von Selbstmordgedanken Gejagte eben gerade nicht. Wenn also auch die sittliche Unerlaubtheit des Selbstmordes dadurch eingesehen werden könnte, so ist doch, damit solche Einsicht überhaupt zustande kommen kann, die Bereitschaft zu überlegen, ja mehr noch, die Motivation zur Gewissensprüfung überhaupt vorausgesetzt. Worin soll sie liegen? Kants Formel scheint nur von methodischer Relevanz für die Reflexion, indem sie alle Verunklärung durch ›Neigung‹ ausschalten lehrt.

---

[2] Hegel, PhdG (Hoffmeister), S. 301 ff.

[3] G. Krüger, Philosophie und Moral in der kantischen Kritik. Tübingen 1931 (2. erw. Aufl. 1967)

Offenbar hat Kants Rigorismus aber noch einen anderen moralischen Sinn als den des methodischen Kontrastes von Pflicht und Neigung. Was Kant im Auge hat, ist folgendes: Extreme Fälle, in denen sich ein Mensch auf seine *reine Pflicht* gegen alle Neigung besinnt, lassen ihn der Macht seiner moralischen Vernunft gleichsam inne werden und leisten damit die feste Gründung seines Charakters. Er wird sich der sittlichen Grundsätze bewußt, die sein Leben leiten. Die Ausnahmesituation, in der er die Prüfung gleichsam vor sich selbst bestanden hat, hat ihn geprägt (vgl. etwa die Methodenlehre der reinen praktischen Vernunft in der ›Kritik der praktischen Vernunft‹).

Allein, man muß sich doch wiederum fragen, was eine Ausnahmesituation bestimmt, durch die solche Kontrastierung von Pflicht und Neigung überhaupt zur Schärfe der Entscheidung zugespitzt wird. Es ist doch nicht jede beliebige Situation von der Art, daß man sie zu dem Fall einer Bewährung seiner eigentlichen sittlichen Entschiedenheit emporsteigern und einen Fall der Gewissensprüfung aus ihr machen kann. Hegels bekannte Kritik an der Unmoralität des Sollens – weil Sollen schon den Widerspruch des Wollens und insofern also den bösen Willen voraussetze – hat hier angesetzt. Hat er nicht recht, wenn er statt in der Selbstnötigung einer imperativen Ethik das Wesen der Sittlichkeit in der Sitte sieht, das heißt in der Substantialität der sittlichen Ordnung, die in den großen Objektivationen von Familie, Gesellschaft und Staat ihre Verkörperung hat? Die Wahrheit des sittlichen Bewußtseins liegt doch nicht schlechthin in der Skrupulosität, mit der es sich beständig der Unreinheit seiner Antriebe und Neigungen quälerisch bewußt werden will. Gewiß gibt es Konfliktslagen, in denen eine solche sittliche Selbstprüfung einsetzt. Das Gewissen ist aber kein beständiger Habitus, sondern ist etwas, was einem schlägt, was einem geweckt wird[4]. Und wodurch? Gibt es nicht so etwas wie ein ›weites‹ Gewissen? Man kann wohl nicht leugnen, daß die Wachsamkeit des Gewissens von der Substanz der Ordnungen abhängt, in denen man immer schon steht. Die Autonomie der sittlichen Vernunft hat also gewiß den Charakter der intelligiblen Selbstbestimmung. Aber das schließt die empirische Bedingtheit aller menschlichen Handlungen und Entscheidungen nicht aus. Man kann zumindest in der Beurteilung anderer – auch das gehört in den Bereich der Moral – den Blick auf diese Bedingtheit nicht ausschalten. Was man von anderen verlangen kann (auch moralisch, nicht etwa nur juristisch), ist nicht das gleiche, das man von sich selbst verlangen mag. Ja, die Anerkennung menschlicher Bedingtheit (im nachsichtigen Urteil) verträgt sich sehr wohl mit der erhabenen Unbedingtheit des Sittengesetzes. Es scheint mir für Kants Refle-

[4] Thomas betont, daß ›Gewissen‹ einen Akt meint und nur im erweiterten Sinne einen zugrunde liegenden Habitus (STh I 79, 13: Bd. 6), wie der Herausgeber der Walberberger Studien dazu anmerkt.

xionsthematik bezeichnend, daß ihn der Unterschied zwischen dem Urteil des Gewissens über sich selbst und dem sittlichen Urteil über andere nicht interessiert. Damit scheint mir Kants Ausweg auf unsere Frage nach dem moralischen Sinn der Moralphilosophie am Ende doch unbefriedigend. Zwar mag man ihm zugeben, daß keinem Menschen sittliche Konfliktslagen erspart bleiben und daß insofern die Ausnahme, verführt zu werden, eine allgemeine menschliche Situation ist. Aber würde daraus nicht folgen, daß der Übergang zu einer Metaphysik der Sitten für einen jeden Menschen notwendig ist? In der Tat zieht Kant diese Konsequenz. Seine Begründung der Moral will nur die geheime Metaphysik eines jeden zur größeren Klarheit – aber damit auch ihn selber zu größerer moralischer Festigkeit erheben. Ist eine solche Folgerung aber erträglich? Hebt Kant damit nicht den Rousseau in sich wieder auf?

So scheint mir ein anderer Weg der Prüfung wert: eine moralphilosophische Besinnung, die nicht den Ausnahmefall des Konfliktes, sondern den Regelfall der Befolgung der Sitte zur Orientierung wählt. Man wird bei dem Einspruch, der gegen die Orientierung an der Reflexionsform des moralischen Bewußtseins und der reinen ›Sollens‹-Ethik erhoben wird, im besonderen an die in unserem Jahrhundert von Max Scheler und Nicolai Hartmann entwickelte materiale Wertethik denken. Sie hat sich mit Bewußtsein dem Kantischen Formalismus entgegengestellt. Wenn sie auch bei Scheler maßlos und ungerecht den sittlichen Vernunftcharakter des Kantischen Formalismus der Pflicht gänzlich verkannt hat, so hat sie doch das unbestreitbare positive Verdienst, die substantialen Inhalte der Sittlichkeit und nicht nur die Konfliktsform des Sollens und Wollens zum Gegenstand der moralphilosophischen Analyse gemacht zu haben. Der Begriff des Wertes, der hier zu systematischer Bedeutung aufsteigt, soll die Verengung auf den Pflichtbegriff, das heißt aber, auf die bloßen Ziele des Strebens und die Normen des Sollens, brechen. Es gibt auch sittlich Wertvolles, was nicht Gegenstand eines Strebens sein und nicht geboten werden kann. So gibt es zum Beispiel keine Pflicht zu lieben. Kants fatale Umdeutung des christlichen Liebesgebots in eine Pflicht zum praktischen Wohltun redet in dieser Hinsicht eine deutliche Sprache. Ist doch Liebe auch moralisch gesehen etwas Höheres als pflichtgemäßes Wohltun. In Anlehnung an die phänomenologische Theorie von der unmittelbaren Evidenz aller Wesensgesetzlichkeiten und des Apriori überhaupt begründete Scheler daher ein apriorisches Wertsystem auf die Unmittelbarkeit des apriorischen Wertbewußtseins. Dies erfaßt nicht nur die eigentlichen Strebensziele des sittlichen Wollens, sondern ragt nach unten in die Vitalsphäre und in die Sphäre der Nützlichkeitswerte hinein, nach oben reicht es bis hinauf in die Sphäre des Heiligen. Eine solche Ethik erfaßt also wirklich auch die substantialen Inhalte der Sittlichkeit und nicht nur das Reflexionsphänomen der gesetzesprüfenden Vernunft.

Indessen, selbst wenn eine solche Wertethik den Begriff des Ethos und des Wechsels der Ethosgestalten ausdrücklich in ihre Besinnung einbezieht, kann sie doch der immanenten Konsequenz ihres methodischen Anspruches, apriorische Wertordnungen zu erschauen, nicht entgehen. Das tritt bei Nicolai Hartmann mit aller Klarheit hervor, der die apriorische Hierarchie der Werte nicht als ein in sich geschlossenes System mit der Spitze im Wert des Heiligen denkt, sondern als einen offenen Bereich von Werten, einen unermeßlichen Gegenstand menschlicher Erfahrung und zugleich ein unermeßliches Forschungsgebiet. Der Fortschritt der Forschung entdeckt immer feinere Wertstrukturen und Wertverhältnisse und berichtigt damit herrschende Wertblindheit. Das muß aber in letzter Konsequenz besagen, daß die Ethik als Wertforschung eine Förderung und Verfeinerung des sittlichen Wertbewußtseins selbst bringt. Die Moralphilosophie kann also zwar nicht mit Autorität lehren, das heißt, neue Werte setzen. Aber sie kann das Wertbewußtsein so entwickeln, daß es diese Werte in sich entdeckt. Die Moralphilosophie hat daher, wie Nicolai Hartmann sagt, eine maieutische Funktion.

Eine solche Theorie scheitert aber an der (von Scheler richtig erkannten) Notwendigkeit, daß jede Moral eine konkrete Ethosgestalt ist. Ganz unvermeidlicherweise muß, wenn sie die moralphilosophische Leitidee der materialen Wertethik darstellt, auch die Idee einer unendlichen Verfeinerung des Wertbewußtseins ein eigenes Ethos implizieren und begründen, und zwar ein solches, dem sich andere Ethosgestalten entgegenstellen. Man denke etwa an den durch das ›Vorbeigehen‹ (Nietzsche) verletzten Wert der Fülle, den Hartmann besonders hervorhebt. Die Wertethik hat in sich selbst die notwendige und nicht übersteigbare Schranke, selber ein Ethos zu prägen, was dem methodischen Anspruch dieser apriorischen Wertforschung widerspricht. Kein menschliches, und das heißt endlich geschichtlich gültiges Moralsystem kann überhaupt diesen methodischen Anspruch erfüllen. Es ist ein unendliches Subjekt, auf das die Grundidee eines apriorischen Wertsystems wesenhaft bezogen ist. So erreicht die materiale Wertethik, obwohl sie im Unterschied zu dem Kantischen Formalismus die substantialen Inhalte der Sittlichkeit mit umfaßt, den Ausweg nicht, nach dem wir auf der Suche sind. Die Unmittelbarkeit des Wertbewußtseins und die Philosophie der Moral klaffen auseinander.

Orientieren wir uns statt dessen lieber an Aristoteles[5], bei dem es keinen Wertbegriff gibt, sondern ›Tugenden‹ und ›Güter‹, und der dadurch zum Begründer der philosophischen Ethik geworden ist, daß er die Einseitigkeit des sokratisch-platonischen ›Intellektualismus‹ berichtigte, ohne seine we-

---

[5] [Grundlegend ist hier meine Arbeit ›Praktisches Wissen‹, vom Jahre 1930, die inzwischen in Ges. Werke Bd. 5, S. 230ff. erstmals veröffentlicht ist.]

sentlichen Einsichten preiszugeben. Der Begriff des Ethos, wie er ihn zugrunde legt, drückt ja eben das aus, daß die ›Tugend‹ nicht nur im Wissen besteht, daß die Möglichkeit des Wissens vielmehr von dem abhängt, wie einer ist, dieses Sein eines jeden aber wiederum durch Erziehung und Lebensweise seine vorgängige Prägung erfahren hat. Vielleicht ist der Blick des Aristoteles stärker auf die Bedingtheit unseres sittlichen Seins, auf die Abhängigkeit des einzelnen Entschlusses von seinen jeweiligen praktischen und gesellschaftlichen Determinanten gerichtet und weniger auf die Unbedingtheit, die dem ethischen Phänomen zukommt. Gerade dies hat Kant in ihrer Reinheit erfolgreich herausgearbeitet, so wie sie in Platos den gesamten Staatsentwurf tragender Fragestellung nach der ›Gerechtigkeit selbst‹ ihr großartiges antikes Gegenstück besitzt. Aber es gelingt Aristoteles, das Wesen des sittlichen Wissens so aufzuklären, daß es ebensosehr die Subjektivität des moralischen Bewußtseins, das den Konfliktfall beurteilt, im Begriff der ›Vorzugswahl‹ deckt, wie auch die tragende Substantialität von Recht und Sitte, die sein sittliches Wissen und sein jeweiliges Wählen bestimmt. Seine Analyse der ›Phronesis‹ erkennt im sittlichen Wissen eine Weise des sittlichen Seins selbst, die entsprechend nicht ablösbar ist von der ganzen Konkretion dessen, was er Ethos nennt. Das sittliche Wissen erkennt das Tunliche, das, was eine Situation fordert, und es erkennt dieses Tunliche auf Grund einer Überlegung, die die konkrete Situation auf das bezieht, was man überhaupt für recht und richtig hält. Sie hat also die logische Struktur eines Schlusses, dessen eine Prämisse das allgemeine Wissen um das rechte ist, das in den Begriffen der ethischen Tugenden gedacht wird. Gleichwohl handelt es sich nicht um eine bloße Subsumtion, eine bloße Leistung der Urteilskraft. Denn es hängt von dem Sein des Menschen ab, ob er eine solche Besinnung unbeirrt durchführt. Dem von Affekten Überfluteten geht gerade diese Besinnung, das heißt die Orientierung an den Grundlagen seiner sittlichen Überlegung, verloren. Sie sind im Augenblick wie verdunkelt[6]. Aristoteles verdeutlicht es etwa am Beispiel des Berauschten: Die Unzurechnungsfähigkeit, die ein Betrunkener hat, ist keine sittliche Unzurechnungsfähigkeit. Denn es lag ja bei ihm, im Trinken maßzuhalten.

So liegt der Schwerpunkt der philosophischen Ethik des Aristoteles in der Vermittlung zwischen Logos und Ethos, zwischen der Subjektivität des Wissens und der Substantialität des Seins. Nicht in den allgemeinen Begriffen von Tapferkeit, Gerechtigkeit usw. vollendet sich das sittliche Wissen, sondern in der konkreten Applikation, die das hier und jetzt Tunliche im Lichte solchen Wissens bestimmt. Man hat mit Recht darauf hingewiesen, daß die letzte Aussage des Aristoteles über das, was richtig ist, in der unbestimmten Formel des ›wie es sich gehört‹ (*ὡς δεῖ*) besteht. Nicht die

---

[6] Eth. Nic. Z 5, 1140b 17: *εὐθὺς οὐ φαίνεται ἡ ἀρχή*.

großen Leitbegriffe einer heroischen Vorbildsethik und ihrer ›Tafel der Werte‹ sind der eigentliche Inhalt der aristotelischen Ethik, sondern die Unscheinbarkeit und Untrüglichkeit des konkreten sittlichen Bewußtseins (ὡς ὁ λόγος ὁ ὀρθὸς λέγει), das seinen Ausdruck in so nichtssagenden und alles umfassenden Begriffen findet wie: was ›sich gehört‹, was ›anständig‹, was ›gut und recht‹ ist. Es ist eine Verkennung, wenn man den Nachdruck, der auf dieser universellen Konkretisierungsformel bei Aristoteles liegt, selber wieder in eine Pseudogegenständlichkeit wendet und etwa darin den speziellen ›Wert der Situation‹ beschrieben sieht (N. Hartmann). Vielmehr ist das gerade der Sinn der Lehre von der ›Mitte‹, die Aristoteles entwickelt, daß alle begriffliche Bestimmung der überlieferten Tugendbegriffe nur eine schematisch-typische Richtigkeit besitzt, die aus den *legomena* geschöpft ist. Dann aber ist die philosophische Ethik in der gleichen Lage, in der sich ein jeder befindet. Das, was als recht gilt, was wir im Urteil über uns selber oder über andere bejahen oder beanstanden, folgt unseren allgemeinen Vorstellungen von dem, was gut und recht ist, gewinnt aber seine eigentliche Bestimmtheit erst in der konkreten Wirklichkeit des Falles, der kein Fall der Anwendung einer allgemeinen Regel ist, sondern im Gegenteil das Eigentliche, um das es geht und für das die typischen Gestalten der Tugenden und die Struktur der ›Mitte‹, die Aristoteles an ihnen nachweist, nur ein vages Schema darstellen. Daher ist diejenige Tugend, kraft deren wir diese Mitte treffen und die Konkretisierung leisten, die überhaupt erst etwas als das Tunliche (πρακτὸν ἀγαθόν) erweist, die *Phronesis,* keineswegs eine besondere Auszeichnung dessen, der philosophiert. Vielmehr sieht sich umgekehrt auch der, der über das Gute und Rechte im allgemeinen nachdenkt, auf diesen praktischen *Logos* genauso verwiesen wie jeder andere, der seine Vorstellungen von dem, was gut und recht ist, in die Tat umsetzen soll. Ausdrücklich erkennt es Aristoteles als den Fehler der Leute, sich aufs Theoretisieren zu verlegen und, statt zu tun, was recht ist, darüber zu philosophieren[7].

Es ist also ganz gewiß nicht so, wie es manchmal bei Aristoteles den Anschein hat, als hätte es die Phronesis nur mit den rechten Mitteln zum vorgegebenen Zwecke zu tun. Sie bestimmt durch die Konkretion der sittlichen Überlegung den ›Zweck‹ selbst erst in seiner Konkretion, nämlich als den ›tunlichen‹ (als πρακτὸν ἀγαθόν).

Gewiß hat Kant recht, wenn er im Ideal der Glückseligkeit mehr ein Ideal der Einbildungskraft als der Vernunft sieht, und insofern ist es durchaus richtig, daß es keinen angebbaren Inhalt unserer Willensbestimmung geben kann, der allgemein verbindlich wäre und von unserer Vernunft als sittliches Gesetz behauptet werden könnte. Aber man muß sich doch fragen, ob nicht

[7] Eth. Nic. B 3, 1105b 12ff: ἐπὶ τὸν λόγον καταφεύγοντες.

die Autonomie der praktischen Vernunft, die uns die Unbedingtheit unserer Pflicht gegen die Einrede unserer Neigungen absichert, mehr nur eine einschränkende Bedingung unserer Willkür darstellt, aber nicht das Ganze unseres sittlichen Seins bestimmt, das, von der Selbstverständlichkeit des Rechten durchherrscht, sich jeweils praktisch verhält, indem es das Tunliche wählt. (Mit *Hexis* ist nicht eine Möglichkeit zu dem oder jenem, wie Können und Wissen es sind, gemeint, sondern eine Seinsverfassung wie die Natur, ein ›so und nicht anders‹.)

Das Tunliche – das ist nun freilich nicht nur das, was recht ist, sondern auch, was nützlich, zweckmäßig und insofern ›richtig‹ ist. Die Durchdringung dieser beiden ›Richtigkeiten‹ im praktischen Verhalten des Menschen ist es offenbar, in der nach Aristoteles das menschliche Gute besteht. Gewiß handelt man im sittlich rechten Verhalten nicht in dem Sinne zweckentsprechend, wie das der Handwerker tut, der seine Sache kann (*τέχνη*) – sittliches Handeln ist nicht dadurch richtig, daß das, was dabei zustandegebracht wird, richtig ist, sondern seine Richtigkeit liegt auch und vor allem in uns selbst, im Wie unseres Verhaltens – wie es eben der Mensch, der ›richtig ist‹, tut (der *σπουδαῖος ἀνήρ*). Aber auch umgekehrt gilt, daß sittliches Handeln, das soviel mehr von unserem Sein als von unserem ausdrücklichen Bewußtsein (*εἰδώς*) abhängt, uns selbst beständig mit hervorbringt, wie wir sind (und nicht: wie wir uns wissen). Insofern aber das Ganze unseres Seins von Fähigkeiten, Möglichkeiten, Umständen abhängt, die nicht einfach in unsere Hand gegeben sind, umfaßt die *Eupraxia*, auf die unser Handeln zielt, und die *Eudaimonia*, auf die wir angelegt sind und nach der wir streben, mehr, als wir selber sind. Unser Handeln steht im Horizont der Polis und weitet damit unser Wählen des Tunlichen in das Ganze unseres äußeren gesellschaftlichen Seins hinein.

Die Ethik erweist sich als ein Teil der Politik. Denn die Konkretisierung unser selbst, deren Umriß in den Tugendgestalten und ihrer Hinordnung auf die höchste und wünschbarste Lebensform vorgezeichnet ist, reicht weit in das allen Gemeinsame hinein, das die Griechen Polis nannten und dessen rechte Gestaltung alle stets mitverantworten. Das erst macht verständlich, daß ein zentraler Gegenstand der aristotelischen Pragmatie die Freundschaft ist, nicht als ›Freundschaftsliebe‹, sondern als jenes Mittlere zwischen Tugenden und Gütern, das nur *met'aretes* ist und dessen (stets gefährdeter) Besitz aus einem vollen Leben nicht wegzudenken ist[8].

So betont Aristoteles bei der sittlichen Entscheidung nicht jene erhabene Unbedingtheit, die Plato und Kant fordern. Zwar weiß auch Aristoteles,

[8] Vgl. dazu meine Arbeit ›Freundschaft und Selbsterkenntnis‹ in der FS für U. Hölscher. Würzburger Abhandlungen zur Altertumswissenschaft NF 1 (1985), S. 25–33 (= Ges. Werke Bd. 7, S. 396–406).

daß sittliches Handeln nicht einfach beliebig gewählte Zwecke zweckgerecht verfolgt, sondern um seiner selbst willen, weil es ›schön‹ ist, gewählt wird, aber es steht immer im Ganzen eines vielfach beschränkenden und bedingenden Seins, das es zu sehen und zu meistern gilt. Selbst das höchste Ideal menschlicher Existenz, die reine Kontemplation, auf die der ganze Aufbau der aristotelischen Ethik noch immer, wie bei Plato, hinausläuft[9], bleibt auf das handelnde Leben und seine rechte Bewältigung bezogen, von der es selber abhängt.

Darin aber wird dieser geniale Sinn für das vielfach Bedingte, der die spekulative Tiefe des Aristoteles ausmacht, moralphilosophisch fruchtbar, daß sich hier – und hier allein – eine Antwort auf die uns beunruhigende Frage ergibt, wie eine philosophische Ethik, eine menschliche Lehre über das Menschliche, möglich ist, ohne zu einer unmenschlichen Selbstüberhebung zu werden.

Die moralphilosophische Besinnung, die in der philosophischen Pragmatie der Ethik niedergelegt ist, ist nicht eine Theorie, die zu einer praktischen Anwendung geführt werden muß. Sie ist überhaupt nicht ein Wissen im allgemeinen, ein Wissen auf Abstand, das den konkreten Anspruch der Situation nur verdecken könnte, wie jenes Bewußtsein der Gesetzestreue im Falle des Priesters und Leviten im Gleichnis vom Barmherzigen Samariter. Das Allgemeine, Typische, das sich in einer der Allgemeinheit des Begriffes überantworteten philosophischen Untersuchung allein sagen läßt, ist vielmehr nicht wesensverschieden von dem, was das ganz untheoretische, durchschnittlich-allgemeine Normbewußtsein in eines jeden praktisch-sittlicher Überlegung leitet. Es ist vor allem insofern nicht von ihm unterschieden, als es seinerseits die gleiche Applikationsaufgabe auf gegebene Umstände einschließt, die allem sittlichen Wissen zukommt, dem des Einzelnen so gut wie dem des staatsmännisch für alle Tätigen. Nicht nur hat das sittliche Wissen, das das konkrete Handeln leitet, als Phronesis selber ein sittliches Sein, eine *Arete* (es ist ἕξις – freilich eine ἕξις τοῦ ἀληθεύειν). Auch die philosophische Pragmatie der Ethik hat moralische Relevanz, und das ist nicht ein hybrider Anspruch der ›Schule‹, der vom ›Leben‹ desavouiert wird, sondern ist die notwendige Folge dessen, daß auch sie unter Umständen steht, die sie bedingen. Sie ist nicht Sache eines jeden und nicht für jeden, sondern nur für den, der durch Erziehung in Gesellschaft und Staat zu einer solchen Reife des eigenen Seins geführt worden ist, daß er das im allgemeinen Gesagte im konkreten Betroffensein wiederzuerkennen und praktisch wirksam werden zu lassen vermag. Der Hörer der aristotelischen Ethik-

[9] Vgl. dazu meine Rezension des Kommentars ›L'Ethique à Nicomaque‹ von Gauthier-Jolif, Philosophische Rundschau 10 (1962), S. 293ff. [= Bd. 6 der Ges. Werke, S. 302–306].

Vorlesung mußte von sich aus über die Gefahr hinaus sein, nur theoretisieren zu wollen und sich dem Anspruch der Situation zu entziehen. Diese Gefahr beständig im Blick zu halten, darin scheint mir das unveraltete Recht des Aristoteles zu bestehen. Wie Kant mit seinem ›Formalismus‹, hat auch er alle falschen Ansprüche von der Idee einer philosophischen Ethik ferngehalten. Während Kant das moralphilosophische Räsonnement der Aufklärung und ihren verblendeten Vernunftstolz zuschanden machte, indem er die Unbedingtheit der praktischen Vernunft von allen Bedingtheiten der menschlichen Natur löste und in ihrer transzendentalen Reinheit darstellte, hat Aristoteles umgekehrt die Bedingtheit der menschlichen Lebenssituationen in den Mittelpunkt gestellt und als die zentrale Aufgabe der philosophischen Ethik wie des sittlichen Verhaltens die Konkretisierung des Allgemeinen und die Applikation auf die jeweilige Situation ausgezeichnet. Kant hat das unendliche Verdienst, die verhängnisvolle Unreinheit des sittlichen Räsonnements, jenen ›ekelhaften Mischmasch‹ von moralischen und pragmatischen Motiven aufgedeckt zu haben, der die ›praktische Weltweisheit‹ im Zeitalter der Aufklärung als eine höhere Form der Moralität selber gelten ließ. Von diesem Wahne sind wir durch Kant geheilt. Aber es gibt noch einen anderen Aspekt der Dinge, der dazu nötigt, gerade die Bedingtheit allen menschlichen Seins und damit auch die seines Vernunftgebrauchs anzuerkennen. Es ist vor allem der Aspekt der Erziehung, in dem dieses wesenhaft Bedingte des Menschen sichtbar wird. Davon weiß auch Kant, aber die Grenze seiner Wahrheit wird daran sichtbar, wie er davon weiß. Kant zeigt höchst eindrucksvoll, welche Macht die Vorstellung der sittlichen Vernunft, der Pflicht oder der Gerechtigkeit selbst auf das Kindergemüt auszuüben vermögen und daß es nicht richtig sei, immer nur mit dem pädagogischen Mittel von Lohn und Strafe zu arbeiten, weil das die egoistischen Triebfedern stärke und bestätige. Gewiß ist daran etwas Wahres – und doch: daß Lohn und Strafe, daß Lob und Tadel, daß Vorbild und Nachfolge und der Grund von Solidarität, Sympathie und Liebe, auf dem ihre Wirkung beruht, noch vor aller Ansprechbarkeit der Vernunft das ›Ethos‹ des Menschen formen und so überhaupt erst Ansprechbarkeit durch Vernunft möglich machen, das ist der Kern der aristotelischen Lehre von der Ethik. Dem wird Kant nicht gerecht. Die notwendige Beschränkung, der unsere Einsicht in das, was sittlich recht ist, unterliegt, braucht nicht zu jener korrumpierenden Vermischung der Motive zu führen, die Kant bloßstellt. Insbesondere ist der antike Eudämonismus – im Unterschied zu der Weltweisheit der Aufklärung – nicht als Trübung der transzendentalen Reinheit des Sittlichen, nicht als Heteronomie zu beurteilen. Das beweist vor allem der utopische Rigorismus der platonischen Politeia (II. Buch). – Auch Aristoteles verkennt keinen Augenblick, daß man das Rechte um seiner selbst willen zu tun hat und daß keine Berücksichtigung hedonistischer, utilitaristischer oder eudämonistischer Gesichtspunkte die sittliche Unbedingtheit echter Entscheidung beeinträchtigen darf. Nur ist eben die Bedingtheit unserer Einsicht im allgemeinen – überall dort, wo es nicht um Entscheidung im eminenten Sinne des Wortes geht, sondern um Wahl des Besseren *(prohairesis)* – kein Mangel und keine Schranke. Sie hat die gesellschaftlich-politische Bestimmtheit des Einzelnen zu ihrem positiven Inhalt. Diese Bestimmtheit ist aber mehr als Abhängigkeit von den wechselnden Bedingungen des gesellschaftlichen und geschichtlichen Lebens. Gewiß ist jedermann abhängig von den Vorstellungen seiner Zeit und seiner Welt, aber weder folgt daraus die Legitimität des moralischen Skeptizismus noch auch die des technischen Manipulierens aller Meinungsbildung unter der Perspektive der politischen Machtausübung. Die Veränderungen, die in Sitte und Denkart einer Zeit Platz greifen und die insbesondere den Älteren den bedrohlichen Eindruck einer totalen Auflösung der Sitte zu geben pflegen, vollziehen sich auf einem ruhenden Grunde. Familie, Gesellschaft, Staat bestimmen die Wesensverfassung des Menschen, indem sich sein Ethos mit wechselnden Inhalten füllt. Zwar weiß niemand zu sagen, was alles aus dem Menschen und seinen Formen des Zusammenlebens zu werden vermag – und doch heißt das nicht, daß alles möglich ist, daß alles nach Belieben und Willkür eingerichtet und festgesetzt werden kann, wie es der Mächtige will. Es gibt ein von Natur Rechtes[10]. Aristoteles findet für die Bedingtheit alles sittlichen Wissens durch das sittliche und politische Sein den Gegenhalt in der mit Plato geteilten Überzeugung, daß die Ordnung des Seins mächtig genug ist, aller menschlichen Verwirrung eine Grenze zu setzen. In aller Entstellung bleibt die Idee unzerstörbar: »Wie stark ist doch die Polis auf Grund ihrer eigenen Natur.«[11]

So kann Aristoteles die Bedingtheit alles menschlichen Seins im Inhalt seiner Lehre vom Ethos anerkennen, ohne daß diese Lehre selber ihre Bedingtheit verleugnete. Eine philosophische Ethik, die dergestalt nicht nur um ihre eigene Fragwürdigkeit weiß, sondern eben diese Fragwürdigkeit zu ihrem wesentlichen Inhalt hat, scheint mir allein der Unbedingtheit des Sittlichen zu genügen.

---

[10] Näheres darüber in ›Wahrheit und Methode‹, S. 302ff., S. 490f. [= Ges. Werke Bd. 1, S. 324ff., Bd. 2, S. 401f.].

[11] Plato, Polit. 302a.

6. Vom Wort zum Begriff

Die Aufgabe der Hermeneutik als Philosophie

1995

Vielleicht darf ich kurz rechtfertigen, warum ich als Thema vorgeschlagen habe: »*Vom Wort zum Begriff*«. Das ist der Sache nach ein Thema der Philosophie und der Hermeneutik. Auch gilt der »Begriff« als das eigentliche Kennzeichen der Philosophie. Wenigstens ist das die Form, in der die Philosophie erstmalig in unserer abendländischen Kultur in die Welt getreten ist. Daher ist das erste, was mir hier begegnet und wovon ich sprechen möchte, der Begriff. Ich bin sicher, daß der Begriff, der oft eher das Befremdliche und das Fordernde gegen den anderen hervorkehrt, zu sprechen beginnen muß, wenn er wirklich begreifen soll. Ich möchte mein Thema deshalb ein wenig umformulieren und sagen: *Nicht nur vom Wort zum Begriff, sondern ebenso vom Begriff zurück zum Wort*«.

Wir wollen einen Augenblick auf den Anfang zurückdenken. Denn wir müssen davon ausgehen, daß es sich im begrifflichen Denken um ein Grundkennzeichen des Abendlandes handelt. Schon das Wort ›Abendland‹ ist heute nicht mehr so modern, wie es in meiner Jugend war, als Oswald Spengler gerade den Untergang desselben verkündet hatte. Jetzt redet man wohl eher von Europa, aber da weiß nun auch niemand ganz genau, was das eigentlich sein wird, sondern höchstens, was wir möchten, daß es eines Tages werden soll. Genau deshalb glaube ich nicht, daß mein Thema von den dringendsten Fragen unserer Gegenwart weitab liegt. Und ich glaube auch nicht, daß ich hier nur eben mein eigenes Lieblingsthema als Ausdruck des Dankes für diese festliche Gelegenheit vortrage. Es ist vielmehr so, weil mich diese Dinge ständig beschäftigen, möchte ich mich immer wieder mit ihnen auseinandersetzen.

Wie ist es eigentlich gekommen, daß sich in der Menschheitsgeschichte, in einer sehr bedrängten weltgeschichtlichen Lage, in der sich die griechische Stadtkultur gegenüber dem Andrang der persischen, der asiatischen und später der punischen, afrikanischen Kultur befand – wie ist es gekommen, daß dort und damals eine Dauerprägung des begrifflichen Denkens entstanden ist, die in Wahrheit bis zum heutigen Tage eine globale Ausstrahlung besitzt? Wir wissen natürlich alle, wovon ich rede. Ich rede von der Wissenschaft – zunächst selbstverständlich von der Wissenschaft, wie wir sie noch alle in den Schulen lernen und das ist die euklidische Geometrie. Diese Präzision der logischen Beweisführung für etwas, was niemand bezweifelt und was doch durch den Beweis, den es dafür zu erbringen gilt, die höchste geistige Anstrengung erfordert. Ihr Gelingen stellt eine geistige Heldentat dar, die erstmals in Ablösung von allem Erfahrungswissen ›Wissenschaft‹ begründet hat.

Ich kann hier nur mit der größten Bewunderung davon sprechen, was dieses gewaltige Vermögen der Vernunft eigentlich ist, das Wunder der Zahlen und der Geometrie, das dem ganzen riesigen Lehrgebäude der modernen Mathematik zugrundeliegt. Wenn ich von dieser Grundvoraussetzung ausgehe, daß es die Wissenschaft gewesen ist, die in Griechenland ihre erste Geburt hatte und die uns von dort aus zum Denken und zum Nachdenken über die Möglichkeiten des Wissens überhaupt von den Griechen vererbt worden ist, dann frage ich weiter: Was heißt für uns Wissen?

Sie kennen es alle: Es ist die Form, in der Sokrates als Antwort vom Delphischen Orakel bekam, daß keiner der damals lebenden Menschen weiser sei als er. Sein großer Bewunderer und Schüler Plato hat es uns gezeigt, worin diese Weisheit besteht, nämlich in dem Wissen um das Nichtwissen: Es ist diese unbestechliche Weise, in der wir Menschen das Andere, das Unbekannte, das *ignoramus* und *ignorabimus*, dieses Nichtwissen des Menschen um seine eigentliche Weltstellung, zu begreifen suchen – in der kurzen Lebensspanne, die durch den Tod beendet wird.

Wenn ich so anfange, mir darüber Gedanken zu machen, dann drängt sich mir die Frage auf: Wie ist diese mathematisierende Fähigkeit, diese logische Kraft, diese Bildung der sprechbarsten aller Sprachen – so hat Nietzsche einmal das Griechische genannt – nun, alle Sprachen sind in Wahrheit für den, der zu denken versteht, auch sprechbar – zur heutigen Weltgeltung gelangt? Damit kommen wir schon etwas näher an das Thema »*Wort und Begriff*« heran und an das, was mir dabei vorschwebt, wenn es der heutigen Weltlage und unserem nicht mehr nur eurozentrischen Weltbild eigens zugedacht ist.

Denn darüber besteht keine Ungewißheit mehr, daß unsere wissenschaftliche Zivilisation und ihr unglaubliches Vermögen der Umänderung der Naturgegebenheiten zum Nutzen und zum Leben und Überleben der Menschen einzusetzen, in ihren Wirkungen zu einem riesigen Welt-Problem geworden ist. Es ist kein Zweifel, daß dies alles eine der ganz großen Fragen an uns ist, nicht zuletzt, seit uns die Wissenschaft mehr und mehr gelehrt hat, was für eine kurze Episode die Menschheit in der Evolution des Universums darstellt.

Haben wir mit dem Privileg, unserer heutigen Fähigkeit des Umformens des Gegebenen, eine letzte große Gabe, oder haben wir damit eine letzte, vielleicht alle Kräfte unseres Verstandes übersteigende Aufgabe erhalten? Man muß sich nur in der Welt umsehen: Heute gewinnt in Japan oder in China, in Indien, in Südafrika oder in Südamerika, also auch außerhalb dieses zivilisatorischen Mutterlandes der europäischen und angelsächsischen Denk- und Kulturtradition, dasselbe mathematisierte und formale Denken die Oberhand. Wie geht denn das zusammen – oder wird das eine nur vom anderen dominiert? Irgendwie zeichnet sich eine globale Uniformierung ab. Ich will nicht behaupten, daß das britische Badezimmer eine Revolution bedeutet hat oder der europäische Anzug in den Büros von Japan, China oder Indien – aber es gibt zumindest in bestimmten Lebensbereichen eine Vereinheitlichung kultureller Muster, die wie eine Revolution alles umkehrt.

Es ist eine nachdenkliche Tatsache, daß hier ganz andere Menschheitsblöcke durch Kult, Religion, Ahnenverehrung, kurzum: ein ganz anderes kollektives Zusammenleben in den Gesellschaftsordnungen dieser Kulturen, plötzlich mit dieser großartigen methodischen Meisterschaft der Wissenschaft konfrontiert sind. Wir werden wohl alle unser Schicksal daran abmessen können, wie sich dieser Zusammenklang oder Zusammenstoß oder diese neue Verschmelzung der Kulturen, die vielleicht auch unsere eigene Zukunft vorbereitet, gestaltet – besser gesagt: wie er von uns gestaltet wird. Unser Schicksal wird sich daran entscheiden, wie diese durch die Wissenschaft geprägte Welt, die durch die Welt des Begriffs philosophisch formuliert worden ist, zugleich auch mit so tiefen Einsichten in Menschenschicksale zusammengeht, wie sie etwa in einem Zwiegespräch eines chinesischen Meisters mit seinem Jünger oder in sonst irgendeinem Zeugnis uns ganz fremder, religiös fundierter Kulturen zum Ausdruck kommen.

Wie sind wir selber in diese Situation gelangt? Nicht ganz ohne die Dichtung, auch nicht in der griechischen Welt. Die ältesten Zeugnisse griechischen Begriffsdenkens sind in homerischer Gedichtform geschrieben – in homerischen Versmaßen gesungen. Nicht die Philosophie, sondern das Epos ist es, das am Anfang der schriftlichen Überlieferung steht. Und wir erleben, wenn wir das sehen, wie dann – von den griechischen Stadtkulturen aus über die ganze Mittelmeerwelt sich ausbildend – der Begriff plötzlich zu sprechen anfängt, wenn er in ein solches versgegliedertes Ganzes mit der Frage eingebettet ist: ›ti to on‹ – was ist das Sein, und was ist es mit dem Nichts?

Nun, ich könnte fortfahren und zeigen, wie das von dort aus tatsächlich die Frage Platos geworden ist und zu der Begründung der Metaphysik geführt hat, die durch Aristoteles schließlich Weltgeltung erlangt und mehr als ein Jahrtausend abendländisches Denken geprägt hat, bis daraus im 17. Jahrhundert die moderne Wissenschaft, sowohl die Erfahrungswissenschaft wie auch die Mathematik, hervorgegangen sind. Aber es ist vielleicht richtiger, sich im Augenblick daran zu erinnern, daß wir ja hier in einem Hegelsaale sind und damit wohl allen Grund haben zu sagen, daß Hegel es gewesen ist, der die damit gestellte philosophische Aufgabe gesehen hat, die neue Wissenschaft und all das, was als Metaphysik und als Religion nicht in der Wissenschaft aufgeht, in einem einheitlichen Ganzen zum Begriff zu erheben.

Die modernen Erfahrungswissenschaften und ihre mathematische Instrumentierung auf der einen Seite, und dieses ständig fragende Denken und Suchen im sokratischen Nichtwissen um das Gute auf der anderen Seite, sind zwei Weisen der Wirklichkeitserfahrung, die nicht zusammenzugehen scheinen. Vielleicht sollten wir einen Augenblick diesen Sprung wagen, uns vorzulegen, wie diese große Kulturepoche Europas zu einer gewissen Vollendung gelangt ist, als Hegel die Versöhnung zwischen der Wahrheit der Wissenschaften und der Wahrheit der Metaphysik, sowie der christlichen Religion, überzeugend zu machen suchte.

Das geschah noch nicht in dem Wahne, daß die Wissenschaft der unbedingte Meister einer methodischen Gewißheitspflege sei. Man sollte nicht vergessen, daß Hegel, als er seine große Synthese zwischen dem absoluten Wissen der Metaphysik und dem exakten Wissen der methodischen Wissenschaft anstrebte, immer auch die Botschaft der Kunst und der Religion mitgesehen hat. Für ihn ging es also nicht nur um die Beherrschung von Sachgebieten mit Hilfe von Abstraktion und Messung, sondern gerade auch um diejenigen Formen des Wissens oder des Fragens, die uns nicht loslassen, wenn wir vor Kunstwerken stehen oder von dichterischen Schöpfungen angerührt werden. Auch Werke, die zu theologischer Besinnung einladen oder das fromme Bedürfnis des Menschen erfüllen, über seine Endlichkeit nachzudenken, erreichen jene Werke anrührende Intensität.

Es gab eine Zeit, da war man sich dessen sehr wohl bewußt, daß dies ein anderes Wissen ist, als jenes, das auf Mathematik und Logik allein aufbaute. Damals nannte man z.B. das Studium der Rechte Jurisprudenz; d.h. eine Art von Klugheit. Die Studierenden der Rechte sollten eine Art von Unterscheidungskraft in sich ausbilden, um abgewogen, differenziert und ›objektiv‹ Recht zu sprechen.

Wie hat sich ein solches Wissenschaftsideal inzwischen so verabsolutieren können, daß man jetzt nicht nur von Rechtswissenschaft, sondern sogar von ›Kunstwissenschaft‹ redet? Früher hieß das Kunstgeschichte. Oder daß man heute von ›Literaturwissenschaft‹ redet? Früher hieß das Literaturgeschichte. D.h. man nahm von vornherein an: hier könne man nicht in demselben Sinne wissen, wie man in den vorbildlichen Naturwissenschaften durch Messen und Mathematik Wissen gewinnt. Hierzu gehört eine andere Gabe.

Wenn ich hier an einer sozial- und geisteswissenschaftlich orientierten Institution die Ehre habe, das Wort zu führen, dann tue ich das gerade auch in diesem Bewußtsein, daß beide Wissenschaftsgruppen nicht im eigentlichen, streng mathematisch-naturwissenschaftlichen Sinne, Wissenschaften sind. Ich glaube, daß auch die Sozialwissenschaften, soweit sie immer, in ihren durch die Geschichte gewordenen Formen der methodisch-kritischen Forschung, auch mathematische Methoden verwenden, dennoch durch anderes mitgeleitet werden: durch geschichtliche Vorbilder, durch Erfahrung, durch Schicksalsfügung und jedenfalls durch eine andere Art von Exaktheit als etwa die der mathematischen Physik.

Da redet man von der Präzision der Mathematisierung. Aber ist die Präzisierung in der Anwendung der Mathematik auf die Lebenspraxis je so groß wie das Ohr des Musikanten, der beim Stimmen seines Instruments am Ende zufrieden ist? Gibt es nicht ganz andere Formen von Präzision, die gerade in einem Bereich liegen, der nicht Anwendung von Regeln oder Apparaten ist, sondern ein darüber hinausgreifendes Treffen des Richtigen? Ich könnte mich hier nun endlos darüber ergehen, um plausibel zu machen, was ich eigentlich meine, wenn ich sage, Hermeneutik sei in dem Sinne nicht so sehr eine Methodenlehre der Geisteswissenschaften. Hermeneutik ist vielmehr eine Grundeinsicht darüber, was überhaupt Denken und Erkennen für den Menschen im praktischen Leben bedeutet, selbst wenn wir mit wissenschaftlichen Methoden arbeiten.

Es gehört eine eigentümliche Fähigkeit dazu, von Wissen den rechten Gebrauch machen zu können. Plato hat einmal, und zwar nicht etwa in einem fernliegenden Zusammenhang, sich die Frage gestellt, was eigentlich den wahren Politiker ausmache. Ich wage zu sagen, daß er dabei nicht an den Erfolg der nächsten Wahlen gedacht hat. Wohl aber mußte er etwas Wesentliches im Auge haben, eine ganz bestimmte Gabe, nämlich ein gewisses instinktives Gefühl für Gleichgewicht, für Gleichgewichtslagen und die vielen Möglichkeiten, Gleichgewichtslagen zu schaffen und zu steuern. In seinem Dialog über den wahren Staatsmann spricht Plato einmal ausführlich über diese Fähigkeit. Er geht davon aus, daß es zwei verschiedene Möglichkeiten des Messens gibt. Beide scheinen unentbehrlich. Das eine Messen ist, daß man mit einem Maßstab an die Dinge herangeht, um sie verfügbar und beherrschbar zu machen. So wie es in Paris das berühmte Metermaß gibt, nach dem alle metrischen Messungen erfolgen. Hier geht es offenbar um das ›*poson*‹, die Quantität.

Die andere Art des Messens besteht dagegen darin, daß man selber das richtige Maß, das Angemessene selber trifft. Das kennen wir etwa aus dem Wunder der Harmonie der Töne oder auch aus dem harmonischen Wohlbefinden, das man Gesundheit nennt. Da geht es um das, was die Griechen ›*poion*‹, die Qualität nennen.

Kürzlich habe ich in einem Buch unter dem Titel »Die Verborgenheit der Gesundheit« an diese Unterscheidung erinnern können, und zwar gerade, wenn es sich um die Krankheit als den Gegenstand der medizinischen Wissenschaft handelt. An sich ist ja Krankheit eine Art Bedrohung, gegen die man auf der Hut sein muß. Aber wenn man krank geworden ist, bedarf es des Arztes, seines Wissens und Könnens, und man hofft, daß er dann die Krankheit »beherrscht«. Die Gesundheit ist offenbar etwas ganz anderes, das wir nicht in derselben Weise beachten oder beherrschen. Das ist eher etwas, dem wir folgen, so wie wir etwa einem Pfad folgen und dabei das Gefühl haben »jetzt ist es richtig«. Dann wird der Pfad unter unseren Füßen zum Wege. Es gibt noch mehr solcher Fälle als den der Gesundung, die ich grundsätzlich dem Ideal der wissenschaftlichen Beherrschbarkeit zur Seite stellen möchte.

Unter Wissenschaftlichkeit versteht man ja Objektivität, und das ist sicher richtig, daß man die subjektiven Voraussetzungen, die man sonst mitbringt und unter denen man alles beobachtet, unter kritischer Kontrolle hat. Die Feststellungen der Wissenschaft müssen daher im Prinzip für jedermann einsichtig und nachvollziehbar werden und der Idee nach objektive Erkenntnis ermöglichen. Das ist alles soweit in Ordnung. Aber man vergesse nicht, was Objekt auf deutsch heißt. Es heißt »Gegenstand«. Gegenstand ist Widerstand. Hier im Raume von Krankheit und Gesundheit handelt es sich immer um ein Wissen, das nicht ein Gegenstandsfeld einfach beherrscht. Die Natur können wir in ihren Wegen nicht einfach rekonstruieren. Wir müssen uns begnügen, den Widerstand der Krankheit zu brechen und der Natur zu ihrem eigenen geheimen Walten zurückzuhelfen. Das aber verlangt die *Kunst* des Arztes, das Treffen der richtigen Maß-Regeln. Das ist nicht nur Wissenschaft, sondern noch ein anderes Wissen, das sich in seiner eigenen Erfüllung sozusagen zurückzieht. Gewiß ist dieser Begriff der Kunst, der ja im Grunde nur der Natur hilft, etwas anderes, als die schaffenden und bildenden Künste und die literarischen Künste es sind. Aber es gibt hier doch Verwandtes im Vollzug und damit Abgrenzung gegenüber der Objektivität der Wissenschaft. Hier wie dort geht es nicht um bloße Anwendung von Regeln.

In meinem Buch »Wahrheit und Methode« begann ich meine Überlegungen zunächst mit der Kunst und nicht mit der Wissenschaft, auch nicht mit den Geisteswissenschaften. Denn in ihnen ist es wiederum die Kunst, welche die grundlegenden Fragen des Menschseins in einzigartiger Weise zur Erfahrung bringt, und zwar so, daß kein Widerstand oder Einwand dagegen aufkommt. Ein Kunstwerk ist wie ein Vorbild.

Es ist sozusagen unwiderleglich. Da ist zum Beispiel das, was man ein Gedicht nennt. Man denke daran, was »Gedicht« heißt. Ja, man müßte wieder lateinisch können. Gedicht kommt von dicere und dictare, das heißt, es ist ein Diktat. Das Gedicht ist das, was durch seine Art, wie es etwas sagt, überzeugend ist. Das gilt zwar von allem rhetorischen Gebrauch der Rede auch. Aber das Gedicht ist immer wieder überzeugend und sogar immer mehr überzeugend, je besser man es kennt. Niemand würde auch nur versuchen, dagegen den Einwand zu erheben, daß man das schon kennt.

Wir nennen in der Kunstgeschichte, in der Literaturgeschichte, in der Musikwissenschaft und in den klassischen Wissenschaften der Philologie und Archäologie den einen Banausen, der sich einem Werk der Kunst nicht öffnet, sondern sich gleichsam als Fachmann fühlt, der es schon besser weiß. In all den Wissenschaften, von denen ich etwas verstehe, gibt es dieses Moment, daß da etwas ist, das man nicht vergessen darf und nicht vergessen kann. Da geht es nicht darum, ein Sachgebiet zu beherrschen. Wir sehen es etwa in der Kunstgeschichte. Das Wissenschaftsbedürfnis als solches sieht sich dort überall befriedigt, wo wir rein historische Methoden mit Erfolg anwenden können. Daher ist die Ikonographie in der modernen Kunstwissenschaft so beliebt geworden. Aber ist das Wissenschaftlichkeit, die die Kunst meint? Ob das ein Kunstwerk ist, was da abgebildet ist, und was der Gegenstand der ikonographischen Fragestellung ist – das kommt dabei nicht vor. Kitsch ist ikonographisch noch weit interessanter.

Ich sage nicht, daß das bei dem rechten Kunsthistoriker so ist, aber die verwissenschaftlichte historische Methodik des Bildverstehens nimmt aus begreiflichen Gründen ständig an akademischer Bedeutung zu. Gleichwohl darf es nicht alles sein wollen. Insofern glaube ich gerne und hoffe, daß es auch hier, wie überall, auf das Gleichgewicht zwischen den beiden Formen des Wissens, das die wissenschaftliche und die künstlerische Seite vereinigt, ankommt. Auch wenn ich an die Plato-Stelle im Politikos zurückdenke, sagt er ausdrücklich, daß es auf beide Arten, das Maß, das mißt, und das Angemessene, das man zu finden sucht, ankommt. Es gibt noch andere derartige Fälle, die ich gleichberechtigt neben dem Wissenschaftlichkeitsideal stellen möchte. Bei Wissenschaft handelt es sich um ein Wissen, das Widerstand bricht und erst am Ende auch ›Kunst‹ verlangt, eine Kunstfertigkeit, wie ich sie am Beispiel des Arztes veranschaulicht habe. Jenes andere Wissen trägt sich selbst in seinem eigenen Vermögen, weil es sich selbst einsetzt. Das ist der Grund, warum ich mich mit jenen Formen des Wissens beschäftige, nicht weil ich eine besondere Vorliebe für die Künste habe. Aber, das darf nicht alles sein. Nicht eine Form des Messens ist wichtiger als die andere. Nein, im Gegenteil: beide Formen sind wichtig.

Das was wir auch in dem deutschen Wort kennen: Er hat ein gemessenes Wesen, stets in Angemessenheit. Irgendetwas von der Sicherheit des Gleichgewichts zwischen Aufgeschlossenheit und In-sich-Ruhen kommt darin zum Ausdruck. Nun, wir sind hier nicht in den Sozialwissenschaften. Ich habe da gar keine Kompetenz, darüber zu reden, was etwa der Politologe als Fachmann kann. Aber immerhin: Denken Sie einmal darüber nach, was ›Politik‹ ist, und über das Wunder des Gleichgewichts. Was ist das eigentlich? Ich gebe das Beispiel, das ich selber als Junge erlebt habe, als ich Fahrradfahren lernte. Ich hatte eine sehr einsame Jugend und hatte ein Rad bekommen, um mich zu beschäftigen, und mußte nun ganz alleine lernen, darauf zu fahren. In unserem großen Garten befand sich ein kleiner Hügel, und ich versuchte also, das Fahrradfahren selber zu lernen, stieg auf, und da machte ich nach einigem Mißlingen die große Erfahrung: solange ich nur krampfhaft die Lenkstange festhielt, kippte ich immerfort um! Plötzlich aber ging es wie von allein. Bis heute sehe ich an diesem Beispiel, was der Politiker weiß, und was seine Aufgabe ist: Er muß Gleichgewichtslagen schaffen, wenn er überhaupt steuern und Ziele erreichen will.

Wenn ein Politiker überhaupt Möglichkeiten der Zukunft anpeilen will, muß er überzeugend werden, und das ist nicht leicht. Ein entscheidender Punkt ist doch hier – wie in unserem Beispiel. Es ist doch geradezu unglaublich, daß ein bißchen weniger Kraft beim Anpacken der Lenkstange, aber nur ein ganz klein wenig weniger, dazu führt, das Fahrrad ohne Probleme im Gleichgewicht zu halten und zu lenken. Aber ein ganz klein wenig zuviel Kraft, und schon geht nichts mehr! Ich wende diese Erfahrung nicht nur auf die Politik an, sondern auch auf unser aller Verhalten unter den Bedingungen der modernen, durch Regelungen, durch Vorschriften und Anordnungen organisierten Lebensform an. Und doch ist Anpassung an Geregeltes nicht blindwütige Anwendung von Regeln. Also rede ich hier zunächst einfach von den Folgen, die in einer regulierten Anpassung an Regeln des Verhaltens liegen. Auch die Umarbeitung der Wirklichkeit durch die moderne Technik stellt uns allen neue Aufgaben, das Rechte damit anzufangen und überhaupt von dem Wissen und Können den richtigen Gebrauch zu machen.

Das Problem der Ökologie drängt sich hier vor. Die Natur ist auch eine solche Gegebenheit, die man nicht allein durch Messen und Berechnen schützen kann, sondern mit der man und in der man leben lernen muß, so daß man freier atmet. Ebenso gilt, wie man auch selber empfindet, daß man sich angemessener verhält, wenn man Tiere in ihren Lebensformen beobachtet – und achtet, ebenso wie man andere Menschen in ihren verschiedenen Lebensformen und Anschauungen respektiert.

Das sind aktuelle Fragen, die uns alle beschäftigen, weil wir sehen, worauf es gegenwärtig ankommt: auf Ausgleichsbewegungen, auf Gleichgewichtsbildung und auf Austausch. Also gilt es, alle Formen des menschlichen Lebens und die Artikulierung ihres jeweiligen Weltbildes anzuerkennen. Dann stehen wir im Bereich der Hermeneutik. So nenne ich die Kunst des Verstehens. Aber was ist eigentlich Verstehen? Verstehen ist jedenfalls nicht, daß man mit dem, was oder wen man ›versteht‹, einverstanden ist. Solche Gleichheit wäre utopisch. Verstehen heißt, ich kann wägen und erwägen, was der andere denkt! Er könnte Recht haben mit dem, was er sagt und eigentlich sagen will. Verstehen ist also nicht eine Meisterung des Gegenüber, des Anderen und überhaupt der gegenständlichen Welt. Das kann »Verstehen« zwar auch sein, daß man versteht, um zu beherrschen. So ist auch der Herrschaftswille des Menschen über die Natur natürlich und macht unser Überleben überhaupt erst möglich. Sogar im Alten Testament, ja in der Schöpfungsgeschichte, ist von dieser Weltordnung und der Herrschaft des Menschen über die ganze Natur die Rede. Und trotzdem bleibt es wahr, daß das nicht alles ist: Herrschen und Wille zur Macht.

Dazu ist es wichtig, daß die Reichweite des Beherrschens durch andere Kräfte der Gemeinschaftlichkeit, in der Familie, der Kameradschaft, der Solidarität begrenzt wird, so daß man sich versteht und verständigt. Verstehen heißt immer zunächst: Ah, ich habe jetzt verstanden, was du willst! Damit habe ich noch nicht gesagt, daß du auch recht hast oder recht bekommst! Aber nur wenn wir gegenüber einem anderen Menschen, in einer politischen Situation oder mit einem Text, soweit kommen, daß wir verstehen, werden wir uns überhaupt miteinander verständigen können. Nur wenn wir die ganze Größe der Aufgaben, die hier vor der Zukunft der Menschheit stehen, bedenken, nur dann, meine ich, werden wir überhaupt dazu kommen, einzusehen, was die weltpolitische Bedeutung des Verstehens ist. Man erinnere sich doch einmal, wie ich die Welt eingangs geschildert habe. Da kommt eine Elite von hochgeschulten Ostasiaten an die deutschen und europäischen Universitäten. Sie verblüffen uns sehr oft durch ungeheuere Arbeitsdisziplin, mit der sie arbeiten, durch die Schnelligkeit, mit der sie, meistens bei unmöglicher Aussprache, in schriftlicher Perfektion Texte produzieren. Es ist ganz unglaublich, wie manche Leute, die völlig unverständlich gurgeln, absolut fehlerfreie Texte schreiben! Das sind in allem kommunikativen Verhalten Unterschiede, die wir uns in ihrer enormen Tragweite klarmachen müssen, wenn wir anderen Kulturen begegnen. Das ist alles gegenseitig. Wahrscheinlich findet der Japaner, daß wir nicht sprechen, sondern krächzen.

Das wird nämlich, da bin ich mir sicher, eine der Weltaufgaben der Zukunft sein. So wie wir versuchen müssen zu verstehen, daß die nicht bloß gurgeln, sondern wirklich sprechen, so müssen sie auch umgekehrt natürlich mit unserer Welt vertraut werden, wenigstens wenn sie Deutsch sprechen wollen und es nicht nur für Krächzen nehmen.

Dazu tun ihre Eliten sehr viel, was man selbstverständlich nicht als eine Preisgabe ihrer eigenen ererbten Lebensformen und ihrer eigenen ererbten religiösen Grundvorstellungen wird ansehen dürfen.

Selbstverständlich wissen wir auch noch gar nicht, was alles in den großen Religionsgesprächen der Zukunft, die auf uns warten, auf uns zukommt. Und wenn unsere Jugend in den eigenen notvollen Entwicklungsjahren den indischen Guru faszinierend findet, gilt es doch das Ganze der anderen Lebensformen verstehen zu lernen, all das, was diesen Kulturen zugrunde liegt: Familie, die Ahnen, Tod, das Weiterleben der Ahnen in uns, wie etwa auch ein in diesen Kulturen so entscheidender Punkt wie der der Einschätzung des Menschenlebens. Teilweise steht dort all das unter anderen Gesetzlichkeiten, als es uns durch eine lange christliche Bildungs- und Erziehungsgeschichte natürlich geworden ist. Das darf man der Philosophie als Hermeneutik aber nicht nachsagen, als würde sie im Grunde genommen einfach nur eine konservative Weltanschauung, welche christliche Werte weiterdenkt, darstellen wollen. Das reicht vielleicht im europäischen Maßstab hin, sich über das Verstehen zu verständigen. Aber dieser Maßstab ist viel zu eng.

Ich weiß nicht, welche Antworten sich schließlich einmal die Menschheit für das Zusammenleben der Menschen in bezug auf die Rechte des Einzelnen und die Rechte des Kollektivs, die Gewalt, die von der Familie oder vom »Staat« ausgeht, geben wird. Ich denke nur an dieses unglaubliche Wunder, daß in China die kommunistische Revolution, die sicherlich mit den Ältesten nicht sanft umgegangen ist, es nicht erreicht hat, die Familienordnung mit ihrer fast unbegrenzten Macht ganz aufzulösen. So gibt es überall Eigenheiten und Eigentümlichkeiten unüberbrückbarer Fremdheit in der Welt, wo man nur sagen kann: wenn wir nicht hermeneutische Tugend lernen, d. h. wenn wir nicht einsehen, es gilt erst einmal den Anderen zu verstehen, um zu sehen, ob nicht vielleicht doch am Ende so etwas wie Solidarität der Menschheit als ganzer auch in bezug auf ein Miteinander-Leben und Überleben möglich wird, dann werden wir wesentliche Menschheitsaufgaben im Kleinen wie im Großen nicht erfüllen können.

Es liegt nahe, die Lage der Menschheit für verzweifelt zu halten. Denn am Ende haben wir einen Punkt erreicht, an dem die Selbstzerstörung der Menschheit droht und jedem bewußt werden kann. Ist es da nicht eigentlich eine Aufgabe des Denkens aller, sich klarzumachen, daß Solidarität die Grundvoraussetzung ist, unter der man gemeinsame Überzeugungen, wenn auch nur langsam, miteinander entwickeln kann? Mir scheint, die europäische Zivilisation hat seit den letzten drei Jahrhunderten das Gesetz des Gleichgewichts vernachlässigt. Sie hat in einer bewundernswerten Weise die Wissenschaftskultur und ihre technische und organisatorische Anwendung zur vollen Entwicklung gebracht.

Aber hat sie auch die Fähigkeit entwickelt und ausgeprägt, im Besitz tödlicher Waffen zu sein und zu wissen, was unsere Kultur damit an Verantwortung für die gesamte Menschheit trägt? Ist es nicht in allen Fragen dieser Art so, daß wir heute vor Aufgaben stehen, für die wir eine bewußte Weit- und Vorsicht brauchen, sowie Offenheit für einander, wenn wir die Gestaltungsaufgaben der Zukunft lösen sollen, die zum Frieden und Ausgleich führen könnten?

Ich bin der Meinung, wir haben bei allen unseren technischen und wissenschaftlichen Fortschritten nicht genug gelernt, wie man miteinander und mit ihnen leben lernt. Nun, damit will ich schließen: Mein Bedürfnis war, Ihnen deutlich zu machen, daß Hermeneutik als Philosophie nicht irgendein Methodenstreit mit anderen Wissenschaften oder Wissenschaftstheorien oder solchen Dingen ist, sondern daß niemand leugnen kann, daß wir in jedem Augenblick, in dem wir unsere Vernunft anstrengen, nicht nur Wissenschaft betreiben.

Ohne Begriffe zum Sprechen zu bringen, ohne eine gemeinsame Sprache können wir nicht die Worte finden, die den Anderen erreichen. Der Weg geht »vom Wort zum Begriff« – aber wir müssen vom Begriff zum Wort gelangen, wenn wir den Anderen erreichen wollen. Nur so gewinnen wir ein vernünftiges Verständnis füreinander. Wir haben nur so die Möglichkeit, uns zurückzustellen, um den Anderen auch gelten zu lassen. Ich glaube, in etwas so aufzugehen, daß man sich darüber selbst vergißt, darauf kommt es an – und das gehört zu den großen Segnungen der Erfahrung der Kunst, zu den großen Verheißungen der Religion – und am Ende überhaupt zu den Grundbedingungen des Zusammenlebens von Menschen auf menschliche Weise.

B. Zur Ästhetik

7. Ästhetik und Hermeneutik

1964

Sieht man die Aufgabe der Hermeneutik in der Überbrückung des menschlichen oder geschichtlichen Abstandes zwischen Geist und Geist, so scheint die Erfahrung der Kunst aus ihrem Bereiche herauszufallen. Ist sie doch unter allem, was uns in Natur und Geschichte begegnet, dasjenige, was am unmittelbarsten zu uns spricht und eine rätselhafte, unser ganzes Wesen ergreifende Vertrautheit atmet – als ob da überhaupt kein Abstand wäre und alle Begegnung mit einem Werke der Kunst eine Begegnung mit uns selbst bedeutete. Man darf sich dafür auf Hegel berufen. Er hat die Kunst zu den Gestalten des absoluten Geistes gerechnet, d. h., er sah in ihr eine Form der Selbsterkenntnis des Geistes, in der nichts Fremdes und Uneinlösbares, keine Kontingenz des Wirklichen, keine Unverständlichkeit des nur Gegebenen auftritt. In der Tat besteht zwischen dem Werk und seinem jeweiligen Betrachter eine absolute Gleichzeitigkeit, die sich aller steigenden historischen Bewußtheit zum Trotz unangefochten erhält. Die Wirklichkeit des Kunstwerks und seine Aussagekraft läßt sich nicht auf den ursprünglichen historischen Horizont eingrenzen, in dem der Betrachter mit dem Schöpfer des Werkes wirklich gleichzeitig war. Es scheint vielmehr zu der Erfahrung der Kunst zu gehören, daß das Kunstwerk immer seine eigene Gegenwart hat, daß es seinen historischen Ursprung nur sehr bedingt in sich festhält und insbesondere Ausdruck einer Wahrheit ist, die keineswegs mit dem zusammenfällt, was sich der geistige Urheber eines Werks eigentlich dabei dachte. Ob man das nun das bewußtlose Schaffen des Genies nennt oder ob man vom Betrachter her auf die begriffliche Unausschöpfbarkeit einer jeden künstlerischen Aussage hinsieht – jedenfalls kann sich das ästhetische Bewußtsein darauf berufen, daß das Kunstwerk sich selbst mitteilt.

Auf der anderen Seite hat der hermeneutische Aspekt etwas so Umfassendes, daß er notwendig auch die Erfahrung des Schönen in Natur und Kunst einschließt. Wenn es die Grundverfassung der Geschichtlichkeit des menschlichen Daseins ist, sich verstehend mit sich selbst zu vermitteln, und das heißt notwendig mit dem Ganzen der eigenen Welterfahrung, dann gehört dazu auch alle Überlieferung. Diese umfaßt nicht nur Texte, sondern auch Institutionen und Lebensformen. Vor allem aber gehört die Begegnung mit der Kunst in den Integrationsvorgang hinein, der dem in Überlieferungen stehenden menschlichen Leben aufgegeben ist. Ja, es fragt sich sogar, ob nicht die besondere Gegenwärtigkeit des Kunstwerks eben darin besteht, für immer neue Integrationen grenzenlos offenzustehen. Mag der Schöpfer eines Werkes jeweils das Publikum seiner Zeit meinen, das eigentliche Sein seines Werkes ist das, was es zu sagen vermag, und das reicht über jede geschichtliche Beschränktheit grundsätzlich hinaus. In diesem Sinne ist das Kunstwerk von zeitloser Gegenwart. Aber das heißt nicht, daß es nicht eine Aufgabe des Verstehens stellte und daß nicht auch seine geschichtliche Herkunft in ihm anzutreffen ist. Gerade das legitimiert den Anspruch einer historischen Hermeneutik, daß das Kunstwerk, so wenig es historisch verstanden werden will und sich in schlechthinniger Präsenz darbietet, dennoch nicht beliebige Auffassungsformen gestattet, sondern bei aller Offenheit und aller Spielweite seiner Auffassungsmöglichkeiten einen Maßstab der Angemessenheit anzulegen erlaubt, ja sogar fordert. Dabei mag es unentschieden sein und unentschieden bleiben, ob der jeweils erhobene Anspruch auf Angemessenheit der Auffassung richtig ist. Was Kant vom Geschmacksurteil mit Recht gesagt hat, daß ihm Allgemeingültigkeit angesonnen wird, obwohl seine Anerkennung nicht durch Gründe zu erzwingen ist, das gilt auch für alle Interpretation von Kunstwerken, die tätige des reproduzierenden Künstlers oder des Lesers so gut wie die des wissenschaftlichen Interpreten.

Man kann sich skeptisch fragen, ob ein solcher Begriff vom Kunstwerk, das immer neuer Auffassung offensteht, nicht schon einer sekundären ästhetischen Bildungswelt angehört. Ist nicht das Werk, das wir ein Kunstwerk nennen, in seinem Ursprung Träger einer bedeutungshaften Lebensfunktion in einem kultischen oder gesellschaftlichen Raum und hat nur innerhalb desselben seine volle Sinnbestimmtheit? Indessen scheint mir, daß sich die Frage auch umkehren läßt. Ist es wirklich so, daß ein Kunstwerk, das aus vergangenen oder fremden Lebenswelten stammt und in unsere historisch gebildete Welt hineinversetzt ist, zum bloßen Objekt eines ästhetisch-historischen Genusses wird und von dem, was es ursprünglich zu sagen hatte, nichts mehr sagt? ›Etwas sagen‹, ›etwas zu sagen haben‹ – sind das nur Metaphern, denen als eigentliche Wahrheit ein unbestimmter ästhetischer Gestaltungswert zugrunde liegt – oder ist es umgekehrt so, daß jene ästhetische Gestaltungsqualität nur die Bedingung dafür ist, daß das Werk seine Bedeutung in sich selber trägt und uns etwas zu sagen hat? An dieser Frage gewinnt das Thema ›Ästhetik und Hermeneutik‹ die Dimension seiner eigentlichen Problematik.

Die entwickelte Fragestellung überführt das systematische Problem der *Ästhetik* mit Bewußtsein in die Frage nach dem Wesen der *Kunst*. Zwar ist es richtig, daß die eigentliche Entstehung der philosophischen Ästhetik und noch die Grundlegung derselben in Kants ›Kritik der Urteilskraft‹ einen sehr viel weiteren Rahmen spannte, indem sie das Schöne in Natur und Kunst, ja sogar das Erhabene mit umfaßte. Auch ist nicht zu bestreiten, daß für die grundlegenden Bestimmungen des ästhetischen Geschmacksurteils bei Kant, insbesondere für den Begriff des interesselosen Wohlgefallens, das Naturschöne einen methodischen Vorzug hat. Umgekehrt wird man zugeben müssen, daß das Naturschöne nicht in demselben Sinne etwas sagt, wie die von Menschen und für Menschen geschaffenen Werke uns etwas sagen, die wir Kunstwerke nennen. Man kann mit Recht sagen, daß ein Kunstwerk eben nicht im gleichen Sinne ›rein ästhetisch‹ gefällt wie eine Blume oder allenfalls ein Ornament. Kant redet im Hinblick auf die Kunst von einem ›intellektuierten‹ Wohlgefallen. Aber es hilft nichts: Dies ›unreine‹, weil intellektuierte Wohlgefallen, das das Kunstwerk erregt, ist gleichwohl das, was uns als Ästhetiker eigentlich interessiert. Ja, die schärfere Reflexion, die Hegel über das Verhältnis von Naturschönem und Kunstschönem angestellt hat, hat ein gültiges Ergebnis erzielt: Das Naturschöne ist ein Reflex des Kunstschönen. Wie etwas in der Natur als schön angesehen und genossen wird, das ist nicht eine zeit- und weltlose Gegebenheit des ›rein ästhetischen‹ Objektes, das seinen aufweisbaren Grund in der Harmonie von Formen und Farben und der Symmetrie der Zeichnung besitzt, wie sie ein pythagoreisierender mathematischer Verstand aus der Natur herauszulesen vermöchte. Wie uns Natur gefällt, das gehört vielmehr in den Zusammenhang eines Geschmacksinteresses, das jeweils von dem Kunstschaffen einer Zeit geprägt und bestimmt ist. Die ästhetische Geschichte einer Landschaft, beispielsweise die der Alpenlandschaft, oder das Übergangsphänomen der Gartenkunst sind dafür ein unwiderlegliches Zeugnis. Es ist also berechtigt, vom Kunstwerk auszugehen, wenn man das Verhältnis von Ästhetik und Hermeneutik bestimmen will.

Jedenfalls ist es für das Kunstwerk keine Metapher, sondern es hat einen guten und aufweisbaren Sinn, daß das Kunstwerk uns etwas sagt und daß es damit als etwas, das etwas sagt, in den Zusammenhang all dessen gehört, was wir zu verstehen haben. Damit aber ist es Gegenstand der Hermeneutik.

Ihrer ursprünglichen Bestimmung nach ist Hermeneutik die Kunst, das von anderen Gesagte, das uns in der Überlieferung begegnet, durch eine eigene Anstrengung der Auslegung überall dort zu erklären und zu vermitteln, wo es nicht unmittelbar verständlich ist. Indessen hat diese Philologenkunst und Schulmeisterpraktik längst eine veränderte und erweiterte Gestalt angenommen. Denn seither hat das erwachende historische Bewußtsein die Mißverständlichkeit und die mögliche Unverständlichkeit aller Überlieferung zum Bewußtsein gebracht, und ebenso hat der Zerfall der christlichen Gesellschaft des Abendlandes – in Fortführung einer mit der Reformation einsetzenden Individualisierung – das Individuum für das Individuum zu einem letztlich unauflöslichen Geheimnis werden lassen. So ist seit der deutschen Romantik die Aufgabe der Hermeneutik dahin bestimmt, Mißverstand zu vermeiden. Damit hat sie einen Bereich, der grundsätzlich so weit reicht, wie überhaupt die Aussage von Sinn reicht. Aussage von Sinn sind zunächst alle sprachlichen Äußerungen. Als die Kunst, das in einer fremden Sprache Gesagte dem Verständnis eines anderen zu übermitteln, heißt die Hermeneutik nicht ohne Grund nach Hermes, dem Dolmetsch der göttlichen Botschaft an die Menschen. Wenn man sich an diese Namenserklärung des Begriffs Hermeneutik erinnert, wird unzweideutig klar, daß es sich hier um ein Sprachgeschehen handelt, um Übersetzung einer Sprache in eine andere, also um das Verhältnis von zwei Sprachen. Sofern man aber aus einer Sprache in die andere nur übertragen kann, wenn man den Sinn des Gesagten verstanden hat und ihn im Medium der anderen Sprache neu aufbaut, setzt solches Sprachgeschehen Verstehen voraus.

Diese Selbstverständlichkeiten werden nun entscheidend für die Frage, die uns hier beschäftigt, die Frage nach der Sprache der Kunst und der Legitimität des hermeneutischen Gesichtspunktes gegenüber der Erfahrung der Kunst. Alle Auslegung von Verständlichem, die anderen zum Verständnis verhilft, hat ja Sprachcharakter. Insofern wird die gesamte Welterfahrung sprachlich vermittelt, und es bestimmt sich von da ein weitester Begriff von Überlieferung, die zwar als solche nicht sprachlich ist, aber doch der sprachlichen Auslegung fähig ist. Sie reicht von dem ›Gebrauch‹ von Werkzeugen, Techniken usw. über die Handwerkstradition im Herstellen von Gerätetypen, Schmuckformen usw., über die Pflege von Bräuchen und Sitten bis zu der Stiftung von Vorbildern usw. – Gehört dazu auch das Kunstwerk oder nimmt es eine Sonderstellung ein? Sofern es sich nicht gerade um sprachliche Kunstwerke handelt, scheint das Kunstwerk in der Tat zu solcher nichtsprachlichen Überlieferung zu gehören. Und doch bedeutet die Erfahrung und das Verständnis eines Kunstwerks etwas anderes als etwa das Verständnis von Werkzeugen oder von Bräuchen, die uns aus der Vergangenheit überliefert sind.

Wenn wir einer alten Bestimmung der Droysenschen Hermeneutik folgen, so können wir zwischen Quellen und Überresten unterscheiden. Überreste sind Teilstücke vergangener Welten, die sich erhalten haben und die uns dazu verhelfen, die Welt geistig zu rekonstruieren, deren Rest sie sind. Quellen dagegen bilden die sprachliche Überlieferung und dienen daher dazu, eine sprachlich gedeutete Welt zu verstehen. Wohin gehört nun etwa ein archaisches Götterbild? Ist es ein Überrest wie jedes Gerät? Oder ein Stück Weltdeutung wie alles sprachlich Überlieferte?

Quellen, sagt Droysen, sind zum Zwecke der Erinnerung überlieferte Aufzeichnungen. Eine Mischform von Quellen und Überresten nennt er Denkmäler, und dazu rechnet er neben Urkunden, Münzen usw. »Kunstwerke aller Art«. Das mag für den Historiker so aussehen, aber das Kunstwerk ist als solches nicht ein historisches Dokument, weder seiner Absicht noch jener Bedeutung nach, die es in der Erfahrung der Kunst gewinnt. Zwar redet man von Kunstdenkmälern, als ob die Herstellung eines Kunstwerkes eine dokumentarische Absicht enthielte. Das hat darin eine gewisse Wahrheit, daß jedem Kunstwerk Dauer wesentlich ist – den transitorischen Künsten freilich nur in der Form der Wiederholbarkeit. Das gelungene Werk ›steht‹ (wie das sogar der Varietékünstler von seiner Nummer sagen kann). Aber eine Absicht auf Erinnerung durch Vorzeigen, wie sie dem eigentlichen Dokument zukommt, ist damit nicht gegeben. Man will sich nicht – durch Vorzeigen – auf etwas berufen, was war. Ebensowenig eine Verbürgung seiner Dauer, da es auf den zustimmenden Geschmack oder Qualitätssinn späterer Generationen für seine Erhaltung angewiesen ist. Aber gerade diese Angewiesenheit auf einen bewahrenden Willen besagt, daß das Kunstwerk in demselben Sinne überliefert wird, in dem sich die Überlieferung unserer literarischen Quellen vollzieht. Jedenfalls ›spricht es‹ nicht nur, wie die Überreste der Vergangenheit zu dem historischen Forscher sprechen, und auch nicht nur, wie das historische Urkunden tun, die etwas fixieren. Denn was wir die Sprache des Kunstwerks nennen, um derentwillen es erhalten und überliefert wird, ist die Sprache, die das Kunstwerk selber führt, ob es nun sprachlicher Natur ist oder nicht. Das Kunstwerk sagt einem etwas, und das nicht nur so, wie ein historisches Dokument dem Historiker etwas sagt – es sagt einem jeden etwas, als wäre es eigens ihm gesagt, als etwas Gegenwärtiges und Gleichzeitiges. So stellt sich die Aufgabe, den Sinn dessen, was es sagt, zu verstehen und – sich und anderen – verständlich zu machen. Auch das nichtsprachliche Kunstwerk fällt somit in den eigentlichen Aufgabenbereich der Hermeneutik. Es ist in das Selbstverständnis eines jeden zu integrieren[1].

In diesem umfassenden Sinne schließt Hermeneutik die Ästhetik ein. Hermeneutik überbrückt den Abstand von Geist und Geist und schließt die Fremdheit des fremden Geistes auf. Aufschließung des Fremden meint aber hier nicht nur historische Rekonstruktion der ›Welt‹, in der ein Kunstwerk seine ursprüngliche Bedeutung und Funktion hatte, sie meint auch das Vernehmen dessen, was uns gesagt wird. Auch dies ist immer noch mehr als sein angebbarer und erfaßter Sinn. Was uns etwas sagt, ist wie der, der einem etwas sagt, in dem Sinne ein Fremdes, daß es über uns hinausreicht. Insofern ist in der Aufgabe des Verstehens eine doppelte Fremdheit gegeben, die in Wahrheit eine und dieselbe ist. Es ist wie mit aller Rede. Sie sagt nicht nur etwas, sondern jemand sagt einem etwas. Das Verstehen der Rede ist nicht

[1] In diesem Sinne habe ich in ›Wahrheit und Methode‹ (Ges. Werke Bd. 1, S. 101) an Kierkegaards Begriff des Ästhetischen (mit ihm selbst) Kritik geübt.

das Verstehen des Wortlauts des Gesagten im schrittweisen Vollzug der Wortbedeutungen, sondern es vollzieht den einheitlichen Sinn des Gesagten – und der liegt immer über das hinaus, was Gesagtes aussagt. Das, was es sagt, mag schwer zu verstehen sein, wenn es sich etwa um eine fremde oder altertümliche Sprache handelt – schwerer noch ist es, auch wenn man ohne weiteres das Gesagte versteht, sich etwas sagen zu lassen. Beides gehört in die Aufgabe der Hermeneutik. Man kann nicht verstehen, ohne verstehen zu wollen, d. h. ohne sich etwas sagen lassen zu wollen. Es wäre eine unzulässige Abstraktion zu meinen, daß man zunächst die Gleichzeitigkeit mit dem Autor bzw. dem ursprünglichen Leser durch Rekonstruktion seines ganzen geschichtlichen Horizontes erzeugt haben müsse und dann erst den Sinn des Gesagten zu vernehmen beginne. Eine Art Sinnerwartung regelt vielmehr von Anfang an die Bemühung um Verständnis.

Was so von aller Rede gilt, gilt aber in eminenter Weise von der Erfahrung der Kunst. Hier ist mehr als Sinnerwartung, hier ist, was ich Betroffenheit von dem Sinn des Gesagten nennen möchte. Jede Erfahrung von Kunst versteht nicht nur einen erkennbaren Sinn, wie das im Geschäft der historischen Hermeneutik und in ihrem Umgang mit Texten geschieht. Das Kunstwerk, das etwas sagt, konfrontiert uns mit uns selbst. Das will sagen, es sagt etwas aus, das so, wie es da gesagt wird, wie eine Entdeckung ist, d. h. die Aufdeckung von etwas Verdecktem. Darauf beruht jene Betroffenheit. »So wahr, so seiend« ist nichts, was man sonst kennt. Alles Bekannte ist übertroffen. Verstehen, was einem das Kunstwerk sagt, ist also gewiß Selbstbegegnung. Aber als eine Begegnung mit dem Eigentlichen, als eine Vertrautheit, die Übertroffenheit einschließt, ist die Erfahrung der Kunst in einem echten Sinne *Erfahrung* und hat je neu die Aufgabe zu bewältigen, die Erfahrung stellt: sie in das Ganze der eigenen Weltorientierung und des eigenen Selbstverständnisses zu integrieren. Das eben macht die Sprache der Kunst aus, daß sie in das eigene Selbstverständnis eines *jeden* hineinspricht – und das tut sie als je gegenwärtige und durch ihre eigene Gegenwärtigkeit. Ja, gerade seine Gegenwärtigkeit läßt das Werk zur Sprache werden. Alles kommt darauf an, wie etwas gesagt wird. Aber das heißt nicht, daß auf die Mittel des Sagens reflektiert würde. Im Gegenteil – je überzeugender etwas gesagt wird, desto mehr scheint die Einmaligkeit und Einzigartigkeit dieser Aussage selbstverständlich und natürlich, d. h., sie konzentriert den Angeredeten ganz auf das hin, was ihm da gesagt wird, und verbietet ihm im Grunde, zu einer distanzierten ästhetischen Unterscheidung überzugehen. Die Reflexion auf die Mittel des Sagens ist ja auch sonst gegenüber der eigentlichen Intention auf das Gesagte sekundär und bleibt im allgemeinen aus, wo Menschen als Gegenwärtige einander etwas sagen. Denn das Gesagte ist gar nicht das, was sich wie eine Art Urteilsinhalt in der logischen Form des Urteils darbietet. Es meint vielmehr das, was einer sagen will und was man sich sagen lassen soll. Verstehen ist nicht, wo einer das, was ihm einer sagen will, schon vorher abzufangen trachtet, indem er behauptet, er wisse es schon.

Das alles gilt in eminentem Maße von der Sprache der Kunst. Natürlich ist es nicht der Künstler, der hier spricht. Das mag gewiß auch ein mögliches Interesse erwecken, was der Künstler über das in dem einen Werk Gesagte hinaus zu sagen hat und in anderen Werken sagt. Aber die Sprache der Kunst meint den Sinnüberschuß, der in dem Werke selbst liegt. Auf ihm beruht seine Unausschöpfbarkeit, die es aller Übertragung in den Begriff gegenüber auszeichnet. Es folgt daraus, daß man sich beim Verständnis eines Kunstwerkes nicht mit der bewährten hermeneutischen Regel begnügen kann, daß die ›mens auctoris‹ die Verständnisaufgabe, die ein Text stellt, begrenzt. Vielmehr wird gerade an der Ausdehnung des hermeneutischen Gesichtspunktes auf die Sprache der Kunst deutlich, wie wenig die Subjektivität des Meinens ausreicht, um den Gegenstand des Verstehens zu bezeichnen. Das hat eine prinzipielle Bedeutung, und insofern ist die Ästhetik ein wichtiges Element der allgemeinen Hermeneutik. Das sei abschließend angedeutet.

Alles, was im weitesten Sinne als Überlieferung zu uns spricht, stellt die Aufgabe des Verstehens, ohne daß Verstehen im allgemeinen hieße, die Gedanken eines anderen in sich neu zu aktualisieren. Das lehrt uns nicht nur, wie oben dargelegt, mit überzeugender Deutlichkeit die Erfahrung der Kunst, sondern ebenso auch das Verständnis der Geschichte. Denn es sind gar nicht die subjektiven Meinungen, Planungen und Erfahrungen der die Geschichte erleidenden Menschen, deren Verständnis die eigentliche historische Aufgabe stellt. Der große Sinnzusammenhang der Geschichte, dem das deutende Bemühen des Historikers gilt, ist es, der verstanden werden will. Die subjektiven Meinungen der im Prozeß der Geschichte stehenden Menschen sind selten oder nie von der Art, daß eine spätere historische Würdigung der Ereignisse ihre Einschätzung durch die Zeitgenossen bestätigt. Die Bedeutung der Ereignisse, ihre Verflechtung und ihre Folgen, wie sie sich im geschichtlichen Rückblick darstellen, lassen die ›mens actoris‹ ebenso hinter sich, wie die Erfahrung des Kunstwerks die ›mens auctoris‹ hinter sich läßt.

Die Universalität des hermeneutischen Gesichtspunktes ist eine umfassende. Wenn ich einmal formuliert habe[2]: *Sein, das verstanden werden kann, ist Sprache*, so ist das gewiß keine metaphysische These, sondern beschreibt von der Mitte des Verstehens aus die unbeschränkte Weite seines Umblicks. Daß alle geschichtliche Erfahrung diesem Satz ebenso genügt wie etwa die Erfahrung der Natur, ließe sich leicht zeigen. Am Ende enthält Goethes universale Wendung »Alles ist Symbol« – und das will doch heißen: ein jegliches deutet auf ein anderes – die umfassendste Formulierung des hermeneutischen

[2] ›Wahrheit und Methode‹ (Ges. Werke Bd. 1), S. 478.

Gedankens. Goethes »Alles« ist nicht eine Aussage über ein jegliches Seiende, was es ist, sondern darüber, wie es dem Verstehen des Menschen begegnet. Nichts kann sein, was ihm nicht etwas zu bedeuten vermag. Aber es liegt noch etwas anderes darin: Nichts geht auf in der einen Bedeutung, die es einem gerade bietet. In Goethes Begriff des Symbolischen liegt ebensosehr die Unüberschaubarkeit aller Bezüge wie die stellvertretende Funktion des einzelnen für die Repräsentation des Ganzen. Denn nur weil die Allbezogenheit des Seins dem menschlichen Auge verborgen ist, bedarf es ihrer Entdeckung. So universell der hermeneutische Gedanke ist, der dem Goetheschen Wort entspricht, in einem eminenten Sinne wird es allein durch die Erfahrung der Kunst erfüllt. Denn die Sprache des Kunstwerks hat die Auszeichnung, daß das einzelne Kunstwerk den Symbolcharakter, der allem Seienden, hermeneutisch gesehen, zukommt, in sich versammelt und zur Erscheinung bringt. Im Vergleich zu aller anderen sprachlichen und sprachlosen Überlieferung gilt von ihm, daß es für die jeweilige Gegenwart absolute Gegenwart ist und zugleich für alle Zukunft sein Wort bereithält. Die Vertrautheit, mit der das Kunstwerk uns anrührt, ist zugleich auf rätselhafte Weise Erschütterung und Einsturz des Gewohnten. Es ist nicht nur das »Das bist du!«, das es in einem freudigen und furchtbaren Schreck aufdeckt – es sagt uns auch: »Du mußt dein Leben ändern.«

8. Von der Wahrheit des Wortes

1971

Täuschung durch Sprache, Ideologieverdacht oder gar Metaphysikverdacht, das sind heute so gewohnte Wendungen, daß von der Wahrheit des Wortes sprechen einer Provokation gleichkommt. Vollends, wenn man von ›dem‹ Wort spricht. Denn wenn etwas außer aller Diskussion gesichert scheint, so ist es, daß die Rede von der Wahrheit nur beim Zusammengesetzten (*ἐν συνθέσει ἀεί*), dem Satz, ihre Anwendung hat, und wenn man schon – mit den Griechen – die Wahrnehmung, die die spezifischen Sinnesqualitäten erfaßt, und den Wasgehalt des Gemeinten auch ›alethes‹ nennen mag, so ist es doch jedenfalls sinnlos, von der Wahrheit des Wortes zu sprechen, wo es doch ganz in dem aufgeht, was die Rede meint. Es wäre kein Wort mehr, wenn es als Wort falsch sein könnte. Die aus Worten gebildete Rede kann nur in dem Sinne falsch oder wahr sein, in dem die in ihr ausgedrückte Meinung über einen Sachverhalt in Frage steht.

Indessen, ›das‹ Wort ist nicht nur das einzelne Wort, der Singular zu ›den‹ Worten oder den Wörtern, die zusammen die Rede bilden. Vielmehr knüpft der Ausdruck an einen Sprachgebrauch an, wonach ›das Wort‹ eine kollektive Bedeutung hat und eine gesellschaftliche Beziehung impliziert. Das Wort, das einem gesagt wird, auch das Wort, das einem gegeben wird, oder wenn jemand von einer Zusage sagt: »Das ist ein Wort«, meint nicht das eine Wort, und selbst wenn es nur das einzige eine Ja-Wort ist, sagt es mehr und unendliches mehr als einer ›meinen‹ kann. Wenn Luther für den Logos des Johannes-Prologes ›Wort‹ sagt, so steht dahinter eine ganze Theologie des Wortes, die mindestens bis zu den Trinitätsausdeutungen Augustins zurückreicht. Aber es ist auch für den schlichten Leser einlösbar, daß Jesus Christus für den Glaubenden die lebendige, fleischgewordene Zusage ist. Wenn im folgenden nach der Wahrheit des Wortes gefragt wird, so ist kein bestimmtes Wort, auch nicht das der Heilsverheißung, seinem Inhalte nach gemeint, aber man muß dennoch im Blicke behalten, daß das Wort »unter den Menschen lebt« und in allen seinen Erscheinungsformen, in denen es ganz das ist, was es ist, ein eigenes verläßlich-beständiges Dasein hat. Am Ende ist es immer das Wort, das ›steht‹, sei es, daß einer zu dem Wort steht oder dafür einsteht, als der, der es gesagt hat, oder als der, der einen anderen beim Wort genommen hat. Das Wort selber steht. Es ist, der Einmaligkeit seines Gesprochenseins zum Trotz, dauernd da, als Heilsbotschaft, als Segen oder Fluch, als Gebet – oder auch als Gebot und Gesetz und verkündetes Urteil, oder als die Sage der Dichter und der Grundsatz der Philosophen. Es scheint mehr als eine äußerliche Tatsache, daß man von solchem Wort sagen kann, daß es »geschrieben steht« und sich selber dokumentiert. Es soll nun an diese Weisen des Wortseins, die ihrem eigenen Geltungssinn nach ›Dinge tun‹ und nicht bloß etwas Wahres mitteilen wollen, die Frage gestellt werden, was es heißen kann, daß sie wahr sind und als Wort wahr sind. Ich knüpfe damit an die bekannte Fragestellung von Austin an, um das dichterische Wort in seinem Seinsrang sichtbar zu machen.

Um diese Frage sinnvoll zu machen, müssen wir uns über das verständigen, was hier ›Wahrheit‹ heißen kann. Daß der traditionelle Wahrheitsbegriff, die ›adaequatio rei et intellectus‹, dort keine Funktion hat, wo das Wort überhaupt nicht als Aussage über etwas gemeint ist, sondern als ein eigenes Dasein in sich selbst einen Seinsanspruch erhebt und erfüllt, ist klar. Enthielt doch die ausgezeichnete Einzahl, der Singular, die ›dem‹ Wort zukommt, in sich selbst eine essentielle logische Inadäquatheit, sofern das Wort auf eine innere Unendlichkeit möglicher Ant-worten hinausweist, die alle – und daher keine – ›angemessen‹ sind. Wohl aber wird man an das griechische ›Aletheia‹ denken, dessen grundlegende Bedeutung uns Heidegger sehen gelehrt hat. Ich meine nicht nur den privativen Sinn von ›A-letheia‹ als Unverborgenheit bzw. als Entbergung. Das war als solches keine so neue Behauptung, und schon längst hatte man gesehen, daß im Zusammenhang mit Verben des Sagens ›Aletheia‹ den Sinn von Unverhohlenheit hat (Humboldt): »Hintergeh' mich nicht« (*μή με λάθῃς*), sagt Zeus zu Hera, und die blühende Phantasie sowie die enorme Zungenfertigkeit der Griechen hat ›Aletheia‹ als Nichtverbergung schon bei Homer zur Auszeichnung kommen lassen. Was Heideggers Erneuerung der Einsicht in den privativen Sinn des Wortes bedeutsam macht, ist, daß dieses griechische Wort nicht auf die Rede beschränkt ist, sondern auch dort gebraucht wird, wo es an die Bedeutungssphäre von ›echt‹ im Sinne von ›unverfälscht‹ heranreicht. So sagt man auch im Griechischen: ein wahrer Freund, wahres, d. i. echtes Gold, das nicht den falschen Schein erweckt, Gold zu sein. In solchem Zusammenhange gewinnt ›Entbergung‹ eine ontologische Bedeutung, d. h. charakterisiert nicht ein Verhalten oder Sich-Äußern von jemandem oder von etwas, sondern sein Sein (wie auch ›Aletheia‹ die Charaktereigenschaft der Aufrichtigkeit bedeuten kann). Erstaunlich genug, daß nicht nur das Wesen, das reden und sich verstellen und sogar lügen kann, sich durch ›Aletheia‹ auszeichnen mag, sondern daß auch Seiendes als solches ›wahr‹ sein kann, wie Gold. Was kann es sein, das da verbirgt oder verhehlt oder verstellt, so daß Nicht-Verborgenheit – und nicht durch unser Tun – vom

Seienden gesagt werden kann? Wie muß Sein ›sein‹, wenn das Seiende so ›ist‹, daß es falsch sein kann?

Die Antwort wird von der naheliegenden Erfahrung ausgehen müssen: Es kommt heraus, was an ihm ist. Nicht zufällig hat Heidegger dem aristotelischen Begriff der ›Physis‹ besondere Aufmerksamkeit gewidmet, der den ontologischen Status dessen charakterisiert, was von selber emporwächst. Aber was bedeutet es, daß das Sein selbst so ist, daß das Seiende als das, was es ist, erst herauskommen muß? Und gar, daß es ›falsch‹ sein kann, wie falsches Gold? Was für eine Verbergung ist es, die dem Seienden ebenso zugehört wie die Entbergung, mit der es in die Anwesenheit tritt? Die Unverborgenheit, die dem Seienden zukommt und in die es hervorkommt, scheint doch in sich selbst wie ein absolutes Da, wie das Licht in des Aristoteles Beschreibung des ›Nous poietikos‹ und wie die »Lichtung«, die sich im Sein und als Sein auftut.

Solange Heidegger noch von einer existenzialen Analytik des Daseins aus die Stellung der Seinsfrage versuchte, war der Konsequenz schlecht auszuweichen, daß das eigentliche Dasein es ist, das sein Da ist und für das anderes ›da‹ ist. Zwar hatte Heidegger alles darauf angelegt, die geschichtliche Bewegtheit des Daseins, seine Struktur eines geworfenen Entwurfs, dem Idealismus der transzendentalen Subjektivität und seinen verschwebenden Vorstellungen entgegenzustellen, und gewiß wollte sich die Sorgestruktur des Daseins von den idealistischen Leitbegriffen eines ›Bewußtseins überhaupt‹ oder eines ›absoluten Wissens‹ grundsätzlich unterscheiden. Man mochte auch nicht verkennen, daß Eigentlichkeit und Uneigentlichkeit »gleichursprünglich« zur Strukturganzheit von Dasein gehören, und daß daher das Gerede ebenso zum Dasein gehört wie das Wort und das Schweigen. Ein Sinn von Eigentlichkeit oder Echtheit mochte von dem her, was der frühe Heidegger »angstbereite Entschlossenheit« genannt hatte, nicht nur dem Schweigen, sondern auch dem Brechen des Schweigens, dem Wort, zufließen. Und gewiß war schon in ›Sein und Zeit‹ die Herausforderung voll angenommen, die der griechische Logos-Begriff von Anbeginn an für den »christlichen Theologen« Heidegger darstellte. (So nannte sich Heidegger noch, als er schon als Privatdozent der Philosophie an der Arbeit seines Lebens war.) Schon dort ist Sprache als ein Existenzial gedacht, nämlich als eine Bestimmung des durch Seinsverständnis ausgezeichneten Daseins. Aber wie sich das Wesen der Wahrheit von dem Ansichhalten und der Insistenz des Daseins her auf das »Geheimnis« und seine absolute Verborgenheit immer noch wie auf sein Anderes bezog, so konnte auch das Wort und die Sprache zwar den existenziellen Bezug zum Hören und zum Schweigen haben, aber was daran ›wahr‹ war und was da ›herauskam‹, war eben die Existenz, das seines Seins vor dem Nichts gewärtige Dasein. Gewiß war auch so das Wort nicht das Ausgesagte der aristotelischen ›Apophansis‹, das als Gesagtes in dem, was es sagt und zeigt, aufgeht (ἐν τῷ δηλοῦν), sondern hatte den Zeitcharakter der Einmaligkeit und eines Ereignisses. Aber was war hier Ereignis? Und was ereignete sich da? Heidegger hat damals sehr wohl gesehen, wie das ›Wort‹ mit innerer Notwendigkeit »ins Gerede kam« und daran verfiel, und daß auch das Schicksal des Denkens in diese Zweideutigkeit von Eigentlichkeit und Verfallen, von Sein und Scheinen verfügt ist. Daß jedoch das Wort als Wort nicht nur Entbergung ist, sondern ebensosehr auch und gerade deshalb bergend und verbergend sein muß, war von der transzendentalen Analytik des Daseins aus nicht zu fassen. Noch in der berühmten Davoser Konfrontation mit dem Verfasser der ›Philosophie der symbolischen Formen‹ bestand Heidegger auf dem Selbstverständnis des Daseins gegenüber der Zwischenwelt der Formen.

Indessen, wenn Entbergung und Verbergung wirklich als Strukturmomente von ›Sein‹ gedacht werden, wenn die Zeitlichkeit dem Sein zukommt und nicht nur dem Seienden, das dem Sein den Platz hält, dann bleibt es zwar die Auszeichnung des Menschen, ›da zu sein‹, und ebenso, nicht nur selber in der Sprache zu Hause zu sein, sondern daß in der Sprache, die wir miteinander sprechen, ›Sein‹ da ist. Und das alles nicht aus einem Existenzentschluß, den man auch unterlassen könnte, sondern weil Da-sein Entschlossenheit, Offenständigkeit für das ›Da‹ ist. Dann aber wird nicht von ihm aus zu denken sein, in dem Sinne, daß das eigentliche Wort das Wort der Eigentlichkeit wäre – und nicht das des Geredes. Vielmehr wird, was das eigentliche Wort – das Wort als wahres Wort – ist, vom Sein her bestimmt sein, als das Wort, in dem Wahrheit geschieht. So läßt sich an Heideggers spätere Einsicht anknüpfen und die Frage nach der Wahrheit des Wortes stellen. Vielleicht läßt sich im Stellen dieser Frage der Einsicht Heideggers und so rätselhaften Redeweisen wie der von der »Lichtung des Seins« auf konkrete Weise näherkommen.

Was ist das ›eigentliche‹ Wort – das heißt, nicht etwa das Wort, worin etwas Wahres oder selbst die höchste Wahrheit gesagt wird, sondern das im eigentlichsten Sinne ›Wort‹ ist? Wort sein heißt sagend sein. Um innerhalb der unendlichen Vielfalt, in der Worte fallen, diejenigen ausfinden zu können, die am meisten sagend sind, besinnen wir uns auf den Charakter dessen zurück, was wahrhaft ›ein Wort‹ ist: daß es steht und daß man zu ihm steht. Dies enthält offenkundig schon, daß das Wort, mit dem, was es sagt oder sagend tut, einen dauerhaften Geltungsanspruch erhebt, und ich berief mich schon darauf, daß das Mysterium der Schriftlichkeit diesen Anspruch bestätigt. Es ist daher nicht so willkürlich und absurd, wie es aufs erste klingt, wenn ich das Wort, das eigentlich sagend ist, als ›Text‹ bestimme. Das hat selbstverständlich nur einen methodischen Sinn. Dadurch soll nicht Echtheit, Ursprünglichkeit, Bedeutungskraft, Entscheidungsgewalt, die in lebendiger Rede liegen oder im Gebet, in der Predigt, im Segen und Fluch, in der politischen Rede, bestritten werden. Vielmehr wird so die Frage nach dem, was das Wort als Wort wahr sein lassen kann, methodisch isoliert. Daß auch Texte erst im lebendigen Vollzug ihres Verstehens, Vorlesens, Verkündens ihren Wortcharakter wiedergewinnen, ändert nichts daran, daß es der Textgehalt ist und sonst nichts, was hier wieder auflebt, also das potentielle Wort, das etwas sagt. Wie das Wort da ist, wenn es ›Text‹ ist, macht also sichtbar, was es als sagendes ist, d. h., was sein Sagendsein ausmacht.

Ich nenne das so isolierte Sagendsein des Wortes ›Aussage‹. Denn in der Tat ist die Aussage, bei aller Problematik ihres Gebrauchs und Mißbrauchs, z. B. im Gerichtsverfahren, ihrem Wesen nach fixierbar und wenn auch nicht unwiderrufbar, so eben doch ohne solchen Widerruf, d. h. bis auf weiteres, gültig. Ihre Geltung schließt ein, daß das in ihr selbst Gesagte und nur dies allein gilt, wobei wiederum der Streit um den eindeutigen Gehalt einer Aussage und ob die Berufung auf sie berechtigt ist, den Anspruch auf Eindeutigkeit indirekt bestätigt. Daß die Zeugenaussage vor Gericht in Wahrheit vom Zusammenhang der Untersuchung aus erst Wahrheitswert gewinnt, ist ohnehin klar. So hat sich gerade auch im hermeneutischen Zusammenhang, z. B. in der theologischen Exegese oder in der Literarästhetik, das Wort ›Aussage‹ durchgesetzt, weil es zu markieren vermag, daß es sich rein um das Gesagte als solches handelt, ohne den Rückgang auf die Okkasionalität des Autors, und daß nichts als die Auslegung des Textes als eines Ganzen seine Bedeutung sichtbar macht. Weit gefehlt also, daß durch solche Konzentration auf den Text, der als Ganzes die Aussage ist, der Ereignischarakter des Wortes abgeschwächt würde – er kommt dadurch erst in seiner vollen Bedeutung heraus.

Nun gibt es gewiß schriftliche Fixierung von Gesprochenem, auch ohne daß es sich um einen Text im Sinne des Wortes, das steht, handelte. So sollen etwa alle privaten Aufzeichnungen, Notizen, Nachschriften von Gesprochenem lediglich dem Gedächtnis als Stütze dienen. Hier ist klar, daß die schriftliche Aufzeichnung erst im Rückgang auf das frische Gedächtnis Leben erhält. Ein solcher Text sagt sich nicht selbst aus und wäre daher, wenn er für sich publiziert würde, nichts, was etwas ›sagt‹. Solcher Text ist eben nur die schriftliche Spur einer aus sich lebenden Erinnerung. In der Abhebung dagegen wird deutlich, in welchem Sinne es Texte gibt, die wirklich den Charakter der Aussage haben, d. h., die ein Wort im oben gekennzeichneten Sinne sind, ein Wort, das gesagt ist (und nicht nur etwas übermittelt). Wir bestimmen also das Wort als das sagende dadurch näher, daß es als sagendes gesagt ist, und wieder fragen wir, welches Wort, das so gesagtes Wort ist, am meisten sagend ist und insofern ›wahr‹ heißen kann.

Wir unterscheiden drei Weisen von Texten, die in diesem Sinne ›Aussage‹ sind: den religiösen, den juristischen und den literarischen Text, wobei der letztere vielleicht noch zu differenzieren ist, um so verschiedene Aussageformen zu umfassen wie das dichterische Wort, den spekulativen Satz der Philosophen und die logische Grundeinheit des prädikativen Urteils. Denn auch das letztere gehört hier so weit hinein, als es der allgemeine Charakter des Wortes ist, sagend zu sein, und somit ist kein Wort abtrennbar von dem bloßen zeigenden Gegenwärtigseinlassen, das wir das Urteil nennen, wenn es im Zusammenhang einer Argumentation steht.

Die Differenzierung dieser Weisen des Wortes soll nun aber ausschließlich in dem Wortcharakter liegen und ihm nicht erst von außen, von den Umständen seines Gesagtseins her, zufließen. Ein solches zählt in all seinen Erscheinungsformen zur ›Literatur‹. Denn eben das charakterisiert Literatur, daß ihr Geschriebensein nicht eine Minderung ihres ursprünglichen, mündlich-lebendigen Seins darstellt, sondern ihre originäre Seinsform ist, die ihrerseits sekundären Vollzug des Lesens oder Sprechens zuläßt und erfordert. Man kann diesen drei Grundweisen von Texten drei Grundformen des Sagens zuordnen: die Zusage, die Ansage und die Aussage im engeren Sinne, die in einem eminenten Sinne Aus-sage sein mag, d. h. das Sagen bis zu seinem wahren Ende führt, und so ist es das am meisten sagende Wort.

Damit soll nicht eingeschränkt sein, daß etwa der religiöse Text, aber auch der Rechtstext im vollen Umfange unseres Begriffes ›Aussage‹ sind, d. h. in ihrer sprachlich-schriftlichen Gegebenheitsweise den spezifischen Charakter ihres Sagens enthalten. Es ist also nicht so, daß eine Aussage, die noch nicht Zusage wäre, erst dadurch zur Zusage wird, daß jemand sie einem zuspricht, etwa als Trost und Verheißung. Sie ist vielmehr eine solche Aussage, die in sich selbst Zusagecharakter hat und als Zusage verstanden werden muß. Das heißt aber, daß bei der Zusage die Sprache sich selbst überschreitet. Ob auf den Alten oder auf den Neuen Bund hin, sie erfüllt sich nicht in sich selbst, wie etwa ein Gedicht sich selbst erfüllt. Daher findet die Zusage einer Verheißung gleichsam ihre Erfüllung in der Annahme des Glaubens – wie ja auch jedes Versprechen erst, wenn es angenommen ist, bindend wird. Ähnlich ist auch ein juristischer Text, der ein Gesetz oder ein Urteil formuliert, sobald es erlassen ist, verbindlich, aber es erfüllt sich als erlassenes nicht in sich selbst, sondern erst in seiner Ausführung bzw. Vollstreckung. Auch ein bloßer ›historischer‹ Bericht unterscheidet sich dadurch von einem dichterischen, daß dieser sich selbst erfüllt. Man nehme etwa das Beispiel des Evangeliums. Da erzählt der Evangelist eine Geschichte. Auch ein Chronist oder ein Historiker könnte eine solche Geschichte erzählen, oder ein Dichter. Aber der Anspruch des Sagens, der mit der ›Lesung‹ dieser Geschichte erhoben wird – und jedes Lesen derselben ist im Grunde eine Lesung – ist offenbar von vorneherein ein eigenes Sagen, das ich Zusage nannte. Denn es ist die Frohe Botschaft. Man kann diesen Text gewiß auch anders lesen, etwa mit dem Interesse des Historikers, der seinen Quellenwert kritisch prüfen will. Aber wenn der Historiker die Aussage des Textes nicht in ihrem Zusagecharakter verstehen würde, könnte er von dem Text auch keine quellenkritisch adäquate Verwendung machen. Wie die Hermeneutik sagt: Der Text hat seinen Scopus, auf den hin man ihn verstehen muß. Wiederum kann man den gleichen Text auch literarisch lesen, etwa auf die Kunstmittel hin, die seiner Darstellung Leben und Farbe geben, auf seine Komposition, seine syntaktischen und seine semantischen Stilmittel hin, und ohne Frage gibt es, insbesondere im Alten Testament, hohe Dichtung, deren Kunstmittel ins Auge fallen. Und doch, selbst ein solcher Text, etwa das Hohelied, steht in dem Kontext der Heiligen Schrift, d. h., er fordert, als Zusage verstanden zu werden. Gewiß, hier ist es der Kontext, aber das ist doch wiederum eine rein sprachliche Textgegebenheit, die einem Liebeslied den Charakter der Zusage verleiht. Auf den gleichen Scopus sind nun auch literarisch so bescheidene, kunstlose Texte wie die synoptischen Evangelien zu beziehen. Man wird also den Zusagecharakter solcher Texte aus dem Scopus abzuleiten haben, den der Kontext anzeigt.

Man kann sich hier kritisch fragen, ob der religiöse Charakter solcher Texte, der aus ihnen selbst spricht, als solcher schon ihren Zusagecharakter ausmacht, oder ob es der besondere Charakter von Erlösungs- und Offenbarungsreligionen ist, die im eigentlichen Sinne Buchreligionen sind, wie die jüdische, christliche und islamische, der ihren Schriften diesen Zusagecharakter verleiht. In der Tat, es dürfte die Welt des Mythos, d. h. aller religiösen Überlieferung, die so etwas wie kanonische Texte nicht kennt, eine ganz andere hermeneutische Problematik eröffnen. Da sind z. B. die ›Aussagen‹, die man hinter dem poetischen Text der Griechen in ihren Mythen und Sagen entdecken mag. Sie sind gewiß nicht selbst schon von der Struktur des Textes, d. h. des Wortes, das steht. Aber sie sind dennoch ›Sage‹, d. h. sprechend durch nichts als ihr Gesagtsein. Ob uns solche Welten religiöser Überlieferung überhaupt kenntlich wären oder kenntlich würden, wenn sie nicht in die literarischen Formen von Überlieferung sozusagen hereinstünden? Die Methoden der strukturalistischen Mythenforschung in Ehren, aber das hermeneutische Interesse beginnt mit der Frage, was einem die Mythen nicht so sehr verraten, als was sie einem sagen, wenn sie in Dichtung begegnen. Was sie einem sagen, liegt in der Aussage, die sie sind und die wohl notwendig in die Fixierung drängt, und vielleicht sogar in die kumulative Fixierung durch die mythendeutende Dichtung. So wird das hermeneutische Problem der Mythendeutung unter den Formen des literarischen Wortes seinen legitimen Platz haben[1].

[1] Welche Bedeutung religiöse Überlieferung für die dichterische Stilgebung besitzt, ist ja seit Northrop Fryes ›Anatomy of Criticism‹ ins allgemeine Bewußtsein getreten. Zu vergleichen ist auch Paul Ricœurs kritische Einschränkung der strukturalistischen ›Geometrie‹.

Eine ähnliche Betrachtung ließe sich für den Charakter der Ansage durchführen. Er scheint spezifisch den Rechtsaussagen zuzukommen. Er umfaßt die breite Skala von Anordnungen, die öffentlich verkündet werden, den Erlaß von Gesetzen und schließlich sogar Gesetzbücher und geschriebene Verfassungen, Urteilssprüche usw. Die Textstufen, die hier durchlaufen werden, und der Literaturcharakter, in den die Rechtsüberlieferung hineinwächst, halten auf klare Weise ihren eigenen Charakter des Sagens fest. Sie sagen Gültiges im Rechtssinn des Wortes und können nur unter dem Scopus dieses Gültigkeitsanspruchs verstanden werden. Hier ist es offenkundig, daß solcher Anspruch auf Gültigkeit des Wortes ihm nicht erst durch die Schriftlichkeit zuwächst, aber daß auch umgekehrt die Kodifizierbarkeit solcher Gültigkeiten nicht beiläufig und zufällig ist. In ihnen vollendet sich erst in gewisser Weise der Sagesinn solcher Aussagen. Denn daß eine Anordnung oder ein allgemeines Gesetz in seinem vollen Wortsinn schriftlich fixierbar ist, beruht offenbar darauf, daß es als unveränderlich und für alle gelten soll. Was *da* steht und was da *steht*, solange es nicht zu Falle gebracht ist, macht offenbar den wesenhaften Geltungscharakter des Ansagens aus, der solchem Texte zukommt. Man spricht daher von der Verkündung eines Gesetzes oder der Veröffentlichung als dem Termin seiner Rechtsgeltung. Daß die Auslegung solchen Wortes oder Textes eine eigene rechtsschöpferische Aufgabe ist, ändert weder etwas daran, daß die Aussage in sich eindeutig sein will, noch etwas an ihrer Rechtsverbindlichkeit. Die hermeneutische Aufgabe, die hier gestellt ist, ist eine juristische und mag in sekundärer Weise eine rechtshistorische und vielleicht sogar eine literaturhistorische Seite haben. Jedenfalls aber bleibt auch in dieser Form der Ansage das Wort Aussage, d. h., es will als Wort wahr sein.

Wenn wir uns nun den Aussagen im eminenten Sinne des Wortes zuwenden, die vor allem dem engeren Sinne von Literatur zugehören, so ist die Fülle der Aussageweisen, die sich hier finden, verwirrend. Es scheint mir methodisch gerechtfertigt, unsere Frage auf das Wort der sogenannten ›schönen Literatur‹ einzuschränken. Es ist offenbar kein Zufall, daß ›Literatur‹ im engeren Sinne ›schöne Literatur‹ meint, nämlich Texte, die in keinen anderen Bedeutungszusammenhang eingeordnet sind bzw. bei denen man von allen möglichen Einordnungen absehen kann, z. B. vom kultischen, rechtlichen, wissenschaftlichen, ja auch – obwohl das ein Sonderfall sein dürfte – vom philosophischen Gebrauch. Das war von alters her der Sinn des Schönen, des ›Kalon‹, daß es ein an sich selbst Wünschenswertes ist, d. h. um nichts anderen willen einleuchtet als auf Grund seiner eigenen Erscheinung, die auf selbstverständliche Art Beifall fordert. Damit soll das hermeneutische Problem keineswegs in den Kompetenzbereich der Ästhetik überführt werden. Im Gegenteil wird hier die Frage nach der Wahrheit des Wortes an das literarische Wort gerade in dem Bewußtsein gestellt, daß diese Frage in' der traditionellen Ästhetik kein rechtes Heimatrecht gewonnen hat. Gewiß war die Wortkunst, die Poesie, seit alters ein besonderer Gegenstand der Reflexion, jedenfalls lange vor der Thematisierung anderer Kunstarten. Wenn man jemanden wie Vitruv hier überhaupt zählen will, oder auf anderem Felde die Theoretiker der Musik, so sind das beides praktische Kunstlehren und so im Grunde alle Ars poetica. – Von den Philosophen ist vor allem die Poesie zum Gegenstand des Nachdenkens gemacht worden, und nicht zufällig. Sie war die alte Rivalin des eigenen Anspruches der Philosophie. Das bezeugt nicht nur Platos Dichterkritik, sondern auch das besondere Interesse, das Aristoteles an der Poetik nimmt. Dazu kam die Nachbarschaft der Poesie zur Rhetorik, der sehr früh schon kunstverständige Reflexion zugewandt worden ist[2]. Sie war in vieler Hinsicht produktiv und für zahlreiche Begriffsbildungen im Bereiche der Kunstbetrachtung grundlegend. Allein schon der Begriff des Stiles, des ›stilus scribendi‹, legt dafür ein beredtes Zeugnis ab.

Trotzdem muß man sich fragen, ob die Rolle der Poesie innerhalb der Ästhetik je zu ihrem vollen Recht gekommen ist. Da haben wir den für zwei Jahrtausende beherrschenden ästhetischen Grundbegriff der Mimesis, Imitatio, Nachahmung[3]. Ursprünglich war er den transitorischen Künsten, Tanz, Musik, Poesie eng verbunden und hat vor allem auf die Kunst des Theaters Anwendung gefunden. Aber schon bei Plato werden visuelle Künste wie Skulptur und Malerei zur Illustration herangezogen und ähnlich von Aristoteles. Vor allem aber hat Plato durch den okularen Begriff des Eidos die seiende Welt als Nachahmung interpretiert und die Poesie als deren Nachahmung, also als eine Nachahmung der Nachahmung. So wurde der Begriff der Mimesis von seinem Ursprung ganz abgedrängt. Noch in ›Hegels‹ Definition des Schönen als des sinnlichen Scheinens der Idee klingt Plato weiter, und alle romantische Verkündung der Universalpoesie hat die Verlegenheit nicht behoben, die die Wortkunst zwischen Rhetorik und Ästhetik gleichsam eingeklemmt hält.

So ist die Frage nach der Wahrheit des Wortes auf keine reichen Vorbereitungen zu stützen. In der Romantik, und vor allem in Hegels Systematik der Künste, finden sich nur unausgeführte Ansätze. Heideggers Durchbruch durch die traditionelle Begrifflichkeit der Metaphysik und der Ästhetik hat hier einen neuen Zugang eröffnet, indem er das Kunstwerk als Ins-Werk-Setzen der Wahrheit interpretierte und die sinnlich-sittliche Einheit des Kunstwerks gegen alle ontologischen Dualismen verteidigte[4]. So hat er für

[2] Man denke an die *συναγωγὴ τεχνῶν* des Aristoteles.

[3] Zum Mimemis-Begriff siehe neben dem vorangehenden auch die Beiträge: ›Dichtung und Mimesis‹ (Ges. Werke Bd. 8, S. 80–85) und ›Das Spiel der Kunst‹ (Ges. Werke Bd. 8, S. 86–93).

[4] Siehe dazu ›Die Wahrheit des Kunstwerks‹ in Ges. Werke Bd. 3, S. 249–261. Zum folgenden vgl. auch ›Philosophie und Poesie‹ (Ges. Werke Bd. 8, S. 232–239).

alle Kunst die romantische Einsicht von der Schlüsselstellung des Dichtens neu zu Ehren gebracht. Aber auch von ihm aus scheint es weit leichter, zu sagen, wie im Bildwerk das wahre Sein der Farbe oder im Bauwerk das des Steines herauskommt, als, wie im Dichtwerk das wahre Wort herauskommt. Hier liegt unsere Frage.

Was bedeutet das Hervorkommen des Wortes in der Dichtung? Wie die Farben im Bildwerk leuchtender sind, der Stein im Bauwerk tragender ist, so ist im Dichtwerk das Wort sagender als je sonst. Das ist die These. Wenn sie überzeugend gemacht werden kann, dann läßt sich die allgemeine Frage nach der Wahrheit des Wortes von dieser seiner Vollendung her beantworten. Aber was heißt das, daß das Wort ›sagender‹ ist? Hierfür ist unsere methodische Verkettung von Wort und Text eine gute Vorbereitung. Selbstverständlich kann nicht der tote Buchstabe der Schrift, sondern nur das wiederauferstandene Wort (gesprochen oder gelesen) dem Sein des Kunstwerks zugezählt werden. Aber der Durchgang durch seinen Untergang in Schrift gibt erst dem Wort die Verklärung, die seine Wahrheit heißen kann. Dabei kann die Frage der geschichtlichen und genetischen Bedeutung der Schriftlichkeit ganz außer Betracht bleiben. Was der Durchgang durch die Schrift methodisch leistet, ist hier lediglich die Aufdeckung der eigentümlich sprachlichen Seinsart des Wortes, und insbesondere der dichterischen Aussage. Wir werden prüfen müssen, ob nicht der Durchgang durch die Schrift im Falle der ›schönen Literatur‹ noch anderes aufdeckt, als für die anderen Fälle von wirklichem Text gelten kann.

Zunächst wird freilich Gemeinsames sichtbar, z. B. das Verschwinden des Autors bzw. seine Transformation in die Idealfigur eines Sprechers. Im Falle religiöser Urkunden ist das oft bis zu der Fiktion gesteigert, als wäre der Gott der Sprecher, und im Falle des Rechtsspruches heißt es ausdrücklich: »Im Namen des Gesetzes«. Solche Texte verstehen kann also gewiß nicht heißen, wie seit Schleiermacher gesagt wird: den produktiven Akt reproduzieren. Man sollte daraus für den literarischen Text die gleiche Folgerung ziehen, daß auch hier die psychologische Interpretation nicht die hermeneutische Angemessenheit hat, die ihr zugesprochen wird. In allen diesen Fällen ist die Aussage des Textes nicht als ein Ausdrucksphänomen seelischer Innerlichkeit zu verstehen (und oft ja nicht einmal auf einen einzigen Urheber zurückführbar). Gleichwohl sind es offenkundig recht verschiedenartige ideale Sprecher, die einem eine religiöse Heilsverkündigung zusagen oder die im Namen des Gesetzes Recht sprechen oder ... – Doch bei diesem ›oder‹ stockt man. Soll man wirklich sagen: die als Dichter zu einem sprechen? Wäre es nicht angemessener, wenn man hier nur sagte, daß die Dichtung spricht? Und ich würde hinzufügen: besser und eigentlicher durch den Hörenden, den Zuschauer – oder gar nur den Leser – als durch den, der da wirklich etwas spricht, den Rezitator, den Schauspieler oder den Vorleser. Denn ohne Zweifel befinden sich solche Sprecher (selbst wenn es der Autor selber ist, der sich in die Rolle des Vortragenden oder des Schauspielers begibt) dem Text gegenüber insofern in einer sekundären Funktion, als sie denselben in die Zufälligkeit eines einmaligen Vortrages nötigen. Es ist eine hilflose Verkennung dessen, was Literatur ist, wenn man auch das literarische Gebilde auf den Akt des Meinens zurückführen möchte, dem der Autor Ausdruck gab. Hier ist der Unterschied zu den Notizen, die einer sich macht, oder den Mitteilungen, die er anderen macht, ganz überzeugend. Der literarische Text ist nicht, wie diese, gegenüber einem ersten, ursprünglich meinenden Sprechen sekundär. Es ist umgekehrt so, daß sich jede – auch des Autors eigene – nachträgliche Interpretation auf den Text hinordnet, und nicht etwa so, daß der Autor eine dunkle Erinnerung an etwas, was er hatte sagen wollen, durch Rückgriff auf seine Vorarbeiten auffrischen will. Rückgang auf die Varianten sind für die Textherstellung oft unentbehrlich. Jeder Herstellung eines Textes geht aber Verstehen desselben voraus. Wer angesichts dieser Sachlage für die Objektivität der Interpretation fürchtet, sollte lieber besorgt sein, ob die Zurückführung eines literarischen Textes auf die Meinungsäußerung ihres Urhebers nicht den Kunstsinn von Literatur überhaupt zerstört.

Freilich ist das zunächst nur eine negative Abgrenzung, durch die die Autonomie des Wortes bzw. des Textes überzeugend gemacht wird. Aber worauf gründet sie sich? Wie kann das Wort so sehr sagend sein und so vielsagend, daß selbst der Autor nicht weiß, sondern auf das Wort hören muß? Ein erster Sinn des eminenten Sagendseins eines literarischen Textes ist mit der negativen Feststellung der Autonomie des Wortes gewiß gefunden. Es ist wirklich einzigartig, daß ein literarischer Text seine Stimme sozusagen von sich aus erhebt und in niemandes Namen spricht, auch nicht im Namen eines Gottes oder eines Gesetzes. Nun behaupte ich: Der ideale Sprecher solchen Wortes ist der ideale Leser. Es wäre hier näher auszuführen, daß auch dieser Satz keine historische Einschränkung enthält. Selbst für vor-literarische Kulturen, etwa für die mündliche Tradition von Epen, bleibt es wahr, daß es einen solchen idealen ›Leser‹ gibt, d. h. einen Hörer, der durch alle (oder eine einzige) Rezitation auf das hindurchhört, das nur das innere Ohr vernimmt. Er weiß von diesem Maßstab aus sogar den Rhapsoden zu beurteilen – wie wir ja aus dem alten Motiv des Sängerwettkampfes sehen. Ein solcher idealer Hörer ist also wie der ideale Leser[5]. Es wäre weiterhin näher auszuführen, daß und warum Lesen im Unterschied zum Vorlesen oder Rezitieren keine Reproduktion des Originals ist, sondern die Idealität des Originals unmittelbar teilt, da sich Lesen überhaupt nicht in

[5] Ausführlicher dazu im folgenden ›Stimme und Sprache‹ (Ges. Werke Bd. 8, S. 258–270) und ›Hören – Sehen – Lesen‹ (Ges. Werke Bd. 8, S. 271–278).

die Kontingenz einer Reproduktion nötigen läßt. Hierfür haben die Untersuchungen des polnischen Phänomenologen Roman Ingarden über den Schemacharakter des literarischen Wortes die Richtung gewiesen. Von großer Aufschlußkraft wäre es auch, das Problem der absoluten Musik und der ihr Fixierung gebenden Notenschrift zum Vergleich heranzuziehen. Es würde sich mit dem Musikwissenschaftler Georgiades zeigen lassen, welch ein Unterschied zwischen Schrift hier und Schrift dort besteht, und zwischen Wort hier und Ton dort, und damit auch zwischen dem literarischen Werk und dem Notensatz. Das Beispiel der Musik hat ohne Frage die Besonderheit, daß man Musik machen muß und daß selbst der Zuhörer von Musik mitmachen muß, fast wie jemand, der bei Liedern mitsingt. Das Lesen eines Notentextes ist nicht wie das Lesen eines sprachlichen Textes. Das wäre es nur, wenn es ein ›inneres‹ Machen wäre, durch das man sich nicht festlegte und die Freiheit des Imaginationsflusses behielte wie ein Leser. Im Falle der Musik wird aber die Interpretation durch den Musiker dem Hörer vorgegeben, so groß auch die Freiheit sein mag, die er dabei ausübt. Der Musiker, als Spieler und gegebenenfalls als Dirigent, hat eine Zwischenstellung: Er hat im wahrsten Sinne ein Interpret zu sein, eben zwischen dem Komponisten und dem Hörer. Das ist das gleiche, das wir beim Theater kennen: Da ist die Aufführung eine Interpretation, die zwischen dem dichterischen Text und dem Zuschauer steht. Das ist für den Zuschauer nicht eine Leistung wie die des Lesens, wenn man sich selbst etwas vorliest. Man ist es ja selber, der hier ›reproduziert‹, etwas aus sich ins Sein setzt. Wenn einer sich selbst mit der eigenen Stimme vorliest, wie das im Altertum und bis ins späte Mittelalter beim Lesen immer geschah, vollzieht man in Wahrheit nur das eigene Lesen und bleibt bei sich selbst, den Text verstehend und nicht einen anderen, der einem vorliest und dabei den Text auf seine Weise verstanden hat. Ja selbst dann noch ist ein solches Vorlesen kein wirkliches Reproduzieren, sondern ein Dienst am Herrn, der verstehen will, als ob er selber läse. Daher klingt es auch ganz anders, wenn einer nur vorliest oder rezitiert oder wenn er wie ein Schauspieler den Text wahrhaft neu hervorzubringen bemüht ist. Hier gibt es wohl fließende Übergänge. Ein genialer Vorleser wie Ludwig Tieck, vor allem als Shakespeare-Vorleser, scheint die Variationen der Sprache so vollkommen beherrscht zu haben, daß es wie ein Ein-Mann-Theater war.

Aber wie ist es beim wirklichen Theater, dem literarischen Theater, das einen dichterischen Text aufführt? Da haben die Mimen ihre Rollen zu spielen und dabei mehr oder weniger der Auffassung des Regisseurs zu folgen. Nur im Idealfalle wird ein solcher seine Schauspieler mit dem Ganzen seiner eigenen Interpretation der Dichtung so bekanntmachen, daß sie die Verkörperung der einzelnen Rollen mitgestaltet. Ob mit oder ob ohne Regisseur, ob mit oder ohne Dirigent, immer wird das Spiel in seiner

Aufführung Interpretation sein, die wie eine eigene Leistung dem Zuschauer vorgegeben ist.

Aber all das muß über der drängenden Frage zurücktreten, die an das ›sagende‹ *Wort* zu richten ist, was es denn sagend macht, wenn es im eminenten Sinne sagend ist. Hier überfällt uns die ganze Fülle literarischer Gattungs- und Stilunterschiede: Epos und Drama und Lyrik und künstlerische Prosa, naive Erzählung, liedhafte Einfachheit, mythische, märchenhafte, lehrhafte, meditative, reflexive, reportagehafte, hermetische Aussageformen, bis hin zur *poésie pure*. Wenn das alles Literatur sein kann, d. h. daß in ihnen allen das Wort als Wort spricht, mit der oben beschriebenen Autonomie, dann löst sich der ideale Sprecher oder Leser, den wir zu konstruieren suchten, vollends auf, und er hilft uns nichts für die Frage, wie das Wort sagend ist, dessen Vollzug ihm von uns aufgetragen wurde. Nun ist es gewiß nicht nur die Vielfalt dessen, was das Wort der Literatur sagt, und die unterschiedliche Weise, wie es sein Wort sagt, was uns hier stocken ließ. Es scheint vielmehr von vornherein überzeugend, daß das Wort, das aus sich zu sprechen vermag, nicht allein von dem her charakterisiert werden kann, worauf es inhaltlich verweist. Es ist in der bildenden Kunst dasselbe und aus den gleichen Gründen. Wer nur auf den gegenständlichen Darstellungsinhalt eines Gemäldes sieht, sieht offenbar an dem vorbei, was es zum Kunstwerk macht, und die »Gegenstandslosen« von heute können das jedermann klarmachen. Der Informationswert, den etwa eine Abbildung in einem Verkaufskatalog von Blumenpflanzen enthält, ist bestimmt größer als der der Farbenorgie eines Blumenbildes von Nolde. Umgekehrt kann man von hier aus verstehen, warum Farbkompositionen, die alles Gegenständliche verlassen haben, dennoch so überzeugend sein können wie etwa ein flämisches Blumenstilleben. Es scheint zwar so, als ob immer Sinnwinke, Anklänge, Anknüpfungsmöglichkeiten an unser gewohntes gegenständliches Sehen im Spiele sind, aber sie lenken nicht auf sich, sondern wenden unseren Blick zu den neuen Ordnungsgefügen hin, die solche Farbkompositionen zu einem Bilde machen, ohne ein Abbild zu sein. So etwas bietet die praktische Lebenswelt unter der Herrschaft ihrer Zwecke nicht. Es scheint bei dem dichterischen Wort ebenso. Es kann freilich niemals aufhören, aus Worten oder Wortrudimenten, die Bedeutungen haben, zu bestehen und die Einheit eines Redeganzen und Sinnganzen zu bilden, auch nicht als *poésie pure*. Das Ordnungsgefüge, in das sie eingeformt sind, ist aber nicht mehr aus der gewohnten Sinngerichtetheit grammatisch-syntaktischer Rede aufschließbar, die unsere Kommunikationsformen beherrscht.

Die extreme Situation der modernen bildenden Kunst scheint mir gleichwohl methodisch hilfreich, um bei der Frage nach der Wahrheit des Kunstwerkes – und in unserem Falle des dichterischen Wortes – die Fehlorientierung an ihrem kommunikativen Inhalt auszuschließen. Sie bewahrt aber auch vor der umgekehrten Verirrung, als käme es auf das Dargestellte und Gesagte, das man wiedererkennt, überhaupt nicht an. Das am meisten sagende Wort ist doch gewiß nicht ein Wort, das sich als bloßes Klanggebilde aufdrängt und auffällt. Sagen ist nicht bei sich selbst, sondern sagt etwas, und wenn das durch das Sagen Gesagte ganz da ist, dann ist das Wort sagend, ohne das etwas nicht wäre, und doch ist das Wort verklungen und war nicht als es selbst beachtet. Würde die Aufmerksamkeit primär auf die Weise des Sagens gelenkt, auf das Schöngesagtsein, dann ist, wie in aller Schönrednerei, die Seinsmacht des Wortes und die Sachgewalt der Rede verloren. Und doch muß es am Wie des Gesagtseins als solchen liegen, daß ein Text von sich aus spricht, wenn auch nicht so, daß das Formgefüge als solches, in Absehung von der Sinnintention der Rede oder (beim Bild) des Dargestellten, die Aussage wäre. Es ist ja gerade auch der gegenständliche Inhalt, der durch die Sprachkunst oder bildende Kunst zu so absoluter Präsenz erhoben wird, daß aller Bezug auf ein reales Sein oder Gewesensein darüber verblaßt – ja, sogar auch alle Ablenkung auf das Wie des Gesagtseins mitverblaßt. Es scheint so, als ob das Wie des Gesagtseins, das doch ohne Zweifel Kunst vor Unkunst auszeichnet, sich nur zeigt, um sich selbst ganz aufzuheben – und sei es auch nur für ein scheinbar ›nichtssagendes‹, aber in sich komponiertes Ordnungsgefüge von Bildhaftem oder von Sinn- und Klangelementen, wie in moderner hermetischer Lyrik. Nicht durch das Vordergründige von Form und Inhalt ist das Bildwerk oder das Wort der Dichtung ›sagender‹: Ars latet arte sua. Die Wissenschaft kann durch ihre Methoden vieles von dem Kunstwerk zum Thema machen, aber nicht das Eine und Ganze seiner ›Aussage‹. –

Bleiben wir beim Wort der Dichtung: Was ist es, was da in allem, was es sagt, zustande kommt, indem die Aussage sich vollzieht? Ich meine: Selbst-Präsenz, Sein des ›Da‹, und nicht das, was es als seinen gegenständlichen Befund ausspricht. Es gibt keine poetischen Gegenstände, es gibt nur eine poetische Darstellung von Gegenständen (so ließe sich ein bekanntes Nietzsche-Wort variieren).

Aber das wäre nur ein erster Schritt zur Entfaltung unseres Problems. Denn nun erhebt sich die Frage, wie der poetisch dargestellte Gegenstand durch die Sprache poetisch werden soll. Wenn Aristoteles den überzeugenden Satz ausspricht, die Poesie sei philosophischer als die Historie, und das will sagen, sie enthalte mehr wirkliche Erkenntnis, mehr Wahrheit, da sie die Dinge nicht darstelle, wie sie geschehen seien, sondern wie sie geschehen könnten, so stellt sich die Frage: Wie macht das die Poesie? Indem sie Idealisiertes statt Konkret-Wirkliches darstellt? Aber dann ist doch gerade das Rätsel, warum das Idealisierte im dichterischen Wort wie Konkret-Wirkliches herauskommt, ja, wirklicher als Wirkliches und nicht, wie sonst das Idealisierte, von der Blässe des auf das Allgemeine gerichteten Gedankens angekränkelt. Und wieso hat noch dazu alles, was im dichterischen Wort aufglänzt, an dieser Verklärung ins Wesenhafte teil (das man nur schlecht das ›Idealisierte‹ nennen kann)? Für diese Frage braucht uns die vielfältige Differenzierung dichterischer Rede nicht zu beirren. Sie macht vielmehr die Aufgabe eindeutiger. Nur nach dem, was alle diese Redeweisen zu Texten macht, d. h. ihnen jene ›ideale‹ sprachliche Identität verleiht, die ganz und gar ›Text‹ zu werden vermag, ist gefragt. Die breite Skala von Darstellungsweisen, die sich zu Literaturgattungen mit eigenen Stilforderungen entwickelt haben, kann dabei ganz übergangen werden. Allem ist gemeinsam, daß es ›Literatur‹ ist. Ganz ohne sprachliche Kohärenz ist aber Geschriebenes kaum je. Es gibt wohl nur einen Typ schriftlich fixierter sprachlicher Äußerung, der diese fundamentale sprachliche Identitätsforderung, die dem Text zukommt, kaum noch erfüllt, und das ist ein solcher ›Text‹, dessen sprachliche Form beliebig austauschbar ist, wie das zuweilen von kunstloser wissenschaftlicher Prosa gelten mag. Man kann statt dessen auch sagen: wo ohne Einbuße Übersetzung – auch durch den Computer – möglich ist, weil es die informative Funktion des Textes allein ist, auf die es ankommt. Ein solcher Fall mag ein idealer Grenzfall sein. Er steht auf der Schwelle zur Nicht-Sprache künstlicher Symbolismen, deren Zeichengebrauch ebenso willkürlich ist, wie er den Vorzug (und Nachteil) der Eindeutigkeit hat, insofern er in einer festen Zuordnung zu dem Bezeichneten steht. So ist etwa in den Naturwissenschaften die Publikation von Ergebnissen auf Englisch erfolgt. Aber auch als Grenzfall ist der Fall aufschlußreich, nämlich als der Nullpunkt jenes Kohärenzgrades des einzelnen Wortes, der literarischen Texten offenbar in ausgezeichneter Weise eigen ist. In ihnen hat das Wort die höchste Kohärenz mit dem Ganzen des Textes. Wir wollen das schwierige Problem der differenten Kohärenzgrade innerhalb der Literatur hier nicht weiterverfolgen. Ihre Spannungsbreite wird an der Unübersetzbarkeit deutlich, die im lyrischen Gedicht und insbesondere in der *poésie pure* kulminiert. Die folgenden Bemerkungen wollen nur die Bindemittel sichtbar machen, welche Texte zu ihrer sprachlichen Identität zusammenbinden, und wollen versuchen, den Schluß auf das ›Sein‹ solcher Texte, d. h. auf die ›Wahrheit des Wortes‹ zu ziehen.

Es handelt sich durchweg um sprachliche Mittel, welche die Sprache an ihr eigenes oder inneres Erklingen zurückbinden, sosehr sie auch im Weggegebensein an das Gesagte aufgeht, und die gerade bewirken, daß diese Weggegebenheit der einzigartig evokativen Wucht verdankt wird, die literarische Texte auszeichnet. Zu diesen Mitteln gehört der Rhythmus, eine reine Gestaltwerdung der Zeit. Er ist auch in der Musik zu Hause, unterliegt aber im Sprachbereich einem eigenen Spannungsverhältnis zum Sinnbezug und ist daher meist nicht auf genaue Wiederholungsformen einzuschränken.

Es ist schwer zu sagen, was diesen dichterischen Rhythmus so artikuliert, daß man beim Vorlesen ganz genau spürt, wo er verfehlt wird. Grundsätzlich wird zu sagen sein, daß es sich um eine empfindliche Balance handelt, die da zwischen Sinnbewegung und Klangbewegung zu halten ist. Beide Bewegungstendenzen, die sich immer – und manchmal nicht zwanglos – zu einer einzigen Bewegung verschmelzen, haben ihre spezifischen syntaktischen Mittel. Diese Mittel reichen im Klangbereich von den Extremgestalten von Zeitmaß (Metrum) und Reim bis zu Klangfigurationen, die unter jeder Grenze bewußter Bemerkbarkeit bleiben und überdies mehr oder minder dicht von mehr oder minder unausdrücklichen sinnlogischen Bindemitteln durchzogen sind. Was so zustande kommt und worin sich die gestiftete Kohärenz der dichterischen Sprache deutlich darstellt, ist, was ich mit Hölderlin den *Ton* nennen möchte. Es ist das, was sich im Ganzen des sprachlichen Gebildes durchhält, und vor allem das im Störungsfalle durch den entstehenden Mißton seine durchgehende Determinationskraft beweist. Ein Mißton ist eben nicht nur ein falscher Ton, sondern ein Ton, der die ganze Stimmung beeinträchtigt. Das ist in der Literatur nicht anders als im Leben der menschlichen Gesellschaft. Umgekehrt ist der sich durchhaltende Ton so, daß er die Einheit des Gebildes zusammenhält – mit all den Differenzen und Gradunterschieden von Störungsempfindlichkeit und Kohärenzdichte, die möglich sind. Dieser Ton, der sich durchhält, bindet die Elemente der Rede aneinander. Er schließt das Gebilde als Gebilde derart zusammen, daß es sich gegen andere Rede abhebt (so daß wir z. B. ein Zitat am Ton erkennen können). Vor allem aber hebt es sich gegen jede Art Rede ab, die nicht ›Literatur‹ ist und die ihre Stimmigkeit nicht in sich selbst hat, sondern außerhalb ihrer selbst sucht oder findet.

Grenzfälle sind in kritischen Fragen immer am aufschlußreichsten. So enthält etwa die Weise, wie Pindar in den Kontext seiner Lieder jeweils die Siegerehrung einfügt, ein okkasionelles Moment. Aber die Macht und Kohärenz der sprachlichen Formung beweist sich gerade darin, daß das dichterische Gebilde diese Widmung voll zu tragen weiß, und ebenso bei Hölderlin, der Pindar in seinen Hymnen folgt. Noch aufschlußreicher als bei solchen okkasionellen Partien in einem Text stellt sich die Frage dort, wo der Text selbst und als ganzer auf außersprachliche Wirklichkeit Bezug nimmt, etwa im historischen Roman oder im historischen Drama. Man kann nicht etwa meinen, daß das echte literarische Kunstwerk solchen Bezug überhaupt zum Verschwinden bringt. Der historische Wirklichkeitsanspruch klingt in dem geformten Text unzweifelhaft mit. Die Sache ist nicht einfach ›erfunden‹, und noch die Berufung auf die dichterische Freiheit, die man dem Dichter zugesteht, die realen Verhältnisse, wie sie die Quellen zeigen, zu verändern, bestätigt das. Eben daß er sie verändern darf, ja, bis über jede Grenze der echten historischen Verhältnisse hinaus allerhand erdichten darf, beweist umgekehrt, wie sehr der geschichtliche Wirklichkeitsstoff auch dort, wo er getreu festgehalten ist, in der dichterischen Formung aufgehoben ist. Das unterscheidet den Fall deutlich von dem künstlerischen Einschlag, den die Darstellungskunst eines Historikers aufweist.

In der gleichen Linie liegt der wichtige Fall, wie weit die Begrifflichkeit der Rhetorik für die Bindemittel, die wir charakterisieren, überhaupt anwendbar ist. Die Kunstmittel der Rhetorik sind Kunstmittel der Rede, die als solche ursprünglich nicht ›Literatur‹ ist. Ein Beispiel für die Problematik der Sache ist der Begriff der Metapher. Man hat die poetische Legitimation des Begriffs der Metapher mit Recht bestritten – doch wohl nicht in dem Sinne, daß es nicht in der Dichtung den Gebrauch von Metaphern geben könne (wie jede andere Redefigur der Rhetorik). Gemeint ist vielmehr, daß nicht in der Metapher und dem Metapherngebrauch das Wesen der dichterischen Rede liege. Dichterische Rede wird in der Tat nicht dadurch erreicht, daß man unpoetische Rede durch Metapherngebrauch poetisch macht. Wenn Gottfried Benn gegen den poetisierenden Gebrauch von »wie« im Gedicht wettert, so hat er gewiß nicht die großartigen, höchst ausdrücklich durchgeführten Vergleiche bei Homer damit verkannt. In Wahrheit sind bei Homer Vergleich und Metapher so vom epischen Tone des Erzählers getragen, daß er ganz von einer Welt mit ihnen ist. Die dichterische Ironie, die in der Kontrastspannung Homerischer Gleichnisse liegt, bezeichnet genau die Vollkommenheit ihrer Einformung. So kann man nicht nur im Falle von Kafka, wo der fiktive Realismus der Erzählung es besonders motiviert, sondern vom dichterischen Wort im ganzen sagen, daß es den Charakter einer ›absoluten‹ Metapher hat (Allemann), d. h. gegenüber aller Alltagsrede überhaupt. So hat dichterische Rede den Charakter der Schwebe und der Getragenheit, der durch die Neutralisation aller Seinssetzung zustande kommt und die Verwandlung ins Gebilde bewirkt. Wenn Husserl dafür den Ausdruck »Neutralitätsmodifikation« gebrauchte und sagt, daß im Falle der Dichtung die eidetische Reduktion »spontan erfüllt sei«, beschreibt das freilich die Sachlage noch immer von der Intentionalität des Bewußtseins aus. Diese ist primär eine positionale. Husserl sieht die Sprache der Dichtung als eine Modifikation der schlichten Seinssetzung. An die Stelle der Objektbeziehung soll die Selbstbezüglichkeit des Wortes treten, die man wohl auch Selbstreferenz nennt. Aber genau hier gilt es umzudenken, und Heideggers Kritik der transzendentalen Phänomenologie und ihres Begriffs von Bewußtsein erweist sich auch hier als produktiv. Was Sprache als Sprache ist und was wir als die Wahrheit des Wortes suchen, ist nicht in der Weise faßbar, daß man von den sogenannten ›natürlichen‹ Formen sprachlicher Kommunikation ausgeht, sondern umgekehrt werden solche Formen der Kommunikation von jener dichterischen Weise des Sprechens aus in ihren eigenen Möglichkeiten faßbar. Die dichterische Sprachbildung setzt die

Auflösung alles ›Positiven‹, konventionell Geltenden, voraus (Hölderlin). Das heißt eben, daß sie Sprachwerdung ist und nicht regelgerechte Anwendung von Wörtern und Mitaufbau von Konvention. Das dichterische Wort stiftet Sinn. Wie das Wort im Gedicht ›herauskommt‹, ist von einer neuen Sagkraft, die oft im Landläufigsten verborgen liegt. Um ein Beispiel zu geben: Im Deutschen ist ›Geräusch‹ ein ebenso farbloses und kraftloses Wort wie Englisch ›noise‹, dem man freilich überhaupt nicht anhört, daß es von ›nausea‹, der Seekrankheit, kommt – und wie lebt es neu in Georges Vers: »Und das Geräusch der ungeheuren See«. Es ist alles andere als eine poetisierende Verwendung, die ein Alltagswort hier erfährt. Es bleibt das alltägliche Wort. Aber es ist hier so in Bezüge von Rhythmus, Metrum, Vokalisation verspannt, daß es plötzlich sagender wird, seine ursprüngliche Sagkraft zurückgewinnt. So wird durch das »ungeheuren« das »Geräusch« so verstärkt, daß es wieder rauscht, und durch die Konsonanz des ›R‹ in »Rausch« und »-heuren« wird beides weiter miteinander verspannt. Diese Verspannungen stellen das Wort gleichsam auf sich selbst und geben es damit für sich selbst frei. Sie lassen es sich mit anderem neu ausspielen – und gewiß nicht, ohne daß nicht auch die Sinnbezüge, z. B. der Blick auf die nordische Meeresküste und ihre südliche Gegenwelt, mitspielten[6]. Dadurch wird das Wort sagender, und das Gesagte ist wesenhafter denn je ›da‹. Wie ich in anderem Zusammenhang von der Seinsvalenz des Bildes sprach[7], sofern der durch das Bild Dargestellte durch das Bild an Sein gewinnt, so möchte ich auch von einer Seinsvalenz des Wortes sprechen. Freilich ist da ein Unterschied: Es ist nicht so sehr das Gesagte im Sinne des gegenständlichen Inhalts, das an Sein zunimmt, als das Sein im ganzen. Hier liegt ein wesentlicher Unterschied zwischen der Weise, wie die bunte Welt sich ins Bildwerk der Kunst verwandelt, und der Weise, wie das Wort sich wiegt und sich ausspielt. Das Wort ist nicht ein Weltelement, wie Farben oder Formen es sind, die zu neuer Ordnung gefügt werden. Jedes Wort ist vielmehr selber schon Element einer neuen Ordnung und daher potentiell diese Ordnung selbst und ganz. Wo ein Wort erklingt, ist eine ganze Sprache aufgerufen und alles, was sie zu sagen vermag – und sie weiß alles zu sagen. So kommt im ›sagenderen‹ Wort nicht so sehr ein einzelnes Sinnelement der Welt hervor, als vielmehr die durch Sprache erstellte Gegenwärtigkeit des Ganzen. Aristoteles hat das Sehen ausgezeichnet, weil dieser Sinn die meisten Unterschiede aufnehme, aber erst recht und mit noch mehr Recht das Hören, weil das Hören auf dem Weg über die Rede schlechterdings alles Unterscheidbare aufzunehmen vermag. Das universale ›Da‹ des Seins im Wort ist das Wunder

[6] Zur Interpretation des George-Gedichts im ganzen siehe ›Ich und du die selbe seele‹ in Ges. Werke Bd. 9, S. 245 ff.

[7] Vgl. ›Wahrheit und Methode‹ (Ges. Werke Bd. 1), S. 139 ff.

der Sprache, und die höchste Möglichkeit des Sagens besteht darin, sein Vergehen und Entgehen zu binden und die Nähe zum Sein festzumachen. Es ist Nähe, Präsenz, nicht von diesem oder jenem, sondern von der Möglichkeit zu allem. Das ist es, was das dichterische Wort auszeichnet. Es erfüllt sich in sich selbst, weil es das »Halten der Nähe« ist, und es entleert sich zum leeren Wort, wenn es das auf seine Zeichenfunktion reduzierte Wort ist, das eben deshalb der kommunikativ vermittelten Erfüllung bedarf. Von der Selbsterfüllung im dichterischen Wort wird so deutlich, warum Sprache Informationsmittel sein kann, und nicht umgekehrt.

Nur ganz im Vorbeigehen sei die schon oben gestreifte Frage noch einmal aufgenommen, ob nicht das mythische Wort, die Sage, und vielleicht auch das philosophische Wort, der spekulative Satz, die Auszeichnung des dichterischen Wortes, das Sagende schlechthin zu sein, in Wahrheit teilen. Diese Überlegung wird uns zu einem letzten Schritt unserer Darlegung führen. Das Problem ist deutlich: Sage ist nicht Schrift und nicht Text, wenn sie auch in Dichtung hineinspricht und in ihr Textgestalt annimmt. Aber als Sage scheint sie überhaupt noch nicht in den Festbestand dichterisch-sprachlicher Kohärenz eingegangen, sondern treibt auf einem Weisheitsstrom urtümlicher Herkunft hin und her, der sich aus dem kultischen Gedächtnis speist. Gleichwohl scheint es vernünftig, ›Sage‹ in ausgezeichnetem Sinne ›Aussage‹ zu nennen. Sie ist es freilich nicht in der sprachlichen Organisation ihrer Erzählweise, aber wohl in ihrem Kern, den rufenden Namen, deren geheime Nennkraft das Erzählen der Sage umspült. Denn in den Namen, scheint es, liegt die Sage verborgen, die durch das Erzählen herauskommt. Es paßt dazu die Tatsache, daß der *Name* jeweils gleichsam der Nullpunkt der Übersetzbarkeit ist, d. h. der Ablösbarkeit des Sagens von dem Gesagten. Aber was ist der Name anderes als die letzte Verdichtung, in der Dasein auf sich hört. Denn das ist der Name, daß einer oder eine auf ihn hört – und der Eigenname als das, was einer ist und den er ausfüllt[8]. So ist auch das Wort der Dichtung sich selbst erfüllend – und steht so wie vor seiner Selbstentfaltung in der Rede des denkenden Wortes. Das ist die ›Syntax‹ der Poesie, ›im Wort‹ zu sein. Die Kohärenzgrade der Worte bestimmen auch die Stufengrade der Übersetzbarkeit (vgl. I. A. Richards).

Wie weit auch die philosophische Aussage solche ›Sage‹ ist, soll hier nicht allgemein erörtert, sondern nur im Hinweis auf den ›spekulativen Satz‹ angedeutet werden. Seine Struktur ist ein Analogon zur Selbstbezüglichkeit, die dem dichterischen Worte eigen ist. Hegel hat das Wesen des spekulativen Satzes tatsächlich ganz analog beschrieben und damit nicht etwa nur seine eigene dialektische Methode im Auge gehabt, sondern die Sprache der

[8] Vgl. Max Warburg, Zwei Fragen zum Kratylos. Berlin 1929 (Neue Philol. Untersuchungen, H. 5).

Philosophie überhaupt, sofern sie in ihrer eigentlichen Möglichkeit ist. Er zeigt, daß im spekulativen Satz das natürliche Ausgreifen der Rede auf das Prädikat, das als ein anderes dem Subjekt zugesprochen wird, gleichsam gebrochen wird und einen »Gegenstoß« erleidet[9]. Das Denken findet im Prädikat nichts anderes, sondern das eigentliche Subjekt selbst. So geht die ›Aussage‹ in sich selbst zurück, und das ist für Hegel philosophische Rede, daß die Anstrengung des Begriffs an ihrer ›Aussage‹ festhält, indem sie die in ihr gelegenen Momente dialektisch herausarbeitet – das heißt aber, sie kommt nur immer tiefer in die ›Aussage‹ hinein. Das gilt nicht nur für Hegel und seine dialektische Methode, daß Philosophie nicht fortschreitet, sondern auf allen ihren Wegen und Umwegen zurückstrebt. Die Grenze der Übersetzbarkeit, die die Verwachsung des Sagens mit dem Gesagten bezeichnet, ist auch hier schnell erreicht.

Wir nennen das Sagendsein des Wortes »Halten der Nähe« und sahen, daß nicht dieser oder jener angebbare Inhalt der Rede nahe ist, sondern die Nähe selbst. Das ist nun gewiß nicht auf das Kunstwerk des Wortes beschränkt, sondern gilt von aller Kunst. »The silence of the Chinese vase«, die Stille und die rätselhafte Ruhe, die einem aus jedem überzeugenden künstlerischen Gebilde entgegenweht, besagt, mit Heidegger zu sprechen, daß Wahrheit hier »ins Werk gesetzt ist«, und Heidegger hat uns gezeigt, daß die Wahrheit des Kunstwerkes nicht die Herausgesagtheit des Logos ist, sondern ein Daß und ein Da zugleich, das im Widerstreit des Entbergens und des Bergens steht. Die Frage, die uns hier leitete, war, wie das im Falle des Wortkunstwerks im besonderen aussieht, wo doch die Bergung im »Gebilde« der Kunst das In-der-Sprache-Sein und das Insein des Seins in der Sprache schon voraussetzt. Die Grenze der Übersetzbarkeit bezeichnet genau, wie weit die Bergung im Wort reicht. In seiner letzten Verborgenheit ist es das Bergende. Nur wer in einer Sprache zu Hause ist, vermag die an sich haltende und in sich stehende Aussage des dichterischen Wortes zu erfahren, die noch ein anderes Zuhause-Sein im Urvertrauten gewährt. Aber wer ist in einer Sprache zu Hause? Es scheint, daß das, was die moderne Forschung die »Sprachkompetenz« nennt, mehr das Außerhause-Sein des Sprechens trifft, die Unbeschränktheit des Gebrauchs der Rede – und das ist ihr allbereites Verhallen.

Deshalb scheint mir das dichterische Wort gegenüber jedem anderen Kunstwerk noch eine zusätzliche Bestimmung zu haben. Nicht nur die atemberaubende Nähe aller Kunst kommt ihm zu, sondern es muß und es vermag diese Nähe auch zu halten, das heißt, dem Entgänglichen Halt zu geben. Denn Reden ist Sich-Äußern und entgeht sich selbst. Auch das

[9] Vgl. dazu auch im folgenden den Beitrag ›Philosophie und Poesie‹, Ges. Werke Bd. 8, S. 237 ff.

dichterische Wort kann nie aufhören, Rede (oder Stammeln) zu werden, um immer aufs neue seine Sinnmöglichkeiten auszuspielen. Wie anders steht der Ton im System der Töne! Wie stellt sich das Bildwerk oder das Bauwerk an seinen Platz! Im An-sich-Halten und Sich-Verhalten des dichterischen Wortes scheint mir das Wort seinen Bestand zu haben, und das heißt, hier hat es seine höchste Möglichkeit. Das Wort erfüllt sich im dichterischen Wort – und geht in das Denken des Denkenden ein.

9. Text und Interpretation

1983

Die Probleme der Hermeneutik sind zwar im Ausgang von einzelnen Wissenschaften, der Theologie und der Jurisprudenz im besonderen, und am Ende auch von den historischen Wissenschaften aus entwickelt worden. Doch war es bereits die tiefe Einsicht der deutschen Romantik, daß das Verstehen und Interpretieren nicht nur, wie Dilthey es formuliert hat, bei schriftlich fixierten Lebensäußerungen ins Spiel kommt, sondern das allgemeine Verhältnis der Menschen zueinander und zur Welt betrifft. Das prägt sich sogar in abgeleiteten Worten, wie etwa dem Wort ›Verständnis‹ aus. In der deutschen Sprache bedeutet Verstehen auch: ›für etwas Verständnis haben‹. So ist die Fähigkeit des Verstehens eine grundlegende Ausstattung des Menschen, die sein Zusammenleben mit anderen trägt und insbesondere auf dem Wege über die Sprache und das Miteinander des Gespräches vonstatten geht. Insofern ist der universale Anspruch der Hermeneutik außer allem Zweifel. Auf der anderen Seite bedeutet die Sprachlichkeit des Verständigungsgeschehens, das zwischen den Menschen spielt, geradezu eine unübersteigbare Schranke, die ebenfalls von der deutschen Romantik in ihrer metaphysischen Bedeutung zuerst positiv gewürdigt worden ist. Sie ist in dem Satz formuliert: *Individuum est ineffabile.* Der Satz formuliert eine Grenze der antiken Ontologie (ist allerdings nicht einmal aus dem Mittelalter belegbar). Für das romantische Bewußtsein heißt das aber: Sprache erreicht nie das letzte, unaufhebbare Geheimnis der individuellen Person. Das spricht das Lebensgefühl des romantischen Zeitalters treffend aus und weist auf eine Eigengesetzlichkeit des sprachlichen Ausdrucks, die nicht nur seine Grenze ausmacht, sondern auch seine Bedeutung für die Ausbildung des die Menschen vereinigenden *common sense.*

Es ist gut, sich an diese Vorgeschichte unserer heutigen Fragestellung zu erinnern. Das im Ausgang von der Romantik aufblühende Methodenbewußtsein der historischen Wissenschaften und der Druck, den das Vorbild der siegreichen Naturwissenschaften ausübte, haben dazu geführt, daß die philosophische Reflexion die Allgemeinheit der hermeneutischen Erfahrung auf ihre wissenschaftliche Erscheingsform verkürzte. Weder bei Wilhelm Dilthey, der in bewußter Fortführung der Ideen Friedrich Schleiermachers und seiner romantischen Freunde die Begründung der Geisteswissenschaften in ihrer Geschichtlichkeit suchte, noch bei den Neukantianern, die in Gestalt ihrer transzendentalen Kultur- und Wertphilosophie eine erkenntnistheoretische Rechtfertigung der Geisteswissenschaften betrieben, stand die ganze Breite der hermeneutischen Grunderfahrung noch im Blick. Das mag im Heimatlande Kants und des transzendentalen Idealismus sogar noch stärker der Fall gewesen sein als in Ländern, in denen *les Lettres* eine bestimmende Rolle im öffentlichen Leben spielen. Doch hat die philosophische Reflexion am Ende überall eine ähnliche Richtung genommen.

So war mein eigener Ausgangspunkt mit der Kritik am Idealismus und dem Methodologismus der Ära der Erkenntnistheorie gegeben. Insbesondere Heideggers Vertiefung des Begriffs des Verstehens zu einem Existenzial, d.h. zu einer kategorialen Grundbestimmung des menschlichen Daseins, wurde für mich wichtig. Das war der Anstoß, der mich zu einer kritischen Überschreitung der Methodendiskussion und zu einer Ausweitung der hermeneutischen Fragestellung veranlaßte, die nicht mehr allein die Wissenschaft, welche auch immer, sondern ebenso die Erfahrung der Kunst und die Erfahrung der Geschichte in den Blick nahm. Nun hatte sich Heidegger in kritischer und polemischer Absicht für die Analyse des Verstehens an die ältere Rede von dem hermeneutischen Zirkel angelehnt und denselben als einen positiven geltend gemacht und in seiner Daseinsanalytik auf den Begriff gebracht. Man darf darüber aber nicht vergessen, daß es sich hier nicht um Zirkularität als eine metaphysische Metapher handelt, sondern um einen logischen Begriff, der in der Theorie des wissenschaftlichen Beweisens als die Lehre vom *circulus vitiosus* seinen eigentlichen Ort hat. Der Begriff des hermeneutischen Zirkels drückt nun dies aus, daß im Bereiche des Verstehens gar keine Ableitung des einen von dem anderen prätendiert wird, so daß der logische Beweisfehler der Zirkelhaftigkeit hier kein Fehler des Verfahrens ist, sondern die angemessene Beschreibung der Struktur des Verstehens darstellt. So ist die Rede vom hermeneutischen Zirkel als Abgrenzung gegen das Ideal der logischen Schlüssigkeit in der Nachfolge Schleiermachers durch Dilthey eingeführt worden. Berücksichtigt man dabei die wahre Weite, die dem Begriff des Verstehens vom Sprachgebrauch her zukommt, dann weist die Rede von dem hermeneutischen Zirkel in Wahrheit auf die Struktur des In-der-Welt-Seins selber, d.h. auf die Aufhebung der Subjekt-Objektspaltung, die Heideggers transzendentaler Analytik des Daseins zugrunde lag. Wie der, der sich auf den Gebrauch eines Werkzeuges versteht, dasselbe nicht zum Objekt macht, sondern mit ihm hantiert, so ist auch das Verstehen, in dem das Dasein sich in seinem Sein und in seiner Welt versteht, kein Verhalten zu bestimmten Erkenntnisobjekten, sondern sein In-der Welt-Sein selber. Damit verwandelt sich die hermeneutische Methodenlehre Diltheyscher Prägung in eine ›Hermeneutik der Faktizität‹, die Heideggers Frage nach dem Sein leitet und die die Hinterfragung des Historismus und Diltheys einschließt.

Nun hat Heidegger bekanntlich den Begriff der Hermeneutik später ganz fallen lassen, weil er sah, daß er auf diese Weise den Bannkreis der transzendentalen Reflexion nicht durchbrechen konnte. Sein Philosophieren, das die Abkehr vom Begriff des Transzendentalen als die ›Kehre‹ zu vollziehen suchte, geriet damit zunehmend mehr in eine solche Sprachnot, daß viele Leser Heideggers mehr Poesie als philosophisches Denken darin zu finden glauben. Das halte ich freilich für einen Irrtum.[88] So war es eines meiner eigenen Motive, Wege zu suchen, auf denen Heideggers Rede vom Sein, das nicht das Sein des Seienden ist, ausweisbar gemacht werden kann. Das führte mich wieder stärker an die Geschichte der klassischen Hermeneutik heran und nötigte mich, das Neue in der Kritik derselben zur Geltung zu bringen. Meine eigene Einsicht scheint mir, daß keine Begriffssprache, auch nicht die von Heidegger sogenannte ›Sprache der Metaphysik‹, einen unbrechbaren Bann für das Denken bedeutet, wenn sich nur der Denkende der Sprache anvertraut, und das heißt, wenn er in den Dialog mit anderen Denkenden und mit anders Denkenden sich einläßt. In voller Anerkennung der durch Heidegger geleisteten Kritik am Subjektsbegriff, dem er seinen Hintergrund von Substanz nachwies, suchte ich daher im Dialog das ursprüngliche Phänomen der Sprache zu fassen. Das bedeutete gleichzeitig eine hermeneutische Rückorientierung der Dialektik, die vom deutschen Idealismus als spekulative Methode entwickelt worden war, auf die Kunst des lebendigen Dialogs, in der sich die sokratisch-platonische Denkbewegung vollzogen hatte. Das heißt nicht, daß sie eine bloß negative Dialektik sein wollte, wenn sich auch die griechische Dialektik ihrer grundsätzlichen Unvollendbarkeit stets bewußt gewesen ist. Sie stellt jedoch ein Korrektiv gegenüber dem Methodenideal der neuzeitlichen Dialektik dar, die sich im Idealismus des Absoluten vollendete. Es war aus dem gleichen Interesse, daß ich nicht zuerst an der Erfahrung, die in der Wissenschaft verarbeitet ist, sondern an der Erfahrung der Kunst und der Geschichte selber, mit denen die sogenannten Geisteswissenschaften als ihren Gegenständen zu tun haben, die hermeneutische Struktur aufsuchte. Für das Kunstwerk, wie sehr auch immer es als eine geschichtliche Gegebenheit und damit als möglicher Gegenstand wissenschaftlicher Erforschung erscheinen mag, gilt, daß es selber uns etwas sagt – und das so, daß seine Aussage niemals abschließend im Begriff ausgeschöpft werden kann. Ebenso gilt für die Erfahrung der Geschichte, daß das Ideal der Objektivität der Geschichtsforschung nur die eine, sogar nur die sekundäre Seite der Sache ist, während es die Auszeich-

[88] [Vgl. die Sammlung meiner Studien zu Heideggers Spätwerk ›Heideggers Wege‹, Tübingen 1983; Ges. Werke Bd. 3].

nung der geschichtlichen Erfahrung selber ausmacht, daß wir in einem Geschehen darin stehen, ohne zu wissen, wie uns geschieht und erst in der Rückschau begreifen, was geschah. Dem entspricht, daß die Geschichte von jeder neuen Gegenwart neu geschrieben werden muß.

Am Ende gilt die gleiche Grunderfahrung aber auch für die Philosophie und ihre Geschichte. Das läßt sich nicht nur an Plato lernen, der nur Dialoge und keine dogmatischen Texte geschrieben hat. Auch was Hegel das Spekulative in der Philosophie nennt und was seiner eigenen Betrachtung der Geschichte der Philosophie zugrunde liegt, bleibt, wie ich meine, eine beständige Herausforderung für das Bemühen, dasselbe in dialektischer Methode zur Darstellung zu bringen. So habe ich gerade die Unvollendbarkeit aller Sinnerfahrung festzuhalten gesucht und aus der Heideggerschen Einsicht in die zentrale Bedeutung der Endlichkeit Schlüsse für die Hermeneutik gezogen.

Die Begegnung mit der französischen Szene bedeutet unter diesen Umständen für mich eine echte Herausforderung. Insbesondere hat Derrida dem späten Heidegger gegenüber geltend gemacht, daß derselbe den *Logozentrismus* der Metaphysik nicht wirklich gebrochen habe. Sofern er nach dem Wesen der Wahrheit frage oder nach dem Sinn von Sein, spreche er noch immer die Sprache der Metaphysik, die den Sinn gleichsam als einen vorhandenen und aufzufindenden ansieht. Da sei Nietzsche radikaler. Sein Begriff der Interpretation meine nicht die Auffindung eines vorhandenen Sinnes, sondern die Setzung von Sinn im Dienst des ›Willens zur Macht‹. Damit erst werde der Logozentrismus der Metaphysik wirklich gebrochen. Diese vor allem von Derrida entwickelte Fortführung Heideggerscher Einsichten, die sich als ihre Radikalisierung versteht, muß folgerichtigerweise Heideggers eigene Nietzsche-Darstellung und Nietzsche-Kritik ganz verwerfen. Nietzsche sei nicht das Extrem der Seinsvergessenheit, das in dem Begriffe des Wertes und des Wirkens gipfelt. Er sei vielmehr die wahre Überwindung der Metaphysik, in der Heidegger befangen bleibe, wenn er nach dem Sein, nach dem Sinn von Sein wie nach einem aufzufindenden Logos frage. Nun ist klar, daß der späte Heidegger selber, um der Sprache der Metaphysik zu entgehen, seine halbpoetische Sondersprache entwickelte, die von Versuch zu Versuch eine neue scheint und einen vor die Aufgabe stellt, für sich selber ständig als ein Übersetzer dieser Sprache tätig zu werden. Wieweit es einem gelingt, die Sprache dafür zu finden, mag problematisch sein – aber die Aufgabe ist gestellt. Es ist die Aufgabe des ›Verstehens‹. Ich bin mir bewußt – und vollends in der Konfrontation mit den französischen Fortführern – daß meine eigenen Versuche, Heidegger zu ›übersetzen‹, meine Grenzen bezeugen und insbesondere zeigen, wie stark ich selber in der romantischen Tradition der Geisteswissenschaften und ihrem humanistischen Erbe verwurzelt bin. Aber gerade gegenüber dieser mich tragenden Tradition des ›Historismus‹ habe ich einen kritischen Stand gesucht. Leo Strauss hat schon früher einmal in einem inzwischen veröffentlichten Privatbrief an mich[89] den Finger darauf gelegt, daß für Heidegger Nietzsche und für mich Dilthey den Orientierungspunkt der Kritik bilde. Es mag Heideggers Radikalität auszeichnen, daß seine eigene Kritik am phänomenologischen Neukantianismus Husserlscher Prägung ihn am Ende tatsächlich in den Stand setzte, in Nietzsche den extremen Endpunkt dessen zu erkennen, was er die Geschichte der Seinsvergessenheit nennt. Aber das ist eine eminent kritische Feststellung, die doch wohl nicht hinter Nietzsche zurückfällt, sondern über ihn hinausgeht. Ich vermisse an der französischen Nietzsche-Nachfolge, daß sie das Versucherische von Nietzsches Denken in seiner Bedeutung erfaßt. Nur so, scheint mir, gelangt sie dazu, zu meinen, daß die Erfahrung des Seins, die Heidegger hinter der Metaphysik aufzudekken bemüht ist, von Nietzsches Extremismus an Radikalität noch übertroffen werde. In Wahrheit kommt vielmehr in Heideggers Nietzsche-Bild die tiefe Zweideutigkeit, daß er ihm bis in das letzte Extrem hinein folgt und gerade dort das Un-Wesen der Metaphysik am Werke sieht, sofern im Werten ünd Umwerten aller Werte in Wahrheit Sein selber zu einem Wertbegriff im Dienst des ›Willens zur Macht‹ wird. Heideggers Versuch, das Sein zu denken, geht weit über solche Auflösung der Metaphysik in Wertdenken hinaus oder besser: er geht hinter die Metaphysik selber zurück, ohne in dem Extrem ihrer Selbstauflösung Genüge zu finden, wie Nietzsche. Solches Zurückfragen hebt den Begriff des Logos und seine metaphysischen Implikationen nicht auf, aber erkennt seine Einseitigkeit und zuletzt ›Oberflächlichkeit‹. Dafür ist von entscheidender Bedeutung, daß das Sein nicht in seinem Sich-Zeigen aufgeht, sondern mit derselben Ursprünglichkeit, in der es sich zeigt, sich auch zurückhält und entzieht. Das ist die eigentliche Einsicht, die zuerst Schelling gegen den logischen Idealismus Hegels geltend gemacht hatte. Heidegger nimmt diese Frage wieder auf, indem er zugleich seine begriffliche Kraft dafür einsetzt, die Schelling gemangelt hatte.

So war ich meinerseits bemüht, die Grenze nicht zu vergessen, die in aller hermeneutischen Erfahrung von Sinn impliziert ist. Wenn ich den Satz schrieb: »Sein, das verstanden werden kann, ist Sprache«[90], so lag darin, daß das, was ist, nie ganz verstanden werden kann. Es liegt darin, sofern alles, was eine Sprache führt, immer noch über das hinausweist, was zur Aussage gelangt. Es bleibt, als das, was verstanden werden soll, das, was zur Sprache kommt – aber freilich wird es immer als etwas genommen, wahr-genommen. Das ist die hermeneutische Dimension, in der Sein ›sich zeigt‹. Die

---

[89] [›Correspondence concerning Wahrheit und Methode – Leo Strauss and Hans-Georg Gadamer‹. Independent Journal of Philosophy 2 (1978), S. 5–12].

[90] Wahrheit und Methode. Grundzüge einer philosophischen Hermeneutik (Ges. Werke Bd. 1, S. 478).

›Hermeneutik der Faktizität‹ bedeutet eine Verwandlung des Sinnes von Hermeneutik. Freilich bin ich bei meinem Beschreibungsversuch der Probleme, den ich unternahm, durchaus der Leitung der an Sprache zu machenden Sinnerfahrung gefolgt, um an ihr die ihr gesetzte Grenze aufzuweisen. Das ›Sein zum Texte‹, an dem ich mich orientierte, kann es gewiß nicht an Radikalität der Grenzerfahrung mit dem ›Sein zum Tode‹ aufnehmen und ebenso wenig bedeutet die unvollendbare Frage nach dem Sinn des Werkes der Kunst oder nach dem Sinn der Geschichte, die uns widerfährt, ein ebenso ursprüngliches Phänomen wie die dem menschlichen Dasein aufgegebene Frage seiner eigenen Endlichkeit. Ich kann daher verstehen, daß der spätere Heidegger (und Derrida wäre darin mit ihm vermutlich einig) der Meinung war, daß ich den Bannkreis der phänomenologischen Immanenz, wie sie Husserl konsequent durchhält und wie sie auch meiner neukantianischen Erstprägung zugrunde lag, nicht wirklich verlasse. Ich kann auch verstehen, daß man diese methodische ›Immanenz‹ in dem Festhalten an dem hermeneutischen Zirkel zu erkennen glaubt. In der Tat erscheint mir, diesen brechen zu wollen, als eine unvollziehbare, ja als eine wahrhaft sinnwidrige Forderung. Denn diese Immanenz ist, übrigens wie bei Schleiermacher und seinem Nachfolger Dilthey, nichts als eine Beschreibung dessen, was Verstehen ist. Seit Herder erkennen wir in ›Verstehen‹ mehr als ein methodisches Verfahren, das einen gegebenen Sinn aufdeckt. Angesichts der Weite dessen, was Verstehen ist, darf die Zirkularität, die zwischen Verstehendem und dem, was er versteht, kreist, echte Universalität für sich in Anspruch nehmen, und gerade hier liegt der Punkt, wo ich meine, Heideggers Kritik an dem phänomenologischen Immanenzbegriff, der in Husserls transzendentaler Letztbegründung impliziert ist, gefolgt zu sein.[91] Der dialogische Charakter der Sprache, den ich herauszuarbeiten suchte, läßt den Ausgangspunkt in der Subjektivität des Subjekts, gerade auch den des Sprechers in seiner Intention auf Sinn, hinter sich. Was im Sprechen herauskommt, ist nicht eine bloße Fixierung von intendiertem Sinn, sondern ein beständig sich wandelnder Versuch oder besser, eine ständig sich wiederholende Versuchung, sich auf etwas einzulassen und sich mit jemandem einzulassen. Das aber heißt, sich aussetzen. Sprechen ist so wenig eine bloße Ausfächerung und Geltendmachung unserer Vorurteile, daß es vielmehr dieselben aufs Spiel setzt – dem eigenen Zweifel preisgibt, wie der Entgegnung des anderen. Wer kennt nicht die Erfahrung, – und vollends gegenüber dem anderen, den wir überzeugen wollen – wie die guten Gründe, die man hat, und erst recht die guten Gründe, die gegen einen sprechen, ins Wort drängen. Die bloße Präsenz des anderen hilft, dem wir begegnen, noch bevor er zur

---

[91] [Schon 1959 habe ich das in dem Heidegger gewidmeten Aufsatz ›Vom Zirkel des Verstehens‹ zu zeigen versucht. Vgl. Ges. Werke Bd. 2, S. 57ff.]

Entgegnung den Mund aufmacht, die eigene Befangenheit und Enge aufzudecken und aufzulösen. Was uns hier zur dialogischen Erfahrung wird, beschränkt sich nicht auf die Sphäre der Gründe und Gegengründe, in deren Austausch und Vereinigung der Sinn jeder Auseinandersetzung enden mag. Es ist vielmehr, wie die beschriebenen Erfahrungen zeigen, noch etwas anderes darin, sozusagen eine Potentialität des Andersseins, die über jede Verständigung im Gemeinsamen noch hinaus liegt. Das ist die Grenze, die Hegel nicht überschreitet. Er hat zwar das spekulative Prinzip, das im ›Logos‹ waltet, erkannt und sogar in dramatischer Konkretion zur Ausweisung gebracht. Er hat die Struktur des Selbstbewußtseins und der ›Selbsterkenntnis im Anderssein‹ als die Dialektik der Anerkennung entfaltet und diese bis zum Kampf auf Leben und Tod zugespitzt. Ähnlich hat Nietzsches psychologischer Tiefblick das Substrat von ›Wille zur Macht‹ in aller Hingabe und Aufopferung ins Bewußtsein gehoben: »Auch im Knecht ist noch Wille zur Macht«. Daß sich diese Spannung von Selbstaufgabe und Selbstbezug in die Sphäre der Gründe und der Gegengründe und damit in die sachliche Auseinandersetzung hinein fortsetzt, ihr gleichsam eingelagert ist, stellt aber den Punkt dar, an dem Heidegger für mich bestimmend bleibt, gerade weil er den ›Logozentrismus‹ der griechischen Ontologie darin erkennt.

Hier wird eine Grenze des griechischen Vorbildes fühlbar, die vom Alten Testament, von Paulus, von Luther und deren modernen Erneuerern vor allem, kritisch geltend gemacht wird. In der berühmten Entdeckung des sokratischen Dialoges als der Grundform des Denkens ist diese Dimension am Dialog gar nicht zum begrifflichen Bewußtsein gekommen. Das geht sehr wohl damit zusammen, daß ein Schriftsteller von der poetischen Imagination und Sprachkraft eines Plato die charismatische Figur seines Sokrates so zu schildern wußte, daß die Person und die erotische Spannung, die um sie zittert, wirklich zur Erscheinung kommt. Aber wenn dieser sein Sokrates in seiner Gesprächsführung auf der Rechenschaftsgabe besteht, andere ihres Scheinwissens überführt und sogar den anderen zu sich selber zu bringen vermag, so setzt er doch immer zugleich voraus, daß der Logos allen gemeinsam ist und nicht der seine. Die Tiefe des dialogischen Prinzips ist, wie schon angedeutet, erst in der Abenddämmerung der Metaphysik, im Zeitalter der deutschen Romantik, zu philosophischem Bewußtsein gelangt und in unserem Jahrhundert erneut gegen die Subjektsbefangenheit des Idealismus geltend gemacht worden. Hier habe ich angeknüpft und frage, wie sich die Gemeinsamkeit des Sinnes, die sich im Gespräch aufbaut, und die Undurchdringlichkeit der Andersheit des anderen miteinander vermitteln und was Sprachlichkeit im letzten Betracht ist: Brücke oder Schranke. Brücke, durch die der eine mit dem anderen kommuniziert und über dem fließenden Strome der Andersheit Selbigkeiten aufbaut, oder Schranke, die unsere Selbstaufgabe begrenzt und uns von der Möglichkeit abschrankt, uns selber je ganz auszusprechen und mitzuteilen.

Im Rahmen dieser allgemeinen Fragestellung stellt nun der Begriff des ›Textes‹ eine Herausforderung eigener Art dar. Das ist abermals etwas, was uns mit unseren französischen Kollegen verbindet oder vielleicht auch von ihnen trennt. Jedenfalls war dies mein Motiv, mich mit dem Thema ›Text und Interpretation‹ neu auseinanderzusetzen. Wie steht Text zur Sprache? Was kann von Sprache in Text hinüber? Was ist Verständigung zwischen Sprechenden und was bedeutet es, daß uns so etwas wie Texte gemeinsam gegeben sein können oder gar, daß in der Verständigung miteinander etwas herauskommt, das wie ein Text für uns ein- und dasselbe ist? Wieso hat der Begriff des Textes eine so universale Ausdehnung erfahren können? Für jeden, der sich die philosophischen Tendenzen unseres Jahrhunderts vor Augen führt, ist es offenkundig, daß es sich unter diesem Thema um mehr handelt als um Reflexion über die Methodik der philologischen Wissenschaften. Text ist mehr als der Titel für das Gegenstandsfeld der Literaturforschung. Interpretation ist mehr als die Technik der wissenschaftlichen Auslegung von Texten. Beide Begriffe haben im 20. Jahrhundert ihren Stellenwert im ganzen unserer Erkenntnis- und Weltgleichung gründlich verändert.

Gewiß hängt diese Verschiebung mit der Rolle zusammen, die das Phänomen der Sprache in unserem Denken inzwischen einnimmt. Aber das ist nur eine tautologische Aussage. Daß die Sprache eine zentrale Stellung im philosophischen Gedanken erworben hat, hängt vielmehr seinerseits mit der Wendung zusammen, die die Philosophie im Laufe der letzten Jahrzehnte genommen hat. Daß das Ideal der wissenschaftlichen Erkenntnis, dem die moderne Wissenschaft folgt, vom Modell des mathematischen Entwurfs der Natur ausgegangen war, wie ihn Galilei in seiner Mechanik zuerst entwikkelte, bedeutete ja, daß die sprachliche Weltauslegung, d.h. die in der Lebenswelt sprachlich sedimentierte Welterfahrung, nicht länger den Ausgangspunkt der Fragestellung und des Wissenwollens bildete. Jetzt ist es das aus rationalen Gesetzen Erklärbare und Konstruierbare, was das Wesen der Wissenschaft ausmacht. Damit verlor die natürliche Sprache, auch wenn sie ihre eigene Weise, zu sehen und zu reden, festhält, ihren selbstverständlichen Primat. Es war eine konsequente Fortführung der Implikationen dieser modernen mathematischen Naturwissenschaft, daß das Ideal der Sprache in der modernen Logik und Wissenschaftstheorie durch das Ideal der eindeutigen Bezeichnung ersetzt wurde. So gehört es in den Zusammenhang der Grenzerfahrungen, die mit der Universalität des wissenschaftlichen Weltzugangs verbunden sind, wenn sich inzwischen die natürliche Sprache als ein ›Universale‹ erneut in das Zentrum der Philosophie verlagert hat.

Freilich bedeutet das nicht eine bloße Rückkehr zu den lebensweltlichen

Erfahrungen und ihrer sprachlichen Sedimentation, die wir als den Leitfaden der griechischen Metaphysik kennen und deren logische Analyse zur aristotelischen Logik und zur *grammatica speculativa* führte. Vielmehr wird jetzt nicht ihre logische Leistung, sondern die Sprache als Sprache und ihre Schematisierung des Weltzugangs als solche bewußt, und damit verschieben sich die ursprünglichen Perspektiven. Innerhalb der deutschen Tradition stellt das eine Wiederaufnahme romantischer Ideen dar – Schlegels, Humboldts usw. Weder bei den Neukantianern noch bei den Phänomenologen der ersten Stunde war das Problem der Sprache überhaupt beachtet worden. Erst in einer zweiten Generation wurde die Zwischenwelt der Sprache zum Thema, so bei Ernst Cassirer und vollends bei Martin Heidegger, dem vor allem Hans Lipps folgte. Im angelsächsischen Raum zeigte sich ähnliches in der Fortentwicklung, die Wittgenstein von dem Ausgangspunkt bei Russell aus genommen hat. Freilich handelt es sich für uns jetzt nicht so sehr um eine Philosophie der Sprache, die auf dem Boden der vergleichenden Sprachwissenschaften aufbaute, oder um das Ideal einer Konstruktion von Sprache, das sich einer allgemeinen Zeichentheorie einordnet, als um den rätselhaften Zusammenhang zwischen Denken und Sprechen.

So haben wir auf der einen Seite die Zeichentheorie und Linguistik, die zu neuen Erkenntnissen über die Funktionsweise und den Aufbau von sprachlichen Systemen und von Zeichensystemen geführt haben, und auf der anderen Seite die Theorie der Erkenntnis, die realisiert, daß es Sprache ist, was allen Weltzugang überhaupt vermittelt. Beides wirkt dahin zusammen, die Ausgangspunkte einer philosophischen Rechtfertigung des wissenschaftlichen Weltzugangs in einem neuen Lichte zu sehen. Deren Voraussetzung bestand ja darin, daß sich das Subjekt in methodischer Selbstgewißheit mit den Mitteln der rationalen mathematischen Konstruktion der Erfahrungswirklichkeit bemächtigt und ihr in Urteilssätzen Ausdruck gibt. Damit erfüllte es seine eigentliche Erkenntnisaufgabe, und diese Erfüllung gipfelt in der mathematischen Symbolisierung, in der sich die Naturwissenschaft allgemeingültig formuliert. Die Zwischenwelt der Sprache ist der Idee nach ausgeklammert. Sofern sie als solche jetzt bewußt wird, zeigt sie sich als die primäre Vermitteltheit allen Weltzugangs. Damit wird die Unüberschreitbarkeit des sprachlichen Weltschemas klar. Der Mythos des Selbstbewußtseins, das in seiner apodiktischen Selbstgewißheit zum Ursprung und Rechtfertigungsgrund aller Geltung erhoben worden war, und das Ideal der Letztbegründung überhaupt, um das sich Apriorismus und Empirismus streiten, verliert seine Glaubwürdigkeit angesichts der Priorität und Unhintergehbarkeit des Systems der Sprache, in dem sich alles Bewußtsein und alles Wissen artikuliert. Wir haben durch Nietzsche den Zweifel an der Begründung der Wahrheit in der Selbstgewißheit des Selbstbewußtseins gelernt. Wir haben durch Freud die erstaunlichen wissenschaftlichen Entdeckungen kennengelernt, die mit diesem Zweifel Ernst machten, und an Heideggers grundsätzlicher Kritik am Begriff des Bewußtseins die begrifflichen Voreingenommenheiten eingesehen, die aus der griechischen Logos-Philosophie stammen und in moderner Wendung den Begriff des Subjektes ins Zentrum rückten. All das verleiht der ›Sprachlichkeit‹ unserer Welterfahrung den Primat. Die Zwischenwelt der Sprache erweist sich gegenüber den Illusionen des Selbstbewußtseins ebenso wie gegenüber der Naivität eines positivistischen Tatsachenbegriffs als die eigentliche Dimension dessen, was gegeben ist.

Man versteht von da den Aufstieg des Begriffes der Interpretation. Das ist ein Wort, das ursprünglich auf das Vermittlungsverhältnis, auf die Funktion des Mittelsmanns zwischen Sprechern verschiedener Sprachen ging, d. h. also auf den Übersetzer, und wurde dann von dort auf die Aufschließung von schwerverständlichen Texten überhaupt übertragen. In dem Moment, in dem sich die Zwischenwelt der Sprache dem philosophischen Bewußtsein in ihrer prädeterminierenden Bedeutung darstellte, mußte nun auch in der Philosophie Interpretation eine Art Schlüsselstellung einnehmen. Die Karriere des Wortes begann mit Nietzsche und wurde gleichsam zur Herausforderung allen Positivismus. Gibt es das Gegebene, von dessen sicherem Ausgangspunkte aus die Erkenntnis nach dem Allgemeinen, dem Gesetz, der Regel sucht und darin ihre Erfüllung findet? Ist das Gegebene nicht selbst Resultat einer Interpretation? Interpretation ist es, was zwischen Mensch und Welt die niemals vollendbare Vermittlung leistet, und insofern ist es die einzig wirkliche Unmittelbarkeit und Gegebenheit, daß wir etwas als etwas verstehen. Der Glaube an die Protokollsätze als das Fundament aller Erkenntnis hat auch im Wiener Kreis nicht lange gewährt.[92] Die Begründung der Erkenntnis kann selbst im Bereich der Naturwissenschaften der hermeneutischen Konsequenz nicht ausweichen, daß das sogenannte Gegebene von der Interpretation nicht ablösbar ist.[93]

Erst in deren Lichte wird etwas zu einer Tatsache und erweist sich eine Beobachtung als aussagekräftig. Radikaler noch hat Heideggers Kritik den Bewußtseinsbegriff der Phänomenologie und – ähnlich wie Scheler – den Begriff der ›reinen Wahrnehmung‹ als dogmatisch entlarvt. So wurde im sogenannten Wahrnehmen selber das hermeneutische Etwas-als-etwas-Verstehen aufgedeckt. Das aber heißt in letzter Konsequenz, daß Interpretation nicht eine zusätzliche Prozedur des Erkennens ist, sondern die ursprüngliche Struktur des ›In-der-Welt-Seins‹ ausmacht.

Aber heißt das, daß Interpretation ein *Einlegen* von Sinn und nicht ein

[92] [Moritz Schlick, Über das Fundament der Erkenntnis, in: Gesammelte Aufsätze 1926–1936, Wien 1938, S. 290–295 und 300–309].

[93] [Hierfür wäre auf die neuere Wissenschaftstheorie zu verweisen, auf die J. C. Weinsheimer, Gadamer's Hermeneutics – A Reading of Truth and Method (Yale 1985), eingeht].

Finden von Sinn ist? Das ist offenbar die durch Nietzsche gestellte Frage, die über Rang und Reichweite der Hermeneutik wie über die Einwände ihrer Gegner entscheidet. Jedenfalls ist festzuhalten, daß erst vom Begriff der Interpretation aus der Begriff des Textes sich als ein Zentralbegriff in der Struktur der Sprachlichkeit konstituiert; das kennzeichnet ja den Begriff des Textes, daß er sich nur im Zusammenhang der Interpretation und von ihr aus als das eigentlich Gegebene, zu Verstehende darstellt. Das gilt selbst in der dialogischen Verständigung, sofern man sich umstrittene Aussagen wiederholen läßt und damit die Intention auf verbindliche Formulierung verfolgt, ein Vorgang, der dann in der protokollarischen Fixierung kulminiert. In ähnlichem Sinne fragt der Interpret eines Textes, was eigentlich dasteht. Das mag immer eine noch so voreingenommene und vorurteilsvolle Beantwortung finden, sofern jeder, der so fragt, eine direkte Bestätigung seiner eigenen Annahmen in Anspruch zu nehmen sucht. Aber in solcher Berufung auf das, was dasteht, bleibt doch der Text der feste Bezugspunkt gegenüber der Fragwürdigkeit, Beliebigkeit oder mindestens Vielfältigkeit der Interpretationsmöglichkeiten, die sich auf den Text richten.

Das hat wiederum seine Bestätigung in der Wortgeschichte. Der Begriff ›Text‹ ist wesentlich in zwei Zusammenhängen in die modernen Sprachen eingedrungen. Einerseits als der Text der Schrift, deren Auslegung in Predigt und Kirchenlehre betrieben wird, so daß der Text die Grundlage für alle Exegese darstellt, alle Exegese aber Glaubenswahrheiten voraussetzt. Der andere natürliche Gebrauch des Wortes ›Text‹ begegnet uns im Zusammenhang mit der Musik. Da ist es der Text für den Gesang, für die musikalische Auslegung der Worte, und insofern auch dies nicht so sehr ein vorgegebenes, als ein aus dem Vollzug des Gesanges Ausfallendes. Diese beiden natürlichen Verwendungsweisen des Wortes Text weisen – wohl beide – auf den Sprachgebrauch der spätantiken römischen Juristen zurück, die nach der justinianischen Kodifizierung den Gesetzestext gegenüber der Strittigkeit seiner Auslegung und Anwendung auszeichnen. Von da hat das Wort überall dort Verbreitung gefunden, wo etwas der Einordnung in die Erfahrung Widerstand leistet und wo der Rückgriff auf das vermeintlich Gegebene eine Orientierung für das Verständnis geben soll.

Die metaphorische Rede von dem ›Buch der Natur‹ beruht auf demselben.[94] Das ist das Buch, dessen Text Gott mit seinem Finger geschrieben hat und den der Forscher zu entziffern bzw. durch seine Auslegung lesbar und verständlich zu machen berufen ist. So finden wir überall – und nur dort, wo mit einer primären Sinnvermutung an eine Gegebenheit herangetreten wird, die sich nicht widerstandslos in eine Sinnerwartung einfügt, den

[94] [Vgl. dazu E. Rothacker, Das ›Buch der Natur‹. Materialien und Grundsätzliches zur Metapherngeschichte. Aus dem Nachlaß hrsg. von W. Perpeet. Bonn 1979].

hermeneutischen Bezug auf den Textbegriff am Werk. Wie eng Text und Interpretation ineinander verwoben sind, kommt vollends daran heraus, daß auch ein überlieferter Text nicht immer das für die Interpretation Vorgegebene ist. Oft ist es ja die Interpretation, die zur kritischen Herstellung des Textes führt. Wenn man sich dieses innere Verhältnis von Interpretation und Text klarmacht, erzielt man einen methodischen Gewinn.

Der methodische Gewinn, der sich aus diesen an der Sprache gemachten Beobachtungen ergibt, liegt darin, daß ›Text‹ hier als ein hermeneutischer Begriff verstanden werden muß. Das will sagen, daß er nicht von der Perspektive der Grammatik und der Linguistik her, d. h. nicht als das Endprodukt gesehen wird, auf das hin die Analyse seiner Herstellung unternommen wird, in der Absicht, den Mechanismus aufzuklären, kraft dessen Sprache als solche funktioniert, im Absehen von allen Inhalten, die sie vermittelt. Vom hermeneutischen Standpunkt aus – der der Standpunkt jeden Lesers ist – ist der Text ein bloßes Zwischenprodukt, eine Phase im Verständigungsgeschehen, die als solche gewiß auch eine bestimmte Abstraktion einschließt, nämlich die Isolierung und Fixierung eben dieser Phase. Aber diese Abstraktion geht ganz in die umgekehrte Richtung als die dem Linguisten vertraute. Der Linguist will nicht in die Verständigung über die Sache eintreten, die in dem Text zur Sprache kommt, sondern in das Funktionieren von Sprache als solcher Licht bringen, was immer auch der Text sagen mag. Nicht, was da mitgeteilt wird, macht er zum Thema, sondern wie es überhaupt möglich ist, etwas mitzuteilen, mit welchen Mitteln der Zeichensetzung und Zeichengebung das vor sich geht.

Für die hermeneutische Betrachtung dagegen ist das Verständnis des Gesagten das einzige, worauf es ankommt. Dafür ist das Funktionieren von Sprache eine bloße Vorbedingung. So ist als erstes vorausgesetzt, daß eine Äußerung akustisch verständlich ist oder daß eine schriftliche Fixierung sich entziffern läßt, damit das Verständnis des Gesagten oder im Text Gesagten überhaupt möglich wird. Der Text muß lesbar sein.

Nun gibt uns dafür der Sprachgebrauch wiederum einen wichtigen Wink. Wir reden auch in einem anspruchsvolleren Sinne von ›Lesbarkeit‹ eines Textes, wenn wir damit eine unterste Qualifikation bei der Würdigung eines Stils oder bei der Beurteilung einer Übersetzung aussprechen wollen. Das ist natürlich eine übertragene Rede. Aber sie macht die Dinge, wie das so oft bei Übertragungen der Fall ist, vollends klar. Ihre negative Entsprechung ist die Unlesbarkeit, und das meint immer, daß der Text als schriftliche Äußerung seine Aufgabe nicht erfüllt, die darin besteht, ohne Anstoß verstanden zu werden. Es bestätigt sich damit, daß wir immer schon auf das Verstehen des im Text Gesagten vorausblicken. Erst von da aus gewahren und qualifizieren wir überhaupt einen Text als lesbar.

Aus der philologischen Arbeit ist das als die Aufgabe, einen lesbaren Text herzustellen, wohl bekannt. Es ist aber klar, daß diese Aufgabe sich immer nur so stellt, daß dabei schon von einem gewissen Verständnis des Textes ausgegangen wird. Nur wo der Text schon entziffert ist und der entzifferte Text sich nicht anstandlos ins Verständliche umsetzen läßt, sondern Anstoß gibt, fragt man danach, was eigentlich dasteht und ob die Lesung der Überlieferung bzw. die gewählte Lesart richtig war. Die Textbehandlung durch den Philologen, der einen lesbaren Text herstellt, entspricht also vollkommen der nicht nur akustischen Auffassung, die bei direkter auditiver Übermittlung vor sich geht. Wir sagen da, man habe gehört, wenn man verstehen konnte. Entsprechend ist die Unsicherheit im akustischen Auffassen einer mündlichen Botschaft wie die Unsicherheit einer Lesart. In beiden Fällen spielt eine Rückkoppelung hinein. Vorverständnis, Sinnerwartung und damit allerhand Umstände, die nicht im Text als solchen liegen, spielen ihre Rolle für die Auffassung des Textes. Das wird vollends deutlich, wenn es sich um die Übersetzung aus fremden Sprachen handelt. Da ist die Beherrschung der fremden Sprache eine bloße Vorbedingung. Wenn in solchem Falle überhaupt von ›Text‹ gesprochen wird, so ist es, weil er eben nicht nur verstanden, sondern in eine andere Sprache übertragen werden soll. Dadurch wird er zum ›Text‹, denn das Gesagte wird nicht einfach verstanden, sondern es wird zum ›Gegenstande‹ – es steht gegen die Vielfalt der Möglichkeiten, das Gemeinte in der ›Zielsprache‹ wiederzugeben, und darin liegt wiederum ein hermeneutischer Bezug. Jede Übersetzung, selbst die sogenannte wörtliche Wiedergabe, ist eine Art Interpretation.

So läßt sich zusammenfassend sagen: Was der Linguist zum Thema macht, indem er von der Verständigung über die Sache absieht, stellt für die Verständigung selbst einen bloßen Grenzfall möglicher Beachtung dar. Was den Verständigungsvollzug trägt, ist im Gegensatz zur Linguistik geradezu Sprachvergessenheit, in die die Rede oder der Text förmlich eingehüllt ist. Nur wenn dieselbe gestört ist, d. h. wo das Verständnis nicht gelingen will, wird nach dem Wortlaut des Textes gefragt und kann die Erstellung des Textes zu einer eigenen Aufgabe werden. Im Sprachgebrauch unterscheiden wir zwar zwischen Wortlaut und Text, aber daß die beiden Bezeichnungen immer auch für einander eintreten können, ist nicht zufällig. (Auch im Griechischen geht Sprechen und Schreiben im Begriff der *Grammatikē* zusammen.) Die Ausdehnung des Textbegriffes ist vielmehr hermeneutisch wohlbegründet. Ob mündlich oder schriftlich, in jedem Falle bleibt das Textverständnis von kommunikativen Bedingungen abhängig, die als solche über den bloßen fixierten Sinngehalt des Gesagten hinausreichen. Man kann geradezu sagen: Daß man überhaupt auf den Wortlaut bzw. auf den Text als solchen zurückgreift, muß immer durch die Besonderheit der Verständigungssituation motiviert sein.

Das läßt sich am heutigen Sprachgebrauch des Wortes ›Text‹ ebenso deutlich verfolgen, wie es sich an der Wortgeschichte des Wortes ›Text‹ zeigen ließ. Zweifellos gibt es eine Art Schwundstufe von Text, die wir gewiß kaum je ›Text‹ nennen werden, so etwa die eigenen Notizen, die sich einer zur Stützung seines Gedächtnisses gemacht hat. Hier wird sich die Textfrage nur dann stellen, wenn die Erinnerung nicht gelingt, die Notiz fremd und unverständlich ist und deshalb zum Rückgriff auf den Zeichenbestand, also auf den Text nötigt. Im allgemeinen aber ist die Notiz kein Text, weil sie als bloße Erinnerungsspur in der Wiederkehr des in der Aufzeichnung Gemeinten aufgeht.

Aber auch ein anderes Extrem der Verständigung motiviert im allgemeine nicht die Rede von ›Text‹. Das ist etwa die wissenschaftliche Mitteilung, die von vornherein bestimmte Verständigungsbedingungen voraussetzt. Das liegt in der Art ihrer Adresse. Sie meint den Fachmann. Wie es für die Notiz galt, daß sie nur für mich selbst ist, so ist die wissenschaftliche Mitteilung, auch wenn sie veröffentlicht ist, nicht für alle. Sie will nur verständlich sein für den, der mit der Forschungslage und der Forschungssprache wohlvertraut ist. Wenn diese Bedingung erfüllt ist, wird der Partner im allgemeinen nicht auf den Text als Text zurückkommen. Das wird er nur tun, wenn ihm die geäußerte Meinung allzu unglaubhaft erscheint und er sich fragen muß: Liegt da nicht ein Mißverständnis vor? – Anders ist die Lage natürlich für den Wissenschaftshistoriker, für den die gleichen wissenschaftlichen Zeugnisse wirkliche Texte sind. Sie bedürfen der Interpretation, sofern der Interpret hier nicht der gemeinte Leser ist und den Abstand eigens überbrücken muß, der zwischen ihm und dem ursprünglichen Leser besteht. Zwar ist der Begriff des ›ursprünglichen Lesers‹, wie ich andernorts betont habe,[95] höchst vage. Aber etwa im Fortgang der Forschung hat er seine Bestimmtheit. Aus dem gleichen Grunde wird man im allgemeinen nicht von dem Text eines Briefes sprechen, wenn man selber der Empfänger ist. Dann geht sozusagen in die schriftliche Gesprächssituation bruchlos ein, falls sich nicht eine besondere Störung im Verständnis einstellt und dazu nötigt, auf den genauen Text zurückzugehen. Im schriftlichen Gespräch wird also im Grunde die gleiche Grundbedingung in Anspruch genommen, die auch für den mündlichen Austausch gilt. Beide haben den guten Willen, einander zu verstehen, So liegt überall, wo Verständigung gesucht wird, guter Wille vor. Die Frage wird sein, wieweit diese Situation und ihre Implikationen auch gegeben sind, wenn kein bestimmter Adressat oder Adressatenkreis gemeint ist, sondern der namenlose Leser – oder eben, wenn nicht der gemeinte Adressat, sondern ein Fremder einen Text verstehen will. Das Schreiben eines Briefes ist wie eine andere Form des Gesprächsversuchs, und wie im un-

[95] Vgl. vor allem Ges. Werke Bd. 1, S. 397ff und insbesondere S. 399, wo der Text mit der Formulierung schließt: »Der Begriff des ursprünglichen Lesers steckt voller undurchschauter Idealisierung«.

mittelbaren sprachlichen Kontakt oder in allen eingespielten pragmatischen Handlungssituationen wird nur die Störung in der Verständigung ein Interesse am genauen Wortlaut des Gesagten motivieren.

Jedenfalls versucht der Schreiber, wie der im Gespräch Befindliche, das mitzuteilen, was er meint, und das schließt den Vorblick auf den anderen ein, mit dem er Voraussetzungen teilt und auf dessen Verständnis er zählt. Der andere nimmt das Gesagte, wie es gemeint ist, d. h. er versteht dadurch, daß er das Gesagte ergänzt und konkretisiert und nichts in seinem abstrakten Sinngehalt wörtlich nimmt. Das ist auch der Grund, warum man in Briefen, selbst wenn man sie an einen Partner richtet, mit dem man sehr vertraut ist, dennoch gewisse Dinge nicht so sagen kann, wie in der Unmittelbarkeit der Gesprächssituation. Da ist zu vieles, das wegfiele, was in der Unmittelbarkeit des Gesprächs das rechte Verständnis mitträgt, und vor allem hat man im Gespräch immer die Möglichkeit, auf Grund der Entgegnung zu verdeutlichen oder zu verteidigen, wie es gemeint war. Das ist durch den sokratischen Dialog und die platonische Kritik an der Schriftlichkeit besonders bekannt. Die Logoi, die sich aus der Verständigungssituation herausgelöst darstellen, und das gilt natürlich für das Schriftliche insgesamt, sind dem Mißbrauch und Mißverständnis ausgesetzt, weil sie der selbstverständlichen Korrektur des lebendigen Gesprächs entbehren.

Hier drängt sich eine wesentliche Folgerung auf, die für die hermeneutische Theorie zentral ist. Wenn jede schriftliche Fixierung derart beschnitten ist, bedeutet das für die Intention des Schreibens selber etwas. Weil man als Schreiber um die Problematik aller schriftlichen Fixierung weiß, ist man immer von dem Vorblick auf den Empfänger gesteuert, bei dem man sinngemäßes Verständnis erzielen will. Wie es im lebendigen Gespräch ist, wo man durch Rede und Gegenrede zur Verständigung zu gelangen sucht, das heißt aber, die Worte sucht und mit Betonung und Gestik begleitet, von denen man erwartet, daß sie den anderen erreichen, so muß beim Schreiben, das kein Suchen und Finden der Worte mit-teilen kann, gleichsam ein Auslegungs- und Verständnishorizont im Text selbst geöffnet werden, den der Leser auszufüllen hat. ›Schreiben‹ ist mehr als bloße Fixierung von Gesagtem. Zwar weist jede schriftliche Fixierung auf das ursprünglich Gesagte zurück, aber sie muß ebenso nach vorwärts blicken. Alles Gesagte ist auch immer schon auf Verständigung gerichtet und enthält den anderen mit.

So reden wir etwa von dem Text des Protokolls, weil dieses von vornherein als Dokument gemeint ist, und das heißt, daß auf das darin Fixierte zurückgegriffen werden soll. Eben deshalb bedarf es der besonderen Zeichnung und Unterzeichnung durch den Partner. Gleiches gilt von allen Vertragsschließungen in Handel und Politik.

Wir sind damit zu einem zusammenfassenden Begriff gelangt, der aller

Konstitution von Texten zugrundeliegt und zugleich ihre Einbettung in den hermeneutischen Zusammenhang sichbar macht: Jeder Rückgang auf den Text – ob es sich dabei um einen wirklichen, schriftlich fixierten Text handelt oder um die bloße Wiederholung des im Gespräch Geäußerten, gilt gleichviel – meint die ›Urkunde‹, das ursprünglich Gekündete oder Verkündete, das als ein sinnhaft Identisches gelten soll. Was allen schriftlichen Fixierungen ihre Aufgabe vorschreibt, ist eben, daß diese ›Kunde‹ verstanden werden soll. Der fixierte Text soll die ursprüngliche Kundgabe so fixieren, daß ihr Sinn eindeutig verständlich wird. Hier entspricht der Aufgabe des Schreibenden die Aufgabe des Lesenden, Adressaten, Interpreten, zu solchem Verständnis zu gelangen, d. h. den fixierten Text wieder sprechen zu lassen. Insofern bedeutet Lesen und Verstehen, daß die Kunde auf ihre ursprüngliche Authentizität zurückgeführt wird. Die Aufgabe der Interpretation stellt sich immer dann, wenn der Sinngehalt des Fixierten strittig ist und es gilt, das richtige Verständnis der ›Kunde‹ zu gewinnen. ›Kunde‹ aber ist nicht, was der Sprechende bzw. der Schreibende ursprünglich gesagt hat, sondern was er hat sagen wollen, wenn ich sein ursprünglicher Gesprächspartner gewesen wäre. Das ist etwa für die Interpretation von ›Befehlen‹ als hermeneutisches Problem bekannt, daß sie ›sinngemäß‹ befolgt werden sollen (und nicht wörtlich). Das liegt der Sache nach in der Feststellung, daß ein Text nicht ein gegebener Gegenstand ist, sondern eine Phase im Vollzug eines Verständigungsgeschehens.

Dieser allgemeine Sachverhalt läßt sich besonders gut an der juristischen Kodifikation und entsprechend an der juristischen Hermeneutik illustrieren. Nicht umsonst hat die juristische Hermeneutik eine Art Modellfunktion. Hier ist die Überführung in die schriftliche Form und die beständige Berufung auf den Text besonders naheliegend. Was als Recht gesetzt ist, dient ja von vornherein der Schlichtung oder Vermeidung von Streit. Insofern ist hier der Rückgang auf den Text immer motiviert, sowohl für die Rechtsuchenden, die Parteien, wie auch für den Rechtfindenden, Rechtsprechenden, das Gericht. Die Formulierung von Gesetzen, von rechtsgültigen Verträgen oder rechtsgültigen Entscheidungen ist eben deshalb besonders anspruchsvoll, und ihre schriftliche Fixierung erst recht. Hier soll ein Beschluß oder eine Übereinkunft so formuliert werden, daß der rechtliche Sinn derselben eindeutig aus dem Text hervorgeht und dem Mißbrauch oder der Verdrehung entzogen ist. Die ›Dokumentation‹ verlangt gerade dies, daß eine authentische Interpretation gelingen muß, auch wenn die Autoren selber, die Gesetzgeber oder die Vertragspartner, nicht greifbar sind. Darin liegt, daß die schriftliche Formulierung den Auslegungsspielraum von vornherein mit bedenken muß, der für den ›Leser‹ des Textes entsteht, der denselben anzuwenden hat. Hier geht es stets darum – ob bei der ›Verkündigung‹ oder der ›Kodifikation‹, gilt gleichviel –, Streit zu vermeiden, Mißverständnisse und Mißbrauch auszuschließen, eindeutiges Verständnis zu ermöglichen. Gegenüber der bloßen Verkündigung des Gesetzes oder dem aktuellen Abschluß des Vertrages will die schriftliche Fixierung lediglich eine zusätzliche Absicherung schaffen. Darin liegt aber, daß auch hier ein Spielraum der sinngemäßen Konkretisierung bleibt, die für die praktische Anwendung die Interpretation zu leisten hat.

Daß sie wie ein Text ist, ob kodifiziert oder nicht, liegt in dem Geltungsanspruch der Rechtssetzung. Das Gesetz wie die Satzung bedarf für die praktische Anwendung stets der Interpretation, und das bedeutet umgekehrt, daß in jede praktische Anwendung Interpretation bereits eingegangen ist. Daher kommt der Judikatur, den Präzedenzfällen oder der bisherigen Handhabung stets eine rechtsschöpferische Funktion zu. Insofern zeigt sich am juristischen Beispiel mit exemplarischer Deutlichkeit, wie sehr jede Erstellung eines Textes auf Interpretation, und d. h. auf richtige, sinngemäße Anwendung, vorausbezogen ist. Es ist festzuhalten, daß das hermeneutische Problem zwischen mündlichem und schriftlichem Verfahren im Grunde das gleiche ist. Man denke etwa an das Verhör von Zeugen. Dieselben sind in der Regel in die Zusammenhänge der Untersuchung und die Anstrengung zur Urteilsfindung nicht eingeweiht. So begegnet ihnen die ihnen gestellte Frage mit der Abstraktheit des ›Textes‹, und die Antwort, die sie zu geben haben, ist von derselben Art. Das bedeutet, sie ist wie eine schriftliche Äußerung. Das kommt an der Unbefriedigung heraus, mit der die schriftliche Protokollierung einer Aussage vom Zeugen selber aufgenommen wird. Er kann das Gesagte zwar nicht abstreiten, möchte es aber auch nicht in solcher Isolation stehen lassen und würde es am liebsten sofort noch selber interpretieren. Dem trägt die Aufgabe der Fixierung, also die Protokollführung insoweit Rechnung, daß bei der Wiedergabe des tatsächlich Gesagten das Protokoll der Sinnintention des Sprechenden möglichst gerecht werden soll. Umgekehrt zeigt sich an dem gegebenen Beispiel der Zeugenaussage, wie das schriftliche Verfahren (bzw. die Komponente der Schriftlichkeit im Verfahren) auf die Gesprächsbehandlung rückwirkt. Der auf seine Zeugenaussage hin isolierte Zeuge ist sozusagen schon auf die schriftliche Festlegung der Untersuchungsergebnisse hin isoliert. Ähnliches gilt offenkundig von solchen Fällen, in denen man sich etwa ein Versprechen oder einen Befehl oder eine Frage schriftlich geben läßt: Auch dies enthält eine Isolierung von der ursprünglichen kommunikativen Situation und muß in der Art der schriftlichen Fixierung den ursprünglichen Sinn zum Ausdruck bringen. Der Rückbezug auf die ursprüngliche Mitteilungssituation bleibt in allen diesen Fällen offenkundig.

Das läßt sich auch durch zusätzliche Zeichensetzung tun, wie sie die schriftliche Fixierung inzwischen gefunden hat, um das rechte Verständnis zu erleichtern. So ist z. B. das Fragezeichen ein solcher Hinweis auf die Art, wie ein schriftlich fixierter Satz eigentlich artikuliert werden muß. Der treffliche spanische Brauch, den Fragesatz durch zwei Fragezeichen einzurahmen, macht diese Grundabsicht in überzeugender Weise sichtbar: Schon beim Beginn des Lesens weiß man dadurch, wie man die betreffende Phrase zu artikulieren hat. Die Entbehrlichkeit solcher Interpunktionshilfen, die es in vielen alten Kulturen überhaupt nicht gab, bestätigt andererseits, wie allein durch den fixierten Text Verständnis immerhin möglich ist. Die bloße Aneinanderreihung der Schriftzeichen ohne Interpunktion stellt gleichsam die kommunikative Abstraktion im Extrem dar.

Nun gibt es ohne Zweifel viele Formen des kommunikativen sprachlichen Verhaltens, die dieser Finalität zu unterwerfen nicht möglich ist. Das sind insofern Texte, als man sie selbstverständlich als Texte ansehen kann, wenn sie von ihrem Adressaten abgelöst begegnen – etwa in literarischer Darstellung. Aber im kommunikativen Geschehen selber setzen sie der Textierung Widerstand entgegen. Ich möchte drei Formen derselben unterscheiden, um auf ihrem Hintergrunde den in eminenter Weise der Textierung zugänglichen, nein: in Textgestalt seine eigentliche Bestimmung erfüllenden Text zur Abhebung zu bringen. Diese drei Formen sind die *Antitexte*, die *Pseudotexte* und die *Prätexte*. Als *Antitexte* bezeichne ich solche Formen des Redens, die sich der Textierung widersetzen, weil in ihnen die Vollzugssituation des Miteinandersprechens dominant ist. Dazu gehört z. B. jede Art von Scherz. Daß wir etwas nicht ernst meinen und erwarten, daß es als Scherz verstanden wird, hat sicherlich im Kommunkationsgeschehen seinen Ort und findet dort auch seine Signalisierung: Im Tonfall oder in der begleitenden Gestik oder in der gesellschaftlichen Situation oder wie immer. Es ist aber deutlich, daß es nicht möglich ist, eine solche scherzhafte Bemerkung des Augenblicks zu wiederholen. – Ähnliches gilt von einer anderen, geradezu klassischen Form gegenseitiger Verständigung, nämlich der Ironie. Hier ist die klare gesellschaftliche Voraussetzung die gemeinsame Vorverständigung, die der Gebrauch von Ironie voraussetzt. Wer das Gegenteil dessen sagt, was er meint, aber sicher sein kann, daß das Gemeinte dabei verstanden wird, befindet sich in einer funktionierenden Verständigungssituation. Wieweit solche ›Verstellung‹, die keine ist, auch auf schriftlichem Wege möglich ist, hängt von dem Grade der kommunikativen Vorverständigung und des beherrschenden Einverständnisses ab. So kennen wir den Gebrauch der Ironie z. B. in der früheren aristokratischen Gesellschaft, und dort gewiß auch bruchlos im Übergang in die Schriftlichkeit. In diesen Zusammenhang gehört auch der Gebrauch von klassischen Zitaten, oft in verballhornter Form. Auch damit wird auf eine gesellschaftliche Solidarität, in diesem Falle die überlegene Beherrschung von Bildungsvoraussetzungen, also auf ein Klasseninteresse und seine Bestätigung, abgezielt. Wo aber die Verhältnisse dieser Verständigungsbedingungen nicht ebenso klar sind, ist die Übertragung in die fixierte Schriftform bereits problematisch. So stellt der Gebrauch der Ironie oft eine außerordentlich schwierige hermeneutische Aufgabe, und die Annahme, daß es sich um Ironie handelt, ist schwer zu rechtfertigen. Nicht mit Unrecht hat man gesagt, etwas als ironisch auffassen ist oft nichts anderes als eine Verzweiflungstat des Interpreten. Im Umgang ist es dagegen ein eklatanter Bruch des Einverständnisses, wenn der Gebrauch von Ironie nicht verstanden wird. Es wird eben ein *tragendes Einverständnis* vorausgesetzt, wo immer Scherz oder Ironie möglich sein soll. Daher kann die Verständigung zwischen Menschen kaum dadurch wieder hergestellt werden, daß jemand seine ironische Ausdrucksweise in unmißverständliche Formulierung umprägen soll. Wenn das auch möglich ist, bleibt der so eindeutig gemachte Sinn der Aussage hinter dem kommunikativen Sinn der ironischen Rede allzu weit zurück.

Den zweiten Typus von textwidrigen Texten nannte ich die *Pseudotexte.* Damit meine ich Redegebrauch und auch Schriftgebrauch, der Elemente in sich aufgenommen hat, die gar nicht wirklich zur Sinnübermittlung gehören, sondern so etwas wie ein Füllmaterial für rhetorische Überbrückungen des Redeflusses darstellen. Der Anteil der Rhetorik läßt sich geradezu dadurch definieren, daß er an der Rede das ist, was nicht den Sachgehalt der Äußerungen darstellt, also den Sinngehalt, der in den Text überführbar ist, sondern was die rein funktionale und rituale Funktion des Redeaustausches in mündlicher bzw. in schriftlicher Form hat. Es ist sozusagen der bedeutungsentleerte Sprachbestandteil, den ich hier als Pseudotext behandle. Jedermann kennt dieses Phänomen etwa an der Schwierigkeit, die selbstverständlichen Füllmaterialien der Rede beim Übertragen eines Textes in eine andere Sprache zu erkennen und angemessen zu behandeln. Der Übersetzer vermutet in diesem Füllmaterial authentischen Sinn und zerstört durch die Wiedergabe den eigentlichen Mitteilungsfluß des ihm zur Übersetzung übergebenen Textes. Das ist eine Schwierigkeit, der jeder Übersetzer ausgesetzt ist. Das soll nicht bestreiten, daß sich das Äquivalent für solches Füllmaterial gewiß finden ließe, aber die Übersetzungsaufgabe meint in Wahrheit nur das Sinnhaltige des Textes allein, und deswegen besteht in der Erkenntnis und Ausmerzung solchen Füllmaterials von Leerstellen die wahre Aufgabe des sinnvollen Übersetzens. Im Vorausblick ist hier freilich anzumelden, daß dies *für alle Texte von wahrhaft literarischer Qualität, die ich eminente Texte nenne, wie wir sie kennenlernen werden, ganz anders ist.* Eben darauf beruht die Grenze der Übersetzbarkeit literarischer Texte, die sich in den verschiedensten Abstufungen zeigt.

Als dritte Form textwidriger Texte habe ich die *Prätexte* im Auge. So nenne ich alle solche kommunikativen Äußerungen, deren Verständnis sich nicht in der Sinnübermittlung, die in ihnen intendiert ist, erfüllt, sondern in denen etwas Maskiertes zum Ausdruck kommt. Prätexte sind also solche

Texte, die wir auf etwas hin interpretieren, was sie gerade nicht meinen. Das, was sie meinen, ist ein bloßer Vorwand, hinter dem sich der ›Sinn‹ verbirgt, und damit stellt sich die Interpretationsaufgabe, den Vorwand zu durchschauen und das wahrhaft darin zum Ausdruck Kommende zu ermitteln.

Solche Texte liegen etwa in der öffentlichen Meinungsbildung vor, die ideologischen Einschlag zeigt. Der Begriff der Ideologie will gerade das sagen, daß hier nicht eine wirkliche Mitteilung verbreitet wird, sondern ein dahinterstehendes Interesse, dem sie als Vorwand dient. Die Ideologie-Kritik betreibt daher eine Zurückführung des Gesagten auf maskierte Interessen, z. B. die Interessen der bürgerlichen Klasse im kapitalistischen Interessenkampf. Ebenso dürfte wohl auch die ideologie-kritische Haltung selber als eine ideologische kritisierbar sein, sofern sie etwa antibürgerliche, oder was immer es sei, Interessen vertritt und damit ihre eigene Vorwandhaftigkeit maskiert. Man wird als die gemeinsame Motivation des Rückgangs auf ein dahinter liegendes Interesse den Bruch des Einverständnisses ansehen dürfen, das, was Habermas die Kommunikationsverzerrung nennt. Verzerrte Kommunikation zeigt sich also ebenfalls als eine Störung möglichen Einverständnisses und möglicher Verständigung und motiviert dadurch den Rückgang auf den wahren Sinn. Das ist wie eine Entschlüsselung.

Ein anderes Beispiel solcher Interpretation als Hintergehung des Vorwandhaften stellt die Rolle dar, welche der Traum in der modernen Tiefenpsychologie einnimmt. Die Erfahrungen des Traumlebens sind ja in der Tat inkonsistent. Die Logik des Erfahrungslebens ist weitgehend außer Kraft. Das schließt nicht aus, daß von der Überraschungslogik des Traumlebens auch ein unmittelbarer Sinnreiz ausgehen kann, der ganz der der Unlogik des Märchens vergleichbar ist. In der Tat hat sich die erzählende Literatur des Genres des Traums wie der des Märchens bemächtigt, z. B. in der deutschen Romantik. Aber es ist eine ästhetische Qualität, die im Spiel der Traumphantasie in dieser Weise genossen wird und natürlich eine literarästhetische Interpretation erfahren kann. Dagegen wird das gleiche Phänomen des Traumes Gegenstand einer ganz andersartigen Interpretation, wenn man hinter den Fragmenten der Traumerinnerung einen wahren Sinn zu enthüllen sucht, der sich in den Traumphantasien nur maskiert und der Entschlüsselung fähig ist. Das macht die ungeheuere Bedeutung der Traumerinnerung in der psycho-analytischen Behandlung aus. Mit der Hilfe der Traumdeutung gelingt es der Analyse, ein assoziatives Gespräch in Gang zu bringen, damit Blockaden aufzuheben und am Ende den Patienten von seiner Neurose zu befreien. Bekanntlich durchläuft dieser Prozeß der sogenannten Analyse komplizierte Stadien der Rekonstruktion des ursprünglichen Traumtextes und seiner Deutung. Es ist zwar ein ganz anderer Sinn als der vom Träumer ›gemeinte‹ oder ehedem von den Traumdeutern herausgelesene, die das Beunruhigende der Traumerfahrung durch ihre Deutung auflösten. Vielmehr ist es die totale Gestörtheit des auf Einverständnis beruhenden Verständigungsgeschehens, die wir Neurose nennen, die den Rückgang hinter das ›Gemeinte‹ und die Interpretation des Vorwandes motiviert.

Auch die außerhalb der spezifischen neurotischen Störung bekannte Psychopathologie des Alltagslebens ist von der gleichen Struktur. Da werden Fehlhandlungen durch Rückgang auf unbewußte Regungen zu plötzlicher Verständlichkeit gebracht. Hier wiederholt sich die Motivation des Rückganges auf das Unbewußte wiederum aus der Inkonsistenz, d. h. der Unbegreiflichkeit der Fehlhandlung. Durch die Aufklärung wird dieselbe begreiflich und verliert das Irritierende, das sie an sich hat.

Der Zusammenhang zwischen Text und Interpretation, der das Thema dieser Studie darstellt, zeigt sich also hier in einer besonderen Form, die Ricoeur die Hermeneutik des Mißtrauens *(hermeneutics of suspicion)* nennt. Es ist ein Irrtum, diese Fälle verzerrter Verständlichkeit als den Normalfall des Textverstehens zu privilegieren.[96]

Nun gilt diese ganze bisherige Betrachtung dem Ziel zu zeigen, daß der Zusammenhang zwischen Text und Interpretation sich grundsätzlich ändert, wenn es sich um sogenannte ›literarische Texte‹ handelt. In allen bisherigen Fällen, in denen sich die Motivation zur Interpretation ergab und sich etwas im kommunikativen Prozeß als Text konstituierte, war die Interpretation, wie der sogenannte Text selber, in das Geschehen der Verständigung eingeordnet. Das entsprach dem wörtlichen Sinne des Ausdrucks *interpres*, der den meint, der dazwischenredet und daher zunächst die Urfunktion des Dolmetschers, der zwischen Sprechern verschiedener Sprachen steht und durch sein Dazwischenreden die Getrennten zusammenbringt. Wie in solchem Falle die Barriere der fremden Sprache überwunden wird, so bedarf es dessen auch, wenn in der gleichen Sprache Störungen bei der Verständigung auftreten, wobei die Identität der Aussage im Rückgang auf sie, und das heißt potentiell in ihrer Behandlung als Text, begegnet.

Das Befremdende, das einen Text unverständlich macht, soll durch den Interpreten aufgehoben werden. Der Interpret redet dazwischen, wenn der Text (die Rede) seine Bestimmung, gehört und verstanden zu werden, nicht zu erfüllen vermag. Der Interpret hat keine andere Funktion als die, in der Erzielung der Verständigung ganz zu verschwinden. Die Rede des Interpreten ist daher nicht ein Text, sondern *dient* einem Text. Das heißt aber nicht, daß der Beitrag des Interpreten in der Weise, den Text zu hören, ganz verschwunden wäre. Er ist nur nicht thematisch, nicht als Text gegenständlich, sondern in den Text eingegangen. Damit wird das Verhältnis von Text und Interpretation in größter Allgemeinheit charakterisiert.

[96] [Vgl. inzwischen vom Verf.: The Hermeneutics of Suspicion, in: Hermeneutics, Questions and Prospects (ed. G. Shapiro and A. Sica), Amherst 1984, S. 54–65.]

Denn hier kommt ein hermeneutisches Strukturmoment zutage, das eigene Hervorhebung verdient. Dieses Dazwischenreden hat selber Dialogstruktur. Der Dolmetscher, der zwischen zwei Parteien vermittelt, wird gar nicht anders können, als seine Distanz gegenüber den beiden Positionen wie eine Art Überlegenheit über die beiderseitige Befangenheit zu erfahren. Seine Mithilfe bei der Verständigung beschränkt sich daher nicht auf die rein linguistische Ebene, sondern geht immer in eine sachliche Vermittlung über, die Recht und Grenzen der beiden Parteien miteinander zum Ausgleich zu bringen versucht. Der ›Dazwischenredende‹ wird zum ›Unterhändler‹. Nun scheint mir ein analoges Verhältnis auch zwischen dem Text und dem Leser zu bestehen. Wenn der Interpret das Befremdliche in einem Text überwindet und damit dem Leser zum Verständnis des Textes verhilft, bedeutet sein eigenes Zurücktreten nicht Verschwinden im negativen Sinne, sondern sein Eingehen in die Kommunikation, so daß die Spannung zwischen dem Horizont des Textes und dem Horizont des Lesers aufgelöst wird – was ich *Horizontverschmelzung* genannt habe. Die getrennten Horizonte wie die verschiedenen Standpunkte gehen ineinander auf. Das Verständnis eines Textes tendiert daher dahin, den Leser für das einzunehmen, was der Text sagt, der eben damit selber verschwindet.

Aber da gibt es die *Literatur:* Texte, die nicht verschwinden, sondern allem Verstehen gegenüber mit normativem Anspruch dastehen und allem neuen Sprechenlassen des Textes bevorstehen. Was ist ihre Auszeichnung? Was besagt es für die Zwischenrede des Interpreten, daß Texte so ›da‹ sein können?[97]

Meine These ist: Sie sind immer erst im Zurückkommen auf sie eigentlich da. Das heißt aber, daß sie in ursprünglichem und eigentlichem Sinne *Text* sind, Worte, die erst im Zurückkommen auf sie eigentlich ›da‹ sind, erfüllen den wahren Sinn von Texten sozusagen aus sich selber: sie sprechen. Literarische Texte sind solche Texte, die man beim Lesen laut hören muß, wenn auch vielleicht nur im inneren Ohr, und die man, wenn sie rezitiert werden, nicht nur hört, sondern innerlich mitspricht. Sie gewinnen ihr wahres Dasein im Auswendigkönnen, *par coeur*. Dann leben sie im Gedächtnis, des Rhapsoden, des Choreuten, des lyrischen Sängers. Wie in die Seele geschrieben, sind sie auf dem Wege zur Schriftlichkeit, und daher ist es gar nicht überraschend, daß man in Lesekulturen solche ausgezeichneten Texte ›Literatur‹ nennt.

Ein literarischer Text ist nicht nur die Fixierung vollzogener Rede. Er verweist gar nicht auf ein schon gesprochenes Wort zurück. Das hat herme-

[97] [Vgl. hierzu vor allem die in Ges. Werke Bd. 8 gesammelten Abhandlungen zur Literaturtheorie].

neutische Konsequenzen. Die Interpretation ist da nicht mehr ein bloßes Mittel zur Wiedervermittlung einer ursprünglichen Äußerung. Der literarische Text ist gerade dadurch in einem besonderen Grade Text, daß er nicht auf eine ursprüngliche Sprachhandlung zurückweist, sondern seinerseits alle Wiederholungen und Sprachhandlungen vorschreibt; kein Sprechen kann je die Vorschrift ganz erfüllen, die ein dichterischer Text darstellt. Derselbe übt eine normative Funktion aus, die weder auf eine ursprüngliche Rede noch auf die Intention des Redenden zurückweist, sondern die in ihm selbst entspringt, etwa im Glück des Gelingens eines Gedichtes selbst noch den Dichter überraschend und übertreffend.

Nicht umsonst hat das Wort ›Literatur‹ einen wertenden Sinn erhalten, so daß Zugehörigkeit zur Literatur eine Auszeichnung darstellt. Ein Text solcher Art stellt nicht die bloße Fixierung von Rede dar, sondern besitzt seine eigene Authentizität. Wenn es sonst den Charakter von Rede ausmacht, daß der Zuhörende gleichsam durch sie hindurchhört und ganz auf das gerichtet ist, was ihm die Rede mitteilt, kommt hier die Sprache selber in eigentümlicher Weise zur Erscheinung.

Es ist nicht leicht, diese Selbstpräsentation des Wortes richtig zu fassen. Selbstverständlich behalten Worte auch im literarischen Text ihre Bedeutung und tragen den Sinn der Rede, die etwas meint. Es gehört notwendig zu der Qualität eines literarischen Textes, daß er diesen Primat des Sachgehaltes, der allem Reden zukommt, nicht antastet, ja sogar umgekehrt, ihn so sehr steigert, daß der Wirklichkeitsbezug seiner Aussage suspendiert wird. Andererseits darf das Wie des Gesagtseins sich nicht vordrängen. Sonst sprechen wir nicht von Kunst des Wortes, sondern von Künstlichkeit, nicht von einem Ton, der wie eine Sangart vorschreibt, sondern von poetisierender Imitation, bzw. wir sprechen nicht von einem Stil, dessen unverwechselbare Qualität wir bewundern, sondern von einer Manier, die sich störend fühlbar macht. Trotzdem verlangt ein literarischer Text, daß er in seiner sprachlichen Erscheinung präsent wird und nicht nur seine Mitteilungsfunktion ausübt. Er muß nicht nur gelesen, er muß auch gehört werden – wenn auch meist nur im inneren Ohr.

So gewinnt das Wort im literarischen Text erst seine volle *Selbstpräsenz*. Es macht nicht nur Gesagtes präsent, sondern auch sich selbst in seiner erscheinenden Klangwirklichkeit. So wie der Stil als ein wirksamer Faktor den guten Text mit ausmacht und doch nicht als ein Stilkunststück nach vorn drängt, so ist auch die Klangwirklichkeit der Worte und der Rede mit der Sinnmitteilung unlösbar verbunden. Aber wenn sonst Rede durch das Vorlaufen auf den Sinn bestimmt wird, so daß wir über ihre Erscheinung hinweg ganz auf den mitgeteilten Sinn hinhören und hinlesen, hat beim literarischen Text die Selbsterscheinung eines jeden Wortes in seiner Klanglichkeit und hat die Klangmelodie der Rede gerade auch für das durch die

Worte Gesagte ihre Bedeutung. Es entsteht eine eigentümliche Spannung zwischen der Sinnrichtung der Rede und der Selbstpräsentation ihrer Erscheinung. Jedes der Glieder der Rede, jedes einzelne Wort, das sich der Sinneinheit des Satzes einordnet, stellt selbst eine Art Sinneinheit dar, sofern es durch seine Bedeutung etwas Gemeintes evoziert. Sofern es dabei sich in seiner eigenen Einheit ausspielt und nicht nur als Mittel für den zu erratenden Redesinn wirkt, läßt es die Sinnvielfalt seiner eigenen Nennkraft zur Entfaltung kommen. So spricht man dann von den Konnotationen, die mitsprechen, wenn in einem literarischen Text ein Wort in seiner Bedeutung erscheint.

Dabei ist das Einzelwort als Träger seiner Bedeutung und als Mitträger des Redesinnes nur ein abstraktes Moment der Rede. Alles muß im größeren Ganzen der *Syntax* gesehen werden. Freilich ist das im literarischen Text eine Syntax, die nicht unbedingt und nicht allein die der üblichen Grammatik ist. Wie der Redner syntaktische Freiheiten genießt, die der Hörer ihm deshalb einräumt, weil er mit all den Modulationen und Gestikulationen des Sprechers mitgeht, besitzt auch der dichterische Text – bei allen Abstufungen, die er zeigt – seine eigenen Freiheiten. Sie werden der Klangwirklichkeit eingeräumt, die dem Ganzen des Textes zu verstärkter Sinnkraft verhilft. Gewiß gilt es schon im Bereich der gewöhnlichen Prosa, daß eine Rede keine ›Schreibe‹ ist und ein Vortrag keine Vorlesung, d. h. kein ›paper‹. Doch für Literatur im eminenten Sinne des Wortes gilt das noch mehr. Sie überwindet die Abstraktheit des Geschriebenseins nicht nur so, daß der Text lesbar ist, und d. h., in seinem Sinn verständlich. Ein literarischer Text besitzt vielmehr einen eigenen Status. Seine sprachliche Präsenz als Text fordert Wiederholung des originalen Wortlauts, aber so, daß sie nicht auf ein ursprüngliches Sprechen zurückgreift, sondern auf ein neues, ideales Sprechen vorausblickt. Das Geflecht der Sinnbezüge erschöpft sich nie ganz in den Relationen, die zwischen den Hauptbedeutungen der Worte bestehen. Gerade die mitspielenden Bedeutungsrelationen, die in die Sinnteleologie nicht eingebunden sind, geben dem literarischen Satz sein Volumen. Gewiß kämen sie nicht zur Erscheinung, wenn das Ganze der Rede nicht sozusagen an sich hielte, zum Verweilen einlüde und den Leser oder Hörer anhielte, immer hörender zu werden. Dieses Hörendwerden bleibt aber trotzdem, wie jedes Hören, ein Hören auf etwas, das das Gehörte als die Sinngestalt einer Rede auffaßt.

Es ist schwierig zu sagen, was hier Ursache und was Wirkung ist: Ist es dieser Gewinn an Volumen, der seine Mitteilungsfunktion und seine Referenz suspendiert und ihn zu einem literarischen Text macht? Oder ist es umgekehrt so, daß die Durchstreichung der Wirklichkeitssetzung, die einen Text als Dichtung charakterisiert, und d. h. als Selbsterscheinung von Sprache, die Sinnfülle der Rede erst in ihrem ganzen Volumen hervorkommen läßt? Beides ist offenbar untrennbar, und es wird vom jeweiligen Anteil der Spracherscheinung am Sinnganzen abhängen, wie sich die Anteile bemessen, die den Raum von der Kunstprosa bis zur Poésie pure in verschiedener Weise ausfüllen.

Wie kompliziert die Fügung der Rede zur Einheit und die Einfügung ihrer Bausteine, d. h. der Worte, ist, wird am Extrem deutlich. Z. B. wenn sich das Wort in seiner Polyvalenz zum selbständigen Sinnträger aufspreizt. So etwas nennen wir ein *Wortspiel*. Nun ist nicht zu leugnen: Oft nur als Redeschmuck gebraucht, der den Geist des Sprechers glänzen läßt, aber der Sinnintention der Rede völlig untergeordnet bleibt, kann das Wortspiel sich zur Selbständigkeit aufsteigern. Das hat dann die Folge, daß die Sinnintention der Rede als ganzer plötzlich ihre Eindeutigkeit verliert. Hinter der Einheit der Klangerscheinung leuchtet dann die verborgene Einheit verschiedenartiger, ja entgegengesetzter Bedeutungen auf. Hegel hat in solchem Zusammenhang von dem dialektischen Instinkt der Sprache gesprochen, und Heraklit hat im Wortspiel einen der vorzüglichsten Zeugen seiner Grundeinsicht erkannt, daß das Entgegengesetzte in Wahrheit ein und dasselbe ist. Aber das ist philosophische Redeweise. Es handelt sich da um Brechungen des natürlichen Bedeutungszuges von Rede, die für das philosophische Denken gerade deshalb produktiv sind, weil die Sprache auf diese Weise genötigt wird, ihre unmittelbare Objektbedeutung aufzugeben und gedanklichen Spiegelungen zur Erscheinung zu verhelfen. Wortspielhafte Mehrdeutigkeiten stellen die dichteste Erscheinungsform des Spekulativen dar, das sich in einander widersprechenden Urteilen expliziert. Die Dialektik ist die Darstellung des Spekulativen, wie Hegel sagt.

Für den literarischen Text ist die Sache aber anders, und eben aus diesem Grunde. Die Funktion des Wortspiels verträgt sich gerade nicht mit der vielsagenden Vielstelligkeit des dichterischen Wortes. Die Mitbedeutungen, die mit einer Hauptbedeutung mitschwingen, geben der Sprache zwar ihr literarisches Volumen, aber dadurch, daß sie sich der Sinneinheit der Rede unterordnen und andere Bedeutungen nur anklingen lassen, Wortspiele sind nicht einfache Spiele der Vielstelligkeit oder Polyvalenz von Worten, aus der die dichterische Rede sich bildet – in ihnen spielen sich vielmehr selbständige Sinneinheiten gegeneinander aus. So zersprengt das Wortspiel die Einheit der Rede und verlangt, in einem höheren reflektierten Sinnbezug verstanden zu werden. Daher wird man selbst im Gebrauch von Wortspielen und Wortwitzen, wenn sie sich zu sehr jagen, irritiert, weil sie die Einheit der Rede zersetzen. Vollends wird sich in einem Lied oder einem lyrischen Gedichte, also überall, wo die melodische Figuration der Sprache vorwiegt, der Sprengsatz des Wortspieles schwerlich als wirksam erweisen. Natürlich ist es etwas anderes im Falle der dramatischen Rede, wo das Gegeneinander die Szene beherrscht. Man denke an die Stichomythie oder an die Selbstzerstörung des Helden, die sich im Wortspiel mit dem eigenen Namen bekundet.[98] Wieder anders ist es, wo dichterische Rede weder den Fluß des Erzählens noch das Strömen des Gesanges noch dramatische Darstellung bildet, sondern sich bewußt im Spiel der Reflexion ergeht, zu deren Spiegelungsspielen das Aufsprengen von Redeerwartungen geradezu gehört. So kann in sehr reflektierter Lyrik das Wortspiel eine produktive Funktion übernehmen. Man denke etwa an die hermetische Lyrik von Paul Celan. Doch muß man sich auch hier fragen, ob sich nicht der Weg solcher reflexiven Aufladung von Worten am Ende im Ungangbaren verlieren muß. Es fällt doch auf, daß etwa Mallarmé Wortspiele wohl in Prosaentwürfen, wie in *Igitur*, verwendet, aber wo es sich um den vollen Klangkörper dichterischer Gebilde handelt, kaum mit den Worten spielt. Die Verse von *Salut* sind gewiß vielschichtig und erfüllen Sinnerwartung auf so verschiedenen Ebenen wie der eines Trinkspruchs und einer Lebensbilanz, zwischen dem Schaum des Champagners im Glase und der Wellenspur schwebend, die das Lebensschiff zieht. Aber beide Sinndimensionen lassen sich in der gleichen Einheit von Rede als die gleiche melodische Sprachgebärde vollziehen.[99]

Eine ähnliche Betrachtung hat auch der *Metapher* zu gelten. Sie ist im Gedicht so sehr in das Spiel der Klänge, Wortsinne und Redesinn eingebun-

---

[98] [Vgl. M. Warburg, Zwei Fragen zum ›Kratylos‹. (Neue philologische Untersuchungen 5) Berlin 1929.]

[99] [Das Sonett von Mallarmé, dem ich eine kunstlose deutsche Parapharase zur Seite stelle, lautet:

Salut	Gruß
Rien, cette écume, vierge vers	Nichts, dieser Schaum, unschuldiger Vers
A ne désigner que la coupe;	Grad nur den Rand des Kelches zu zeichnen;
Telle loin se noie une troupe	In weiter Ferne taucht eine Schar
De sirènes mainte à l'envers.	Von Sirenen, meist abgewandt.
Nous naviguons, ô mes divers	Wir fahren dahin, meine so ungleichen
Amis, moi déjà sur la poupe	Freunde – ich schon am Heck
Vous l'avant fastueux qui coupe	Ihr vorn am stolzen Bug, der schneidet
Le flot de foudres et d'hivers;	Die Flut der Schläge und der Stürme.
Une ivresse belle m'engage	Eine schöne Berauschtheit läßt mich
Sans craindre même son tangage	Ohne selbst ihr Schwanken zu scheuen
De porter debout ce salut	Stehend zu entbieten als Gruß
Solitude, récif, étoile	Einsamkeit, Klippe, Stern
A n'importe ce qui valut	Mag sein was immer es sei
Le blanc souci de notre toile.	Wohin der Sorge blankes Segel uns führt.

P. Forget, der Herausgeber von Text und Interpretation, München 1984, zitiert S. 50 dazu U. Japp, Hermeneutik, München 1977, S. 80ff. Dort sind drei Ebenen geschieden (in Anlehnung an Rastier); da wird die ›gesättigte Analyse‹ auf die Spitze getrieben, *salut* nicht mehr als *Gruß*, sondern auch als *Rettung* verstanden *(récif!!)* und die *weiße Sorge* als *Papier*, was nirgends im Text begegnet, auch nicht im selbstbezüglichen *vierge vers*. Das ist Methode ohne Wahrheit.]

den, daß sie als Metapher gar nicht zur Abhebung kommt. Denn hier fehlt die Prosa der gewöhnlichen Rede überhaupt. Selbst in dicherischer Prosa hat daher die Metapher kaum eine Funktion. Sie verschwindet gleichsam in der Weckung der geistigen Anschauung, der sie dient. Das eigentliche Herrschaftsgebiet der Metapher ist vielmehr die Rhetorik. In ihr genießt man die Metapher als Metapher. In der Poetik verdient die Theorie der Metapher so wenig einen Ehrenplatz, wie die des Wortspiels.

Der Exkurs lehrt, wie vielschichtig und wie differenziert das Zusammenspiel von Laut und Sinn in Rede wie in Schrift ist, wenn es sich um Literatur handelt. Man fragt sich, wie überhaupt die Zwischenrede des Interpreten in den Vollzug dichterischer Texte zurückgenommen werden kann. Die Beantwortung dieser Frage kann nur eine sehr radikale sein. Im Unterschied zu anderen Texten ist der literarische Text nicht von dem Dazwischenreden des Interpreten unterbrochen, sondern von seinem beständigen *Mitreden* begleitet. Das läßt sich an der Struktur der Zeitlichkeit, die aller Rede zukommt, zur Ausweisung bringen. Allerdings sind die Zeitkategorien, die wir im Zusammenhang mit Rede und mit sprachlicher Kunst gebrauchen, von eigentümlicher Schwierigkeit. Man redet da von Präsenz und, wie ich es oben tat, sogar von Selbstpräsentation des dichterischen Wortes. *Es ist aber ein Trugschluß, wenn man solche Präsenz von der Sprache der Metaphysik aus als die Gegenwärtigkeit des Vorhandenen oder vom Begriff der Objektivierbarkeit aus verstehen will. Das ist nicht die Gegenwärtigkeit, die dem literarischen Werk zukommt, ja, sie kommt überhaupt keinem Text zu.* Sprache und Schrift bestehen immer in ihrer Verweisung. Sie *sind* nicht, sondern sie *meinen*, und das gilt auch dann noch, wenn das Gemeinte nirgendwo sonst ist als in dem erscheinenden Wort. Dichterische Rede ist nur im Vollzug des Sprechens bzw. des Lesens selbst vollzogen, und d. h., sie ist nicht da, ohne verstanden zu sein.

Die Zeitstruktur des Sprechens und des Lesens stellt ein weithin unerforschtes Problemgebiet dar. Daß das reine Schema der Sukzession auf Sprechen und Lesen nicht anzuwenden ist, wird einem sofort kar, wenn man sieht, daß damit nicht das Lesen, sondern das Buchstabieren beschrieben ist. Wer beim Lesenwollen buchstabieren muß, kann gerade nicht lesen. Ähnliches wie beim stillen Lesen gilt vom lauten Vorlesen. Gut vorlesen heißt, das Zusammenspiel von Bedeutung und Klang dem anderen so vermitteln, daß er es für sich und in sich erneuert. Man liest jemandem vor, und das heißt, daß man sich an ihn wendet. Er gehört dazu. Vorsprechen wie Vorlesen bleibt ›dialogisch‹. Sogar das laute Lesen, bei dem man sich selbst etwas vorliest, bleibt dialogisch, sofern es die Klangerscheinung und die Sinnerfassung möglichst in Einklang bringen muß.

Die Kunst der Rezitation ist nichts grundsätzlich Anderes. Es bedarf nur besonderer Kunst, sofern die Zuhörer eine anonyme Menge sind und der dichterische Text dennoch die Realisierung in jedem einzelnen Hörer verlangt. Wir kennen hier etwas dem Buchstabieren beim Lesen Entsprechendes, das sogenannte Aufsagen. Das ist wiederum kein Sprechen, sondern ein ins Nacheinander zerdehntes Aufreihen von Sinnbruchstücken. Wir reden davon im Deutschen, wenn Kinder Verse auswendig lernen und zur Freude der Eltern ›aufsagen‹. Der wirkliche Könner oder Künstler der Rezitation wird dagegen ein Ganzes von sprachlicher Gestalt präsent machen, ähnlich wie der Schauspieler, der die Worte seiner Rolle wie im Augenblick gefunden neu gebären muß. Es darf nicht eine Reihe von Redeteilen sein, sondern ein Ganzes aus Sinn und Klang, das in sich selbst ›steht‹. Daher wird sich der ideale Sprecher gar nicht selbst präsent machen, sondern nur den Text, der selbst einen Blinden, der seine Gestik nicht sehen kann, voll erreichen muß. Goethe sagt einmal: »Es gibt keinen höhern Genuß und keinen reinern, als sich mit geschloßnen Augen durch eine natürlich richtige Stimme ein Shakespearesches Stück nicht zu deklamieren, sondern rezitieren zu lassen«[100]. Man kann sich fragen, ob bei jeder Art dichterischer Texte Rezitation überhaupt möglich ist. Etwa wenn es sich um meditative Dichtung handelt? Auch in der Gattungsgeschichte der Lyrik bildet sich dieses Problem ab. Chorlyrik und überhaupt alles Liedhafte, das zum Mitsingen einlädt, ist etwas von der elegischen Tonart durchaus Verschiedenes. Meditative Dichtung scheint vollends im einsamen Vollzug allein möglich.

Jedenfalls ist das Sukzessionsschema hier ganz fehl am Platze. Man erinnert sich dessen, was man im Erlernen der lateinischen Prosodik das Konstruieren nennt: Der Lateinschüler hat das ›Verb‹ zu suchen und dann das Subjekt, und von da aus die gesamte Wortmasse zu artikulieren bis zum plötzlichen Zusammenschießen von Elementen, die anfangs völlig sinndisparat schienen. Aristoteles beschreibt einmal das Gefrieren einer Flüssigkeit, wenn sie erschüttert wird, als schlagartigen Umschlag. Ähnlich ist es mit dem Schlagartigen des Verstehens, wenn sich die ungeordneten Wortfragmente in die Sinneinheit eines Ganzen auskristallisieren. Hören wie Lesen haben offenbar die gleiche Zeitstruktur des Verstehens, deren zirkulärer Charakter zu den ältesten Erkenntnissen der Rhetorik und Hermeneutik zählt.

Das gilt für alles Hören wie Lesen. Im Falle literarischer Texte ist die Sachlage noch weit komplizierter. Da geht es ja nicht allein um das Abernten einer durch den Text vermittelten Information. Man eilt nicht ungeduldig und gleichsam unbeirrbar auf das Sinn-Ende zu, mit dessen Ergreifung das Ganze der Mitteilung erfaßt wird. Gewiß gibt es auch hier so etwas wie ein schlagartiges Verstehen, in dem die Einheit des Gebildes aufleuchtet. Beim

---

100 ›Shakespeare und kein Ende‹ in: Johann Wolfgang Goethe. Sämtliche Werke, Artemis-Gedenkausgabe Band 14, S. 757.

dichterischen Text ist das ebenso wie beim künstlerischen Bild. Sinnbezüge werden – wenn auch vielleicht vage und fragmentarisch – erkannt. Aber in beiden Fällen ist der Abbildbezug auf das Wirkliche suspendiert. Der Text bleibt mit seinem Sinnbezug das einzig Präsente. Wenn wir literarische Texte sprechen oder lesen, werden wir daher auf die Sinn- und Klangrelationen zurückgeworfen, die das Gefüge des Ganzen artikulieren, und das nicht nur einmal, sondern immer wieder. Wir blättern gleichsam zurück, fangen neu an, lesen neu, entdecken neue Sinnbezüge, und was am Ende steht, ist nicht das sichere Bewußtsein, die Sache nun verstanden zu haben, mit dem man sonst einen Text hinter sich läßt. Es ist umgekehrt. Man kommt immer tiefer hinein, je mehr Bezüge von Sinn und Klang einem ins Bewußtsein treten. Wir lassen den Text nicht hinter uns, sondern lassen uns in ihn eingehen. Wir sind dann in ihm darin, so wie jeder, der spricht, in den Worten, die er sagt, darin ist und sie nicht in einer Distanz hält, wie sie für den gilt, der Werkzeuge anwendet, sie nimmt und weglegt. Die Rede vom Anwenden von Worten ist daher seltsam schief. Sie trifft nicht das wirkliche Sprechen, sondern behandelt Sprechen mehr wie den Gebrauch des Lexikons einer fremden Sprache. So muß man grundsätzlich die Rede von Regel und Vorschrift einschränken, wenn es sich um wirkliches Sprechen handelt. Das gilt aber erst recht vom literarischen Text. Er ist ja nicht deshalb richtig, weil er das sagt, was ein jeder sagen würde, sondern hat eine neue, einzigartige Richtigkeit, die ihn als ein Kunstwerk auszeichnet. Jedes Wort ›sitzt‹, so daß es fast unersetzbar scheint und in gewissem Grade wirklich unersetzbar ist.

Es war Dilthey, der in Fortentwicklung des romantischen Idealismus hier die ersten Orientierungen gegeben hat. In Abwehr des zeitgenössischen Monopolismus des Kausaldenkens sprach er statt von dem Zusammenhang von Ursache und Wirkung vom *Wirkungszusammenhang*, also von einem Zusammenhang, der zwischen den Wirkungen selber (unbeschadet dessen, daß sie alle ihre Ursachen haben) besteht. Er hat dafür den später zu Ehren gekommenen Begriff ›Struktur‹ eingeführt und hat gezeigt, wie das Verstehen von Strukturen notwendig zirkuläre Form hat. Ausgehend vom musikalischen Hören, für das die absolute Musik durch ihre extreme Begriffslosigkeit ein Paradebeispiel ist, weil sie alle Abbildtheorie ausschließt, hat er von Konzentrierung in einem Mittelpunkt gesprochen und die Temporalstruktur des Verstehens zum Thema gemacht. In der Ästhetik spricht man in ähnlichem Sinne, sowohl bei einem literarischen Text wie bei einem Bilde, von ›Gebilde‹. In der unbestimmten Bedeutung von ›Gebilde‹ liegt, daß etwas nicht auf sein vorgeplantes Fertigsein hin verstanden wird, sondern daß es sich gleichsam von innen heraus zu einer eigenen Gestalt herausgebildet hat und vielleicht in weiterer Bildung begriffen ist. Es leuchtet ein, daß es eine eigene Aufgabe ist, dergleichen zu verstehen. Die Aufgabe ist, das, was ein Gebilde ist, in sich aufzubauen, etwas, was nicht ›konstruiert‹ ist, zu konstruieren – und das schließt ein, daß alle Konstruktionsversuche wieder zurückgenommen werden. Während die Einheit von Verstehen und Lesen sich sonst in verständnisvollem Lesen vollzieht und dabei die sprachliche Erscheinung ganz hinter sich läßt, redet beim literarischen Text ständig etwas mit, das wechselnde Sinn- und Klangbezüge präsent macht. Es ist die Zeitstruktur der Bewegtheit, die wir das Verweilen nennen, die solche Präsenz ausfüllt und in die alle Zwischenrede der Interpretation einzugehen hat. Ohne die Bereitschaft des Aufnehmenden, ganz Ohr zu sein, spricht kein dichterischer Text.

Zum Abschluß mag ein berühmtes Beispiel zur Illustration dienen. Es ist der Schluß des Gedichtes von Mörike *Auf eine Lampe.*[101] Der Vers lautet: »Was aber schön ist, selig scheint es in ihm selbst.«

Der Vers war Gegenstand einer Diskussion zwischen Emil Staiger und Martin Heidegger. Er interessiert hier nur als ein exemplarischer Fall. In diesem Verse begegnet eine Wortgruppe von anscheind trivialster Alltäglichkeit: ›scheint es‹. Das kann man wie ›anscheinend‹, ›dokei‹, ›videtur‹, ›il semble‹, ›it seems‹, ›pare‹ usw. verstehen. Dieses prosaische Verständnis der Wendung gibt Sinn und fand deshalb seinen Verteidiger. Nun kann man aber sehen: es erfüllt nicht das Gesetz des Verses. Es läßt sich zeigen, warum ›scheint es‹ hier ›es leuchtet‹, ›splendet‹ meint. Da ist zunächst ein hermeneutisches Prinzip anwendbar. Bei Anstößen entscheidet der größere Zusammenhang. Jede Doppelmöglichkeit des Verstehens ist aber ein Anstoß. Da ist es nun von entscheidender Evidenz, daß das Schöne hier auf eine Lampe angewendet wird. Das ist die Aussage des Gedichtes als eines Ganzen, die man durchaus verstehen soll. Eine Lampe, die nicht leuchtet, weil sie altmodisch und vergangen in einem ›Lustgemach‹ hängt (›wer achtet sein?‹), gewinnt hier ihren eigenen Glanz, weil sie ein Kunstwerk ist. Es ist kein

[101] Mörikes Gedicht lautet:

Noch unverrückt, o schöne Lampe, schmückest du,
An leichten Ketten zierlich aufgehangen hier,
Die Decke des nun fast vergeßnen Lustgemachs.
Auf deiner weißen Marmorschale, deren Rand
Der Efeukranz von goldengrünem Erz umflicht,
Schlingt fröhlich eine Kinderschar den Ringelreihn.
Wie reizend alles! lachend, und ein sanfter Geist
Des Ernstes doch ergossen um die ganze Form –
Ein Kunstgebild der echten Art. Wer achtet sein?
Was aber schön ist, selig scheint es in ihm selbst.

Die Auseinandersetzung zwischen Emil Staiger und Martin Heidegger, auf die der Fortgang anspielt, ist dokumentiert in: Emil Staiger, *Die Kunst der Interpretation*, dtv Wissenschaftliche Reihe 4078 (1971, Lizenzausgabe des Atlantis Verlages, Zürich und Freiburg i. Br. 1955), S. 28–42.

Zweifel, daß das Scheinen hier von der Lampe gesagt wird, die leuchtet, auch wenn sie niemand gebraucht.

Leo Spitzer hat in einem hochgelehrten Beitrag zu dieser Diskussion die literarische Gattung solcher Dinggedichte näher beschrieben und ihren literaturgeschichtlichen Ort überzeugend angegeben. Heidegger hat seinerseits mit Recht den Begriffszusammenhang von ›schön‹ und ›scheinen‹ geltend gemacht, der in Hegels berühmter Wendung vom sinnlichen Scheinen der Idee anklingt. Aber es gibt auch immanente Gründe. Gerade aus dem Zusammenwirken von Klang und Bedeutung der Worte folgt eine weitere klare Entscheidungsinstanz. Wie in diesem Verse die S-Laute ein festes Gewebe bilden (»was aber schön ist, selig scheint es in ihm selbst«) oder wie die metrische Modulation des Verses die melodische Einheit der Phrase konstituiert (ein metrischer Akzent liegt auf schön, selig, scheint, in, selbst), ist für eine reflexive Irruption kein Platz, wie sie ein prosaisches ›scheint es‹ darstellen würde. Sie würde vielmehr den Einbruch kolloquialer Prosa in die Sprache eines Gedichtes bedeuten, eine Beirrung des dichterischen Verstehens, die uns allen immer droht. Denn im allgemeinen sprechen wir Prosa, wie Molières Monsieur Jourdain zu seiner Überraschung erfährt. Eben das hat die Gegenwartsdichtung zu extremen hermetischen Stilformen geführt, den Einbruch der Prosa fernzuhalten. Hier, in Mörikes Gedicht, liegt solche Beirrung nicht einmal ganz fern. Manchmal nähert sich die Sprache dieses Gedichtes der Prosa (»wer achtet sein?«). Nun gibt aber die Stellung des Verses im Ganzen, nämlich, daß er der Schluß des Gedichtes ist, demselben ein besonderes gnomisches Gewicht. Und in der Tat, das Gedicht illustriert durch seine eigene Aussage, warum das Gold dieses Verses keine Anweisung ist, wie eine Banknote oder eine Information, sondern seinen eigenen Wert selbst hat. Das Scheinen wird nicht nur verstanden, sondern es strahlt über das Ganze der Erscheinung dieser Lampe, die in einem vergessenen Gemache unbeachtet hängt und nirgends mehr scheint als in diesen Versen. Das innere Ohr hört hier die Entsprechungen von ›schön‹ und ›selig‹ und ›scheinen‹ und ›selbst‹ – und vollends läßt das ›selbst‹, mit dem der Rhythmus endet und verstummt, die verstummte Bewegung in unserem inneren Ohr nachhallen. Es läßt in unserem inneren Auge das stille Sich-Verströmen des Lichtes erscheinen, das wir ›scheinen‹ nennen. So versteht unser Verstand nicht nur, was da über das Schöne gesagt wird und was die Autonomie des Kunstwerkes ausspricht, das von keinem Gebrauchszusammenhang abhängt – unser Ohr hört und unser Verständnis vernimmt den Schein des Schönen als sein wahres Wesen. Der Interpret, der seine Gründe beibrachte, verschwindet, und der Text spricht.

10. Wort und Bild – ›so wahr, so seiend‹

1992

Mein hermeneutisches Grundwerk ›Wahrheit und Methode‹ mag manchem eine Überraschung bereitet haben, daß der erste Teil dieses Werkes nicht, wie der Untertitel ›Hermeneutik‹ erwarten ließ, die Geisteswissenschaften und die sich daran anschließenden Wissenschaften zum Gegenstande nahm, sondern die Kunst selbst. Damit folgte ich in Wahrheit meiner Erfahrung, die sich mir während meiner Lehrtätigkeit immer mehr bestätigte, daß das Interesse an den sogenannten Geisteswissenschaften in Wahrheit nicht allein Wissenschaft meint, sondern Kunst selber, und zwar in allen Bereichen, Literatur, bildende Kunst, Baukunst, Musik. Es sind ja die Künste, die insgesamt das metaphysische Erbe unserer abendländischen Tradition mitverwalten. Die Geisteswissenschaften stehen in besonders enger Wechselwirkung zu künstlerischer Empfänglichkeit und Empfindlichkeit, und sie können deshalb eine eigene philosophische Authentizität beanspruchen. So kommt es, daß ich ein so allgemeines Thema wie ›Wort und Bild‹, das von jeher das Denken bewegt hat, immer wieder zu behandeln suche. Jedermann weiß, daß das Verhältnis von Bildkunst und Wortkunst ein altes klassisches Thema ist, mit dem wir mindestens seit Lessings ›Laokoon‹ wohlvertraut sind. Lessings berühmte Analyse, in der das dichterische Wort und die bildnerische Gestaltung etwas zur Aussage zu bringen vermögen, war auf Unterscheidung gerichtet. Wenn Lessing die bildende Kunst auf das Nebeneinander im Raume und Poesie auf das Nacheinander in der Zeit zurückführen wollte, hat ihm bereits Herder widersprochen. Mir liegt dagegen am Herzen, das Gemeinsame von Kunst des Bildens und dichterischer Kunst herauszuarbeiten, um dieses Gemeinsame in ein noch Allgemeineres einzuordnen, das Kunst zur Aussage von Wahrheit macht.

Unter dem Thema ›Wort und Bild‹ will ich daher nicht das wichtige hermeneutische Problem behandeln, wie durch das Wort des Interpreten Bildwerke erreicht werden und wie es möglich ist, zu einem bildnerischen Werk ein deutendes Wort zu finden, das nicht aus Anlaß eines Bildes Gedanken äußert, sondern das zum besseren Sehen des Bildes selber hinleitet. Das wäre ein Thema, das in einer Theorie der Interpretation einen wichtigen Platz besäße. Was mich hier beschäftigt, ist aber die Frage, wie sich das Wort und das Bild, die Kunst des Wortes mit dem Ganzen der bildenden Kunst, in eine gemeinsame Aufgabe teilt, und wie sich innerhalb dieser Gemeinsamkeit die Rolle bestimmt, die die eine und die andere Kunstform in der Gestaltung unserer Kultur ausfüllen.

Worin besteht die echte Gemeinsamkeit zwischen Bild und Dichtung? Jedenfalls werden wir solche Schöpfungen Werke der ›Kunst‹ nennen und damit zu verstehen geben, daß sie sich beide durch ihre unmittelbare Gegenwärtigkeit und Zeitüberlegenheit auszeichnen. Das Werk der Literatur, dem wir literarischen Rang zuerkennen, spricht zu uns über alle zeitlichen Abstände hinweg, sofern wir nur mit der betreffenden Sprache vertraut sind. Ebenso hat auch das Bild, das ein Kunstwerk ist, die Macht, uns unmittelbar zu erreichen. Beides nötigt einen förmlich zum Verweilen, und bei beidem ist, mit Kant zu sprechen, viel Unnennbares hinzuzudenken.

In meinem eigenen Versuch einer hermeneutischen Philosophie habe ich den Wahrheitsanspruch der Kunst und seine Bedeutung für die Geisteswissenschaften zur Geltung bringen wollen. Dabei habe ich unter anderem die Ablösung des Bildbegriffs vom Abbild hervorgehoben. Auf der anderen Seite gibt es eine ähnliche Entsprechung in der dichterischen Sprache. Letztere wurde im Zusammenhang des 3. Teiles von ›Wahrheit und Methode‹ unter dem Gesichtspunkt der Sprachlichkeit zum Thema gemacht. Was da Wahrheit heißen kann, wurde damit nur gerade vorbereitet und fand später in meinen gesammelten Studien und insbesondere in Band 2 meiner Ausgabe unter dem Titel ›Text und Interpretation‹ weitere Ausführung.

So drängt sich die klassische Fragestellung Lessings über das Verhältnis von bildender Kunst und literarischer Kunst erneut auf, und ich habe der Konkretisierung dieser Frage viele Beiträge zugewandt. Was wir heute ›Kunst‹ nennen, ist freilich auf diesen klassischen Gegensatz nicht zu beschränken. So ist auch bei anderen Kunstarten, der Musik, der Tanzkunst, der Theaterkunst u. ä., die Frage nach der Wahrheit mitgefragt. Neben den eben genannten Künsten gibt es aber auch solche, bei denen man nicht in derselben Weise von Selbstpräsentation eines Kunstwerkes reden kann, weil sich ihre Produkte anderen Zwecken der Lebenspraxis oder auch der wissenschaftlichen Forschung unterordnen und höchstens eine Art Mitpräsenz in Anspruch nehmen, die im Hintergrunde bleibt. Das gilt vor allem von der Redekunst, der Baukunst und von aller dekorativen Kunst. Wir werden auch diese Kunstarten streifen müssen, um die Schlüssigkeit unserer Untersuchungsergebnisse zu befestigen. Aber das dichterische Wort und die bildende Kunst bleiben in der Mitte.

Es gehört nun zu der Eigenart der hermeneutischen Reflexion, daß sie des ständigen Rückhalts an der Praxis hermeneutischer Erfahrung bedarf. Das hatte schon Schleiermacher in einer Anmerkung freimütig bekannt: »Ich hasse alle Theorie, die nicht aus der Praxis erwächst.« Das war mir eine wichtige Bestätigung für mein eigenes Verfahren. Meine eigenen kunsthistorischen und literarhistorischen Studien und meine Ausbildung als klassischer Philologe, so begrenzt das alles ist, führten mich daher immer wieder in den Problemkreis von bildender Kunst und Dichtung, wenn es galt, den Wahrheitsanspruch der Kunst zur Prüfung zu stellen. Auch bleibt mit im Blick, was etwa der Bildzauber der frühen Höhlenbilder bedeutet oder vorzeitliche plastische Gebilde, und auf der anderen Seite die Sagenfrühe der mythischen Vorwelt, die hinter unserer literarischen Überlieferung steht und in der Ferne verdämmert. Von ihnen allen gilt das gleiche »So ist es« mit, an dem wir Werke der Kunst als ›richtig‹ erkennen.

Von hier aus ist einer der Grundbegriffe der neueren Philosophie, der aus dem spätantiken Neuplatonismus stammt, im deutschen Idealismus zu einem wahren Schlüsselwort aufgestiegen. Was meistens ein gedankenloses Nachleben genießt, hat in unserem Zusammenhang seinen ursprünglichen Sinn. Es ist der Begriff des Absoluten. Das Wort heißt nichts anderes als ›das Abgelöste‹ und steht im klassischen Latein dem Relativen als Gegenbegriff entgegen. Es meint Unabhängigkeit von allen einschränkenden Bedingungen. – So spricht Hegel von dem absoluten Geist als dem sich selbst stets ganz gegenwärtigen, der sich im absoluten Wissen vollendet. Zeitlose Gegenwärtigkeit kommt insofern der Kunst zu, als sie von allen geschichtlichen und gesellschaftlichen Bedingungen abgelöst und unabhängig ist, wie die Religion und wie die Philosophie. Auch die Kunst behauptet den Anspruch auf Absolutheit dadurch, daß sie über alle geschichtlichen Zeitunterschiede hinwegreicht. Wir verstehen daher sofort, warum Hegel die innere Nähe von Kunst mit Religion und Philosophie behauptet. In allem handelt es sich um ›absolute‹ Seinsgewißheit. Der Theologe versteht etwa die eschatologische Geltung der christlichen Botschaft in Gleichzeitigkeit, sofern die verheißene Wiederkehr des Erlösers in Wahrheit in dem Heute der Annahme des Glaubens geschieht, wie Kierkegaard seinem und unserem Jahrhundert des historischen Denkens in die Erinnerung gerufen hat. Es gilt auch für die Philosophie, daß sie in beständigem Gespräch mit allen großen Denkversuchen unserer abendländischen Geschichte mit ihnen als ihren Partnern wie gleichzeitig ist. Es ist das gleiche in der Geschichte der Kunst. Auch da ist es gewiß nicht möglich, im Blick auf das Ganze der Kunst ›Fortschritt‹ auf eine letzte Vollendung hin zu denken. Wenn auch etwa die Entwicklung der Zentralperspektive als eine Lösung der Raumprobleme durch die Malerei so gesehen werden kann, so ist das doch nicht etwa ›Vollendung‹ einer solchen Bildkunst überhaupt. Selbst in Hegels Konstruktion der Weltgeschichte, wonach alles auf die Freiheit aller hinziele, ist das mehr eine Beschreibung dessen, was der Kampf der Weltgeschichte in seinem wesentlichen Kern ist, und ebenso gilt es auch für die immer neuen Ansätze der Philosophie, in denen sie ihre Fragen nach den letzten Dingen stellt und mit uns gleichzeitig ist. Hegel hat daher selber die Geschichte der Philosophie der dialektischen Entfaltung der philosophischen Wissenschaft gleichgeordnet.

Was ist denn überhaupt die Zeit dieser Gleichzeitigkeit? Was ist die eigene Gegenwart? Wissen wir das etwa je? Das Wort ›Gegenwart‹ deutet schon darauf hin, daß da Zukunft hineinspielt. Zukunft ist als das Kommende stets das Gewärtigte, das auf uns wartet und auf das wir warten. Alle Erwartung beruht aber als solche auf Erfahrung. Mit jeder Gegenwart wird nicht nur ein Zukunftshorizont geöffnet, sondern auch der Vergangenheitshorizont ins Spiel gebracht. Gleichwohl ist es weniger Gedächtnis und zurückblickendes Gedenken als gegenwärtige Erfahrung. So sehr stellt sich Kunst und Philosophie als eigene Gegenwart ein. Man muß nicht einmal wissen, aus welcher Vergangenheit, aus welcher Ferne und Fremdheit einem da etwas begegnet. Es hat seine Präsenz und wird nicht als fremd bestaunt, sondern zieht einen in seinen Bann – mag auch zunächst viel Fremdes dabei zu überwinden sein.

Eine jede Gegenwart hat ihren eigenen Lebensraum und ihre eigene Tradition, die sich in ihren Lebensformen, in Sitten und Gewohnheiten und in allen Einrichtungen des gesellschaftlichen Lebens ausprägt, und überall waren es religöse Überlieferungen, die die eigene Geschichte und das eigene Herkommen begleiten und zu seiner Eigenart entfalten. Nun gehört es zu jeder Religion, daß sie von der Absolutheit ihrer eigenen Wahrheit überzeugt ist. Religionen befinden sich daher stets in der Abgrenzung gegen andere Religionen, deren Bekenner ›die Ungläubigen‹ sind. In unseren aufgeklärten Zeiten geht es überdies auch noch um die Auseinandersetzung mit dem sich ausbreitenden Atheismus. Damit stellen sich neue Schwierigkeiten ein. Nun gilt es, den eigenen Absolutheitsanspruch, der zum Wesen allen Heilswissens gehört, mit der Anerkennung anderer Traditionen zu vereinen und selbst mit ganz religionsfeindlichen Gesellschaftsordnungen gemeinsame Solidaritäten zu entwickeln.

Das ist eine Menschheitsaufgabe, für die uns die Erfahrung der Kunst eine Ermutigung sein kann. Gewiß gibt es auch im Bereich der Kunst bestimmte und anspruchsvolle Traditionen und fest eingeprägte Geschmacksrichtungen. Künstlerische Schöpfungen anderer Zeiten oder ferner Kulturen können uns manchmal nicht so leicht erreichen. Aber die Kunst setzt sich in aller ihrer ungezählten Vielfalt auf die Dauer auch mit Fremdestem durch. Daran beweist sich die absolute Allgegenwart der Kunst. Sie vermag über die Schranken und Räume hinweg Brücken zu schlagen. Am eindrucksvollsten zeigt sich das vielleicht für uns Heutige in der Musik. Da hat Ostasien sich Mozart und Schubert und die ganze europäische Musik in wenigen Jahrzehnten so angeeignet, daß ihre Interpreten, die von dort kommen, zu den führenden Figuren unseres Musiklebens zählen. Auf der anderen Seite hat Europa bekanntlich sehr viel von der Musiksprache des schwarzen Kontinents in sich aufgenommen.

GW 8: 376

Wenn es sich um sprachliche Kunstwerke handelt, bleibt in unserer vielsprachigen Welt die Schranke der fremden Sprache freilich schwer überwindbar. Doch hat unser literarisches Zeitalter selbst da eine Art von Gleichzeitigkeit erreicht, und das nennt sich die Weltliteratur. Teils auf Übersetzung beruhend und teils darauf, daß immer größere Leserkreise mit fremden Sprachen vertraut werden, kann man selbst im Falle der literarischen Künste von einer gewissen Gegenwärtigkeit und Gleichzeitigkeit sprechen. Für die bildenden Künste spielen die sprachlichen Schranken nicht so hinein oder können mindestens leicht überwunden werden. In der bildenden Kunst wird freilich Fremdes fremdartig wirken. Aber solche Wirkung vermag geradezu eine eigene Anziehungskraft auszulösen, die zur Aneignung führt. Es besteht seit alters eine beständige Wechselwirkung zwischen den Kulturen und den Zeitaltern. Jedes Gedächtnis eignet sich an, was ihm begegnet, um sich in der ständigen Bereicherung des Überlieferten selber fortzubewegen. Aber man vergesse nicht: Aneignung meint nicht Wissen, sondern Sein.

Nun hat sich in der europäischen Tradition, der wir angehören, auf langen Wegen immer mehr das ›historische Bewußtsein‹ entwickelt und zu einer zunehmenden Verfeinerung des historischen Sinnes geführt. Im letzten Jahrhundert war es die Entwicklung des Weltverkehrs und der neuen Nachrichtentechnik, die in der gleichen Richtung gewirkt hat, sofern wir in so etwas wie ein Zeitalter der Reproduktion eingetreten sind. Nietzsche war der erste, der unter dem Titel ›Über den Nutzen und Nachteil der Historie für das Leben‹ darin ein Problem gesehen hat. Das Vordringen der historischen Forschung und das wissenschaftliche Bewußtsein führen zu einer Schwächung des Mythos, der allein eine Kultur zu prägen vermag. In dem wechselnden Licht, das über die Dinge fällt, verlieren sie ihr eigenes Gewicht: In der Tat läßt sich beobachten, wie selbst die Erfahrung der Kunst durch den Selbstgenuß historischer Bildung beeinträchtigt wird, wenn etwa Besucher im Museum mit Genugtuung einen Meister erkennen oder ein wohlvertrautes Motiv. Das ist jedenfalls nicht die Unmittelbarkeit künstlerischer Erfahrung. Denn Erfahrung ist niemals bloße Bestätigung. Selbst bei Höchststand historischer Bildung wird man künstlerische Schöpfungen vergangener Zeiten nie mit deren eigenen Augen zu sehen vermögen. Das kann überhaupt nicht das Ziel sein. Es ist vielmehr die eigene Gleichzeitigkeit und Gegenwärtigkeit, mit der die Kunst sich behauptet. Etwas wehrt sich dagegen, daß Kunst, die von so bannender Gegenwärtigkeit ist, zum bloßen Gegenstand historischer Forschung gemacht wird. Wir stellen gerade deshalb die Frage, worauf sich dieser zeitüberlegene Anspruch der Kunst gründet, der allen Einschränkungen trotzt.

Das schließt gewiß nicht aus, daß wissenschaftliche Forschung, die sich vor historische Aufgaben gestellt sieht, der Erfahrung der Kunst zugute kommen kann. Aber ihr Wissen bleibt als solches etwas anderes als die Gegenwärtigkeit, mit der Kunst begegnet. Schleiermacher hat einmal gesagt, daß ein religiöses Bild vergangener Jahrhunderte, das wir im Museum bewundern, immer Brandflecken an sich hat, wie wenn es aus einer Feuersbrunst gerettet worden wäre. Wir wissen sehr wohl, daß ein solches Bild seinen Sitz im Leben verloren hat, in Kirche oder Palast oder wo immer es einmal zu Hause war, und gewiß, wir wissen es nicht nur. Wir lernen es auch sehen, in dem Bilde selber, wie es etwa auf einen bestimmten Platz hin gemalt ist und für welche kultische Funktion. Wir lernen die Lichtverhältnisse mitzusehen und haben die Umgebung mit im Auge, die die Bildgestaltung mit beeinflußt hat. All das kann uns lehren, besser zu sehen. Erst recht gilt das natürlich von dem Sachwissen, das wir der Wissenschaft verdanken, die es uns im religiösen wie im profanen Bereich vermittelt. Aber es bleibt doch bei dem Worte Hegels, daß wir vor religiösen Bildwerken des Gekreuzigten oder der Madonna nicht mehr die Knie beugen.

Gleichwohl wird von da aus vieles mitsprechen und die Aussage bereichern, bei dem einen mehr, bei dem anderen weniger. Die Vorprägung religiösen Herkommens oder die eigene geschichtliche Bildung wirken immer mit. Was ein Bild oder ein Bühnenspiel oder eine Dichtung ist, die uns ergreift, erfährt durch ein ›Weniger an Wissen‹ keine wirkliche Einschränkung. So fragen wir uns: Was macht ein Bild, was macht ein Gedicht zu einem Werk der Kunst, so daß es eine solche absolute Gegenwart hat? Es ist doch gewiß nicht das Brandungsgetöse der ständigen Informationsflut, die uns umrauscht und die das Zeitalter der Reproduzierbarkeit begleitet. Es bedroht vielmehr, um mit Benjamin (oder gegen ihn?) zu reden, die Aura des Kunstwerkes und droht sie aufzulösen.

Wir wollen von einer sprachlichen Beobachtung ausgehen, die auf die Frage ein Licht wirft, die uns bewegt. Im Griechischen hat das Wort ›Poiesis‹, das wir in unserem Wort ›Poesie‹ wiedererkennen, einen doppelten Sinn. Das Wort meint zunächst ›Machen‹, also das Herstellen von etwas, das es vorher nicht gab. Das Wort umfaßt den ganzen Bereich des Herstellens, alles, was wir Handwerk nennen, aber auch die Fortentwicklung solcher Verfertigungen bis zur industriellen Produktionsweise der Moderne.

Daneben hatte das gleiche Wort ›Poiesis‹ die ausgezeichnete Bedeutung von Dichtkunst. Das Dichten ist in gewissem Sinne auch ein Machen. Damit ist aber weder der einmalige Vortrag gemeint noch die bloße Aufzeichnung, die da gemacht wird. Das Machen, um das es sich hier handelt, meint den Text. Er macht, daß aus dem Nichts ganze Welten aufgehen können und Nichtsein zum Sein kommt. Es ist fast mehr als ein Machen. Zum Machen gehört ja sonst Material, das dem Handwerker vorgegeben sein muß, aus dem er etwas herstellt. Mnemosyne bedarf dessen nicht. In den bildenden Künsten ist es insofern ein wirkliches Machen, als es eines Materials bedarf, aus dem man das Werk herstellt. Dagegen scheint die Poesie in dem luftigen Hauch der Sprache und in dem Wunder des Gedächtnisses allein zu existieren. Bei den Griechen teilt sie das freilich mit der Musik, die aber den dichterischen Gesang nur begleitet. Immerhin, beides ist wie aus keinem Stoffe gemacht. Es bleibt ein sekundäres Moment, daß Dichtung schließlich schriftlich fixiert wird und ›Literatur‹ heißt, und daß die Musik zum Notenwerk geführt hat. Das ist beides sekundär und gehört weder zur Dichtung noch zur Musik. Was dagegen dazugehört, ist, daß Texte überhaupt zum Sprechen gelangen und zu Gehör kommen. Im Deutschen ist der Gebrauch des Wortes ›schöpferisch‹ dafür bezeichnend. Es hält den Anklang an den religiösen Begriff der Schöpfung fest, die im Sinne des Handwerkes kein Machen war. Im Anfang war das Wort, das ›verbum creans‹.

In die gleiche Richtung weist ein anderer semantischer Tatbestand, der sich an das Wort ›Werk‹ knüpft. Das Wort begegnet zunächst im Umkreis dessen, was im Griechischen Technik bzw. ›Techne‹ heißt. Darin ist nicht das Machen und Herstellen selber gemeint, sondern die geistige Fähigkeit, das Ersinnen, Planen, Entwerfen, kurz: das Wissen, das das Machen leitet. In solchem Zusammenhang kann man immer sagen, daß das Herstellen ein Werk, das ›Ergon‹, zustandebringt. Aber wir sagen dafür in solchem Falle kaum ›Werk‹. Wenn es sich nicht um Kunst handelt, redet man nicht von Werk. Warum? Man sagt doch immerhin ›Handwerk‹. Offenbar ist der Grund, daß das Erzeugnis des Handwerks wie der industriellen Fertigung nicht eigentlich für sich da ist, sondern in einer dienenden Funktion steht und für den Gebrauch bestimmt ist. Dagegen stellt ein Künstler, selbst wenn einmal maschinelle Fertigungsweise dabei im Spiele sein sollte, etwas her, das für sich ist und nur für ein Betrachten da ist. Man läßt es aufstellen oder möchte es ausgestellt sehen – und das ist alles. Und gerade dann ist es ein Werk, und es bleibt das Werk des Künstlers, das er als ein solches, als seines, signieren kann. Das gilt selbst, wenn etwa eine Orgelimprovisation so überzeugend war, daß sie einem wie das Werk eines schöpferischen Augenblicks einen ›bleibenden‹ Eindruck gemacht hat. Die bildende Kunst kennt mithin das gleiche, was sich in dem sprachlichen Vorgang des Übergangs von ›Poiesis‹ zu ›Poesie‹ ausdrückte. Auch für den Dichter gilt, daß seine Schöpfung eine Welt für sich ist und als solche vorgeführt oder aufgeführt wird. In der modernen Welt sagt man dafür: »veröffentlicht wird«. Das gilt nun gewiß nicht nur für Dichterisches, sondern auch für Wissenschaft und andere Informationen. Aber es hat einen besonderen Klang, wenn etwas zur Literatur gehört, einen anderen Klang von Bestand und Geltung, als wenn es Unterhaltungsliteratur ist oder Fachliteratur.

Unsere Überlegung bestätigt im Ausgang von sprachlichen Beobachtungen, daß die Rede von der Abgelöstheit – der Absolutheit – der Kunst einen genauen und wörtlichen Sinn hat. Was wir an der semantischen Auszeichnung des Poeten und der Poesie bei den Griechen beobachteten, hat, wie sich zeigt, seine Parallele an dem Klangwert, den in der Neuzeit im Deutschen das Wort ›Kunst‹ erlangt hat und dem in anderen Sprachen die Ableitung des lateinischen ›ars‹ entspricht. Der Weg, den der Wortgebrauch durchläuft, beschreibt der Sache nach den Weg von dem für Gebrauch und Nutzen bestimmten Herstellen zu einem Herstellen, das nichts Nützliches erbringt und keinem Gebrauch dienen soll. In solcher ›Freiheit‹ besteht die eigentliche Auszeichnung des Schönen. Deshalb hat man anfangs ja auch den Ausdruck ›schöne Kunst‹ gebraucht. Schön ist etwas, auf das nie die Frage trifft, wozu es da ist. Diese Bemerkungen zu dem Begriff der schönen Kunst ergänzen meine abschließende Analyse, die ich in der Zusammenfassung der letzten Seiten von ›Wahrheit und Methode‹ dem Begriffsgegensatz von ›kalon‹ und ›chrēsimon‹, von ›schön‹ und ›nützlich‹, gewidmet habe. Im Begriff der freien Künste klingt bereits etwas von der Nachbarschaft an, die zwischen den Begriffen des Theoretischen und des Ästhetischen besteht, und damit von der Nachbarschaft zwischen dem Schauen des Schönen und dem Wissen des Wahren. Der Begriff des Schönen ist im griechischen Denken mit dem Begriff des Guten, ja sogar mit dem Begriff der ›Aretē‹ aufs engste verknüpft, wie das der bekannte Ausdruck ›Kalokagathia‹ als Idealbegriff menschlicher Vortrefflichkeit anzeigt. Hierzu gibt Aristoteles, der das Unterscheiden liebt, einen wichtigen Wink[1], wenn er feststellt, daß ›gut‹ immer mit der Praxis zu tun habe, ›schön‹ dagegen vor allem mit den unveränderlichen Dingen (*ἐν τοῖς ἀκινήτοις*), das heißt also mit dem Bereich der Zahlen und der Geometrie. So nennt er als Arten des Schönen ›Taxis‹, ›Symmetria‹ und ›das Bestimmte‹ (*τὸ ὡρισμένον*). Das entspricht dem Argumentationszusammenhang der ›Metaphysik‹ (M 3 und 4), der zur kritischen Diskussion der Ideenlehre vorbereitet und am Ende in die eigenste Domäne des aristotelischen Denkens hineinführt, und das ist die ›Physik‹.

Das Zeugnis des Aristoteles ist deshalb so wichtig, weil sich darin die Nachbarschaft bekundet, die zwischen dem Bedeutungsfeld von Poiesis, Kunst und Werk zu dem Bedeutungsfeld des Schönen und des Wahren besteht. Das Schöne bleibt dem Bereich des Wissens und des Erkennens nahe. Von hier aus ist es nicht überraschend, daß der Rückgang auf die griechischen Anfänge des Denkens und auf die metaphysische Rolle, die der Begriff der Schönheit dort besitzt, auch für die hermeneutische Philosophie von zentraler Bedeutung ist. Wenn ich in ›Wahrheit und Methode‹ mit der Erfahrung der Kunst einsetzte, um von da aus die ganze Dimension der Hermeneutik in der universalen Bedeutung der Sprachlichkeit zum Thema zu machen, sollte der Rückgriff am Schluß des Buches auf den

[1] Met. M 3, 1078a 31–32.

Begriff der Schönheit und die Weite seines Bedeutungsbereichs die Universalität der Hermeneutik abschließend bestätigen.

Der Begriff des Schönen bringt uns nicht nur mit dem Begriff des Guten, sondern auch mit dem Begriff des Wahren in Berührung und damit mit der Fragestellung der Metaphysik überhaupt. Es geht nicht allein um die Kunst, sondern es ist der weite Begriff des Schönen, wie er in den Platonischen Dialogen Thema ist. Damit ist gewiß nicht die Kunst als solche gemeint. Man denke nur an die Vertreibung der Dichter aus dem idealen Staat[2] oder an die herausfordernden Sätze, daß die Kunst in einem doppelten Abstand von der Wahrheit sei. Plato verwendet dafür den Begriff der Mimesis. Das Einzelne ist jeweils Nachahmung der Idee. Die Abbildung wird so Nachahmung von Nachahmung. Das ist eine bewußte Zuspitzung. Aristoteles sieht in ›Mimesis‹ dagegen nicht so sehr den Unterschied von Nachahmung und Nachgeahmtem. Er hebt die Identifikation von beidem hervor[3]. Daher leistet die Mimesis in Wahrheit Erkenntnis, weil eben Erkenntnis überhaupt Wiedererkenntnis ist, wie ich in meinen Arbeiten gezeigt habe.

Jedenfalls denkt Plato nicht an die Kunst, wenn er von ›Aletheia‹ spricht und sie mit Schönheit in Verbindung sieht, und er denkt auch nicht an die Dichter, die zwar viel Wahres zu sagen haben, aber wie das Sprichwort sagte: »Die Dichter lügen viel.« Plato meint vielmehr die Freude an den reinen Formen und Farben und nicht an Blumen oder Tieren »und ihren Abbildungen« (Phileb. 51 c). Die Stelle lehrt deutlich, wie wenig die Abbildung als solche ins Gewicht fällt. Dagegen tritt der Begriff des Schönen mit dem Begriff der Aletheia und dem Begriff des Guten in den tiefsinnigsten späten Dialogen Platos ganz in den Vordergrund. Plato sucht dort in dem ›guten Leben‹ nicht reine Genauigkeit mathematischer Art, sondern die maßvolle Gemessenheit eines wohlgemischten Lebenstrankes: dort ist das Gute zu suchen. Das ist die Idee des ›Philebos‹.

Damit erhält die berühmte, vielbehandelte Wendung (Phileb. 64e 5) für uns Interesse, wonach sich das Gute auf der Suche nach dem richtig gemischten Sein in das Schöne geflüchtet hat[4]. Wenn dort betont wird, daß das Gute sich nur in der Dreiheit von Schönheit, Symmetria und Aletheia fassen läßt, zeigt das, wie wichtig es für Plato ist, daß das Gute zwar jenseits des Seins, aber eben nicht nur das Eine ist, sondern notwendigerweise Vielheit in sich enthält. Das schließt aber ein, daß sich in der ›Gemessenheit‹ der Erscheinun-

[2] Siehe dazu auch meinen Beitrag ›Plato und die Dichter‹ in Ges. Werke Bd. 5, S. 187–211.

[3] Siehe ›Wahrheit und Methode‹ (Ges. Werke Bd. 1), S. 118ff. und die einschlägigen Arbeiten im Band 8: ›Kunst und Nachahmung‹ (Nr. 4), ›Dichtung und Mimesis‹, (Nr. 8) und ›Das Spiel der Kunst‹ (Nr. 9).

[4] Vgl. hierzu ›Platos dialektische Ethik‹ in Ges. Werke Bd. 5, S. 149ff., sowie ›Die Idee des Guten zwischen Plato und Aristoteles‹ in Ges. Werke Bd. 7, S. 185ff.

gen Schönheit darstellt. Dem entspricht, wie Plato im ›Politikos‹ (283bff.) auf das gleiche Thema eingeht. Dort ergreift Plato die Gelegenheit zu einer fast absurden Abschweifung. Es beklagt sich der Gesprächspartner, daß der Weg des Gesprächs allzu lang und beschwerlich sei. Da rechtfertigt sich der Fremde durch eine lange Auseinandersetzung über das zweierlei Maß und daß es am Ende immer auf die Angemessenheit ankomme. Der Gesprächspartner ist hier Sokrates der Jüngere und wahrlich nicht der Sokrates der ›Politeia‹, der die Sternenbetrachter verspottet. Aber der alte Sokrates im ›Philebos‹ ist auch nicht mehr der der ›Politeia‹ (wobei über die Enstehungszeit dieser Dialoge oder gar der Platonischen Gedanken nichts gesagt ist).

Im ›Politikos‹ begegnet die breit ausgeführte Darlegung über zweierlei Maßkünste, und dort wird, wenn ich recht sehe, das Angemessene (*μέτριον*) als ›das Genaue selbst‹ (*αὐτὸ τὸ ἀκριβές*) bezeichnet. Dies ist nun jedenfalls nicht die reine Genauigkeit, die in Zahlen und Maßen begegnet, wie sie die Auszeichnung der Mathematik ist. Man darf diesen Ausdruck nicht, wie es von Werner Jaeger behauptet wird, als eine Anspielung an die Zahlenmetaphysik bei Plato ansehen. Das trifft vollständig daneben. Es wird ja ausdrücklich gesagt, worum es sich bei dem ›Genauen selbst‹ handelt: es ist das Gemessene, das Geziemende, der günstige Augenblick, das, was man soll[5].

Es heißt geradezu ›das Mittlere zwischen den Gegensätzen‹. Das ist nicht Zahlenmystik, sondern im Gegenteil eine Vorwegnahme der Mesoteslehre der Nikomachischen Ethik. Durch sie hat Aristoteles den Begriff des Ethos und der Tugend definiert. Plato betont gewiß, daß beide Arten des Gemessenen unentbehrlich sind. Aber wenn er hier im Bereiche des Ethos ›das Genaue selbst‹ im Auge hat, so meint das doch offenkundig, daß es gerade dort auf das genaue Treffen ankommt, weil die Anwendung des ›reinen‹ Wissens der Mathematik hier nicht ausreicht, wo es auf das genaue Treffen ankommt. So geht es offenkundig bei Harmonie, bei Stimmigkeit, bei Schönheit. In diesen Fällen ist in der Tat die kleinste Abweichung schon schlimm. Ein einziger falscher Ton, in der Musik so gut wie im Umgang der Menschen miteinander, stört bereits die Harmonie wie die Stimmung. Dabei kann man nicht einmal sagen, was das Angemessene eigentlich gewesen wäre, und doch wissen wir mit voller Gewißheit, was das Unangemessene war, das die Harmonie gestört hat.

Man möchte eine solche Darlegung, die hier die Umständlichkeit des Argumentationsganges begründen soll, nicht ganz am Platze finden. Aber Plato gibt gerade dadurch der Darlegung ihren Nachdruck. Er betont die Bedeutung des rechten Unterscheidens, die er ›Dialektik‹ nennt, in kritischer Abkehr von den weisen Leuten, die blindlings auf Genauigkeit beste-

[5] Polit. 284eff.: *τό μέτριον, τὸ πρέπον, τὸ καίριον, τὸ δέον.*

hen[6]. Diese ›weisen Leute‹ begehen einen fundamentalen Irrtum, wenn sie den Unterschied zwischen den reinen Verhältnissen der Zahlen und Maße beachten, aber nicht den Unterschied, der diese Maße von dem ›Genauen selbst‹ trennt. In Wahrheit vernachlässigen sie damit den wahren Sinn des Reinen und nehmen es für das Seiende selbst, und so halten sie etwas für einen Beweis, wenn sie etwa bei der berühmten Quadratur des Kreises den sinnlichen Augenschein gelten lassen. Es ist das Gegenstück zu dem Irrtum, den ein Baumeister beginge, wenn er auf der mathematischen Genauigkeit des Richtmaßes bestünde. Diesen Irrtum bezieht Aristoteles in kritischer Absicht auf die Platoniker.

Der Rückgang auf den antiken Schönheitsbegriff, zu dem einen die Nähe von Schönheit und Wahrheit im antiken Denken einlud, scheint nun freilich für die Frage nach der Kunst in Enttäuschung zu enden. Es sieht so aus, als ob die Probleme der Kunst und ihres Wahrheitsanspruches hier gar keine Stütze finden. Es geht immer nur um Mathematik und um die reinen Verhältnisse, denen die mathematische Wissenschaft von den Zahlen und Kreisen gewidmet war. Plato hat dem Anschein nach die bildende Kunst so gut wie die Dichtung auf den gröbsten Begriff von Abbild begründet. Dagegen ist es unser Hauptanliegen, von dem Begriff des Abbildes überhaupt loszukommen und einen Wahrheitsbegriff zu gewinnen, der für das Bild wie für die Dichtung gültig wäre.

Indessen, man muß auf die Begriffsbildung der griechischen Metaphysik, die hier im Spiele ist, genauer eingehen. Dann zeigt sich, daß interessante Entsprechungen zu unserer Fragestellung hilfreich werden. Gewiß war Plato in den Augen des Aristoteles ein Pythagoreer, und man kann ihn wirklich eher einen Metamathematiker nennen als einen Metaphysiker. Aber die innere Folgerichtigkeit des griechischen Denkweges rückt Plato und Aristoteles enger zusammen, und gerade dieser Zusammenhang ist es, der für unsere Frage aufschlußreich ist, was die Kunst zur Kunst macht und worauf die Absolutheit und Gleichzeitigkeit der Kunst beruht. Jedenfalls ist es nicht der Abbildcharakter des Bildes oder der Dichtung, von dem aus man Goethes Satz verstehen darf: »So wahr, so seiend.« Damit ist nicht etwa eine Besonderheit jener Muscheln, ihr Aussehen, ihre Gestalt und Zeichnung gemeint, sondern etwas, was jenseits dieser Greifbarkeiten liegt und gerade durch das Ungreifbare auf Goethe einen so überwältigenden Eindruck gemacht hat. So ist auch für uns die Kunst überwältigend, ob in ihr Abbildhaftes erscheint oder ob eine völlige Abkehr von aller Abbildlichkeit vorliegt, wie es in der gegenstandslosen Malerei und Plastik sein kann. Es geht eben um anderes als um das Verhältnis von Abbild und Original. Werke der Kunst haben einen erhöhten Seinsrang, und das zeigt sich daran, daß wir an

[6] Polit. 285a: *οἱ κομψοί* und *μεγαλοπρέπως*.

dem Kunstwerk die Erfahrung machen: Es kommt heraus – und das ist das, was wir Wahrheit nennen.

Es kann nicht verwundern, daß weder im Altertum noch im christlichen Mittelalter von einem erhöhten Seinsrang der Kunst die Rede war. Ihr ›Sitz im Leben‹ war für die antike Welt und ihre sakralen Ordnungen selbstverständlich und wird im kirchlichen wie im weltlichen Rahmen der christlichen Metaphysik derart befestigt, daß die Weltordnung bzw. die Schöpfungsordnung den hohen Rang der Werke der Kunst mitträgt. Das gilt ebenso für die literarischen Künste, welche Mythen und Sagen in immer neuer Darstellung zwingend zur Sprache bringen. Darauf beruht ja die alte Zwietracht zwischen Dichtern und Forschern, die man Philosophen nannte, daß sie beide auf ihre Weise Wahrheit meinten. Auch die verschiedenen Bilderstürme, die über die christliche Kirchengeschichte hinweggegangen sind, wirken wie ein später Nachklang dieser Spannung zwischen dem wahren Bild und dem wahren Wort.

Erst im Zeitalter des Humanismus, als das Mittelalter zu Ende ging, änderte sich das. Da trat neben den Schöpfergott des Alten und Neuen Testaments der schöpferische Künstler als ein ›alter deus‹, als eine Art zweiter Gott. Als die Revolution des dritten Standes die neuzeitliche Aufklärung auf die Spitze trieb, erreichte dann die Kunst als Stellvertreterin ihren höchsten Rang. Man denke an Lucile in Büchners ›Dantons Tod‹. Vor allem war es die Nachwirkung von Hegels Ästhetikvorlesungen und ihrer Bearbeitung durch Hotho, die bis in den Neukantianismus hinein die größte Wirkung ausübte. Es war nicht mehr das Schöne, sondern die Kunst, was die Ästhetik behandelte. So hat etwa Paul Natorp im Zeitalter der Wissenschaft der Religion auf der Grenze der reinen Vernunft ihren Platz angewiesen, den sie mit der Kunst zu teilen hat: Mit der Abwendung von dem geschlossenen geozentrischen Weltbild und mit der Kopernikanischen Wendung öffneten sich unausdenkbare Unendlichkeiten, die eine neue Forschungsgesinnung weckten. Die wissenschaftliche Aufklärung trieb nach allen Seiten ins Unbekannte. Aus dem Forschungsreisenden wurde der Forscher. Damit wurde eine steigende Umarbeitung der Natur und die Beherrschung der Natur durch Wissenschaft und Technik die Grundgesinnung des Zeitalters. Es waren nicht länger kirchliche oder weltliche Themen, an denen eine heile Welt zur Darstellung durch die Kunst kommen konnte. Damit trat die Ordnungserfahrung als solche, wie sie die bildende Kunst, die Dichtkunst und schließlich vor allem die Musik vermittelt, in die Mitte des bürgerlichen Kulturlebens. Es feiert in dem Wunder der Kunst das letzte Unterpfand einer heilen Welt.

In anderen Zusammenhängen habe ich dargestellt, wie Ästhetik in Gestalt von Kunstphilosophie im deutschen Idealismus den Platz eroberte, den die Kosmologie und die Naturphilosophie im Rahmen der klassischen Metaphysik innehatten. Es ist die neuzeitliche Physik, die dergestalt alles ihrer eigenen Jurisdiktion unterstellte. Die alten Lehrgebiete verloren ihre Geltung, und der Ästhetik bzw. Philosophie der Kunst kam ein neuer Rang zu[7]. Was das für eine gewaltige Veränderung war, läßt sich an einer begriffsgeschichtlichen Einzelheit illustrieren. Die antik-mittelalterliche Astronomie hieß ›Musica caelestis‹ – im Unterschiede zu der irdischen Musik der hörbaren Töne. Was die alte Lehre der Pythagoreer von den reinen Zahlverhältnissen am Sternenhimmel fand und was das Mittelalter als pythagoreisches Erbe in einem Jenseits der Physik verwaltete, verlor an die neuzeitliche Wissenschaft ihre Geltung. So wiederholte sich im Grunde eine antike Problemsituation. Sie bestand in dem Gegensatz zwischen dem Pythagoreer Plato und der Physik des Aristoteles, der in gewissem Sinne bis heute fortbesteht, wenn man etwa an den Einbruch der Statistik in die Quantenphysik denkt. Da gibt es Gleichungen, aber keine eindeutigen Zuordnungen zu dem Ganzen der Meßbefunde.

Versuchen wir es also noch einmal, mit älteren Begriffen das Gemeinsame aller Kunst herauszuarbeiten. Wir wollen das, was wir heute ›Kunst‹ nennen und was Künstler schaffen, begrifflich so fassen, daß der Wahrheitsanspruch der Kunst verständlich wird.

Plato unterscheidet im ›Philebos‹ bei der Mischung des Lebenstrankes, auf die wir schon anspielten, die reine Mathematik und die Praxis, der es auf etwas anderes ankomme – und das sei unentbehrlich. Er nennt dies andere ›Treffsicherheit‹[8]. Es wird ausdrücklich gesagt, daß es für die Praxis des Lebens nicht genüge, sich auf die göttliche Wissenschaft von den reinen Zahlen, Kreisen und Dreiecken zu beschränken. Zur menschlichen Anwendung gehöre durchaus auch der ›falsche‹ Kreis und ebenso das ›falsche‹ Maß. Selbst bei der Musik und der Baukunst, in denen die Zahlen und Maße eine besonders hervorragende Rolle spielen, kommt es auf die Kunst des Treffens an. Sie sei unentbehrlich. So sei sie in dem guten Leben überhaupt zuzulassen, »wenn einer auch nur den Weg nach Hause soll finden können« (Phileb. 62 b_8).

Das ist ein entscheidender Schritt, den Plato damit gegenüber den Pythagoreern tut, indem er den alten pythagoreischen Gegensatz von Unbegrenztem und Grenze ergänzt durch eine dritte Gattung des Seins. Er nennt sie das ›Werden zum Sein‹[9]. Diese höchst paradoxe Formel gebraucht Plato offenbar mit vollem Bewußtsein und – wie er es auch im ›Parmenides‹ tut (Parm. 155 e ff.) – um eine wirkliche Getrenntheit von zwei Welten, einer Welt der Ideen und einer Welt der Erscheinungen, als falschen Schein zu überwinden.

---

[7] Vgl. meinen Beitrag ›Geschichte des Universums und die Geschichtlichkeit des Menschen‹, in Ges. Werke Bd. 10, S. 206–222.

[8] Phileb. 55 e_7: *στοχαστική*.

[9] Phileb. 26 d_8: *γένεσις εἰς οὐσίαν*.

Wie um dem Nachdruck zu geben, variiert Plato den Ausdruck und sagt statt ›Werden zum Sein‹ geradezu ›gewordenes Sein‹[10]. So betont er noch mehr die Einheit von Werden und Sein. Das gibt nun doch zu denken, daß Plato dem scheinbaren Gegensatz von Werden und Sein, von Anderswerden und An-sich-Sein, nicht das letzte Wort läßt. Die Reinheit der Mathematik bleibt zwar ein Vorbild des Wissens dank ihrer Genauigkeit und Wahrheit. Plato spricht hier aber nicht mehr wie in der ›Politeia‹ davon, wie die reine Mathematik den Aufstieg zur reinen Dialektik vorzubereiten hat. – Vielmehr zielt er nunmehr überall darauf, daß im Weltenbau wie in der Praxis des Lebens das Gemischte vorliegt und darin das ›Genaue‹ gesucht und getroffen werden muß. Am Ende bleibt nur die Welt der Zahlen und der Maße mit dem Begriff des reinen Wissens verknüpft. Das Werden wird nicht mehr als ein bloßes Nichtsein, das heißt als Anderswerden, gesehen, sondern bedeutet Werden zum Sein. Das ist der neue Schritt, der in Platos ›Philebos‹ seinen Ausdruck findet. Der Schritt vom Werden zum Sein beläßt dem Sein etwas von seinem Gewordensein. Das ließ sich an der Redeweise des ›Philebos‹ schon beobachten. Das Sein kommt aus dem Werden heraus.

Das ist eine Wendung, über die es sich nachzudenken lohnt. Wir erkennen darin die Grunderfahrung wieder, die wir dem Werke der Kunst gegenüber machen, wenn wir sagen: »So ist es« – so ist es »richtig«. Aristoteles hatte nur einen Schritt über Plato hinaus zu tun, wenn er am ›Werden zum Sein‹ das Sein des Werdens zum Thema machte. In diesem Zusammenhange führte er den Begriff der ›Energeia‹ ein, um seine ›Physik‹ zu begründen. Aber dieses Wort läßt uns aufhorchen. Das Wort ›Energeia‹ ist offenbar eine Aristotelische Neuschöpfung. Man bemerkt die Verlegenheit, die Aristoteles bei der Definition der ›Energeia‹ hat, weil er sich eben nicht auf den Sprachgebrauch berufen kann. So muß er den Begriff durch die Analogie zur ›Dynamis‹ definieren (Met. Θ 6), die Plato bereits im ›Sophistes‹ (Charm. 168d ff., Soph. 247e ff.) aus dem allgemeinen Sprachgebrauch in die philosophische Diskussion überführt hatte. Der Begriff ›Energeia‹ schillert zwischen Aktualität, Wirklichkeit und Tätigkeit und wird dann auch noch der Begriffsbestimmung von ›Kinesis‹ (Bewegung) dienstbar gemacht. Mit dem neuen Begriffsausdruck ›Energeia‹ öffnet sich ein Problemhorizont, in dem auch auf die Seinsweise des Kunstwerks ein neues Licht fallen dürfte.

Das zeigt sich bereits an einer benachbarten, fast synonymen Wortschöpfung des Aristoteles, nämlich ›Entelecheia‹. Es ist ein Ausdruck, der ebenso wie ›Energeia‹ auf der Schwelle der Neuzeit neue Begriffsbestimmungen an sich gezogen hat. Das Gemeinsame beider Wortbildungen besteht darin, daß sie etwas bezeichnen, das nicht wie ein ›Ergon‹ ist, das mit der vollendeten Herstellung sein Dasein hat. Die aristotelischen Begriffe, die nach dem Sein

10 Phileb. 27 b8: *γεγενημένη οὐσία*.

der Bewegtheit fragen – wie Dynamis, Energeia und Entelecheia –, verweisen damit auf die Seite des Vollzuges und nicht auf ein ›Ergon‹. Der Vollzug hat sein vollendetes Sein in sich selber (*τέλος ἔχει*). Damit wird zugleich deutlich, daß ›Energeia‹ nicht bloß Bewegung (›Kinesis‹) meint. Denn Bewegung ist *ἀτελής*. Solange sie im Gange ist, ist sie nicht vollendet. Das Bewegte ist noch unterwegs, ist noch nicht angekommen. Es ist noch im Werden. So erwähnt Aristoteles ausdrücklich und im Unterschied zur ›Energeia‹, daß Werden und Gewordensein nicht zugleich sind. Wohl aber ist Sehen und Gesehenhaben zugleich, oder Über-etwas-Nachdenken und Nachgedachthaben ebenfalls. Beides meint ein Verweilen bei dem Gemeinsamen, so wie wir etwa »bei der Sache sein« sagen. Nun meine ich, Aristoteles beschreibt ›Energeia‹ durch das Wort für ›Zugleich‹ (*ἅμα*), um die immanente Gleichzeitigkeit der Dauer zu bezeichnen. Es ist kein Nacheinander, sondern ein Zugleich, das dem zukommt, das die Zeitstruktur des Verweilens besitzt. Es ist nicht ein Verrichten von diesem und jenem, erst dies und dann das, sondern es ist ein Ganzes, das da gegenwärtig ist, im Sehen, im Nachdenken, im Betrachten, in das man versunken ist – oder hören wir lieber auf die Weisheit der Sprache und sagen: »in dem man aufgeht«. Aristoteles fügt denn auch das Beispiel des Lebens an. So sagen wir ja auch, daß man »am Leben ist«. Solange einer am Leben ist, ist er mit seiner Vergangenheit und mit seiner Zukunft eines.

Machen wir die Anwendung auf die Kunst. Wir fragen dabei nicht so sehr, was da herauskommt oder sich zeigt. Wir sagen vielmehr, ›es‹ kommt heraus. Das sagen wir sowohl im Falle des Bildes wie im Falle von Sprache und ihrer dichterischen Mächtigkeit. Wir machen daran eine Erfahrung. Dies ›Machen‹ meint nicht eigentlich, daß wir etwas tun, sondern vielmehr, daß uns etwas aufgeht, wenn wir etwas richtig verstehen. Das heißt also ganz und gar nicht, daß wir etwas hineinlesen oder hineinlegen, das nicht darin ist. Wir lesen vielmehr heraus, was darin ist, und so, daß es herauskommt.

So ist es eine Erfahrung der Kunst. Sie ist keine bloße Aufnahme von etwas. Man geht vielmehr selber darin auf. Es ist mehr wie ein wartendes und gewahrendes Verweilen, das das Werk der Kunst herauskommen läßt, als daß es ein Tun wäre. Wieder können wir auf die Sprache hören: Was so herauskommt, »spricht einen an«, wie wir sagen, und so ist der Angesprochene mit dem, was da herauskommt, wie in einem Gespräch. Das gilt ebenso vom Sehen wie vom Hören oder Lesen, daß man so bei dem Werk der Kunst verweilt. Verweilen ist eben nicht Zeitverlieren. Verweilendes Sein ist wie ein intensives wechselvolles Gespräch, das nicht terminiert ist, sondern dauert, bis es beendet wird. Das ist das Ganze eines Gesprächs, daß man eine Weile ganz »im Gespräch« ist, und das heißt »ganz dabei ist«.

So ist es beim Lesen eines Dichtwerkes, wenn wir auch noch so sehr Zeile für Zeile nacheinander lesen und Seite für Seite. Auch da ist es nicht wie das Durchlaufen einer Strecke bis an das Ziel. Wir gehen ganz mit, wenn wir lesen. Wir sind dabei – und am Ende vertieft sich der Eindruck immer mehr: »So ist es.« Es ist wie eine wachsende Faszination, die sich durchhält und sogar vorübergehende Störungen überstrahlt, weil die Stimmigkeit des Ganzen zunimmt und Zustimmung fordert. Wir kennen das besonders anschaulich beim Hören von Musik. Dilthey hat öfters an der Musik das Strukturgesetz allen Verstehens illustriert. Es ist fast überflüssig zu sagen, daß, wie das Aufnehmen, auch das Schaffen kein bloßes Herstellen ist. Für den Schaffenden ist es das Gelingen des Werks. Für den Aufnehmenden weiß man nicht zu sagen, was es ist. »Je ne sais quoi« sagt dafür die bekannte französische Aufklärung. Es ist eben gelungen und hat seine unbegreifliche Richtigkeit. So ist es sinnlos, wenn es sich um Kunst handelt, den Schaffenden zu fragen, was er da gemeint hat. Ebenso ist es sinnlos, den Aufnehmenden zu fragen, was es eigentlich ist, was ihm das Werk sagt. Beides geht über das subjektive Bewußtsein des einen wie des anderen hinaus. Es überschreitet alles Meinen und Wissen, wenn wir sagen: »Das ist gut.« Das bedeutet in beiden Fällen, daß ›es‹ herausgekommen ist. So ist die Erfahrung des Kunstwerkes nicht nur die Entbergung aus der Verborgenheit, sondern es ist zugleich wirklich darin. Es ist darin wie in Geborgenheit. Das Werk der Kunst ist eine Aussage, die keinen Aussagesatz bildet, aber die am allermeisten sagend ist. Es ist wie ein Mythos, wie eine Sage[11], und zwar gerade deshalb, weil sie das, was sie sagt, ebensosehr vorenthält wie zugleich bereithält. Die Aussage wird immer wieder sprechen.

Es ist nun deutlich geworden, daß der Rückgang auf die griechische Begriffswelt für unsere Frage Früchte trägt. Es ist zwar richtig, daß wir von der Sonderstellung der Kunst und dem besonderen Seinsrang des Kunstwerkes ausgingen, und das heißt von einer modernen Fragestellung. Die griechische Überlieferung versagte uns daher die Antwort auf unsere Frage, sofern der Grieche das vom Künstler Geschaffene, und damit die Einzigartigkeit seines Könnens, nicht von dem handwerklich Hergestellten, das auf ›Techne‹ beruht, unterschied. Man verlieh höchstens dem großen Künstler den Ehrennamen eines Weisen. Unsere Frage ist aber, wieweit wir solcher Weisheit auch Wahrheit zuordnen können. Kann die neuzeitliche Wissenschaft das überhaupt anerkennen? Kann sie ihre Denkweise so erweitern, daß das Wahre neben dem Schönen und dem Guten steht, wie das in der antiken Welt galt? Zwar redet man auch im Bereiche der Kunst davon, daß etwas wahr ist oder daß es so richtig ist. Das ist sogar ein guter Ausdruck für das, was man meint. Aber was da so genannt wird, ist nicht von der Art, daß

[11] Über das Aufkommen des ›Mythos‹-Begriffs in der Vorromantik vgl. in Ges. Werke Bd. 8 ›Der Mythos im Zeitalter der Wissenschaft‹ (Nr. 16), S. 180–188.

wir darauf zeigen könnten oder daß es, wie es das Schöne tut, ›hervorscheint‹. Wenn wir in einem Bild oder in einem Gedicht alles ›richtig‹ finden, dann meint das nicht ›richtig‹ im Sinne der Satzwahrheit. So hat ja auch Kant, in kritischer Abhebung von der Regelästhetik des Rationalismus, das ästhetische Apriori an die Subjektivität des Gefühls verwiesen.

Als Ergebnis der vorstehenden Überlegungen möchte ich festhalten: Es geht um einen veränderten Ansatz der Frage, was Wahrheit, ›Aletheia‹, Unverborgenheit eigentlich sagen will. Die Heranziehung des Begriffs der ›Energeia‹ hat den besonderen Wert, daß wir uns damit nicht im Bereiche der Satzwahrheit bewegen. Aristoteles hat mit diesem Begriffswort eine Bewegtheit ohne Weg und Ziel gedacht, so etwas wie die Lebendigkeit selbst, wie das Wachsein, das Sehen oder das ›Denken‹. All das nennt er ›reine Energeia‹, und das ist es, was uns hier an die Kunst denken läßt. Der Gott, der in der aristotelischen Metaphysik als der unbewegte Beweger des Alls eingeführt wird, führt ein solches Leben der reinen Energeia, das heißt des ununterbrochenen reinen Schauens. Offenbar meint dieses Sein Gegenwärtigkeit als solche. Man weiß bei dieser aristotelischen Lehre daher nicht auf die Frage wirklich zu antworten, was das beschauliche Schauen des Gottes eigentlich zum Gegenstand hat – alles oder was? Für Hegel ist es das Sein als die Vollendung des Selbstbewußtseins, und er nennt es den absoluten Geist. Er denkt dabei ohne Zweifel auch an den Heiligen Geist, die dritte Person der christlichen Trinität. Aber man kann sich die Sache auch so klarmachen, daß man etwa an das Wort ›Geistesgegenwart‹ denkt. Da meinen wir auch nicht etwas Bestimmtes, dessen man gewahr ist und worauf man reagiert. Man meint damit vielmehr, daß man wachsam und all dessen gewärtig ist, was da kommen mag. Nach der Ausdeutung der griechischen Philosophie ist es die Lebensweise der Götter, die in solchem Schauen, in der ›Theoria‹, ihre volle Erfüllung findet. Da bedeutet der ursprüngliche Sinn des griechischen Ausdrucks ›Theoria‹ etwas Wichtiges. Das griechische Wort meint, an einem festlichen Akt teilzuhaben und dabeizusein. Schauen ist also hier kein bloßes Zuschauersein. Es meint »ganz dabei sein«, das heißt eine höchste Tätigkeit und Wirklichkeit. Tatsächlich braucht man für das griechische Wort ›Energeia‹ diese beiden deutschen Worte als jeweilige Übersetzung: Tätigkeit und Wirklichkeit. Wer so teilhat an einem Kult, der läßt ja auch das Göttliche ›herauskommen‹, so daß es da ist, wie eine leibhaftige Erscheinung. Das gilt bestens für das Kunstwerk. Vor seiner Erscheinung sagen wir auch: »So ist es.« Was da herausgekommen ist, dem stimmen wir zu, und zwar nicht, weil es ein genaues Abbild von etwas wäre, sondern weil es als Bild wie eine überlegene Wirklichkeit ist. Es kann vielleicht auch Abbild von etwas sein. Es braucht aber auch gar nichts Abbildhaftes an sich zu haben. Man denke daran, was etwa die Mysterienkulte als heiliges Geheimnis gehütet haben. So ist das Kunstwerk da und ist »so wahr, so seiend«. Es hat im Vollzug sein vollendetes Sein (τέλος ἔχει).

Die Sache ist bedeutsam genug. ›Aletheia‹ meint also nicht einfach Unverborgenheit. Wir reden zwar davon, daß ›es‹ herauskommt, aber das Herauskommen hat eine eigentümliche Verfassung. Es besteht darin, daß ein Werk der Kunst sich so darstellt, indem es sich ebenso verbirgt, wie es sich zugleich selbst verbürgt. Was die Griechen »Hervorscheinen des Schönen« nannten, gehörte einer Weltordnung an, die sich in wahrer Vollendung am Sternenhimmel darbot. Die Trennung des handwerklichen und maschinellen Herstellens von dem, was im modernen Sinne Kunst ist, meint daher im radikaleren Sinne ein ›Herauskommen‹. ›Es‹ kommt heraus, weil es darin ist und in gewissem Sinne ein Verborgenes ist, das erst herauskommen muß. Die Unverborgenheit dessen, was da herauskommt, ist nun aber in dem Werk selbst geborgen – und nicht in dem, was wir darüber sagen. Es bleibt auch immer dasselbe Werk, auch wenn es in jeder neuen Begegnung auf seine eigene Weise herauskommt. Wir kennen das wohl. Der Betrachter eines Gemäldes sucht den rechten Abstand, wo es richtig herauskommt. Der Betrachter einer Plastik muß vielleicht darumherumgehen. Der Betrachter eines Bauwerkes verlangt am Ende, daß man es ›begeht‹, um immer wieder andere, wechselnde Abstände und Blicke zu gewinnen. Wer hält da Abstand? Hat man seinen eigenen Standpunkt nach eigenem Belieben zu wählen und dann festzuhalten? Man muß doch den Punkt suchen, von dem aus ›es‹ am besten herauskommt. Dieser Punkt ist nicht der eigene Standpunkt. Man macht sich geradezu lächerlich, wenn man einem Kunstwerk gegenüber sagt, was man sonst sagen kann, man stünde nicht auf seinem Standpunkt. Solchen Abstand gibt es da nicht. Wenn ein Kunstwerk seine Faszination ausspielt, ist alles eigene Meinen und Gemeinte wie verschwunden.

Das gilt ebenso, wenn es sich um eine Dichtung handelt. Man tut gut, sich hier an Hegels Begriff des Absoluten zu erinnern. Ja, wir müssen uns fragen, ob man bei einem Kunstwerk überhaupt so, wie man das bei dem Handwerk tut, zwischen dem Machen und seinem Produkt trennen darf, das ja alsdann seinem Gebrauchszweck überlassen wird. Das Kunstwerk ist offenbar nicht im gleichen Sinne ein Werk. Wenn wir von ihm sagen, daß ›es‹ herauskommen muß, dann sollten wir lieber statt an Handwerk an die Natur denken, die im Frühling die Blumen herauskommen läßt. Das Kunstwerk ist eben nicht das Produkt, das nach getaner Arbeit fertig ist. Das Kunstwerk ist überhaupt kein Gegenstand, dem man sich mit dem Maßstab in der Hand nähern kann. Ein wirkliches Kunstwerk läßt sich nicht durch Meßvorgänge erfassen, auch nicht nach der Zahl der Bits. Informationsleistungen, wie man sie aus Zeitungen, Abbildungen, Reiseberichten oder Romanen empfangen mag, sind für den Kunstwert eines

Kunstwerkes kein Maßstab. Was auf solche Weise an einem Bild feststellbar ist, ist gerade nicht die Kunst, die es auszeichnet.

Das zeigt sich etwa an den Chancen, die die Wissenschaft, die Kunstgeschichte, gegenüber dem Kunstwerk hat. Da ist etwa die ikonographische Thematik, in der die Kunstgeschichte als Wissenschaft unbestreitbar vieles in diesem Jahrhundert geleistet hat. Aber sofern die Wissenschaft das rechte methodische Bewußtsein behält, weiß sie sich dabei in der Perspektive des Abbildhaften. Was bei alleiniger Orientierung am Abbild und seiner Richtigkeit herauskommt, hat Plato mit ironischer Deutlichkeit gezeigt, wenn er es etwa an einer monumentalen Skulptur als »falsch« bezeichnet, daß die oberen Partien derselben um der Bildwirkung willen größer angelegt werden als »richtig« wäre (Soph. 235e). Die platonische Schönheitslehre selber leuchtet dagegen unmittelbar ein und hat über Plotin ihre Nachfolge bis Hegel gefunden, wenn man nach Hegel die Kunst als das »sinnliche Scheinen der Idee« beschreibt. Gibt nicht Plotin einen weiteren Wink, wenn er sagt, ein Gesicht erscheine bald schön und bald häßlich, auch wenn nicht die geringste meßbare Veränderung vorliegt? Plotin hat dabei das Schöne der Kunst schon immer mit im Auge, das wir bei Plato und Aristoteles nur beiläufig erwähnt fanden. Für uns ist es wesentlich, daß es sich hier um ein Er-scheinen handelt. Als Scheinen ist es seinem Wesen nach ein wechselnder Schein. Und doch gibt es das einzigartige Hervorscheinen des Schönen wie den Zauber der Kunst, sei es im Sehen, sei es im Hören, sei es in der bildenden Kunst, der Dichtkunst oder etwa in der Musik.

Die Kunst ist im Vollzug. Das ist das Ergebnis unserer begrifflichen Rückbesinnung auf die griechische Schönheitslehre und ihre Anwendung. Das bedeutet aber: Die Seinsweise des Kunstwerks ist weder ein Geschaffenes, noch treffen Begriffe wie Produktion und Reproduktion seitens des Aufnehmenden die Sache. Ja, diese Unterscheidung ist geradezu ihr Verfehlen. Die Künstler, Bildhauer, Maler, Dichter leisten zwar planvolle Arbeit, machen vielleicht viele Entwürfe und Versuche, um ihren Plan auszuführen. Aber es ist kein Herstellen von etwas, was ein anderer so haben will, um es dann in Gebrauch zu nehmen. Beides sind unangemessene Begriffe, die die geheime Selbigkeit des Schaffens und des Aufnehmens verdecken. Die künstlerische Schöpfung ist nicht etwas, was man macht – und wird auch nicht nachgemacht oder gar nacherlebt. Wir sagten immer, es kommt heraus und es ist etwas darin. Aber was und wie, was da herauskommt, läßt sich nicht sagen. Der Maler kann es in seinem Bild sagen, und er kann das Gelingen seiner Arbeit meinen, und der Betrachter wird auf der anderen Seite mit konzentrierter Kraft dabei sein. Er wird dann vielleicht finden: »Es kommt heraus« – oder: »Es ist etwas darin.« Aber gewiß ist es nicht das Abgebildete, das da herauskommt, so daß man es erkennt und wiedererkennt. Das ist nicht die Aussage des Bildes.

»Es kommt heraus« – ist vielmehr etwas, was man noch nie so gesehen hat. Selbst wenn man es mit einem Porträt zu tun hat, den Porträtierten kennt und das Bild ähnlich findet, ist es doch so, als hätte man ihn noch nie so gesehen. So sehr *ist* er es. Man hat sich sozusagen hineingesehen, und je mehr man das tat, desto mehr ist es herausgekommen. Das Porträt ist gewiß ein Sonderfall. Indessen, beim Götterbild oder beim Heiligenbild sagt man es sich auch. Das Bild hat seine eigene Hoheit. Man sagt es selbst bei einem wunderbaren Stilleben oder einer Landschaft, weil in dem Bild alles so stimmt. Da läßt man jeden Abbildbezug hinter sich. Das ist die Bildhoheit.

Oder man liest ein Gedicht. Man liest es wieder. Man geht es durch und es geht mit einem mit. Es ist, als ob es zu sprechen, als ob es zu singen begönne, und man singt mit. Wenn es sich um Musik handelt, sei es, daß man selber Musik macht, ›nach Noten‹, wie wir sagen, oder auch nur die Musik mitanhört, dann ist all das da, Wiederholung, Variation, Umkehrung, Auflösung, und es ist einem geradezu vorgeschrieben. Aber nur, wenn man mitgeht, sei es als Musizierender, sei es als Zuhörer, kommt es heraus und es geht einem ein. Sonst rauscht es vorbei und schien einem leer.

Bleiben wir bei dem Gedicht. Da ist, wenn man ein Gedicht liest oder es ›sich aufsagt‹, allerhand zu verstehen, und es ist ganz gegenwärtig geworden. Ein wahrer Strom von Bildern und Klängen erfüllt einen, und am Ende sagt man sich vielleicht: »Wie schön!«, oder vielleicht sagt man: »Wie da alles sitzt und wie da alles richtig ist!« Man hat dem Diktat gehorcht. Man hört es geradezu, wenn man es liest, und zwar immer noch ein wenig richtiger, als wenn man selber es sich wirklich aufsagt.

Was ich beschrieben habe, ist die Bildhoheit in den bildenden Künsten und das Diktat des Textes in der ›Literatur‹. In beiden Fällen handelt es sich um eine normative Gewalt. Wie jede Norm, ist sie immer nur in verschiedenen Graden der Näherung erreichbar. Aber nein – das ist gerade nur, was wir sagen, wenn wir nachträglich reflektieren. Im Vollzug ist es anders. Da ist es ›richtig da‹, das Bild, das Gedicht, das Lied. Es ist herausgekommen. Von da aus versteht man auch den ursprünglichen Sinn von Kritik – daß man etwas als ein Kunstwerk von Unkunst scheidet (und nicht, daß man es besser weiß als der Künstler).

Wir fragen jetzt nicht mehr, was ein solcher Vollzug eigentlich ist, wie er anfängt, endet, wie lang er dauert, wie er einem nachgeht und am Ende absinkt und doch irgendwo bleibt und wieder auftauchen kann. Wir fragen so nicht. Das haben wir eben an Aristoteles' ›Energeia‹ gelernt – und so zu fragen verlernt. Gewiß, es ist eine ›Weile‹, aber eine, die niemand mißt und die man nicht lang- und nicht kurzweilig findet.

Gleichwohl baut sich ein Bild oder ein dichterischer Text im Nacheinander der Zeit auf, und das ›nimmt Zeit‹. Wieder aber sagen wir das nur, wenn wir die leere Zeit konstruieren, in der allein so etwas meßbar wird. Die erfüllte Zeit dauert nicht und vergeht nicht[12]. Und doch geschieht da allerhand.

Beim Bild wie beim Buch nenne ich, wie dieses Geschehen geschieht, das ›Lesen‹. Bei Lesen weiß man, was es heißt, das zu können und kein Analphabet zu sein – was freilich nur der erste Schritt zum Können ist, das ein Werk der Kunst verlangt. Aber wenigstens bildet man sich nicht ein, wie die meisten beim Sehen meinen, das könne man schon. In Wahrheit muß man es lernen, wie das Sehen und wie das Hören von Musik. ›Lesen‹ hat dabei vielfältige Anklänge von Zusammenlesen, Auflesen, Auslesen und Verlesen wie bei der ›Lese‹, das heißt der Ernte, die bleibt. Aber ›Lesen‹ heißt auch, was mit dem Buchstabieren anfängt, wenn man schreiben und lesen lernt, und wieder gibt es zahlreiche Anklänge. Man kann ein Buch anlesen oder auslesen, man kann sich einlesen, man kann weiterlesen, nachlesen, vorlesen – und auch diese Reihe zielt auf eine Ernte, die gesammelt ist und aus der man sich nährt.

Diese Ernte ist das Sinnganze, das sich aufbaut, ein Sinngebilde wie ein Klanggebilde zugleich. Das sind gleichsam Bauelemente von Sinn: Motive, Bilder und Klänge. Es sind aber nicht etwa die Buchstaben, die Wörter, die Sätze, die Perioden oder die Kapitel. Solches gehört in die Grammatik und Syntax, zählt zu dem bloßen Skelett der Schriftlichkeit und nicht zu der Formgestalt. Die Formgestalt ist es, was herauskommt, dank den dichterischen und bildnerischen Sprachmitteln, die im Fluß ihres Zusammenspiels die Gestalt aufbauen. Nachträglich kann das durchgegliedert werden, und das mag dann dem wirklichen Sehen oder Hören, dem Vollzug, zugute kommen, so daß er an Differenzierung gewinnt. Im allgemeinen bildet sich aber die Formgestalt von Bild und Text ohne ausdrückliche Abhebung. Der Vollzug ist die Interpretation[13].

Wenn ich mich auf den Begriff des Lesens konzentrierte, so geschah das, um den Unterschied zwischen der Äußerlichkeit des Daseins, etwa von Farben oder Worten oder auch Schriftzeichen, klar von dem abzuheben, was der Begriff des Vollzuges hier zu leisten hat. Da muß man sich nur klarmachen, wie es beim Vollzug des Lesens ist. Lesen will keine Reproduktion von ursprünglich Gesprochenem sein. Das war der große Fehler Bettis, hier zweierlei Sinn von Interpretation zu unterscheiden, den einen im theoretischen, den anderen im Bereich der transitorischen Künste, etwa im Falle der Musik oder der Theaterkunst, wo man von ›Reproduktion‹ sprechen möchte. Gerade an der Musik läßt sich aber zeigen, daß nicht das richtige Abspielen des Notentextes die Interpretation ist. Ebenso würde man es, wenn man

[12] Zur Unterscheidung zwischen ›leerer‹ und ›erfüllter‹ Zeit siehe meinen Beitrag in Ges. Werke Bd. 4, S. 137–153.

[13] Siehe dazu in Ges. Werke Bd. 8 ›Hören – Sehen – Lesen‹ (Nr. 23) und ›Über das Lesen von Bauten und Bildern‹ (Nr. 30).

einen sprachlichen Text von dichterischer Art so liest, in Wahrheit nicht lesen nennen, sondern buchstabieren bzw. ›aufsagen‹. Der Begriff des Lesens muß also von dem, was man Reproduktion nennt, ganz unterschieden werden, und so muß auch der Begriff der Interpretation von dem Aspekt bloßer Reproduktion unterschieden werden. Wer Musik macht und Musik nicht buchstabiert, ist in Wahrheit als Interpret der Vollzieher der Musik, so daß sie herauskommt. Die perfekte technische Reproduktion, und leider damit auch im Prinzip die Schallplatte und jede andere technische Reproduktionsform, etwa die farbige Reproduktion von Gemälden, ist wirklich nur Reproduktion ohne Interpretation. Im Zeitalter der Reproduzierbarkeit bedarf es der Erinnerung, was Interpretation eigentlich ist.

Es gibt Polemik gegen die Interpretation und berechtigte Kritik an ihr, wenn sie sich gegenüber dem Kunstwerk vordrängt und von ihm abdrängt. Daß sie sich das anmaßt, ist die Folge eines Wissenschaftsbegriffs, der ganz von der Objektivierung eingenommen ist. Das, was man an einem Kunstwerk, das im Vollzug sein Sein hat, durch Objektivierung und wissenschaftliche Methodik erfassen kann, bleibt notwendig sekundär und insofern geradezu unwahr. Die Wahrheit, die wir in der Aussage der Kunst suchen, ist die im Vollzug erreichbare. Die bekannte Polemik von Susan Sontag legt den Finger auf den wunden Punkt, wenn es sich um wissenschaftliche Interpretation von Dichtung und Kunst handelt. Wissenschaftliche Methodik läßt ein Werk der Kunst nicht in seinem eigenen Licht erscheinen. Sie muß überhellen. Heidegger hat einmal gesagt, jede Interpretation müsse überhellen. Das ist am Ende immer so, wenn man sich auf einen Vollzug bezieht. Erst durch Zurücknahme aller vereinzelnden Vergegenständlichung kann Interpretation dem Vollzug selber dienen. So ist es jedenfalls bei einem Kunstwerk, daß es im Vollzug allein sein Sein hat. So ist es wohl aber auch in der Philosophie, wenn man Platos Siebentem Brief oder Kant folgt.

Nicht ohne Bedacht sprach ich von dem Fluß der das Lesen begleitenden Gestaltung, die sich am sprachlichen Text in der richtigen Betonung oder in der rechten Phrasierung beim Musizieren bekundet. Hier wird erneut deutlich, was Vollzug ist. Es ist eben kein vergegenständlichendes Erkenntnisverhalten. Es ist vielmehr die in den Vollzug eingegangene Mannigfaltigkeit. Das ist es, was Aristoteles ›Energeia‹ nannte. Seine Begriffsschöpfung entstand aus der Abhebung von der pythagoreischen Mathematisierung des Universums und seiner Musik. Was wir Natur und die Griechen ›Physis‹ nennen, das ist vor allen Dingen Lebendiges in seiner Bewegtheit. Das Durchlaufen eines Massenpunktes durch die Strecke von Weg und Zeit macht die Bewegung kalkulierbar und konstruierbar, aber das ist nicht die ›Energeia‹ des Lebendigen oder wie es das Sehen und Wachsein des Denkenden ist. Ich ziehe eine Konsequenz, die zunächst verblüffen mag, aber sie hat ihre Evidenz: Natur und Kunst stehen einander näher als das planende

Herstellen von Produkten, die in der Werkstatt entstehen. Unsere Sprache spricht bei Natur und Kunst von ›organischer Einheit‹. Sie ist wie von niemandem gemacht. Das hat Kant gesehen, wenn er die ästhetische und teleologische Urteilskraft zusammenfaßte. Freilich hat er im Blick auf den Wissenschaftsbegriff der neuzeitlichen Physik weder in der Ästhetik noch in der Naturerkenntnis dem Zweckbegriff objektive Geltung zuerkannt. Das hat erst der deutsche Idealismus gewagt – und damit ›die Kunst‹ als Kunst entdeckt[14].

Darauf läuft es am Ende hinaus, daß die Kunst in die Nähe zur ›Theoria‹ gehört. Wirklich kennen wir ja in der Geschichte des Denkens die innige Nachbarschaft von Kunst und Wissenschaft, die sich gegen alle praktisch-technische Betätigung abgrenzt. So ist es ein positives Ergebnis und zugleich die Rechtfertigung des Rückgriffs auf die Grundbegriffe der theoretischen Philosophie, wenn man den neuzeitlichen Sinn von Kunst und ihren Absolutheitsanspruch begreifen will. Während das Werk des Handwerkers oder seiner industriellen Nachfolger dem Gebrauch dient, ist das Kunstwerk für sich selbst da und ist in seiner Seinsweise reine ›Energeia‹. Die Griechen machen diesen Unterschied von Handwerk und Kunst sonst nicht. Wohl aber unterscheiden sie mit grundsätzlicher Schärfe ›Techne‹ und ›Physis‹. Das Natürliche und Lebendige ist in allen Phasen seines Daseins Natur, als Same, als Keim, wenn es aus dem Boden herauskommt, und sein ganzes Wachstum, Reife, Frucht. All das ist ein einziger Vollzug ›von Natur zu Natur‹, wie Aristoteles sagt[15]. Eben das zeichnet aber auch die Kunst gegenüber den Produkten des Herstellens aus. Das Werk der Kunst ist nicht hergestellt wie eine Ware (auch wenn es auf den Markt gebracht wird), wenn es in einer Sammlung, im Museum oder sonstwo für den Vollzug des Betrachtens da ist oder wenn ein Buch in der Bibliothek darauf wartet, im Vollzug des Lesens als Kunst erfahren zu werden – das ist nicht unser gewöhnliches Tun, es ist eine höchste Praxis, wie wir die griechische ›Theoria‹ schon kennengelernt haben. Kunst ist im Vollzug, wie Sprache im Gespräch.

Das Thema ›Bild und Gedicht‹, bildende Kunst und dichterische Kunst, erschöpft nun bei weitem nicht den Umfang dessen, was wir mit ins Auge fassen müssen, wenn es um den Vollzugscharakter von Kunst geht. Das sei noch an zwei Beispielen erörtert. Das eine ist die Architektur. Sie hat in gewissem Sinne, wie ich in ›Wahrheit und Methode‹ betont habe[16], eine

---

14 Vgl. die gediegene Studie von Jürgen-Eckardt Pleines, Ästhetik und Vernunftkritik (Hildesheim/Zürich/New York 1989) und den Aufsatz ›Einheit und Mannigfaltigkeit im ästhetischen Urteil‹ in der Zeitschrift für Ästhetik und allgemeine Kunstwissenschaft 33 (1988), S. 151–175.

15 Phys. B 1, 193 b $_{12-13}$: *ἡ φύσις . . . ὁδός ἐστιν εἰς φύσιν.*

16 Ges. Werke Bd. 1, S. 161 ff.

tragende und raumschaffende Funktion für allen Vollzug von Kunst. Gleichwohl ist Architektur nicht bloße Herstellung eines zweckvollen Produktes, worin sich Vollzug von Kunst abspielen kann, wie etwa das Theater, die Galerie, der Musiksaal dazu bestimmt ist. Architektur ist vielmehr in einer doppelten Hinsicht ihrer Bestimmung getreu.

Ein Bauwerk kann gewiß kaum je ein Produkt der freien Kunst sein. Es dient einem Zwecke und hat seinen Ort inmitten des tätigen Lebens. Gleichwohl nennen wir solche Bauten wie eine Kirche, einen Palast, ein Rathaus, ja sogar ein Kaufhaus oder einen Bahnhof mitunter ein Baudenkmal, und das meint doch: etwas, das Gedächtnis weckt und einem zu denken gibt. Es ist zwar nicht zum bloßen Betrachten da, sondern dient seinem Zweck, und doch ist es ein Kunstwerk.

Man muß freilich mit Nachdruck sagen, daß die Reproduktionswut unseres technikbesessenen Zeitalters hier einen falschen Schein erzeugt. Die fotografische Reproduktion von Bauwerken hat die fatale Tendenz, sie zu malerischer Wirkung umzufälschen. Das führt zu einer unwahren Vertrautheit und in der Folge zu einer Enttäuschung, wenn man ein Bauwerk nicht mehr im falschen Schein des Malerischen sieht, sondern ihm erstmals in seiner Wirklichkeit begegnet und in seinen Baugedanken eindringt. Es ist fast wie mit der farbigen Abbildung von Gemälden, die als das Bild auftritt, das sie nicht ist, oder wie mit dem dichterischen Werk, das man nur aus der Zeitungskritik kennt. Entsprechend ist es mit der Zweckfunktion des Bauwerkes. Als Kunstwerk kommt es erst heraus, wenn es mitten in der Nutzung gleichsam hervorscheint, wie alles Schöne. Da macht man seine zweckvollen Gänge, etwa im Kirchenraum oder in einem Treppenhaus, und plötzlich bleibt man wie gebannt stehen. Das braucht nicht zu heißen, daß man die Zwecke des eigenen Tätigseins vergißt. Wie etwa der kultische Zweck im Kirchenraum, so kann sich auch sonstwo eine bedeutende Treppe in die eigenen Lebensvollzüge einfügen.

Wir befinden uns bereits bei dem anderen problematischen Begriff, den ich erörtern wollte, bei dem Begriff des Dekorativen. Was wir ›dekorativ‹ nennen, ist bereits von dem Begriff der Kunst aus gedacht, und wenn wir etwa ein gemaltes Bild dekorativ finden, so ist das fast schon eine Kritik. Es kommt da eigentlich nichts heraus, bzw. es ist eben nichts darin. Was dekorativ ist, soll ja wirklich nicht herauskommen, sondern hat seine Bestimmung als Hintergrund. Wenn sich ein solcher Hintergrund zu sehr hervordrängt, etwa bei figürlichen Tapeten, wie das in den Fieberträumen meiner Kindheit war, verfehlt eine solche Dekoration ihre wahre Bestimmung. Gleichwohl handelt es sich um Kunst, wenn wir etwa von einem Schmuckstück reden, das einem in die Augen sticht. Da mag man dann mehr die Kunstfertigkeit und den Geschmack bewundern, und zwar weil es nicht zu auffallend ist und sich zurücknimmt. Ein scharfer Unterschied zwischen Kunst und Handwerk besteht nicht immer, und so auch nicht bei der Architektur. Aber das weist ja gerade auf die spannungsvolle Dialektik des Schönen, sofern auch dekorative Kunst nur im Vollzugscharakter ihr Sein hat. Aber es ist anders als bei der Baukunst. Da bleibt der Baugedanke hinter dem Zweck zunächst zurück, bis er einen förmlich überfällt, und dann tritt der Zweckbezug in den Hintergrund, so daß das Repräsentative des Bauwerkes uns ganz erfüllt. Es ist wie »verstummte Musik« (Goethe).

Daß sich Begleitfunktion und Präsenz verflechten, spielt nicht nur hier, sondern in allem Vollzug von Kunst eine Rolle. All unser Sehen, ebenso wie das Hören, ist ja vom Gesetz des Kontrastes beherrscht. Das Umfeld dessen, was wir betrachten, spielt immer mit. Das gilt nicht nur für die bildende Kunst, sondern auch für Dichtung. Abstumpfung des Geschmacks und Reizgewinn durch das Neue spielen eine Rolle. Bei der Baukunst ist es aber noch anders. Da spielen nicht nur begleitende Bedingungen hinein. Der Zweckgedanke gehört vielmehr selber zur Bauschöpfung. Wo der Zweckbezug eines Baues allzu unklar ist, kann das irritieren, etwa bei der Porta Nigra in Trier, die fast etwas Unheimliches wie ein Grabmal hat, oder wenn der Pergamon-Altar in Berlin mit seiner Treppe gegen die Wand rennt oder der Lettner im Dom von Hildesheim gegen eine Wand steht. Zu einem Bau gehört eben ein vorgegebener Zusammenhang, in den er sich einzufügen hat. Die Raumwirkung ist mitgemeint. Freilich stehen Bauten oft wie verloren als steinerne Zeugen einer Vergangenheit in einer fremden Umgebung, und doch sind sie eine unverrückbare Erscheinung.

Der Blick auf die Baukunst und die Rolle des Dekorativen behält insofern eine vorzügliche Bedeutung, als es für die Kunst in der Moderne charakteristisch war, daß ihr »Sitz im Leben« fragwürdig geworden ist. Die Baukunst repräsentiert die ständige Aufgabe, das zu leisten, was die ›freie‹ Kunst in ihrem eigenen Vollzug als Bildwerk, Dichtwerk, Tonwerk kraft ihrer eigenen Formgewalt vermag, nämlich, auf sich zu ziehen und auf die Gestaltung des ganzen Lebensvollzugs einzuwirken. Diese Art Einwirkung, die sie ausübt, nennen wir ›Stil‹. Es ist ja ein Ganzes, das sich in den verschiedenen Bereichen bildet und zusammenordnet. Es gibt den Stil im Schreiben und natürlich auch Stil in der Rede, Stil im Umgang der Menschen miteinander und in der gesamten Gestaltung der Umwelt, in der menschliches Leben sich abspielt. Daß am Ende die Baukunst dabei eine besondere Rolle spielt, Stil zu bilden und darzustellen, verdankt sie ihrer raumgestaltenden Aufgabe, mit der sie zugleich aller anderen Kunst einen Sitz im Leben bietet – für deren eigene stilschaffende Kraft und ihre Wahrheit.

Die Erörterung der Architektur und der dekorativen Kunst ist also kein bloßer Anhang, nachdem die bisherige Untersuchung sich in betonter Absicht auf den Kunstbegriff der Neuzeit konzentriert hat. Wir sahen ja, daß tatsächlich die philosophische Relevanz der Kunst sich erst spät durchgesetzt hat, und freilich bedeutete das zugleich, daß für die Kunst der Sitz im Leben problematisch wurde. Von den Höhlenzeichnungen der Urzeit über die Kunst älterer Zeiten war das bis zum Ende des 18. Jahrhunderts selbstverständlich. Die Baukunst und die dekorativen Künste bleiben evidentermaßen von dem Ganzen der Lebensgestaltung untrennbar. So muß sich in diesen Kunstarten der Absolutheitsanspruch der Kunst erst durch ausdrückliche Abhebung von allen Zweckfunktionen durchsetzen. Etwas von solcher Abhebung gehört in Wahrheit zu aller Erscheinung des Schönen. Für die antike Welt versteht sich das ohnehin und ist kein Problem: Die ägyptische und die griechische Götterplastik waren wie die antiken Grabdenkmäler in sakrale Lebensordnungen eingebunden. Das liegt auf der Hand. Auch wenn sich etwa auf der Akropolis im Perikleischen Athen große Kunstschätze gespeichert hatten, so blieben sie doch für die kultischen Anlässe bereit.

Mit charakteristischen Veränderungen gilt das auch für das christliche Zeitalter und seine Anfänge. So hat man mit Recht das Thema verfolgt, wie sich das ›Bild‹ erst allmählich im christlichen Abendland aus solchen kultischen Lebensordnungen löst (H. Belting). Wir haben zwar betont, daß die ikonographische Fragestellung an der Abbildlichkeit orientiert ist. Aber diese Forschungsrichtung ist gleichwohl nicht einfach Dokumentenforschung, sondern Kunstforschung, gerade weil die Abbildfunktion für den Sitz im Leben von besonderer Bedeutung ist. Es ist eine andere methodische Orientierung, wenn man etwa von einer Vollendung des Bildgedankens in der Entwicklung der Malerei bis hin zur Renaissance redet (mit Gombrich). Das kann dennoch nicht ausschließen, daß etwa die Pantokrator-Darstellungen der mittelalterlichen Wandmalerei oder Mosaikkunst eine durch nichts zu übertreffende Feierlichkeit ausströmen, mit der die Madonnenbilder der Renaissance nicht wetteifern können. Dieser Sachverhalt deutet in Wahrheit auf die von uns befragte Absolutheit und Gleichzeitigkeit aller Kunst hin.

Ich brauche die vielfältigen Ordnungsmöglichkeiten von geschichtlichen Entwicklungsabläufen nicht weiter zu entwickeln und erinnere nur etwa an den Fall Raffael und die wechselvolle Geschichte seines Ruhms. Oder an die späte Wiederaufwertung etwa des Barock. Man könnte die Linien weiter ausziehen, die die Geschichte der bildenden Künste mit ihrem Geschmackswechsel, ihren neuen Wendungen und wechselnden Einflüssen von jeher und bis heute artikulieren. Im besonderen dürfte es die Geschichte des Tafelbildes sein, das geradezu ein neues Bildzeitalter eröffnet hat, dem die Galerie, das Museum und überhaupt die Schaustellung von Sammlungen entstammen. Was man auch immer gegen die Verluste sagen mag, die die neue Heimat- und Ortlosigkeit der Kunst und der Künstler zur Folge haben – keine kunstpolitische Programmatik ist ernst zu nehmen, die nicht den Absolutheitsanspruch aller Kunst anerkennt. Daran ändert die Tatsache nichts, daß das Zeitalter der gemeinsamen europäischen Baustile zu Ende gegangen ist. Mnemosyne bleibt die Mutter der Musen. Die Gegenwart der Vergangenheit gehört zum Wesen des Geistes. Die Wunden des Geistes hinterlassen keine Narben (Hegel).

C. Zur Philosophie und ihrer Geschichte

11. Die griechische Philosophie und das moderne Denken

1978

Die griechische Philosophie und das moderne Denken – das ist ein Thema, das sich von jeher insbesondere der deutschen Philosophie gestellt hat. Man hat geradezu von der Gräkomanie des deutschen Philosophierens gesprochen, und das Wort ist sicherlich nicht nur für Heidegger oder die Marburger Schule des Neukantianismus gültig. Es ist ebenso für die große Bewegung des deutschen Idealismus selber gültig, der – von Kant inspiriert – von Fichte bis Hegel eine unmittelbare Rückwendung zu den Denkanstößen der platonischen und aristotelischen Dialektik unternommen hat. Indessen ist eine solche Konfrontation für das moderne Denken in einer besonderen Weise eine doppelsinnige Herausforderung. Auf der einen Seite sollte man nie vergessen, daß griechische Philosophie nicht Philosophie in jenem engen Sinne meint, den wir heute mit dem Wort verbinden. Philosophie meint das Ganze theoretischen und damit wissenschaftlichen Interesses, und es ist kein Zweifel, daß es die Griechen waren, die durch ihr eigenes Denken eine weltgeschichtliche Entscheidung eingeleitet und den Weg der modernen Zivilisation durch die Schaffung der Wissenschaft entschieden haben. Was das Abendland, was Europa, die sogenannte ›westliche Welt‹, von den großen hieratischen Kulturen der asiatischen Länder unterscheidet, ist ja gerade dieser neue Aufbruch des Wissenwollens, der mit der griechischen Philosophie, mit der griechischen Mathematik, mit der griechischen Medizin, mit dem Ganzen ihrer theoretischen Neugier und ihrer intellektuellen Meisterschaft verbunden ist. So ist für das moderne Denken die Konfrontation mit dem griechischen Denken eine Art Selbstbegegnung.

In diesem Denken bedeutet das Daheimsein des Menschen in der Welt, die innere Entsprechung zwischen dem Heimischwerden und sich heimisch Machen, das den Handwerker, den Könner, den Schöpfer neuer Gestaltungen und Formen, den technites, den Mann, der eine Technik beherrscht, auszeichnet, zugleich die Findung seines eigenen Platzes, die Findung des ihm eröffneten Frei-Raumes von Gestaltung inmitten einer vorgegebenen Natur, einer selbst in Formen und Gestalten geordneten Ganzheit der Welt. So ist Philosophie im griechischen Aufbruch denkendes Gewahrwerden der ungeheuren Ausgesetztheit des Menschen in das Da, in diese schmale Sparte von Freiheitsraum, die das geordnete Ganze des Naturlaufes dem menschlichen Wollen und menschlichen Können läßt. Aber eben diese Ausgesetztheit wird im Denken bewußt und führt zu dem Stellen so ungeheuerer Fragen wie der: Was war am Anfang? Was heißt es, daß etwas ist? Was heißt es, daß nichts ist? Heißt nichts etwas? Das Stellen dieser Fragen ist der Beginn der griechischen Philosophie, und ihre Grundantworten heißen: *Physis,* Von-sich-aus-Da-Sein in der Ordnung des Ganzen, und *Logos,* Einsicht und Einsichtigkeit dieses Ganzen, einschließend auch noch den Logos der menschlichen Kunstfertigkeit. So aber steht das griechische Bild der Philosophie in der Konfrontation mit der modernen Wissenschaft fast wie ein Antipode da und nicht nur als ein Vorläufer und Eröffner der Bahn des theoretischen Könnens und Bewältigens. Es ist die Konfrontation zwischen der verständlichen Welt und der beherrschbaren Welt, die uns am griechischen Denken bewußt wird.

Das war der große Einbruch, den das 17. Jahrhundert mit der Schöpfung der galileischen Mechanik, mit der Reflexion des neuen Erkenntniswillens und Erkenntnisweges durch die großen Forscher und Denker des 17. Jahrhunderts begonnen hat. Die Welt ist nunmehr der Gegenstand methodischer Erforschung durch die mathematisch konzipierte und abstrakt-isolierende Fragestellung der modernen Experimentalwissenschaft. Wenn man dies Neue auf eine Formel bringen will, kann man sagen, daß es die Preisgabe des Anthropomorphismus der griechischen Weltbetrachtung gewesen ist. So großartig einfach und überzeugend die Physik der aristotelischen Tradition auch war, die uns erzählt, daß das Feuer nach oben geht, weil es seine Natur ist, da oben sein zu wollen, und daß der Stein nach unten fällt, weil er erst dort zu Hause ist, wo er unten ist – diese vom Menschen und seinem Selbstverständnis her artikulierte Deutung der Natur war, wie wir wissen und wie sich niemand, der unserer modernen Welt angehört, verbergen kann, eine anthropomorphistische Verdeckung der Möglichkeiten des Weltzugriffs und der Weltbewältigung durch Erkennen.

Wenn die moderne Wissenschaft nicht durch irgendein nachkommendes Interesse, sondern durch die eigene Art ihres Weltzugangs auf Technik, auf Formen, Machen, Verändern, Konstruieren angelegt war, so besteht daneben dennoch das Erbe der antiken Philosophie fort – in der offenbaren Tatsache, daß wir unsere Welt als eine verständliche und nicht nur als eine beherrschbare ansehen möchten und anzusehen genötigt sind. Im Gegensatz zu dem Konstruktivismus der modernen Wissenschaft, die nur das für erkannt und verstanden hält, was sie reproduzieren kann, ist der griechische Wissenschaftsbegriff durch die Physis charakterisiert, durch den Horizont des sich von sich aus zeigenden und in sich geregelten Daseins der Ordnung der Dinge. Die Frage, die sich uns durch die Konfrontation des modernen Denkens mit diesem griechischen Erbe stellt, ist daher, wie weit das antike Erbe eine Wahrheit anbietet, die sich uns unter den besonderen Erkenntnisbedingungen der Neuzeit verdeckt hält.

Wenn wir den Unterschied, der sich hier auftut, an einem Worte zeigen wollen, so ist es das Wort ›Gegenstand‹. Das scheint für uns mindestens in dem Fremdwort Objekt und Objektivität eine selbstverständliche Voraussetzung des Erkenntnisbegriffs, daß wir ›Gegenstände‹ erkennen, d. h. in der Weise einer objektiven Erkenntnis in ihrem eigenen Sein zur Erkenntnis bringen. Die Frage, die uns die antike Tradition und das antike Erbe aufgibt, ist, wieweit diesem Unternehmen der Vergegenständlichung Grenzen gesetzt sind. Gibt es eine prinzipielle Ungegenständlichkeit, die sich dem Zugriff moderner Wissenschaft mit innerer Sachnotwendigkeit entzieht? Ich möchte an einigen Proben zu illustrieren suchen, daß es in der Tat das aktuelle und fortdauernde Erbe des griechischen Denkens ist, sich der Grenzen der Vergegenständlichung bewußt zu sein.

Das führende Beispiel für dieses Thema scheint mir die Erfahrung des Leibes zu sein. Was wir ›Leib‹ nennen, ist ganz gewiß nicht die *res extensa* der cartesianischen Bestimmung des *Corpus*. Die Erscheinungsweise des Leibes ist nicht bloße mathematische Ausgedehntheit. Sie ist vielleicht auf eine wesenhafte Weise der Vergegenständlichung entzogen. Denn wie begegnet die Leiblichkeit dem Menschen? Begegnet sie ihm nicht nur dann in ihrem Entgegenstehen und damit in ihrer möglichen Gegenständlichkeit, wenn sie gestörte Funktion ist? Als Störung des Weggegebenseins an die eigene Lebendigkeit, in Krankheit, Mißbehagen und so weiter, meldet sie sich. Der Konflikt, der damit zwischen der natürlichen Leib-Erfahrung, diesem geheimnisvollen Vorgang der Unmerklichkeit des Wohlseins und Gesundseins, und der Anstrengung des Beherrschens des Unwohlseins durch Vergegenständlichung gesetzt ist, wird von jedermann erfahren, der sich in die Situation des Objektes, in die Situation des durch technische Mittel behandelten Patienten versetzt sieht. Es drückt das Selbstverständnis unserer modernen medizinischen Wissenschaft aus, die Störungen, die der Vergegenständlichung sich anbietenden Aufsässigkeiten der Leiblichkeit, mit den Mitteln der modernen Wissenschaft beherrschbar zu machen.

In Wahrheit ist der Begriff ›Gegenständlichkeit‹ und ›Gegenstand‹ für das unmittelbare Verständnis, in dem der Mensch sich in der Welt heimisch zu machen sucht, so fremd, daß die Griechen dafür charakteristischerweise überhaupt keinen Begriff hatten. Sie konnten kaum auch nur von einem ›Ding‹ sprechen. Was sie als griechisches Wort in diesem ganzen Bereich zu gebrauchen pflegten, ist das uns als Fremdwort nicht ganz fremde Wort *pragma*, das heißt das, worein man in der Praxis des Lebens verwickelt ist, was also nicht gegenübersteht und entgegensteht als etwas zu Überwindendes, sondern worin man sich bewegt und womit man es zu tun hat. Das ist eine Orientierung, die in der modernen, durch die Wissenschaft strukturierten Weltbemächtigung und in der auf sie gegründeten Technik an den Rand gedrängt ist.

Ein zweites Beispiel – und ich nehme ein besonders provozierendes – ist die *Freiheit* des Menschen. Auch sie ist von dieser Struktur, die ich als essentielle Ungegenständlichkeit bezeichnete. Das ist freilich nie ganz vergessen worden, und der größte Denker des Freiheitsgedankens, den es wohl gegeben hat, ich meine Kant, hat mit vollem Bewußtsein der Grundorientierung der modernen Wissenschaft und ihren theoretischen Erkenntnismöglichkeiten gegenüber gerade dies entwickelt, daß die Freiheit nicht mit theoretischen Erkenntnismöglichkeiten erfaßbar und beweisbar ist. Freiheit ist kein Faktum in der Natur, sondern, wie er es in herausforderndem Paradox formuliert hat, ein Vernunftfaktum, etwas, was wir denken müssen, weil wir uns, ohne uns als frei zu denken, überhaupt nicht mehr verstehen können. Freiheit ist das Faktum der Vernunft.

Indessen, es gibt im Bereich des menschlichen Handelns nicht nur diesen einen Grenzfall aller Gegenständlichkeit. Ich glaube, die Griechen hatten recht, wenn sie neben das Faktum der Vernunft das gesellschaftliche Geformtsein, das *Ethos* stellen. *Ethos* ist der Name, den Aristoteles dafür gefunden hat. Die Möglichkeit der bewußten Wahl und der freien Entscheidung ist durch etwas, was wir immer schon sind, immer mitgetragen – und wir sind uns selbst nicht ›Gegenstand‹. Es scheint mir eines der großen Vermächtnisse des griechischen Denkens für unser Denken, daß die griechische Ethik auf diesem Grunde des wirklich gelebten Lebens einem Phänomen breiten Raum gelassen hat, das es in der Neuzeit kaum noch als Thema der philosophischen Reflexion gibt; ich meine das Thema der Freundschaft, der *›philia‹*. Das ist ein Wort, das für uns einen so engen Begriffsklang bekommen hat, daß wir es erst ausweiten müssen, um zu wissen, was dabei überhaupt gemeint ist. Vielleicht genügt es, an das berühmte pythagoreische Wort zu erinnern: ›Zwischen Freunden ist alles gemeinsam‹. Freundschaft ist in der philosophischen Reflexion ein Titel für Solidarität. Solidarität aber ist eine Form der Welterfahrung und der gesellschaftlichen Wirklichkeit, die man nicht machen, die man nicht durch vergegenständlichende Bemächtigung planen und durch künstliche Institutionen herbeiführen kann. Denn Solidarität liegt im Gegenteil allem möglichen Gelten und Wirken von Institutionen, von Wirtschaftsordnungen, Rechtsordnungen, gesellschaftlichen Sitten voraus, trägt sie und macht sie möglich. Das weiß nicht zuletzt der Jurist. Das scheint mir der Wahrheitsaspekt, den in diesem Falle wiederum das griechische Denken für das moderne Denken bereithält.

Und nun ein drittes, damit zusammenhängendes Phänomen: ich meine die Rolle, die das *Selbstbewußtsein* im modernen Denken spielt. Das ist bekanntlich der eigentliche Drehpunkt modernen Denkens, daß das Selbstbewußtsein den methodischen Primat besitzt. Methodische Erkenntnis ist für uns ein selbstbewußtes, jeden Schritt unter Selbstkontrolle vollziehendes Vorgehen. So ist seit Descartes Selbstbewußtsein der Punkt, an dem sich

Philosophie gleichsam ihre letzte Evidenz und der Gewißheit der Wissenschaft ihre äußerste Legitimation verschafft. Aber hatten nicht die Griechen recht, wenn sie sahen: Selbstbewußtsein ist ein Sekundär-Phänomen gegenüber der Welthingegebenheit und Weltoffenheit, die wir Bewußtsein, Erkenntnis, Öffnung für die Erfahrung nennen? Hat uns nicht die moderne Entwicklung der Wissenschaft gerade an den Aussagen des Selbstbewußtseins Zweifel zu hegen gelehrt? Nietzsche hat gegen jenen radikalen Zweifel der cartesianischen Erkenntnisbegründung gesagt: Es muß gründlicher gezweifelt werden. Freud hat uns gelehrt, wieviele Maskierungen von Lebenstendenzen sich uns im Selbstbewußtsein verstecken. Die Gesellschaftskritik, die Ideologiekritik haben uns gezeigt, wieviele vom Selbstbewußtsein für selbstverständlich und fraglos gehaltene Gewißheiten Spiegelungen ganz anderer Interessen und Wirklichkeiten sind. Kurz: daß das Selbstbewußtsein den fraglosen Primat besitzt, den ihm das moderne Denken der Neuzeit zugewiesen hat, darf mit Fug bezweifelt werden. Auch hier scheint mir das griechische Denken in der großartigen Selbstvergessenheit, mit der es das eigene Denken-Können, das eigene Welterfahren als das große aufgeschlagene Auge des Geistes denkt, einen prinzipiellen Beitrag zur Begrenzung der Illusionen der Selbsterkenntnis bereitzuhalten.

Nehmen wir von da aus weitergehend ein Letztes in den Blick, das gerade in der Diskussion der zeitgenössischen Philosophie ganz in den Vordergrund getreten ist und das sich ebenfalls von dem Begriff der Gegenständlichkeit und der Vergegenständlichung aus nur mit Zwang und Gewalt festhalten läßt: ich meine das Phänomen der *Sprache*. Die Sprache ist, wie mir scheint, eines der überzeugendsten Phänomene von Ungegenständlichkeit, sofern essentielle Selbstvergessenheit den Vollzugscharakter des Sprechens charakterisiert. Es ist immer schon eine technische Verformung, wenn die moderne Thematisierung der Sprache in Sprache ein Instrumentarium, ein Zeichensystem, ein Arsenal von Kommunikationsmitteln erblickt, als ob man diese Instrumente oder Mittel des Sprechens, Worte und Wortfügungen in einer Art Vorrat bereithielte und auf etwas, das einem begegnet, lediglich anzuwenden hätte. Hier ist das griechische Gegenbild von überwältigender Evidenz. Die Griechen hatten überhaupt kein Wort für Sprache. Sie hatten nur ein Wort für die Zunge, welche die Laute hervorruft – *glotta* –, und ein Wort für das durch Sprache Mitgeteilte: *logos*. Mit Logos ist genau das in den Blick gerückt, worauf die innere Selbstvergessenheit des Sprechens wesenhaft bezogen ist, die durch das Sprechen evozierte, in die Präsenz gehobene, in die Verfügbarkeit und kommunikative Teilhabe gestellte Welt selbst. Im Sprechen über die Dinge sind die Dinge da, im Sprechen und Miteinander-Sprechen baut sich die Welt und die Welterfahrung des Menschen auf, und nicht in einer Vergegenständlichung, die sich gegenüber der kommunikativen Übermittlung der Einsichten des einen an die Einsichten des anderen auf Objektivität beruft und Wissen für jedermann sein will. Die Artikulation der Welterfahrung im Logos, das Miteinander-Reden, die kommunikative Sedimentierung unserer Welterfahrung, die alles umfaßt, was wir miteinander austauschen können, bilden eine Form des Wissens, die immer noch neben dem großen Monolog der modernen Wissenschaften und ihrer wachsenden Ansammlung von Erfahrungspotential die andere Hälfte der Wahrheit darstellt. So besitzt das Thema der Konfrontation der modernen Wissenschaftsidee mit dem griechischen Philosophie-Gedanken eine dauerhafte Aktualität. Denn es geht um die Einformung der großartigen Resultate und Könnens-Leistungen moderner Erfahrungswissenschaft und ihres Bewältigens der Welt in das gesellschaftliche Bewußtsein, in die Lebenserfahrung des einzelnen und der Gruppe. Diese Einformung geschieht aber am Ende nicht wiederum durch die Methoden der modernen Wissenschaft und ihren Weg der beständigen Selbstkontrolle; sie vollzieht sich in der Praxis des gesellschaftlichen Lebens selbst, die immer in ihre praktische Verantwortung zurückholen muß, was in die Macht des Menschen gestellt ist, und die Grenzsetzungen zu verteidigen hat, die die menschliche Vernunft der eigenen Macht und Waghalsigkeit entgegensetzt. Es bedarf keines Beweises, daß auch für den Menschen unserer Tage in diesem Sinne die verständliche Welt, die Welt, in der man heimisch ist und in der man sich zu Hause fühlt, die letzte Instanz bleibt, der gegenüber die verfremdete Welt der modernen Industrie und Technik allein eine dienende und Sekundärfunktion beanspruchen kann.

12. Plato als Porträtist

1988

Wenn ich als Thema meines Vortrags Plato als Porträtist genannt habe, so ist das ein Augenblickseinfall. Wenn man gebeten wird, einen Beitrag zu leisten und über Plato zu sprechen, ist es in Wahrheit immer eine Einladung, in einen weiten Raum einzutreten, der in meinen Augen gar viele Aspekte bietet und immer etwas Neues bereithält, das zu einer Herausforderung wird. So ist es mir auch in diesem besonderen Falle des neuen Platoporträts gegangen. Doch ehe ich hier zu Plato selbst komme, stolpere ich über eine riesige Schwelle. Was ist ein Porträt? Wenn ich nicht meine Verpflichtungen gegenüber dem schönen Anlaß hätte, der mich hierher führt, würde ich am liebsten nur darüber sprechen: Was ist eigentlich ein Porträt? Ist so etwas wie dieser Kopf ein Porträt? Wenn ich versuchen soll zu sagen, was mir ein Porträt scheint, dann würde ich wohl erklären: Es ist die Abbildung, das Bild eines Individuums oder einer Person, das so ist, daß man meinen soll, man könnte es erkennen, wenn man es kennt. Aber was sind das für Worte, die wir da gebrauchen? Person? Das heißt auf griechisch *πρόσωπον*, die Rolle, oder gar die Maske, die einer trägt. Das ist gewiß etwas anderes, als was wir in einem unbedachten Gebrauch des Wortes ›Person‹ im alltäglichen Umgang meinen. Wenn ich nun genauer werde und sage, ich meine natürlich eine Individualität, ein Individuum, und wenn ich das ins Griechische übersetze, dann heißt das *ἄτομον*. Da sind wir vollends weit von dem entfernt, was wir eigentlich suchen, um zu beschreiben, was für uns ein Porträt ist.

So ist es in der Tat eine Denkaufgabe, die mir zunächst gestellt war. Was heißt es, daß wir jetzt ein Platoporträt besitzen, den Kopf einer Porträtstatue, der durch glückliche Zufälle und die besonderen Verdienste des Herrn Vierneisel hierher gelangt ist? Was ist das eigentlich und was bedeutet es, daß wir hier ein Bild, ein Porträt, ein Ritratto, ein aus dem Wirklichkeitsstoff Herausgerissenes statt etwas Wirklichem vor uns haben? Wir wissen alle, daß das mit dem Porträtcharakter eines Porträts eine eigene Sache ist, und vor allem bei den Griechen. Wie ist es zum Beispiel mit den Bildern von Göttern, die doch niemand je gesehen hat? Das ist eine der archäologisch wichtigsten Perspektiven für den Porträtbegriff, wie in dieser Kunst die Bildwerdung für Götter zustande gekommen ist. Welche Rolle spielte etwa

Homer, für die Vasenmalerei, oder sonstwo? Mit solchen Fragen hat die wissenschaftliche Forschung zu tun. Ich habe mir eben im Nachdenken bewußt gemacht, daß es doch auch mit uns gewöhnlichen Menschen nicht so sehr anders ist, wenn es sich um deren Porträt handelt. Ein Porträt ist ja nicht ein Zufallsschuß, wie ihn ein Fotoapparat heute erzielt. Es ist auch nicht das, was dadurch zustande kommt, daß man, wie man so schön sagt, jemandem sitzt. Da steckt schon wieder viel darin, das einem Fragen aufgibt. Was heißt da noch Wirklichkeit, wenn einer dasitzt, um porträtiert zu werden? Ich habe geradezu mit Schreck gehört, daß jemand vermutet hat, auch Plato habe dem Silanion gesessen. Das glaube ich wirklich nicht. Wie solche porträthaften Bilder oder Büsten zustande kommen, meint wohl doch etwas anderes. Was eigentlich ein Porträt ist, ist in Wahrheit mehr. Als die Bildwerdung bei Göttern bedeutet es natürlich, wie wir wissen, die Herausbildung von in Kultbildern wiederholten Nachbildungen, unter ständigen Abwandlungen und Wiederholungen, durch die ein Gott sein Bild wird. Aber vielleicht heißt es beim Menschen gar nicht so etwas ganz anderes, und es ist auch da so, daß man erst langsam sein eigenes Bild wird. Nur dadurch, daß einer in solcher Weise sein Bild wird, hat man von seiner Person ein Bild, und eben das ist im Porträt allgemeingültig geworden.

Gewiß ist dabei das Eigentümliche, daß die Intention auf Wiedererkennung im Spiel ist, die ein Porträt ausmacht. Nun hat uns die Phänomenologie gelehrt, daß es gut ist, solche Fragen dadurch zu klären, daß man Varianten des Sprachgebrauchs beachtet. So sagen wir zum Beispiel von einem Gesicht oder einer Figur oder von einem in einem Vielpersonenbilde erscheinenden Gesicht, es sei porträthaft. Da hat die Sprache schon für uns eine Abstraktion vollzogen. So befragen wir sie, wie man das Wort ›porträthaft‹ gebrauchen kann. Was meint man damit im allgemeinen? Es hat eine ganz konkrete Anschaulichkeit, und stellt doch ein schwieriges Problem dar, was ein Porträt ist. Es hat mich seit über fünfzig Jahren in meinen kunstgeschichtlichen Studien beschäftigt. Wenn ich etwa den Unterschied zwischen einem Historienbild ins Auge fasse und einem, das ähnliche Vorgänge zeigt, aber kein Historienbild ist, sagen wir davon vielleicht, es sei ein Genrebild. Schon das Wort ›Genre‹ zeigt hier an, daß es etwas in einem besonderen Sinne Allgemeines sein will. Aber ist das Historienbild als Bild nicht auch etwas Allgemeines, weil es ja nicht das Geschehen selbst ist, sondern es im Bilde festhält? Und doch ist es etwas Einmaliges, das im Bilde so bedeutsam dargestellt ist, daß es als das Bild für alle da und insofern allgemein ist. So würde ich sagen, das Porträthafte bestehe darin, daß im Individuum das Allgemeine sichtbar wird und daß man als der Porträtierte sein eigenes Bild gleichsam erfüllen muß. Hegel hat einmal unter ein Porträt, das von ihm gemacht wurde, geschrieben: »Unsere Kenntnis soll Erkenntnis werden. Wer mich kennt, wird mich hier erkennen.« Man ahnt bei einem solchen Satze des großen Denkers, wieviel verlangt wird, damit Kenntnis Erkenntnis werde und damit ein Abbild ein Porträt ist.

Doch ich will nach dieser abstrakten Einleitung, die wie das Vorspiel auf der Orgel ist, zu dem schönen Anlaß übergehen, der mich hergeführt hat, und das ist der neue Platokopf. Wie ist es mir ergangen, als ich jetzt die Platobüste, die man aus Abbildungen kannte, zum erstenmal sehen durfte? Man soll in solchem Falle, meine ich, nicht das lesen, was andere darüber gesagt haben. Man soll vor allem die Augen selber aufmachen. Wahrscheinlich habe ich etwas zu sehr mit meinen eigenen Augen gesehen. So muß ich gestehen, daß die Erscheinung dieses Kopfes mich unglaublich überrascht hat. Gewiß, es spricht daraus eine gewaltige Konzentration, die man sofort spürt. Die steilen senkrechten Stirnfalten sind gerade in diesem Kopf besonders ausgebildet, stärker als in zahlreichen Repliken, die wir sonst kannten. Ferner muß ich gestehen, daß ich den Kopf überraschend schön fand. Wir werden darüber noch nachdenken müssen, was das bedeutet, und warum es anderes bedeutet als die Wertung des Kunstwerks. Das nächste, was mir daran auffiel und das ich so noch gar nicht gesehen hatte, und ich weiß auch nicht, ob das jemand schon gesagt hat, war: ich habe darin vor allem den attischen Witz gesehen, etwas äußerst Skeptisches und Fernblickendes, Distanziertes und Spottbereites. Das liegt insbesondere in der Mundpartie und dem Auge. Was ich da wahrnahm, war gewiß etwas, was mir als eine attische Tugend gilt, eine, die uns im allgemeinen fehlt und die wir vielleicht deshalb leicht verkennen. Immerhin zeugen nicht nur die platonischen Dialoge, diese Nachfolgeform der attischen Komödie, von reichlichem Gebrauch des attischen Salzes, und Platos Denken in Utopien wäre ohne solches nicht möglich. Obendrein wissen wir, wie Plato Epicharm geliebt hat, und wir wissen aus dem ›Symposion‹, wie er Aristophanes bewundert hat. Das dritte, was mir auffiel, war: Wie ist das römisch! Gewiß, es ist die römische Nachbildung einer griechischen Plastik. Ich kann auch die Neigung des Archäologen wohl verstehen, daß man an der Replik die Nähe zu der nichterhaltenen authentischen Bronze besonders wichtig nimmt. In meinen Augen ist es aber geradezu etwas Auszeichnendes, daß sie so römisch ist. Etwas von der Großartigkeit der packenden römischen Porträts aus der Zeit der Republik ist darin, die wir alle als eine wahre Vollendung der Porträtkunst kennen. Das hat sich hier mit dem Typus des Philosophenporträts kraftvoll vereinigt und vermählt. Es ist ein Philosoph, und doch ist es unverkennbar das Porträt eines ganz bestimmten Mannes. Nur durch einen Glücksfall, die Beischrift auf einer späten Replik, wissen wir überhaupt mit Sicherheit, daß es wirklich Plato sein soll. Aber man glaubt es. Ich sehe einen besonderen Gewinn darin, daß dieser Kopf auf mich so römisch wirkt. Man begegnet hier der Wirkungsgeschichte, der wir selbst angehören, wenn ich diesen hermeneutischen Leitbegriff in diesem Falle gebrauchen darf.

Platos Wirkung, sein geistiges Erbe, ist durch diese griechisch-römische Vermittlung gegangen. Man denke nur an Plotin und Augustin. Wenn wir Heutigen diesem Kopf begegnen, dann ist es, als ob wir durch diese meisterhafte Kopie zu ihm selbst, zu Plato selbst, zurückgeführt werden, und zwar durch unsere eigene Seelengeschichte selber. Wir sollten uns ohnehin nicht einbilden, daß wir einen solchen Kopf sehen könnten, wie ihn der Zeitgenosse Platos gesehen hat. Ich will offen lassen, ob mir nicht manches an diesem Kopf deshalb so römisch scheint, weil ich die römischen Porträts aus republikanischer Zeit von Boston her so sehr vor Augen habe. Ich will also nicht ausschließen, daß im vierten Jahrhundert, in dem sich gewiß ein Übergang vom Typusbild zum Individualporträt anbahnte, derartiges schon bei Silanion zu spüren war. Doch bezeugen die übrigen Repliken des Silanionkopfes das eigentlich nicht recht. Mir scheint es eher, daß eine so vortrefflich gearbeitete Marmor-Kopie eines Bronze-Originals es selber ist und daß eher der Schöpfer einer Kopie von solcher Qualität notwendig sein Eigenes hinzugebracht hat, das ihm aus seiner Zeit und Umwelt, der Übergangsperiode vom republikanischen Porträt zum Kaiserporträt, zugewachsen war. Das war vielleicht nicht so im Original, wenngleich dieses einer ähnlichen, nur umgekehrt gerichteten Übergangsperiode – vom Typus zum Individualporträt – entstammt.

Aber wir dürfen uns doch auch fragen, ob wir diese Linie so sehen können, weil wir unsere eigene Seelengeschichte mit in Ansatz bringen. Die Geschichte, die sich als die Verwandlung des Griechischen ins Römische, des Römischen ins Christliche und in die reflektierte Innerlichkeit der Neuzeit an Plato angeschlossen hat, ist die unsere. Wir träumen da nicht. Wir sehen es, und hier wird sie uns durch die römische Kopie des griechischen Originals leibhaftig vor Augen gestellt.

Freilich hätte ich nie gewagt, über dieses Thema so zu sprechen – ich bin kein Archäologe von Beruf –, wenn es nicht auch das *literarische* Porträt bei den Griechen gäbe. Das ist die zweite Frage, die ich mir stellen muß, ob nicht in diesem Falle das literarische Porträt auch etwas dazu beiträgt, wie wir diesen Platokopf heute sehen. Da kann ich mich besser legitimiert fühlen. Schließlich ist das große Schriftwerk Platos, das in unversehrtem Umfang auf uns gekommen ist, am Ende das erste wirklich vollständige Corpus eines antiken Prosaschriftstellers. Es ist nicht erst durch die Zensur alexandrinischer Gelehrter redigiert und ausgewählt, wie es etwa bei der griechischen Tragödie der Fall ist. Unser *corpus platonicum* enthält ja noch einiges mehr, als Plato selbst geschrieben hat. Jedenfalls dürfen wir davon ausgehen, daß das ganze Werk Platos ein einzigartiges Porträt, ein Sokratesporträt ist, und zugleich stellt es gewiß auch ein Selbstporträt Platos dar. Doch sollte man bei dem Ausdruck Selbstporträt bei diesem literarischen Porträtieren lieber vorsichtig sein. Wir werden sehen, wie wenig das Porträtcharakter besitzt, was Plato hier von sich selbst gibt. Jedenfalls werden wir uns der Spannung bewußt, die zwischen einem Bildnis und einem literarischen Porträt notwendig besteht. »Mag der Grieche seinen Ton zu Gestalten drücken, an der eignen Hände Sohn steigern sein Entzücken« – diese Verse aus dem West-östlichen Divan sind aus einem Gedicht, das fortfährt: »Aber uns ist wonnereich, in den Euphrat greifen und im flüss'gen Element hin und wider schweifen...« – und das Gedicht schließt: »Schöpft des Dichters reine Hand, Wasser wird sich ballen«. Der Unterschied des bildnerischen plastischen Gestaltens und des flüssigen Elements der dichterischen Sprache steht einem in diesen Versen vor Augen.

Wir kennen ja alle die Problematik der Buchillustration und denken an rühmliche Ausnahmen, wie etwa im 19. Jahrhundert an die englische Buchillustration, die ein künstlerischer Höhepunkt war. Ihr gelang es, so zu illustrieren, daß der Imaginationsreichtum des dichterischen Textes, etwa eines Erzählers wie Thackeray oder Dickens, nicht durch Illustration beschränkt und verengt wird, sondern einen sich weitenden Spielraum zur Ausfüllung bietet, ja sogar mit tänzerischer Leichtigkeit die Leserphantasie anleitet. Und wieder ist es eine Ausnahme, wenn ein literarisches Porträt durch seine Bildkraft zu wirklicher Bildwerdung führt und zu porträthafter Statue werden läßt, und das im besonderen, wenn die literarische Gestaltung von einem großen Schriftsteller herrührt. Man ahnt natürlich, daß ich von dem Sokratesbild rede, das in einem Bildtypus und zugleich in einem wirklichen literarischen Porträt Gestalt gewonnen hat.

Wir fragen uns, was Sprache ist, was Sprache kann und wie sie das kann. Nehmen wir das Beispiel der geschriebenen Lebensgeschichte, der Biographie. Man sehe sich die plutarchischen Biographien an, die leider in unserem Kulturbewußtsein nicht mehr so lebendig sind, wie sie das im 18. Jahrhundert noch waren. Bei Plutarch lösen Beschreibung und Erzählung fast wie zwei verschiedene Aspekte des Gleichen einander ab. Beschreibung bringt das Typologische der aristotelischen Anthropologie zu Worte, das griechisches Kulturerbe ist und bei Plutarch natürliche Präsenz besitzt. Der andere Aspekt ist das Erzählen, und darin sind Momente, die für jede Art von bildender Kunst uneinholbar sind. Die fließende Zeit, in der literarische Gestaltung etwas vor uns erstehen läßt, nimmt den Hörer und Leser eigentümlich in Anspruch. Er wird, wie soll ich das nennen, zu einem Mitschaffenden. Im Hören wie im Lesen leistet er ständig neue Ausfüllung des sprachlichen Textes durch einen Strom von Bildern und Blicken, zu denen der große Schriftsteller anregt, ohne sie vorzuschreiben. Das ist eines der Wunder, das Sprache und Schrift vollbringen. Wie am Ende die bildende Kunst zu uns spricht, ist ein anderes Wunder.

Welche Maßstäbe sind denn bei einem Porträt wirksam? Da fällt einem der Gegensatz von Idealporträt und realistischem Porträt ein, der doch wohl ein ganz falscher Gegensatz ist. Es gibt nur Idealporträts. Es gibt nur den einen idealisierenden Blick, durch den das Vorüberziehende, Ephemere eines in Bildung begriffenen oder eines verfallenen Gesichtes oder gar die Erscheinung einer ganzen Figur sich zur bleibenden Gestalt erhebt. Da ist nicht ein – auch nicht ein ›fruchtbarer‹ – Augenblick festgehalten. Alles ist mit da, was davor und was danach kam, und eine ganze Lebensgeschichte wird ›erzählt‹, wie sie das Auge des Künstlers herausliest. Ein Idealporträt folgt insofern am Ende dem schönen Wort, das ich einmal bei Johann Gustav Droysen las: »So mußt du sein, denn so liebe ich dich – das Geheimnis aller Erziehung.« Wenn wir Extreme von Realistik oder, sagen wir, fehlender Idealisierung vor uns haben, deren Realismus mir durch ihre Idealität unvergeßlich geworden ist, kann ich zur Veranschaulichung auf das Porträt des Dichters Eduard von Keyserling verweisen, das, von Lovis Corinth gemalt, jetzt wohl in der Neuen Pinakothek in München hängt. Dieser unendlich feine, dekadente, leidende Dichter und Schriftsteller, den man leider nicht mehr genug liest, einer der vorzüglichsten Erzähler der deutschen Sprache nach Fontane, schaut einen da mit seinen großen erschreckten Augen an. »Da läßt ein Hauch uns von Verfall erzittern«. Auch das ist, wie seine Dichtungen, die ›Abendliche Häuser‹ porträtieren, ein zauberhaftes Porträt, trotz der Zufälligkeiten dieses hageren Halses und dieses fast leblos blickenden Auges. Auch hier möchte man sagen, man könnte ihn wiedererkennen, falls man ihn gekannt hätte, und vergißt ihn nie, wie ich, auch wenn man ihn nicht gekannt hat, ja, auch wenn man nie eine Zeile von ihm gelesen hätte. Ob ein Bild ein Porträt ist oder ein literarisches Porträt porträthaft ist, beruht auf der Intention der Darstellung und der ›Auffassung‹ des Dargestellten. Dagegen will das von einem Maler benutzte Modell gerade nicht porträthaft wirken. Darin liegt aber ferner, daß man sich hüten muß, seine eigene Auffassung des Dargestellten, den man kennt oder zu kennen meint, in das Porträt hineinzulegen, was gar nicht darin ist, statt das zu sehen, was wirklich da ist. So sollte man auch in diesem Falle in die Platobüste nicht das eigene Bild, das man von Plato hat, hineinlesen wollen. Da sieht man dann etwas entsagungsvoll enttäuschte Lippen und ein Auge, das die Welt schon im Geiste überfliegt. Das habe ich nicht darin sehen können. Indessen, ein jeder Kopf hat viele Gesichter, und in gewissem Grade hat auch beim Porträt, was man da wiederzuerkennen meint, sein Recht.

Das ist bei dem literarischen Porträt nicht anders, und vollends etwa bei dem Bilde, das im platonischen ›Symposion‹ Alkibiades in seiner Rede auf Sokrates malt und mit dem er die Gestalt des durch nichts verführbaren Sokrates in eine plastische Nähe rückt, die ihresgleichen sucht. Da führt sich Alkibiades selbst ein, er wolle von Sokrates erst einmal durch ›Bilder‹ sprechen, und sagt: »Aber bitte lacht nicht.« Er weiß genau, was er sagt. Das griechische Wort für ›Bild‹, *εἰκών* (Ikon), ist in diesem Falle zweideutig. Es bedeutet nicht nur ›Bild‹, sondern auch ›Vergleich‹, durch den man etwas, was in Wahrheit gemeint ist, ausdrücken will. So spielt der Vergleich mit dem Silen und mit Marsyas auf das wirkliche Aussehen des Sokrates an, und natürlich haben alle gelacht, weil das wirkliche Aussehen des Sokrates etwas ausgesprochen Häßliches hatte, etwas Absurdes, Glubschaugen und eine sonderbare Stupsnase. Aristoteles hat, wie ich einmal vermutet habe[1], darauf angespielt, wenn er sich auf Sokrates gegen Platos Ideenlehre beruft, der er ja *χωρισμός*, Trennung der Idee von der Erscheinung, nachsagt. Sogar im Wort *σιμός* kann immer nur das Stupsige einer Nase gemeint sein, wie in einer Idee immer nur etwas gemeint sein kann, wenn es ›erscheint‹. So ist das eine indirekte Anspielung auf Sokrates. So eine Nase hatte er, und Theätet war stolz, genau so auszusehen. So hat das literarische Porträt des platonischen Dialogs, in diesem Falle aus dem Munde des Alkibiades, das Aussehen dieses außerordentlichen Mannes und ebenso sein ganzes Wesen charakterisiert und selber für die bildende Kunst einen Typus geschaffen. Ähnlich gab es eine ganze literarische Gattung, den sokratischen Dialog, unter den sogenannten Sokratikern. Es gab viele Mitbewerber um diese Gattung des sokratischen Dialogs in platonischer Zeit. Aber porträthaft waren diese Dialoge im allgemeinen nicht, auch wenn gelegentlich porträthafte Züge darin auftreten mochten. Doch ein großer Schriftsteller wie Plato wird, selbst wenn er Menschen abstrakte Dinge sagen läßt, noch immer etwas von ihrer Menschlichkeit sichtbar machen, wo er das will. Dafür wird die Alkibiadesrede im ›Symposion‹ ein glänzendes Beispiel sein.

Wir wenden uns aber zunächst dem Sokratesbild zu, das in den typisch sokratischen Dialogen des Plato erscheint. Da ist Platos Absicht eine andere. Sokrates und seine Mitunterredner bleiben eigentümlich blaß – mit dem Erfolg, daß wir uns als Leser unversehens selber in der Rolle dessen sehen, der hier seiner Unwissenheit überführt wird. Die Absicht, die der große Künstler Plato hier verfolgt, ist lediglich, durch Fragen und Antworten zum Denken zu zwingen. Deshalb heißen diese Dialoge mit Recht hinführende Dialoge, und es ist also nicht etwa künstlerische Schwäche derselben, sondern die eigenste Erfüllung einer Forderung, die diese Art Texte stellen. Sie wollen nicht eine Aussage Platos sein, die wahre Lehrsätze mitteilt oder sie auch nur dem Sokrates in den Mund legt. Wenn ich aus dieser Gruppe der Dialoge, die der platonischen Frühzeit angehören, ein Beispiel wählen soll, so nehme ich den ›Euthyphron‹. Das ist ein berühmtes Gespräch, in dem sokratische Argumentationskunst, die man mit moderner Logik verbessern kann, in einer dramatischen Situation dargestellt ist. Sokrates begegnet einem *μάντις* (Seher), der sich rühmt, ein besonders fähiger Seher zu sein. Er trifft Sokrates in dem Augenblick, in dem die Asebieanklage gegen ihn

[1] In ›Amicus Plato magis amica veritas‹, Ges. Werke Bd. 6, S. 84 f.

erhoben worden ist. Dabei kommt es zu einem langen Gespräch darüber, was Asebie oder ihr Gegenteil, Frömmigkeit *(εὐσέβεια)*, eigentlich ist. Das ergibt ein großartiges indirektes Porträt von Sokrates[2] als einem Manne, der *εὐσεβής* ist und der nun so tut, als ob er die Wissenschaft vom Frommen von dem Seher lernen wolle. In Wahrheit weiß er besser als jeder andere, daß man das sein muß, was man da wissen will. Die Geschichte, um die es sich handelt, spricht deutlich genug. Euthyphron hat seinen Vater angezeigt, weil er aus Fahrlässigkeit einen Sklaven hat umkommen lassen, und Euthyphron hält es für eine große sittliche Heldentat, diese Anzeige gemacht zu haben. Sokrates versucht, ihn darin irre zu machen. Es geht aber nicht, denn der Mann weiß einfach nicht, was *εὐσέβεια* ist. Das zeigt sich, wenn er es so an Pietät fehlen läßt, seinen eigenen Vater (in einem dubiosen Falle) anzuzeigen. Das Gespräch endet daher damit, daß dem Seher in den Augen des Lesers nachgewiesen wird, sein Wissen um das Frommsein sei die Weise, wie man die besten Geschäfte mit den Göttern macht.

In meinen Augen ist dieses Gespräch ein Schlüssel für sämtliche platonischen Dialoge, soweit von ihnen behauptet wird, Sokrates habe gelehrt, Tugend sei Wissen und die Definition sein Ziel. In diesem Sinne kann Sokrates sicherlich nur ein Nichtwissender sein. Wenn in solchem Falle eine Definition gesucht wird, dann kann sie so nicht gefunden werden. Der Dialog ›Euthyphron‹ repräsentiert daher in meinen Augen eine erste Phase im platonischen Schrifttum, in der das Porträthafte bewußt gemildert ist und alles darauf abzielt, daß man die Frage nach dem Guten selber stellen muß und nicht darauf rechnen darf, einen Fachmann zu finden, ob es nun ein Seher ist oder sonst jemand, der es von Berufs wegen besser weiß. Das zu wissen, ist die gelehrte Unwissenheit des Sokrates.

Der zweite Typus der platonischen Dialoge unterscheidet sich davon nun wesentlich. Er zeigt die Gestalt des Sokrates nicht nur in seiner kritischen Überlegenheit, sondern zugleich als einen Visionär des Wahren. Das ist der mythische Sokrates, der uns hier begegnet – gewiß ein anderer als der Nichtwissende, und doch derselbe. Hier liegt das Porträthafte nicht nur, wie in dem ersten Dialogtyp, in der Indirektheit seines wissenden Nichtwissens, an dem die scheinbar Wissenden scheitern. Jetzt geht der überlegene Nichtwisser in der vollen Leibhaftigkeit und Lehrhaftigkeit seiner charismatischen Persönlichkeit über sich hinaus, und das ist das Großartige: Die Stärke seiner Argumente empfängt eine neue, überlegene Beglaubigung an der Erscheinung des Mannes, der hier für sich einsteht. Da ist nun der Porträtist, der in Plato überall durchscheint, in seiner ganzen Kunst gefordert, damit die Gestalt seines Meisters soviel sinnfälliges Leben gewinnt, daß sie zum Argument wird. Es ist wohl begründet, daß es nun nicht länger bloße dramatische

[2] Vgl. dazu auch ›Sokrates' Frömmigkeit des Nichtwissens‹, in Ges. Werke B. 7, S. 108ff.

Wiedergabe von Frage und Antwort ist, sondern vorzugsweise Bericht, Zeugnis und Erzählung. Es sind erzählte Gespräche, die am stärksten Porträtwirkung haben. Das läßt sich aufgrund des Unterschiedes von Bildwerk und literarischem Porträt erwarten, dessen Vorzug es ist, plastische Bildhaftigkeit und Bewegungsgeschehen miteinander vereinigen zu können. In diesem Stile sind vor allem zwei der allerbekanntesten platonischen Dialoge gehalten, nämlich der ›Phaidon‹ und das ›Symposion‹. Beide Gespräche werden erzählt, und so erscheint die Figur des Sokrates in der Bewegung des Lebens.

Der ›Phaidon‹ berichtet das Gespräch, das Sokrates an seinem letzten Lebenstage im Gefängnis mit seinen pythagoreischen Freunden über die Unsterblichkeit der Seele geführt hat. Es wird von einem erzählt, der dabei war. Plato selber, sagt der Erzähler, war nicht dabei, weil er krank gewesen sei. Ich habe mich immer gefragt, ob er wirklich krank war oder ob das wieder eine feine literarische Fiktion ist, die einen Abwesenden zu höherer Präsenz erhebt und so den Autor nicht hinter seinem Werk verschwinden läßt. Aber vielleicht wird es in diesem Falle stimmen. Es bedeutete wohl auch für den späteren Leser Platos etwas, ob ein so vor dem öffentlichen Gericht zum Tode Verurteilter weiter getreulich von seinen Freunden aufgesucht wurde, die bis zum letzten Augenblick mit ihm zusammen sein wollten. Man machte sich damit bei den damaligen Machthabern wohl nicht gerade beliebt. An die Erzählung selbst braucht man kaum zu erinnern; wie das Gespräch anfängt, wie Sokrates berichtet, er habe die Äsopischen Fabeln in Verse zu setzen begonnen, weil ihm geträumt habe, daß Apollon ihm mehrfach sagte, »Sokrates, treibe Musik«. Wenn er das immer wieder und noch in der letzten Nacht seines Lebens ihm sagt, so müsse er dieser Weisung wohl noch auf anderen Wegen folgen, als er das sein Leben lang im Gespräch getan habe. Deshalb habe er versucht, die Äsopischen Fabeln in Verse zu setzen. Eine ungeheure Erfindung. Ich lese sie förmlich von den Lippen dieses Platobildnisses ab, Scherz, Satire und tiefere Bedeutung sind darin. Jedenfalls unterstreicht Plato so des Sokrates Treue zum religiösen Leben seiner Stadt durch die absurde und komische Konsequenz, Äsopische Fabeln mit all ihrer lehrhaften Deutlichkeit und moralischen Nutzanwendung in Verse zu verwandeln, und das durch Sokrates. Selbst Plato hätte damit nicht viel Dichterruhm erwerben können.

Das zweite, ebenso bekannte Beispiel eines erzählten Gesprächs ist das Gastmahl, das ›Symposion‹, in dem der Auftritt des Alkibiades schließlich das schon erwähnte Sokratesporträt bringt. Die ganze Geschichte vom Gastmahl ist ein erzähltes Gespräch. Am Anfang wird berichtet, daß Sokrates auf dem Wege zum Gastmahl zurückgeblieben ist. Die Gastgeber werden schon unruhig, ob er am Ende gar nicht kommt. Aber ihm war nur zwischendurch etwas eingefallen, und so ging er nicht weiter, sondern dachte nach. Das ist gewiß ein sehr porträthafter Zug. Ein einzigartiges Porträt des ungewöhnlichen Mannes aber bildet der Schluß, mit der durch Haßliebe inspirierten Rede des betrunkenen Alkibiades auf Sokrates, die die ganze Szenerie des Gastmahls sprengt.

Die beiden Dialoge, die ich hier in den Vordergrund stelle, haben sehr verschiedene Gesprächsgegenstände. Beide sind aber mit dem Leben und Sterben des Sokrates so wesenhaft verknüpft, daß man von beiden sagen kann, sie sind als Ganzes ein Porträt des Sokrates. Beginnen wir mit dem ersten, der die letzten Stunden im Leben des Sokrates schildert. Was da erzählt wird, bedeutet nicht nur einen ausgezeichneten Höhepunkt und Endpunkt im Leben des Sokrates, es bedeutet zugleich eine entscheidende Wende für das Leben Platos und sein gesamtes Schrifttum[3]. Man versteht sofort, wie die Idee, diese letzten Gespräche durch jemand anderen erzählen zu lassen, Distanz schafft und damit Plato die Möglichkeit gibt, Sokrates, wie er war und sich verhielt, und nicht nur in dem, was er zu sagen hatte, zu schildern. So wurde es auf diese Weise für Plato offenbar möglich, weit über das hinauszugehen, was eine bloße Erinnerung zu berichten wußte, wie sie etwa die ›Memorabilien‹ des Xenophon enthalten, die zu der Erinnerungsliteratur an diesen einzigartigen Mann gehören, der in den Straßen Athens ebenso bekannt wie unbequem war, bis man ihn schließlich beseitigt hat. Jetzt stehen wir vor der Aufgabe, die platonische Porträtkunst in ihrer philosophischen Bedeutung zu zeigen. Plato porträtiert nur, weil er argumentiert. Er porträtiert nicht allein, um eine dichterische Wirkung zu erzielen, sondern um als Denker durch dichterische Darstellung etwas zur Sache zu sagen.

Die Sache, um die es im ›Phaidon‹ geht, ist die Frage der Unsterblichkeit der Seele. So etwas beschäftigte das aufgeklärte Jahrhundert, in dem das Ganze spielt. Die beiden Hauptteilnehmer an diesem letzten Gespräch, Simmias und Kebes, kommen beide aus der pythagoreischen Wissenschaftswelt. Es ist ganz offenkundig, daß sie nicht in erster Linie Mitglieder einer religiösen Sekte sind. Sie sind vielmehr mit der modernen Mathematik, Medizin und Biologie der Zeit genau vertraut. Sie wissen zum Beispiel, daß das Material des menschlichen Körpers sich in sehr geringer Zeit total auswechselt. Niemand behält dieselben Zellen sein Leben lang, die seinen Organismus bilden, wie wir heute sagen würden. Die Pythagoreer wußten gewiß nichts von Zellen. Aber sie wußten bereits das Wesentliche, daß der Stoff, aus dem der Leib besteht, verbraucht wird, und erneuert wird, wie ein Gewand. Sokrates versucht, den beiden Mitunterrednern gegen ihre Einwände in umfangreichen Darlegungen zu zeigen, daß die Seele nicht sterben

[3] Vgl. dazu auch meine Arbeit über die Unsterblichkeitsbeweise in Platos ›Phaidon‹, Ges. Werke Bd. 6, S. 187–200.

kann, weil die Seele überall das Belebende sei. Niemals kann man Seele, diesen atemgleichen Hauch, der zugleich ein geistweckendes und gegenwartschenkendes Etwas ist, sich anders vorstellen, als wenn es den Menschen beseelt. So soll sich die Unsterblichkeit der Seele sozusagen logisch beweisen lassen. Plato oder sein Sokrates bereitet diesen Beweis vor, indem er auf mathematische Dinge zu sprechen kommt. Er zeigt, daß Zahlen offenkundig etwas sind. Aber was sind sie eigentlich? Sie haben ein eigentümliches Sein. Jedenfalls nicht eins von der Art dessen, das die Dinge haben, die mit ihnen gezählt werden. Zahlen sind auch nicht wie der letzte Atemzug des Sterbenden, den man sieht und hört. So kommt eine neue Spannung in das Gespräch. Sokrates zeigt etwas an den Zahlen, was ist, ohne daß man weiß, was es ist, wo es herkommt, wo es hin ist. Man weiß jedoch, daß es so und so ist. Wir alle, auch wir Laien, kennen etwa die Tatsache, daß es Primzahlen gibt und daß diese in der Zahlenreihe immer seltener werden und daß doch keiner sagen kann, wann die Reihe der Primzahlen je aufhört. Unsere Mathematiker haben Theorien und Modelle entwickelt, um diese Rätsel des menschlichen Geistes zu lösen. Aber es bleibt ein Rätsel, daß man da in den Zahlen selber etwas produziert, das auf uns Realitätszwang ausübt. Es steht nicht in unserem Belieben – obwohl es doch so einfach scheint, immer eins und eins und dann wieder eins dazuzuzählen, endlos eins plus eins. Da mögen unsere Mathematiker oder auch nur unsere Schulkinder sich vergnügt die Hände reiben. Aber am Ende wird es doch schwierig, zum Beispiel, wenn ein Kind die allergrößte Zahl, die es gibt, wissen möchte. Es ist ein seltsames Sein, das die Zahlen haben. Das wird schließlich zum Einstieg in die Tatsache, daß es so etwas gibt, das man nicht mit Händen greifen kann, das auch der Naturforscher nicht in seiner Seinsgeltung mit seinen Mitteln erfassen kann.

Vielleicht ist es mit der Seele ebenso wie mit den Zahlen oder den normativen Ideen und Idealen, unter denen die Gesellschaft ihr Zusammenleben ordnet. Der platonische Sokrates liebt es, zwei Beispiele zu geben. Da ist das Gleiche selbst, sozusagen ein ideales Paar von zwei Gleichen, und da ist die Gerechtigkeit selbst, das Gerechte selbst. Man spürt eine Art Nachbarschaft zwischen dem einen und dem anderen, dem Gleichen und der distributiven Gerechtigkeit, die jedem das gleiche gibt. Man spürt auch, daß beides voller Rätsel ist und daß da noch viel mehr dahintersteckt. So wird schließlich der Beweis geführt, wie die Seele den Tod nicht annehmen kann, weil immer das Leben mit ihr ist. Der Tod ist daher immer ausgeschlossen, und die Seele ist *ἀϑάνατος,* unsterblich wie die Unsterblichen. Beides scheint unzertrennlich, die Seele und die Götter, beide untrennbar von Unsterblichkeit. Hier muß man sich zugleich bewußt machen, daß die Unsterblichen, von denen die Mythen und die Dichter erzählen, für die Sterblichen Erscheinungscharakter haben. Ebenso erscheint die Seele nur im Leben und als Leben –

während der Tod in das Dunkel des *ignoramus* gehüllt ist. – Dann aber überrascht der Fortgang des Gespräches mit einer neuen Frage, ob die Seele denn auch unvergänglich sei. Gewiß ist es ein altes sprachliches Zwiegespann *ἀθάνατον καὶ ἀνώλεθρον*, unsterblich und unvergänglich. Es klingt wie ein und dasselbe. Die neue Beweisführung für ›unvergänglich‹ ist daher schwer zu verstehen. Nur das Ziel wird deutlich, daß abermals mathematische Wahrheiten für Wesen, die denken können, geltend gemacht werden.

Am Ende kommt es freilich heraus, daß Sokrates selbst weiß, daß seine Beweisführung nur rationale Gründe gegen die Unsterblichkeit zu widerlegen vermag, aber keinen positiven Beweis für dieselbe darstellt. Hier liegt für uns die eigentliche Bedeutung des Gespräches als eines Porträts des Sokrates. Nur die praktische Konsequenz, das Festhalten an der religiösen Vorstellungswelt, in der alle leben, wird am Beispiel der Haltung des Sokrates angesichts dieses Unbeweisbaren und Unwißbaren gestützt. So wird das Porträt des um Wissen Bemühten und von der Angst des Lebens Unerschütterten zum stärksten aller Argumente. Simmias gesteht nach der sokratischen Beweisführung, er sei noch nicht so ganz überzeugt. Er meint offenbar, daß das Kind in uns, das in uns Angst hat, von dem früher die Rede war, doch nicht so ganz beruhigt bleibe und daß doch wieder Zweifel kommen könnten. Da lobt ihn Sokrates, und das sei richtig. So solle man sein Leben lang sich bei solch einer Frage nicht sicher fühlen. Dagegen solle man sich in der eigenen sittlichen und gesellschaftlichen Praxis so verhalten, als ob man wisse, und daß man von den Göttern im Hades gut aufgenommen werde. So sollten wir uns alle verhalten. Wieder zeigt sich damit Sokrates als der *εὐσεβής*, den wir kennen. Auch er weiß nicht, wie es wirklich ist. Jedenfalls aber müsse man sich in seinem Leben so verhalten, wie es einem gut und richtig scheine. Das weiß er.

Das Porträt, das der ›Phaidon‹ gibt, ist ein wahres Meisterwerk in der Reihe der literarischen Porträts, die wir Plato verdanken. Es zeigt Sokrates in seiner Sterbestunde. Man braucht nur die berühmten letzten Worte des Sokrates in Erinnerung zu rufen, wie er noch, als seine Glieder schon erkalteten, zu seinen Freunden sagt: »Ihr müßt dem Äskulap noch einen Hahn schlachten.« Da ist nichts von dem Tiefsinn darin, den etwa Nietzsche im Geiste Schopenhauers damals darin fand. Es ist vielmehr wie in der Eingangsszene mit dem Traum, der Sokrates dichten läßt. Es ist abermals die sorgsame Befolgung dessen, was durch Brauch und Sitte geheiligtes Herkommen ist – auch wenn Sokrates abermals der Nichtwissende bleibt.

Mein zweites glanzvolles Beispiel eines literarischen Porträts durch Plato stellt das ›Symposion‹ dar. Wieder wird unsere Aufgabe sein, das Porträt, das hier entsteht, als die Vollendung eines Arguments zu erkennen. Dies Gastmahl verläuft als ein Fest von Reden. Schließlich handelt es sich ja um Griechen. Wer je in Griechenland gewesen ist, weiß, was für ein unaufhörlicher Wellenschlag in jeder Straßenbucht Athens rauscht und rauscht und von der ungeheueren Redelust und Redebegabung der Griechen zeugt. Bei diesem Gastmahl, von dem hier erzählt wird, sind die Glieder eines Freundeskreises zusammen, bei dem der preisgekrönte Tragödiendichter Agathon und der Komödiendichter Aristophanes neben einigen anderen mit Sokrates zusammen sind. Man hat sich besprochen, nicht ein wildes Trinkgelage zu halten, sondern lieber vernünftige Reden zu tauschen. Das Thema der Reden solle Eros sein, die Leidenschaft der Liebe. Alle Teilnehmer rühmen mit geistreichen Reden, und Aristophanes sogar mit einer tiefsinnigen Rede, den allmächtigen Eros und preisen seine Schönheit. Am Ende kommt Sokrates an die Reihe, und ein sokratisches Gespräch hebt an.

Sokrates beginnt zu fragen, wie das eigentlich mit dem Eros sei. Er sei doch ein Verlangen, aber ein Verlangen, das heißt doch, daß man nach etwas verlangt, und zwar nach etwas, was einem fehlt. Auch das wird ihm bestätigt. Daraus folgert aber Sokrates: dann ist Eros überhaupt nicht schön, wie ihr immer sagt, da er ja nach dem Schönen verlangt. Eros ist also nicht der schöne Knabe, der immer im Gefolge Aphrodites ist, sondern ist der unbeschuhte, in seinem Verlangen Ungestillte. Er ist selber nicht schön, sondern ist auf das Schöne verlangend gerichtet. Das ist echter Sokrates, eine Beweisführung von unheimlicher Folgerichtigkeit.

In Wahrheit öffnet sich hier eine neue Welt des Gedankens. Im ›Phaidon‹ war bereits eine erste Einführung in diese Welt geöffnet worden. Da wird nämlich in der berühmten Selbstdarstellung des Sokrates erzählt, wie Sokrates das Buch des Anaxagoras auf dem Markt gekauft habe. Es habe soundso viele Minen gekostet. Die Amerikaner haben ausgerechnet, wie lang bei den damaligen Arbeitslöhnen für Schreiben, die wir kennen, das Manuskript, also das Buch gewesen sein kann. Es war anscheinend ein ziemlich kurzes Buch. Darin wird bekanntlich vom *νοῦς*, wir würden sagen, vom ›Geist‹, gesprochen, und das ist eine ganz neue Bedeutungswelt, die sich für Sokrates mit dem *νοῦς* verbindet und über die er bei Anaxagoras Hilfe erwartet. Nun ist Sokrates bekanntlich nicht mit dem zufrieden, was er da findet, wie der *νοῦς* den entscheidenden Anstoß zur Weltbildung gibt. Das wolle er nicht wissen, wie der *νοῦς* da pufft und stößt. Er wolle wissen, warum die schließliche Ordnung der Welt so ist, wie sie ist, und warum es eine so gute Ordnung ist. Das ist der *νοῦς*, den er sucht. Er ist nicht selber so etwas Gutes, ein feinstes, reinstes, alles durchdringendes Etwas, wie Anaxagoras ihn schildert, sondern der *νοῦς* sieht auf das Gute hin. Sokrates erwartet in dem *νοῦς* nicht so sehr ein Etwas, das die Weltbildung in Bewegung setzt, sondern ein Etwas, das auf das Gute und Schöne der Ordnung der Welt gerichtet ist. Der *νοῦς*, das Denkende, der Geist, ist nicht ein von allem anderen Seienden Unterschiedenes, sondern das alles Seiende Unterscheidende.

Es ist die gleiche Wendung, die sich im ›Symposion‹ findet; Sokrates zeigt, daß es mit der Liebe, dem Eros, genauso ist. Er ist das Verlangen nach dem Schönen und nicht selbst etwas Schönes. Sokrates wußte wahrlich von der gewaltigen Macht der Leidenschaft, die einen hinreißt, aber er sieht, daß Eros nicht nur eine Naturmacht ist, sondern nach etwas verlangt. Eros ist immer *ἔρως τινός*, und er geht immer auf das Schöne. Dann muß aber dieser Dämon, wie Diotima ihn nennt, zwischen dem Schönen und dem Häßlichen unterscheiden, wenn er das Schöne liebt. Dann ist er in Wahrheit Denken: *Ἔρως φιλόσοφος*. Selbst wer besinnungslos von seiner Leidenschaft hingerissen ist, ist in seiner Leidenschaft auf etwas gerichtet, von etwas gebannt, das über ihn gekommen ist. Der Beobachter mag vielleicht meinen, daß diese Leidenschaft ihm jede Vernunft und Unterscheidungsfähigkeit genommen habe. Aber für ihn selbst ist es das Schöne und nie das Häßliche, das ihn einnimmt. So führt Sokrates das Gespräch mit Agathon, bis dieser sich der Oberflächlichkeit seiner Eros-Preisung und seiner Unwissenheit bewußt wird.

Doch nun kommt Sokrates an einen Punkt, an dem er das Gespräch mit Agathon abbricht. Er fährt fort, über ein Gespräch mit der Priesterin Diotima zu berichten, die ihn in den Liebesdingen unterwiesen habe. Wieder ist eine ungreifbare Ironie in der sokratischen Berufung auf die Priesterin Diotima aus Mantineia. Plato deutet damit kunstvoll an, daß es doch wohl immer Sokrates ist, wenn Diotima in dem Gespräch ihre Fragen stellt oder auf die Fragen des Sokrates antwortet, und daß es ebensosehr Sokrates sein wird, wenn die Gesprächsführung ganz auf Diotima übergeht und Diotima vollends zusammenhängend das Wort führt (Symp. 202e), und selbst wenn Diotima ihm (210d) nicht mehr zutraut, daß er wird folgen können – und das wiederholt Diotima öfters und ermahnt ihn, sich anzustrengen, damit er folgen kann –, wird es nicht anders sein. Auch dann ist es nicht eine wirkliche Diotima, die redet, sondern es ist Sokrates, der über sich selbst hinausgeht und die ganze Vision des Liebesweges ausbreitet. Man muß nur beachten, wie sich Diotimas herablassende Distanzierung immer weiter steigert. Es ist eben immer Sokrates, beginnend mit der leisen Verspottung Diotimas, die ihm den Eros als ein universales Lebensprinzip dargestellt hat, »wie die richtigen Sophisten« (208c_1). »Du mußt wissen«, das heißt doch wohl, »das kannst du mir glauben«. Dann fährt sie fort, alles auf das Verlangen nach Unsterblichkeit zurückzuführen und den Eros in allen von den Menschen gelebten und geleisteten Gestaltungen wiederzuerkennen und in all dem das Verlangen nach Unsterblichkeit zu erkennen. Obwohl Plato und seine Leser zunächst nicht Frauen meinen, sondern die homoerotische und pädagogische Leidenschaft für junge begabte Knaben, wird die Liebe zum Weiblichen als Liebe zur Zeugung und zum Fortleben und zur Kinderzeugung und zum Kinder-Haben miteinbezogen (208e_2). Das höhere Verlangen, die rechten Gedanken, die *λόγοι*, in anderen Seelen zu wecken und in ihnen vor allem das Schöne zu sehen, das beherrscht offenkundig die ganze Liebesweisheit, die Sokrates hier von Diotima lernt. Es bleibt offen, sicherlich weil es gegenstandslos ist, wie bei manchen anderen solchen platonischen Erfindungen oder Ausdeutungen, zum Beispiel in der ›Apologie‹, bei der Rechtfertigung des sokratischen Tuns als Gehorsam gegenüber dem Delphischen Orakel. So bleibt es auch hier offen, ob Sokrates erst durch die angebliche Lektion der Priesterin seinen pädagogischen Eros gefunden hat. Nicht umsonst sagt Diotima ($209e_5$), daß Sokrates in diese Liebesdinge gewiß eingeweiht werden könne. Das versteht man leicht von Sokrates, wenn da der Übergang von einem schönen und begabten Jungen zum anderen geschildert wird, und daß das, was man auch in anderen sucht, die *λόγοι* sind, um die es geht ($210c_1$ f.). Ist es nicht am Ende immer schon Sokrates, der diese Liebesweisheit hat?

Man hat allerdings Ursache, sich zu fragen, was Diotima schließlich zweifeln läßt, ob er überhaupt bis zum Ende wird folgen können. Zweifelt am Ende der platonische Sokrates an sich selbst und an dem Aufstieg zu dem einen Schönen, das wie eine plötzliche Offenbarung in seiner Einsichtigkeit, Reinheit und Einheit sichtbar wird, oder wird hier Sokrates gleichsam über sich selbst hinausgetrieben? Es klingt wie ein Schritt in die Richtung der Ontotheologie, den der Physiker Aristoteles tun wird und wodurch er zum Begründer der Meta-Physik und zum Ahnherrn der christlichen Scholastik und am Ende zum Vorbereiter der modernen Welt der Wissenschaft geworden ist. Die nochmalige Schilderung des Aufstiegs wird immer deutlicher, wird überdeutlich, und das heißt: durchsichtig, wenn der Aufstieg von einem schönen Körper zum anderen und dann zu den schönen Seelen führt. Man ist ein wenig ratlos, wenn man diese Steigerung liest. Doch ist es ein wohlbekanntes Problem der Konstitution des Allgemeinen, der *ἐπαγωγή* (die gewiß nichts mit *enumeratio simplex* (vollständiger Aufzählung) zu tun hat und den Übergang zum *νοεῖν* nimmt). Was in dieser Schilderung des Liebesweges anklingt, ist nichts anderes als die Erfahrung des Dialektikers, wie sie etwa Aristoteles in den ›Analytica posteriora‹ (*B* 19) schildert. Diotimas Zweifel, ob Sokrates da wird folgen können, scheint selber von ironischer Wohlbegründetheit. Das ist nicht mehr Sokrates, der diese dialektische Struktur in die pädagogische Liebeserfahrung hineinprojiziert. Der Sokrates des ›Phaidros‹, der sonst mit logischer Ausdeutung nicht spart, ist da zurückhaltender als Diotima und sieht zwar auch in dem holden Wahnsinn der Verliebtheit die Erhebung und den Übergang zum Wahren, aber nicht in einem solchen Durchlaufen aller schönen Leiber und aller schönen Seelen. Das ist gleichsam nur der Ausdruck für das nicht recht Sagbare des Allgemeinen. Oder ist es noch mehr?

Man kennt immerhin ein ähnliches Zögern und halbes Ausweichen, wie es hier Diotima zeigt, wenn Sokrates in der ›Politeia‹ nach dem Guten gefragt wird. Da hat er die vier platonischen Kardinaltugenden überzeugend machen können. Aber dann wird er auch noch auf die Frage nach dem Guten, dem *μέγιστον μάθημα,* zu antworten genötigt, und das wird von ihm als unfaßbar und ungreifbar, nicht lehrbar wie andere *μαθήματα* bezeichnet. Schließlich greift er zu dem Gleichnis der Sonne, und später zu dem Höhlengleichnis, um den neuen Erziehungsweg für die künftigen Regenten des Idealstaats zu entwerfen. Man wird die Parallelität zwischen diesem Wege und dem Wege zum Schönen im ›Symposion‹, zum Guten in der ›Politeia‹ zu beachten haben. Wenn jetzt die sokratische Argumentationskunst nicht mehr nur Negatives bewirkt und die Definitionsforderung bei den anderen zum Scheitern bringt, wird man einsehen, daß jetzt in Wahrheit die Ausweisbarkeit durch den *λόγος* überhaupt überstiegen ist, beim Schönen selbst wie beim Guten selbst. So naheliegend es auch für Plato immer ist, im Gespräch vom Schönen zum Guten und vom Guten zum Schönen wie zu dem Gleichen zu wechseln, so gibt doch der ›Philebos‹ eine eigene Bestätigung dafür, daß beim Schönen wie beim Guten nur schwer eine wirkliche begriffliche Antwort zu finden ist. Das Schöne selber wird am Ende als das erscheinende Gute nur dreifach *(σὺν τρισί),* in einer Dreiheit von Bestimmungen, beschreibbar, und im ›Politikos‹ heißt es gar schon »das Genaue selbst« *(αὐτὸ τὸ ἀκριβές),* das als das innere Maß in allem (und nicht über allem) ist. Wie hilft sich Plato hier im ›Symposion‹ gegenüber dieser Schwierigkeit? Ich denke, er hat sich hier wie sonst schon längst geholfen. Man muß nur die Dialoge wirklich lesen und nicht das Material allein zur Rekonstruktion seiner Lehre – oder gar der kantischen Lehre oder selbst der ungeschriebenen Dialektik Platos – gebrauchen, die jedenfalls auch keine lernbare Lehre war. Es ist Sokrates in seiner ganzen Lebensfülle, der das Geschehen dieser Gespräche um eine das Begriffliche nur andeutende Dimension bereichert. Sokrates ist nicht eine bloße Rolle, in die Plato schlüpft. Seine Unterredner sind am Ende stets wir selber, wir denkenden Leser. Das konnte man ignorieren, insbesondere, wenn man im Zauberbann moderner, sogenannter wissenschaftlicher Philosophie hintrieb und das platonische ›System‹ in Plato, das aristotelische ›System‹ in Aristoteles, das scholastische ›System‹ in Thomas Aquinas, das gegenreformatorische ›System‹ in Suarez sah und am Ende an den Systembegriff des deutschen Idealismus dachte und in Wahrheit so immer nur das eigene System der Philosophie aus solcher Scheinüberlegenheit wiederzuerkennen suchte. Im Falle des ›Symposion‹ kann man aber schlecht konstruieren, und man kann auch den dramatischen Schluß nicht beiseite schieben, der die ganze Schilderung des Liebesweges der Diotima von der Person des Sokrates her interpretiert, wie Alkibiades ihn porträtiert. Hier wird man nicht auf etwas vorbereitet, was Plato besser weiß und sagen könnte.

Da wird das Auftreten des Alkibiades geschildert, wie er beim Anblick des

Sokrates erschrickt, wie er ihn verehrt – und wie er schließlich bei der geradezu schamlosen Erzählung seiner inneren Erfahrung mit Sokrates jedes Maß und jede Hemmung verliert. Was er da erzählt, ist ein Zeugnis eigener Art für das, was Sokrates bei Diotima gelernt hat und was er war. Das platonische Ideal der dorischen Harmonie von λόγος und ἔργον tritt hier leibhaftig in Sokrates in Erscheinung. Die Strategie der Verführung, die Alkibiades schildert, hat keinen Erfolg, weil Sokrates unverführbar war. Eben das wirft ihm Alkibiades sogar vor. Dieser Mensch gebe sich immer nur den Anschein, als ob er verliebt sei. Er will in Wahrheit nur von uns geliebt sein. Das ist das Bild, das Plato hier zeichnet.

Es sieht so aus, als ob Sokrates von Diotima in den Augen des Alkibiades allzu gut gelernt hat und deshalb ihn nicht lieben konnte. Oder ist es am Ende umgekehrt, daß es Alkibiades ist, der nicht zu lieben wußte, weil er immer nur geliebt sein wollte, und daß deshalb dieser so vielversprechende Mann der *homme fatal* Athens geworden ist? Jedenfalls war Alkibiades eine der großen Enttäuschungen, die Sokrates gehabt hat. Wie er am Ende sogar an dem Untergang Athens im Peloponnesischen Krieg schuldig wurde, das waren den Lesern Platos bekannte Dinge. Sie haben in diesem Sokrates die platonische Antwort auf das Scheitern des sokratischen Zöglings erkennen können. –

Die zwei Bildseiten in dem Buch über das literarische Porträt bei Plato, die wir aufgeschlagen haben, stellen uns nun die Aufgabe, die philosophischen Konsequenzen zu ziehen. Sie sind von radikaler Art. Da hatten wir aus dem Aufbau der Diotimarede geschlossen, wie sich die Schilderung dieses Aufstiegs zum Schönen selbst schrittweise dem Begriffsschema der ἐπαγωγή annähert. Wir folgerten daraus, daß der Aufstieg zu dem Schönen selbst nichts anderes meint, als daß man das Schöne, das in allem ist, sehen lernt. Nun klingt das freilich zu sehr nach dem neuzeitlichen Nominalismus oder nach Begriffen, die man in Plato hineinprojiziert. In Wahrheit hat es aber eine überlegene Wahrheit, was in diesem Porträt des pädagogischen Eros vor uns ersteht. Auch für uns hat es eine unmittelbare Evidenz, daß nur das Liebe ist, was nicht blind macht, sondern sehend macht, so daß einer den anderen in seiner wahren Möglichkeit zu sehen und sein zu lassen strebt. So liegt in der Leidenschaft der Liebe, wenn man sich nicht bis zum ›falschen‹ Wahnsinn von ihr übermannen läßt, eine Sinnrichtung auf den anderen hin, und diese soll alle wahre Liebesbeziehung tragen. Eine Sinnrichtung heißt im platonischen Text, daß der wahre Eros auf die ›Logoi‹ hin gerichtet ist, und Logoi meinen stets das für alle Gültige. Was ist, wie es sein sollte, was gut und schön ist, das bedeutet dieses eine Schöne, das in aller Liebe zum Schönen das Gemeinte selbst ist. Es kann auch, wenn es das Schöne ist, gar nicht von diesem je anderen getrennt sein. Es kann überhaupt nie von seiner Erscheinung getrennt sein. Das Schöne muß erscheinen, sonst ist es nichts

Schönes. Denn es ist Scheinen und als solches nicht abhängig von dem, was für ein Seiendes es ist, ob Mensch oder Gott oder was immer schön ist. Scheinen, Erscheinen, Herausscheinen ist wie jener ›Splendor‹, der nach Plotin über das Erscheinende, wenn es schön ist, wie ausgegossen ist, weil dieser Glanz in der *diffusio sui,* in seiner Austeilung, sein Sein hat. Plato hat das in einem wunderbaren Mythos gezeigt, im ›Phaidros‹, in dem die in den Leib gestürzte Seele im Anblick des Schönen ihre Flügel wieder wachsen spürt und sich zu einem neuen Aufschwung erhebt. Im ›Phaidros‹ heißt es, daß das Schöne vor allem anderen dadurch ausgezeichnet ist, daß es herausscheint *(τὸ ἐκφανέστατον).* So wird in platonischen Begriffen formuliert, daß das Schöne in seinem Wesen erscheinend ist. Gewiß hört man sonst von Plato stets, daß alle Erscheinungen an dem Wesen, an dem *εἶδος,* nur mehr oder minder teilhaben und auch die schönen Dinge nie reine Schönheit, sondern immer mit anderem gemischt und insofern verunreinigt sind. Aber es liegt in dem eigenen Wesen des Schönen, zu erscheinen. Es ist eine Frage von höchstem Rang, die auf die gesamte Licht-Metaphysik der Tradition ausgestrahlt hat, ob das nicht die platonische Lehre von den Ideen überhaupt ist, daß das Wesen in der Erscheinung ist, wie das Tageslicht. So meint es der junge Sokrates im platonischen ›Parmenides‹. Was bedeutet das als philosophische Aussage?

Ich gehe von einer bei Aristoteles berichteten Mitteilung aus, Plato sei eigentlich ein Pythagoreer gewesen. Er habe nur für das Wort *μίμησις* das Wort *μέθεξις* eingeführt, einen Ausdruck anstelle eines anderen für die gleiche Sache. Wenn man die griechischen Ausdrücke übersetzen will, wird es schwierig. Das Wort ›Nachahmung‹ kann nicht recht für das gelten, was *μίμησις* dort meint. Besser wäre ›Darstellung‹. Denn das ist die pythagoreische Lehre: »Die Sonne tönt nach alter Weise, in Brudersphären Wettgesang, und ihre vorgeschriebne Reise vollendet sie mit Donnergang.« So beschreibt Goethe in seinen Versen die pythagoreische Sphärenharmonie. Die Bahnen der Gestirne folgen den Zahlverhältnissen, nach denen sie geordnet sind. Das ist die These, daß die Gestirne die Zahlen darstellen und daß insofern die Erscheinungen die Idealität der Zahlen erfüllen. Es ist eine mathematische Vision des Kosmos, die sich unmittelbar in der pythagoreischen Weltsicht darstellt. Die Zahlen sind das, was die Dinge im Grunde sind. Die pythagoreische Lehre vollzieht eine Art Seinsidentifikation von Sein und Zahl[4].

Plato hat den Ausdruck verändert, wie Aristoteles behauptet. Statt ›Mimesis› sagt er ›Methexis‹. Da ist die Übersetzung vollends schwierig. Ei-

[4] Vgl. J. Klein, Die griechische Logistik und die Entstehung der Algebra, § 7 A. In: Quellen und Studien zur Geschichte der Mathematik, Astronomie und Physik. Abt. B, Bd. III.1 (1934).

gentlich heißt das ›Teilhabe‹, und wenn man es auf lateinisch ausdrückt, wird es noch mißverständlicher: *participatio*. Denn da ist es die Vorstellung vom Ganzen und den Teilen, die sich eindrängt und im griechischen Ausdruck ähnlich wie in deutschen Äquivalenten wie ›Teilnahme‹ und ›Teilhabe‹ eigentlich unanwendbar ist. Kann man von Nehmen eines Teils sprechen, wenn man Anteil nimmt?

Daß das Erscheinende an der Idee teilhat und nicht ist wie die Gestirne, die Zahlen nachahmen oder darstellen, bedeutet indessen mehr als einen bloßen Wechsel des Ausdrucks. Aristoteles schwächt es gleichsam ab, als sei es nichts anderes. Er will eben die Ideenzahlenlehre Platos mit den Pythagoreern gleichsetzen, um ihrer Unhaltbarkeit Nachdruck zu geben. In Wahrheit drückt sich in dem Wechsel des Ausdrucks ein ganz neuer Boden aus, auf dem Plato seine Nähe und seine Abweichung von der pythagoreischen Weltsicht austrägt. Es ist der sokratisch-platonische Boden, den Plato mit der Flucht in die Logoi betreten und unter dem Namen ›Dialektik‹ in die Welt eingeführt hat. Wenn die Sterne durch ihren Lauf die Zahlen zur Darstellung bringen, so mag man das ›Mimesis‹ nennen und als Annäherung an das eigentlich Seiende gelten lassen. ›Methexis‹ dagegen ist ein ganz formales Teilhabe-Verhältnis, und das heißt: auf Gegenseitigkeit. ›Mimesis‹ ist immer in der Richtung auf das, dem man sich annähert, hin orientiert, wenn man es darstellt. ›Methexis‹ dagegen enthält, wie schon das griechische *μετά* andeutet, daß es mit dem anderen zusammen da ist. Das Teilnehmen, das *μεταλαμβάνειν*, erfüllt sich gleichsam in dem eigentlichen Zusammensein und Zusammengehören, dem *μετέχειν*. Nun hat gewiß Plato selber den Ausdruck der ›Mimesis‹ vielfältig gebraucht, aber nur um auf dem ontologischen Unterschied des Nachbildes und Abbildes gegenüber dem Urbild und Vorbild der Idee immer wieder zu bestehen. Auch ist es bemerkenswert, wie ich schon in meinen ersten Plato-Studien betonte[5], daß die Methexis-Problematik nicht eigentlich eine Antwort auf das Verhältnis der Erscheinung zu ihrer Idee geben will. Plato ist nicht umsonst in der Wahl seines Ausdrucks für dieses Verhältnis ganz unbestimmt. Das war nicht sein Problem. Denn dieses Verhältnis war in seiner Flucht in die Logoi vorausgesetzt. Dagegen war es eine ungeprüfte Voraussetzung, unter der man die Anpassung Platos an den Neukantianismus und seine Wissenschaftstheorie zu vollziehen suchte. So hat Nicolai Hartmann in Weiterführung Natorpscher Gedanken die Theorie von der absteigenden Methexis entwickelt, die eigentlich bis auf die Individuation und Konkretion zurückgehen müßte. Erst bei Plotin sei die Konstitution des Individuellen voll entwickelt und das erreicht, was Platos Methexis-Dialektik angestrebt habe. So wird die Bindung des Eidos an den Logos mißachtet und in der Konsequenz dessen die

[5] ›Platos dialektische Ethik‹, Bd. 5 der Ges. Werke, S. 3–163.

Sprache durch den mathematischen Kalkül abgelöst. Aber das ist erst eine neuzeitliche (nominalistische) Wendung. Aristoteles hält dagegen den Ausgangspunkt des Logos fest. Aber für ihn sind die beiden Ausdrücke der ›Mimesis‹ und der ›Methexis‹ nur Metaphern, während er selber eine begriffliche Antwort für den Unterschied zwischen Einzelding und seinem Eidos gegeben hat. Es ist die Einführung des Begriffs der *ὕλη*, des Stoffes, der Materie, der durch sein Zusammensein mit der Form das Konkrete ist, das er das *σύνολον* genannt hat. Es ist hier nicht der Ort, den aristotelischen Schritt zur Begriffsbildung und seine innere Abhängigkeit von der Logos- und Eidoslehre Platos zu erörtern[6]. Unser Ausgangspunkt ist ja die eigene Valenz, die Plato für die Darstellungsweise seines Denkens in Anspruch nehmen kann und die ihn nicht nur zu dem großen Porträtisten hat werden lassen, dessen plastische Darstellungskraft wir im ›Phaidon‹ und im ›Symposion‹ beobachten und bewundern. Plato hat es verstanden, auch in der Begriffssprache seiner Dialektik die Grenze zu bezeichnen, die dem Begriff und der Sprache des Menschen gegenüber den Erscheinungen der Wirklichkeit gesetzt ist.

Man ahnt, daß es nichts Beiläufiges ist, wenn Plato für das Verhältnis zu den Ideen nicht ›Mimesis‹ sagt, sondern ›Methexis‹. Was Methexis an Problemen aufgibt, hat Plato in dem höchst rätselhaften Parmenides-Dialog, im ersten Teil dieses Gespräches, geradezu auf die Spitze getrieben. Da erscheint als die wichtigste Schwierigkeit bei der Annahme der Ideen, daß die Kenntnis der Ideen nur den Göttern zugänglich wäre und die Kenntnis der hiesigen Erscheinungen nur den Menschen – ein Chorismos von vollendeter Absurdität. In Wahrheit ist es eine Vordeutung auf die spätere platonische Dialektik. Sie bringt die Auflösung der Einwendungen, die Parmenides gegenüber Sokrates und gegen die Annahme von Ideen erhebt. Man erfährt am ehesten im ›Sophistes‹, wie das Problem der Methexis für Plato selber eigentlich aussieht. Dort wird die Problemstellung und Problementfaltung, die der Parmenides-Dialog gibt, positiv aufgenommen. Es war ein großartiger und kühner Einfall, den jungen Sokrates im Gespräch mit dem Meister des konsequenten Denkens einzuführen. Dieser Einfall hat der historischen Forschung und ihrer Suche nach historischen Tatsachen viel Scharfsinn am falschen Gegenstande abgenötigt.

Wieder muß man eine dialogische Argumentation in ihren impliziten Aussagen zu lesen wissen. Am Eingang des Parmenides-Dialogs kritisiert Sokrates die billige Dialektik, die Zenon gegen die Annahme des Vielen vorgeführt hat. Das sei nichts Besonderes. Erst wenn eine entsprechende

---

[6] Vgl. dazu etwa meine Arbeiten ›Amicus Plato magis amica veritas‹, in Bd. 6 der Ges. Werke, S. 71–89, und ›Die Idee des Guten zwischen Plato und Aristoteles‹, in Ges. Werke Bd. 7, S. 128–227.

Dialektik der Ideen selber möglich wäre, eine Teilhabe der Ideen aneinander und nicht nur die Teilhabe des Einzelnen an der Idee, fände Sokrates das erstaunlich. Hier zeigt sich sozusagen die unterschwellige Rolle, die Sokrates im Gespräch mit Parmenides spielt. Er ahnt das Problem der Teilhabe der Ideen aneinander, wenn er auch so etwas ganz unglaubhaft findet. Stenzel hat seinerzeit richtig beobachtet, wie Sokrates im Gespräch mit Parmenides schrittweise in die Schwierigkeiten genötigt wird, die mit einer allgemeinen Ideenlehre und der Teilhabe an den Ideen gegeben sind. Bei der Annahme des Schönen und des Guten braucht Sokrates nicht zu zögern, daß ›es selbst‹ von allem unterschieden und getrennt sei, das an ihm teilhat. Hier ist es offenbar selbstverständlich, daß wir beim Guten, Schönen, Gerechten es mit einem Ideal zu tun haben, auf das wir alle hinstreben. Dagegen wird Sokrates, wenn die Annahme von Ideen auf alles ausgeweitet wird, was man überhaupt sagen und als Gemeintes aussprechen kann, in eine steigende Verlegenheit versetzt (was 130d Sokrates auch ausdrücklich zugesteht). Freilich kann ich nicht glauben, daß man darin eine Verlegenheit Platos sehen darf und überhaupt in dem ganzen Vorspiel des Parmenides-Dialoges gewiß nicht eine Krisis der Ideenlehre, in die Plato geraten sei. Das scheint mir eine hermeneutische Naivität, die den Sinn des Ganzen verfehlt.

Es ist aber auch nicht richtig, die Rolle des Sokrates dabei so zu sehen, als ob er das Problem der Teilhabe nicht verstünde, wenn er den Einwendungen des Parmenides nichts entgegenzusetzen weiß und am Ende von ihm aufs Kreuz gelegt wird. Sokrates wird vielmehr von Anfang an von dem alten Parmenides mit ausgezeichneter Hochachtung behandelt, auch wenn Sokrates nicht imstande ist, mit den Einwendungen fertig zu werden, die Parmenides gegen die Ideenlehre richtet. Im Gegenteil, Plato unterläßt nicht anzudeuten, daß Sokrates die Anwendung der Begriffe Ganzes und Teil und die verdinglichte Form, in der Parmenides sie zur Widerlegung benutzt, unangemessen findet. Das zeigt die tiefsinnige Auskunft, den Aporien der Teilhabe zu entgehen, die er Sokrates in den Mund legt, es sei wie mit dem Tageslicht, das überall hin ausgeteilt sei, ohne daß dadurch Licht von Licht und Tag von Tag getrennt wäre (131b). Auch läßt sich Sokrates die Fessel der Verdinglichung, wonach statt des Tages ein Segel über einem sei, nur zögernd und mit einem »Vielleicht« gefallen. Ebenso hält er etwas Sinnvolles fest, wenn er dem ›Tritos Anthropos‹-Argument zu entgehen sucht, das ihm Parmenides entgegenhält, und den Iterationsprozeß des jeweils dritten Menschen für ein bloßes Gedankenspiel erklärt. Wenn er nur dem Eidos selber ontologische Qualität vorbehalten möchte, ist das keineswegs unvernünftig, und es bedeutet nicht eine solche nominalistische Aufweichung des Eidos, wie ihm Parmenides unterstellt. Gewiß ist der junge Sokrates der begrifflichen Klärung des Begriffes der Teilhabe nicht gewachsen. Aber wieder tut Plato alles, damit das nicht als ein bloßes Unverständnis seitens des Sokrates herauskommt. Parmenides lobt ihn für seine Beharrlichkeit und verweist ihn nur auf die Notwendigkeit, sich noch mehr in den ›Reden‹ zu üben.

Bei der Übung in den Reden wird er es vielleicht noch lernen, daß es Teilhabe einer Idee an der anderen – und in diesem Sinne das Eine und das Viele – geben muß, wenn anders es überhaupt Logos geben soll. Spätestens wird ihm der Fremde aus Elea, bei dessen Gespräch im Dialog ›Sophistes‹ er ein Zuhörer ist, dazu verhelfen. Nun hatte sich gezeigt, daß der absurde Chorismos, gegen den später Aristoteles seine Kritik richten wird, schon im Parmenides-Dialog den eigentlich kritischen Punkt in der Annahme von Ideen darstellt. Das bedeutet in letzter Konsequenz, daß es sich bei Plato überhaupt nicht um eine solche Trennung der Ideen handeln kann, wie Aristoteles unterstellt. »Zu früh hast du ein einzelnes Eidos zu bestimmen gesucht« – das ist das letzte kritische Wort, das Parmenides dem Sokrates zu sagen hat. Es deutet darauf hin, daß das Verhältnis von Ideen zueinander, daß Teilhabe von Ideen aneinander, die dem jungen Sokrates undenkbar schien, die eigentliche Basis der platonischen Dialektik sein wird. Ein jeder Logos enthält solche Teilhabe von Ideen aneinander.

Daß die Erscheinungen an Ideen teilhaben, bleibt dabei die Voraussetzung, die der Annahme der Ideen zugrunde liegt. Sie scheint im Parmenides-Dialog wie in all den großartigen Visionen deutlich hindurch, zu denen sich Sokrates erhebt. Das bezeugt ebensosehr der Aufstieg zum Guten in der ›Politeia‹, im Bilde des Höhlengleichnisses, wie der Aufstieg zum Schönen, den Diotima als den Liebesweg dem Sokrates darlegt. Hier im Parmenides-Dialog wird es vollends ausdrücklich, daß Sokrates durch das Gleichnis vom Licht des Tages veranschaulicht, wie ein Allgemeines (das *εἶδος*) dem Einzelnen zukommt. Daß es diese Teilhabe gibt, ist am Ende die Voraussetzung dafür, daß Denken und Reden, Verbinden von Ideen und Verständigung miteinander überhaupt möglich ist. Der ›Splendor‹ des Schönen und die Helle des Tages beschreiben die Methexis wahrlich besser, als das Verhältnis von Ganzem und Teil, in das die eleatische Dialektik den Sokrates verwikkelt. Im Guten wie im Schönen wie im Licht liegt Allgegenwart von Teilhabe vor.

Die Bedeutungskraft der Silbe *μετά* verleiht der *μέθεξις* den Sinn von Mitsein. Im selben Sinne begegnet die Silbe *μετά* bereits im Originaltext des Parmenideischen Lehrgedichtes (Fr. 9). Dort heißt es von Licht und Nacht, daß kein Nichts mit da ist *(μέτα μηδέν)*. Das gleiche wie ›Teilhabe‹ liegt im Begriff der Mischung, der freilich abermals eine verdinglichende Interpretation leicht macht. Aber im Zusammenhang der Ideenphilosophie ist so etwas wie der Begriff der Mischung nicht länger mißverständlich. So wird von Eudoxos berichtet[7], daß er den Begriff der Mischung zur Deutung der

[7] Alexander in Arist. Met. 97, 17–18 (Hayduck).

Teilhabe der Erscheinungen an der Idee gebraucht habe und das In-Sein der Ideen in den Erscheinungen gelehrt habe. Ebenso wird im platonischen ›Philebos‹ die Metapher der Mischung gebraucht, in der das Gute im menschlichen Leben zu suchen ist. Auch das bedeutet nicht wirkliche Mischung getrennter Bestandteile, der ›Hedone‹ und des Wissens. Was gemeint ist, ist Mitsein. Auch die Zahl ist mit der Idee, mit dem Sein. So geht der Weg des Denkens immer über Unterscheidungen des einen vom anderen. Aber das ist eben der Weg des Logos, daß er Mitsein von einem Eidos mit einem anderen Eidos ausspricht. Die Anamnesis vollzieht sich als Dihairesis *(διαίρεσις)*. In der pythagoreischen Mimesis-Metaphorik war es noch dunkel, wieso die Zahl das Sein selber sein soll. Im ›Phaidon‹ ist es in der sokratischen Flucht in die Logoi sofort evident. Eben damit werden Aussagen möglich, die dann auch für das Einzelne Geltung haben, so daß der Satz »Theätet fliegt« falsch sein muß.

Das stärkste Zeugnis für dieses Verhältnis zwischen den Ideen und dem konkreten Einzelnen ist aber die Vier-Ursachen-Lehre im platonischen ›Philebos‹. Da lehnt sich der platonische Sokrates an das pythagoreische Denken in Gegensätzen an und zieht die Folgerungen, die im Verhältnis von Grenze und Unbegrenztem in Wahrheit liegen. Die Pointe besteht darin, daß das Ineinandergemischtsein der beiden Gegensätze von Grenze und Unbegrenztem eine dritte Art von Sein unvermeidlich macht. So begegnet hier als Drittes der Begriff des Metrion *(μέτριον)*, des Gemessenen und Begrenzten. Das könnte trivial scheinen, daß es auch das Begrenzte geben muß. Aber an diese Feststellung schließt sich im ›Philebos‹ eine andere Folgerung an, die ebenso notwendig zur vierten Grundgattung des Seins führt. Das Dritte neben Grenze und Unbegrenztheit stellt das eigentliche Wunder des Seins dar, das Werden zum Sein, das gewordene Sein. Es ist nicht eine bloße Anwendung von Denken, Zählen, Messen auf das Unbestimmte und Unbegrenzte. Maß gehört hier vielmehr zum Sein. Das liegt in dem Metrion, von dem im ›Politikos‹ als dem eigentlichen Maß die Rede ist, das dem Seienden selbst eigen ist. Als konkretes Dasein weist solches Maßhafte auf ein Ur-Sein zurück, auf die Ursache, den Nous, der alles regiert und steuert, so daß es stimmt und zum Ganzen zusammenstimmt, wie das Gute, das Gesunde oder das Schöne.

Erkennt man die innere Folgerichtigkeit, wie die vier Gattungen des ›Philebos‹ sich folgerichtig auseinanderentwickeln, dann sieht man auf einmal, daß in dieser Gattungslehre das alte Problem der Methexis sich erneut abbildet. Die beiden zusätzlichen Gattungen, das Gemessene (bzw. Angemessene) sowie die letzte ordnende Ursache, vertreten all das, was durch Denken, Zählen, Messen und damit am Ende durch den Logos nicht erreichbar ist: das Konkrete. Der Versuch, aus Maß und Zahl allein das Konkrete abzuleiten, wird hier geradezu desavouiert. Das Konkrete ist unweigerlich mit dem ›Nous‹ verknüpft, und so wiederholt die vierte Gattung des ›Philebos‹ die mythische Antwort auf die Wirklichkeit des Wirklichen. Das ist die Teilhabe der Idee an den Erscheinungen, ganz so wie im ›Timaios‹ der Demiurg für die Wirklichkeit des All einsteht[8].

Eine weitere Veranschaulichung dessen, was sich in der platonischen Denkweise niederschlägt, ist das angebliche zweite Prinzip, das nach Aristoteles von Plato in seiner berühmten Vorlesung über das Gute neben dem *ἕν*, dem Einen, eingeführt worden ist. Hier darf ich insbesondere auf meine Arbeit ›Platos ungeschriebene Dialektik‹ verweisen[9]. Die ›unbestimmte Zweiheit‹ tritt an die Stelle des *ἄπειρον*, das die ganze Reihe pythagoreischer Begriffe anführt. Wie Plato die Mimesis durch Methexis ersetzt haben soll, so hat er offenbar auch den Begriff des *ἄπειρον* in einem neuen, rein ›logischen‹ Sinne zur Geltung gebracht, um sich von den Konnotationen zu befreien, die den älteren kosmologischen Begriff des ›Apeiron‹ seit Anaximander belasten. Aristoteles hat in seiner Physik gezeigt, daß dieser Begriff des ›Apeiron‹ seine unbestreitbare Geltung auf den unbegrenzbaren Fortgang des Denkens und auf die Unendlichkeit der Zahlenreihe gründet. Unter diesem Gesichtspunkt lag es auch für Plato nahe, die pythagoreische Tetraktys als Leitschema der Zahlenreihe in Anspruch zu nehmen. Er hat diese erste ›Zehn‹ offenbar wie ein Ur-Schema aller Ordnung angesehen und mit wechselndem Inhalt gefüllt, wenn wir der Aussage des Aristoteles[10] vertrauen dürfen. Die geschlossene Pyramide der Zehnzahl begründet aber zugleich die Öffnung des Zählens ins Grenzenlose. Die Anzahl ist das Viele im Einen, und dem entspricht das Schema der Zweiheit, dem kein bestimmter Inhalt zuzuordnen ist. Es ist das Prinzip alles Denkens und alles Unterscheidens. Es reicht daher sowohl über die zahlentheoretische Bedeutung von *πέρας* und *ἄπειρον* hinaus, die die Pythagoreer zugleich auf die Astronomie und Musik angewandt hatten. Es reicht überhaupt über jede inhaltliche Ausfüllung, auch noch über den Begriff der Hyle hinaus, den Aristoteles ihr zuordnet. Gerade um der Zahlenreihe willen und im Blick auf die Mathematik muß Aristoteles *ὕλη* auf seinen eigentlichen Begriffssinn hin reinigen, indem er *ὕλη* auf die *νοητὴ ὕλη*, den ›intelligiblen Stoff‹, ausdehnt[11].

Die Überlegung lehrt, daß Plato in der *ἀόριστος δυάς* die Grenze der Zahlen und der Logoi gesehen hat. Insofern steht er der aristotelischen Metaphysik näher als der pythagoreischen Identifikation von Sein und Zahl. Auch

---

8 Man vgl. dazu meine Arbeit ›Idee und Wirklichkeit in Platos ›Timaios‹‹, jetzt in Bd. 6 der Ges. Werke, S. 242–270.

9 Jetzt in Bd. 6 der Ges. Werke, S. 129–153.

10 Z. B. Phys. Γ 6, 206b$_{32}$; Met. Λ 8, 1073a$_{20}$; M 8, 1084a$_{12}$.

11 Vgl. meine Studie ›Gibt es die Materie?‹, jetzt in Bd. 6 der Ges. Werke, S. 201–217.

Aristoteles hat ja das *ἄτομον εἶδος* für alle Rede vom Was-Sein als konstitutiv anerkannt, weil das *τόδε τι* nur gezeigt, nicht in Worten gesagt werden kann. Die Differenz und in gewissem Sinne auch die Überlegenheit Platos besteht darin, daß für ihn diese Grenze des *λόγος* eine im Gespräch immer wieder ›plötzlich‹ überstiegene Grenze ist, wenn er den dialogischen Charakter aller Rede festhält. Das ist der Grund dafür, daß Plato der Teilhabe des Einzelnen am Eidos überhaupt keine wirkliche Aufmerksamkeit gewidmet hat – was Aristoteles beklagt. Was Aristoteles damit im Auge hat, findet bei Plato volle Bestätigung, wenn er eine beliebige Anzahl von Begriffen anbietet, die man für das Verhältnis des Einzelnen zu der Idee, Teilhabe des Einzelnen an der Idee im ›Phaidon‹ (100d) gebraucht. Vor allem aber ist die eigentliche Beweiskraft der von Sokrates mit der Annahme der Ideen verbundenen Argumentation für die Unsterblichkeit der Seele ganz und gar abhängig von der Teilnahme der Ideen aneinander und setzt die Geltung desselben für die Einzelseele als selbstverständlich voraus. So geht der Beweis für die Unsterblichkeit anstandslos über das *εἶδος* und von da aus zu dem Gott. Beides gehört offenbar der Dimension der Ideen an.

Wir scheinen vom Thema weit entfernt, wenn wir das Methexis-Problem der platonischen Ideenlehre und gar die Grundzüge der Idealzahlenlehre mit Plato als Porträtisten in irgendeine Verbindung bringen. Und doch scheint mir die Ersetzung von ›Mimesis‹ durch Teilhabe, ›Methexis‹ und Anteilnahme das Wesen der Porträtkunst und das Wesen des Porträts gar nicht so schlecht zu beschreiben. Wir hatten in unseren Eingangsüberlegungen Ursache, über die Rede vom realistischen Porträt nachdenklich zu werden, und konnten unsere Bedenken kaum anders beschreiben als eben mit den Begriffsmitteln, die im Problem der Methexis begegnen. Ein Porträt ist keine bloße Mimesis im Stile der Reproduktionsautomatik der modernen Technik, die wir ›Aufnahme‹ nennen. Das aus der Natur ›herausgerissene‹ Menschenantlitz stellt nicht einen tatsächlichen Anblick fest. Das Porträt – und selbst die mit photographischen Mitteln gemachte ›Aufnahme‹ – ist nur ein Porträt, wenn es ein Porträt und kein Paßphoto ist. Es ist dann etwas Gültiges im individuellen Erscheinen herausgeholt, das wir Eidos nennen können. Sind wir nicht alle am Ende in diesem Sinne Platoniker?

Möge uns wieder die Weisheit der Sprache leiten. Wenn man ›Individuum‹ und ›individuell‹ sagt, erinnert uns die Sprache an eine verdeckte Wahrheit. Wir mögen von Individuum und Individualität reden, wenn wir eine ins Wortlose zielende Konkretion leibhaftiger Gegenwart eines Menschen im Bilde oder in seiner Wirklichkeit vor uns haben. Aber wenn wir jemanden in seiner Individualität erfassen oder in einem Porträt, das diese Individualität wiedergibt, dann ist darin immer zugleich etwas von Wiedererkennung unserer selbst, nämlich des Menschlichen in der anderen Individualität. Sagt uns das nicht schon das Wort ›Individuum‹? Ein Blick auf die

Wortgeschichte ist äußerst lehrreich. Das Wort ist die lateinische Übersetzung von ›Atom‹. Wenn Plato das letzte Unterscheidbare in der Unterscheidung der sich immer weiter voneinander unterscheidenden ›Ideen‹ so nennt, sagt er noch *ἄτμητον εἶδος*, ›unteilbares‹ Eidos. Den Ausdruck ›Atom‹ gebraucht er offenbar nicht, um die Spezifikation, die er ›Dihairesis‹ nannte, im Bewußtsein zu halten und den falschen Anklang an Demokrit zu vermeiden, der die letzten unteilbaren Bestandteile in der Natur so benannt hat. Aristoteles gebraucht das Wort dagegen bereits häufig in demselben logischen Sinne, in dem Platos Ausdruck es meint, nämlich als die Grenze der Spezifikation und nicht der materiellen Teilung. Jedenfalls weisen Wort- und Begriffsgeschichte auf die Herkunft aus dem Allgemeinen und auf die Grenze desselben hin. Das Jeweilige, das Aristoteles das *τόδε τι* genannt hat, ist das, auf das man nur zeigen kann, wenn man ein Dieses meint. Wir nennen es freilich das Individuelle, ohne uns dessen bewußt zu sein, daß wir damit eine Grenze der Spezifikation meinen, wenn wir etwas ›einzigartig‹ nennen. Hier liefert der Sprachgebrauch ein Beispiel für die Unwiderstehlichkeit, mit der sich Sprache und Gedanke auch noch dessen bemächtigt, was sie nicht erreichen kann. Es heißt das Unteilbare und wird von der Herleitung aus einer sich spezifizierenden Unterscheidung her so benannt. Es bleibt noch immer darauf bezogen. Selbst wenn wir fragen, was das Besondere an einem Individuum ist, wird für unser Sprachempfinden gar nicht bewußt, daß wir das Individuum als ›effabile‹ behandeln.

In der Metaphysik befindet man sich vollends im antiken Erbgang. Da kennt man das Problem, das die Antike so nicht gekannt hat, als die Frage nach dem ›principium individuationis‹. Es ist nicht zufällig, daß dieses Prinzip eine späte Formulierung und Begriffsbildung ist. Wenn man etwa sagt, die aristotelische Materie, die *ὕλη*, sei das Prinzip der Individuation, so ist das von der Meßgesinnung der neuzeitlichen Wissenschaft her gedacht und verfehlt die analogische Funktion der aristotelischen *ὕλη*, die durch ihren Bezug auf die *μορφή*, die Gestalt, und das *εἶδος* definiert ist. Die Rede verfehlt also den Sinn von Grenze, der im Begriff der Individuation liegt. In der modernen Wissenschaft werden wir von Raum und Zeit als Prinzip der Individuation reden, weil das so Gemessene in der Tat eindeutig gemacht ist. In Wahrheit stellt nach unserem Sprachgebrauch das Individuelle die Grenze aller Meßbarkeit dar. So läßt sich, was Gesundheit ist, nicht durch reine Meßwerte beschreiben. Und so ließe sich vieles über die Bedeutung des Bedeutungswandels sagen, der am Ende dazu geführt hat, den Begriff des Individuellen ganz aus dem Ordnungsdenken der Metaphysik herauszudrehen, in dem das Wort seinen Ursprung genommen hatte. Für uns meint das Wort das christlich vermittelte Mysterium des menschlichen Herzens und die Grenzen der Seele, von der schon Heraklit wußte, daß man sie nie ausmessen kann (Fr. 45).

So sind wir auf dem langen Wege eines Exkurses über die Metaphysik und über die Grenzen der Logos-Philosophie, die unser antikes Erbe ist, auf unser Eingangsthema zurückgeführt worden: Was ist ein Porträt? Ob es nun in der Dichtung oder in der bildenden Kunst auftreten mag oder auch nur in dem beschreibenden Ausdruck ›porträthaft‹, immer meinen wir, daß die Dargestellten Personen sind, die in ihrer Individualität die Bildaussage bestimmen. Vom Bild gilt eben der Satz nicht, daß das Individuum ›ineffabile‹ ist. Gleichwohl bleibt das Individuelle ein relativer Grenzbegriff und meint nicht ein Dies-da, sondern das Menschenbild, das uns eine Person vor Augen stellt. Denn wo das Individuelle der Person im Bilde hervortritt, ist es ein Zug im Bilde, in dieser bestandhaften Präsenz, wie sie das flutende Leben gewinnt. Es ist nicht bloß ein ›hier und jetzt‹, sondern ein Zusammenspiel vieler Einmaligkeiten, die die Starre beleben.

Es ist wie beim Lesen von Schrift oder von Druck, daß das Entziffern in das Verstehen gleichsam umspringt. Auch ein Bild läßt uns plötzlich den Dargestellten lebendig werden. Eine Erzählung stellt uns etwas wie greifbar vor Augen, und ebenso geht es einem, wenn man durch eine Darlegung wirklich überzeugt wird. Immer ist es dann plötzlich da. Wir ahnen etwas von den Gemeinsamkeiten des Guten selbst, des Schönen selbst und des Genauen selbst, von deren plötzlicher Erscheinung der platonische Dialog spricht. Was das ist, was da ›da‹ ist, ist freilich nicht abermals sagbar. Das bedeutet aber zugleich, daß alles, was in solcher Weise da ist, sich in jedem anders darstellen wird und doch dasselbe ist. So mag uns ein Porträt zur Wiedererkennung einladen, auch wenn wir den Dargestellten oder Abbilder von ihm nie gesehen haben. So mag uns ein Mythos eine erschreckende Selbstbegegnung mit insgeheim Gewußtem sein. Oder wie ein Wort, das uns gesagt wird, etwa das Wort der Verheißung, das an alle ergeht und doch *pro me* ist.

Kehren wir an den Ort zurück, an dem der neue Platokopf uns zu solchem Nachdenken gebracht hatte. Ich sah ihn an der Seite des einzigartigen Homerkopfes, dessen blindes Auge alles durchdringt. Daneben steht nun – Jahrhunderte liegen dazwischen – der Denker, in dessen Züge soviel Einsicht, Abstand und Ferne von allem, was sich begibt, eingezeichnet ist. Kommt man dann in den Saal, in dem die Monumente aus platonischer Zeit stehen, so ziehen einen einige Grabstelen sofort in ihren Bann. Man wird da nicht von Porträt sprechen. Es wäre wahrlich unangemessen, den Verstorbenen oder seinen trauernden Vater porträthaft darzustellen. Eine Grabstele ist kein Denkmal einer Person, sondern eine Gebärde des Gedenkens und des Abschieds. Die Figuren, die voneinander Abschied nehmen, berühren einander leise und stehen in einer Stille, die zwischen den zweien einen Schwingungsraum schafft – und wenn es auch nur der Jüngling und sein Hund ist. Immer greift der Trauernde über den Trennungsraum hinüber und umfaßt drucklos den Arm des Verstorbenen. Wie ich bei meinem Besuch in der Glyptothek im Gespräch mit Herrn und Frau Vierneisel gelernt habe, ist es immer der Hinterbliebene, der die Hand des Verstorbenen umgreift, wie ein letztes Festhalten. Es ist Hängen am Leben, das sich feierlich bekennt und dennoch die Trennung annimmt, ohne Einspruch. Das hat die Intimität eines Porträts. Aber es ist mehr ein Porträt des Abschieds.

Diese Grabstelen gehören derselben Zeit an wie Plato selbst und wie die Platostatue, die damals Silanion geschaffen hat, gewiß nach seinem Tode und doch wie nach dem Leben. Wie die Grabmäler keine Porträts sind, so ist es auch mit dem Sokratesbild, das Alkibiades mit dem Silensschrein vergleicht, der sich öffnen läßt und innere Schönheit erkennbar macht. Im Nationalmuseum von Athen, wie in den Stücken hier in München, liegt ein unfaßlicher Seelenreichtum. Jahr um Jahr werden wir durch neue Stücke beschenkt. Was da in griechischer Landschaft und gerade ›auf dem Lande‹, wie wir sagen, von den Stürmen der Weltgeschichte verschont geblieben ist, wurde in unseren Tagen ans Licht heraufgeholt, wie Gaben der Erde. Die Athener waren ja zu einem guten Teil ein Bauernvolk, und seine Bürger meist selber Landherren und hatten dort ihre Grabstätten. So schlief vieles im Schoße der Erde.

Jetzt lehrt uns die Erde Plato lesen. Plato lesen heißt sehen lernen. In diese Lehrgespräche zieht uns der platonische Sokrates hinein. Die mühevolle Rechenschaftsgabe, zu der er nötigt, die ständig mißlingt und im Nichtwissen endet, greift selbst dann über sich hinaus, wenn sie im schrittweise besonnenen Unterscheiden zu etwas führt, was man mit Aristoteles eine Definition *(ὁρισμός)* nennen kann. Jedes Gespräch kann sich immer in einem anderen Gespräch fortsetzen oder sollte sich fortsetzen. Der Abbruch ist wie ein Ausblick. Auch das platonische Dialogwerk weist immer wieder Bruchstücke, Abbrüche, Übergänge auf, die etwa im Falle des platonischen ›Philebos‹ schon im Altertum berühmt waren. Auch der Parmenides-Dialog endet im Ungewissen. Die zehn Bücher der ›Politeia‹ sind gewiß eine kunstvolle Komposition, und doch wimmeln sie von Fugen und Rissen und Brüchen, die eine irregeleitete Philologie manchmal auseinandermontiert hat, um sie zu historisch-genetischen Konstruktionen zusammenzunieten.

Der Schein historisch-kritischer Überlegenheit, der sich so gebärdet, vergreift sich, wenn es sich um griechische Dialektik handelt und gar um griechische Gesprächskunst und vollends, wenn es sich um Philosophie handelt. Es hätte eigentlich nicht erst der Anerkennung der Echtheit des 7. Briefes bedürfen sollen, damit man nicht länger Definieren für das letzte Wort des Philosophen hält. Die wahre Erfahrung des Denkens ist vielmehr, wie der Exkurs des 7. Briefes bestätigt, das plötzliche Aufleuchten von Verstehen. Aus unermüdlicher Bemühung um Verständigung kommt Einsicht zustande, plötzlich, wie jene höchste Inspiration des Guten selbst und des Schönen selbst, von denen die Rede war[12]. Wenn man ein solcher Meister dichterischer Kunst ist wie Plato, nimmt man überdies gern die mythische Phantasie in Anspruch, um Geschichten von spielender Unwirklichkeit und Bedeutsamkeit der scheinbaren Endgültigkeit aller schriftlichen Fixierung entgegenzustellen. So bedurfte Plato auch der Kunst des Porträtierens, nicht, um das Denken und Rechenschaftgeben unterhaltsamer zu machen, sondern um das Denken immer wieder an die Unvollendbarkeiten unseres menschlichen Bemühens zu erinnern. Plato wußte so gut um die Grenzen allen Beweisens, daß er selbst den Ausdruck ›Philosophie‹ umgeprägt und diesem Inbegriff aller Abwendung vom täglichen Handeln und der Hingabe an das theoretische Dasein eine neue innere Spannung und Grenzbestimmung aufgenötigt hat.

Es ist freilich aus dem Munde Diotimas, in der oben behandelten Unterweisung des Sokrates, daß es heißt: »Kein Gott philosophiert und versucht, weise zu werden« (da er es schon ist). Weisheit und das Weise ›lieben‹ erhält hier den pointierten Sinn, es nicht zu haben, sondern danach zu streben, also zwischen Unwissenheit und Wissen zu sein. Es ist wie eine Auseinanderfaltung der wissenden Unwissenheit des Sokrates, was Plato hier durch Diotima dem Sokrates zu seiner Belehrung entgegenhalten läßt. Freilich, so geht die Fiktion weiter. Sokrates hat es eben von der Seherin gelernt, und er erfüllt, was er gelernt hat, auf exemplarische Weise.

Damit wird das Sokrates-Porträt, das in der platonischen Inszenierung des Gastmahls entsteht, in Wahrheit zum Selbstporträt Platos. Nicht umsonst gebraucht er gern den Ausdruck *διαλεκτική* und sagt das nicht im terminologischen Sinne von Dialektik, der seit Aristoteles festgeworden ist, sondern bezieht sich auf die sokratische Kunst zurück, Gespräche zu führen. Die Argumentation in Gegensätzen, die aus der eleatischen Schule an den Namen Zenons gebunden ist, ist dem Wort erst durch den platonischen ›Parmenides‹ zugewachsen. Man pflegt den Unterschied der antiken und der modernen Dialektik seit ihrer Erneuerung durch Kant und vor allem bei seinen Nachfolgern darin zu sehen, daß jetzt erst Dialektik den positiven Sinn einer philosophischen Methode erlangt hat. Von Hegel ist sie geradezu die Methode des philosophischen Beweisens genannt worden. Das ist richtig, aber nur richtig, wenn man den Wissenschaftsbegriff der Neuzeit, die fundamentale Rolle der Methode und das entsprechende Beweisideal, voraussetzt. Eine Dialektik, die um die Grenze des Logos weiß und an seiner Einbettung in den pragmatischen Lebenszusammenhang festhält, kann von da aus ›negativ‹ heißen. In Wahrheit verwirklicht sich darin das sokratische

[12] Vgl. dazu meine Abhandlung ›Dialektik und Sophistik im siebenten platonischen Brief‹, jetzt in Bd. 6 der Ges. Werke, S. 90–115.

Ideal der ›dorischen Harmonie von Logos und Ergon‹[13], und solange diese gilt, erinnert das Porträt an die Rechenschaftsgabe des Denkens. Denn das Porträt enthüllt die Allgemeinheit des Individuellen – wie alle wirkliche Erkenntnis. So zitiere ich nochmals die geistreiche Unterschrift, die Hegel einmal unter sein Porträt gesetzt hat: »Wer mich kennt, wird mich hier erkennen.« Ich gebe dem eine ähnliche Wendung: Wer Platos Kopf in der Glyptothek betrachtet, sollte, sofern man Plato kennt, Plato darin erkennen, und dann werden zwei Jahrtausende unserer Geschichte uns daran erinnern, was Menschsein ist und was Denken ist.

[13] Zu diesem Prinzip vgl. meine Studie über Logos und Ergon im platonischen ›Lysis‹, Ges. Werke Bd. 6, S. 171–186.

13. Das Erbe Hegels

1980

Niemand sollte für sich in Anspruch nehmen, ausmessen zu wollen, was alles in der großen Erbschaft des Hegelschen Denkens auf uns gekommen ist. Es muß einem jeden genügen, selber Erbe zu sein und sich Rechenschaft zu geben, was er aus dieser Erbschaft angenommen hat. Am allerwenigsten kann sich aber jemand unterfangen, diese große Erbschaft würdigen zu wollen, dessen eigener Beitrag zum philosophischen Gedanken schon Jahrzehnte zurückliegt und dem jüngere Generationen, die ihrerseits dieses Erbe angetreten haben, eben dadurch die Grenzen seiner Zuständigkeit bestätigen, daß sie seine Verdienste würdigen. Obendrein kann sich niemand einbilden, die Ernte der ganzen Zeit einbringen, ja auch nur, sie abschätzen zu können. Auch Hegel tat das nicht, dem übereifrige Epigonen anlasten wollen, daß der Gedanke, den er gedacht hat und den er das ›absolute Wissen‹ nennt, das wirkliche Ende der Geschichte einschlösse. Hegel wußte es besser, wenn er – am Ende doch wohl auch im Hinblick auf sich selbst – zitiert: »Siehe, die Füße derer, die dich hinaustragen werden, stehen schon vor der Tür«[1].

So lassen Sie mich lieber, statt einen anspruchsvollen Forschungsbeitrag oder einen alles umfassenden Forschungsbericht zu geben, schlicht erzählen, wie ich meine, daß sich das Erbe Hegels in meinen eigenen Denkversuchen umgesetzt hat.

Die philosophische Wendung, die ich – im Anschluß an die Denkanstöße Heideggers – der romantischen Hermeneutik und ihrer Fortentwicklung durch die historische Schule, durch Ranke, Droysen, Dilthey und dessen Schüler zu geben versucht habe, ist nicht trennbar von der allumfassenden Synthese Hegels[2]. Hier war zum ersten Male der Logosbegriff, den die Griechen zum Begreifen des Weltganzen entwickelt hatten, auf die ge-

---

[1] Apostelgeschichte V, 9. Vgl. Werke 13, 29. Das Zitat begegnet nur in Michelets Redaktion, nicht in den eigenhändigen Handschriften, und bezieht sich kritisch auf eine »Ansicht von den verschiedenen Philosophien«, die Hegel philosophisch unbefriedigend findet – aber eben sub specie aeternitatis.

[2] Es war das Verdienst von Erich Rothackers ›Einleitung in die Geisteswissenschaften‹ (1. Aufl. 1920), die geschichtliche Schuld der historischen Schule gegenüber Hegel aufgewiesen zu haben.

schichtliche Welt ausgedehnt worden, ohne suprarationale Daten einer Heilsgeschichte dafür in Anspruch zu nehmen. Die Vernunft in der Geschichte zu erkennen, war Hegels kühner Anspruch, der am Ende ebensoviel Widerspruch auf sich zog wie der von vornherein antiquierte und zum Scheitern verurteilte Versuch, die moderne Naturforschung, ihrer essentiellen Vorläufigkeit und beständigen Selbst-Überholung zum Trotz, unter einen Begriff von Wissenschaft zu beugen, der ein Ganzes von Wahrheit, eine *doctrina,* wäre, d.h. absolute, rationale Wahrheit für sich behauptete. Auf dem Gebiet des geschichtlichen Geistes konnte die Dialektik des ›absoluten Wissens‹ am Ende ebensowenig dem Widerspruch der historischen Forschung entgehen. Es konnte nicht ausbleiben, daß es ihr ähnlich erging, wie es der idealistischen Naturphilosophie durch den Siegeslauf der Naturforschung ergangen war. Die ›offene‹ Dialektik des Platonikers Schleiermacher mußte sich als Grundlage einer Methodenlehre der geschichtlichen Wissenschaften weit besser empfehlen als Hegels Konstruktion der Weltgeschichte, und so hat der Schleiermacherbiograph Dilthey und die Methodologie der historischen Schule, deren philosophischer Interpret Dilthey hieß, unter dem Stichwort ›Hermeneutik‹ die erkenntnistheoretische Begründung der Geisteswissenschaften unternommen. Erst recht aber fand innerhalb der Philosophie die begriffliche Leistung Hegels, die spekulative Methode der Dialektik, Widerspruch[3]. Ist sie doch von der Art, daß einem vor ihr buchstäblich der Verstand stille steht, voll Staunen und voll von Protest. Das setzte sich vollends in dem immer mehr Ausbreitung findenden Neukantianismus durch, dessen ›Zurück zu Kant‹ nicht zuletzt die spekulative Hybris des absoluten Idealismus meinte und seinerseits von der Kantischen Basis aus, im Anschluß an Lotze, die kritische Begründung der Geisteswissenschaften auf den Begriff des Wertes stellte[4].

Gleichwohl gewann Hegels Vermächtnis und insbesondere sein Begriff des ›objektiven‹ Geistes am Ende auch über Dilthey, ja sogar über den Neukantianismus und die in unserem Jahrhundert aufkommende Phänomenologie erneut Gewalt; hier war ein Weg gewiesen, die Einseitigkeit des neuzeitlichen Subjektivismus und insbesondere die der ›psychologischen‹ Interpretation zu überwinden, die Schleiermachers geniale Einfühlungsgabe den traditionellen Methoden der Interpretationstheorie hinzugefügt und ihnen gegenüber ausgezeichnet hatte. Die Theorie des ›objektiven Geistes‹ wurde das wirksamste Erbe der Schule Diltheys (Spranger, Litt, Freyer,

[3] Die einflußreichste Kritik an Hegels Dialektik war die von Adolf Trendelenburg, der seinerseits offenkundig auf Hermann Cohen gewirkt hat. Das weithin sichtbare Manifest der Bewegung ›Zurück zu Kant‹ wurde das Buch von Otto Liebmann, ›Kant und die Epigonen‹ 1865.

[4] Vgl. meinen Aufsatz ›Das ontologische Problem des Wertes‹ (1971), Kleine Schriften IV, S. 205–217 [vgl. Ges. Werke Bd. 4, S. 189ff.]

E. Rothacker) und des sich auflösenden Neukantianismus (E. Lask, E. Cassirer, N. Hartmann)[5]. So lag es auch für mich nahe, die Alternative ›psychologische Rekonstruktion vergangenen Denkens‹ und ›Integration vergangenen Denkens in das eigene Denken‹ gegen Schleiermacher und zu Gunsten Hegels zu entscheiden[6]. Freilich blieb seine ›Philosophie der Weltgeschichte‹ in den unlösbaren Widerspruch eines offenen Fortgangs der Geschichte und eines abschließenden Begreifens ihres ›Sinnes‹ verstrickt und konnte nicht wiederholt werden, wenn man es mit der Geschichtlichkeit ernst meinte.

So wurde ich zum Anwalt der ›schlechten Unendlichkeit‹, bei der das Ende immer noch aussteht – gewiß für Hegel selber nicht nur eine Unwahrheit, sondern auch eine Wahrheit. Es war im besonderen die philosophische Energie, mit der Martin Heidegger der transzendentalen Phänomenologie Husserls und seinem Programm einer neuen Wissenschaft vom Bewußtsein, dem Programm der Intentionalitätsforschung, das Paradox einer Hermeneutik der Faktizität entgegengestellt hatte, was mich inspirierte[7]. Daß gerade die unaufhellbare Dunkelheit unserer Faktizität – das, was Heidegger die ›Geworfenheit‹ nannte – den Entwurfscharakter des menschlichen Daseins trägt (und nicht nur begrenzt), mußte der Geschichtlichkeit des Daseins und der Bedeutung der Geschichte für unser Dasein ein neues Gewicht geben. Unser Verstehen der Geschichte ist nicht eine Frage des Wissens und Erkennens allein oder der Entwicklung des historischen Sinnes – es bildet mit an unserem Geschick. Daß Verstehen nicht so sehr ein ›Akt‹ des Bewußtseins ist als ein Widerfahrnis, in dem sich der geschichtliche Reichtum des Geistes aufbaut, daß ›Verstehen‹ auch und vor allem Geschehen ist und Geschichte macht, das zu behaupten war zwar gegenüber Husserls Programm von Philosophie als strenger Wissenschaft und ihrer Begründung auf die apodiktische Gewißheit des Selbstbewußtseins eine Ketzerei. In Wahrheit war aber das Denken der Geschichtlichkeit des Daseins so wenig wie Diltheys ›Aufbau der geschichtlichen Welt in den Geisteswissenschaften‹ mit Husserl als ›Historismus‹ und Relativismus abzutun. Das konnte man an Heidegger lernen. Heideggers Wendung zur Hermeneutik der Faktizität war eine Abkehr von dem Bewußtseins-Idealismus neukantischer Prägung, dem Husserl gefolgt war. Aber sie war nicht Relativismus, sondern ein philosophischer Gegen-Entwurf. Sie schloß eine ontologische Kritik an den Begriffen von Objektivität und Subjektivität ein, die von weit her kam, vom

[5] Vgl. Wilhelm Dilthey, ›Die Jugendgeschichte Hegels‹ (1904) und Band 7 und 8 von Diltheys Gesammelten Schriften. [Inzwischen ist in Fortführung der damals auf 8 Bände beschränkten Ausgabe viel Neues, insbesondere als Band 19 das Material zur Fortführung der Einleitung in die Geisteswissenschaft zugänglich geworden. Vgl. dazu meine Dilthey-Arbeiten in Ges. Werke Bd. 4, Nr. 28–29, S. 425ff.]

[6] Vgl. meine Darstellung in ›Wahrheit und Methode‹, Ges. Werke Bd. 1, S. 171ff.

[7] Zum Begriff der Faktizität vgl. Heidegger ›Sein und Zeit‹, S. 56, 181 u. ö.

Anfang des griechischen Denkens her. So ließ es geradezu Hegels Kritik der ›äußeren‹ Reflexion anklingen, wenn Heidegger die ›ontologische‹ Frage-Dimension von allen ›ontischen‹ Fragen unterschied. Insbesondere als Heidegger im Fortgang seines Denkens das existenzielle Pathos seines großen Erstlings milderte und sein eigenes transzendentales Selbstverständnis als unangemessen erkannte, trat immer stärker zutage, daß Hegels Lehre vom ›objektiven Geiste‹ ihre Aktualität noch nicht erschöpft hatte. Wenn man heute die denkwürdige Diskussion überdenkt, die 1930 Ernst Cassirer, der den neukantianischen Idealismus in die Richtung der ›Philosophie der symbolischen Formen‹ weiterentwickelt hatte, mit dem jungen Martin Heidegger in Davos führte, erkennt man klar, wie Hegels Erbe in beiden Denkern weiterlebte und den jüngeren am Ende in einen lebenslangen Dialog mit Hegel hineinnötigen sollte.

Es ließe sich zeigen, daß Hegels ›Reflexion in sich‹ eine Denkfigur darstellt, in der sich zwar ein aristotelisches Erbe verwaltete und erneuerte, der aber auch Heideggers an der Kritik der griechischen Ontologie erstarktes Denken nicht ganz fernblieb. Das Sein als ›Wahrsein‹, die Selbstdarstellung des ›Wesens‹, die man ›Denken‹ nennt, das war das zentrale Motiv, das Heideggers frühe Aristoteles-Interpretation beseelte (die nie erschienen sind)[8]. Der Nachdruck, den schon der junge Heidegger darauf legte, daß die Unverborgenheit (›Aletheia‹) nicht ursprünglich im ›Satze‹, sondern im ›Sein‹ ihren Ort habe, präludierte der späteren Heideggerschen Abkehr von der transzendentalen Selbstinterpretation und bereitete jenes Denken an das ›Sein‹ vor, das als ›Lichtung‹ des Seins, als ›Sein‹ der Lichtung, das ›Da‹ ist, das sich in sich selbst auftut und allem möglichen Sichzeigen von Seiendem vorausliegt[9]. Die kühnen Metaphern, in denen Heidegger später vom ›Sein‹ zu reden versuchte, das nicht das Sein von Seiendem sei, ›Differenz‹, ›Lichtung‹, ›Austrag‹, ›Ereignis‹, kamen jedenfalls der spekulativen Dialektik der Hegelschen Begriffe weit näher, als es der akademische Neuhegelianismus tat, der sich im Rahmen des Neukantianismus – insbesondere im damaligen Heidelberg – entwickelt hatte.

Auch sollte man nicht verkennen, daß sich die philosophischen Motive, die Heidegger zu seiner sogenannten ›Kehre‹ nötigten, mit einem neuen Stilempfinden der Epoche verschmolzen, das, von der subtilen Sinnlichkeit impressionistischer Bezauberung erschöpft, nach neuer konstruktiver Sach-

[8] Der besondere Akzent, den Heidegger auf diesen Punkt legte, ist heute durch seine Marburger Vorlesung ›Logik. Die Frage nach der Wahrheit‹ (1925/26) bekundet, in der Aristoteles' Metaphysik 9. Buch, Kap. 10 eingehend behandelt ist: §§ 13b, 14.

[9] Heideggers neue Wendung trat bekanntlich erst nach dem Kriege durch seinen Brief über den Humanismus (1947) in die Öffentlichkeit. Doch war sie in einigen Vorträgen, insbesondere denen über ›Der Ursprung des Kunstwerks‹, der Sache nach schon impliziert.

lichkeit verlangte. Schon 1907 hatte Richard Hamann, einer der Lehrer meiner Jugend nach 1918, die Beisetzung des Impressionismus in Leben und Kunst mit der Forderung ›mehr Hegel‹ beschlossen. Man weiß, daß Hegel in anderen Ländern, etwa in Italien, eine dauernde Heimstätte gefunden hatte und daß der konstruktive Geist der modernen Kunst unseres Jahrhunderts der deutschen Entwicklung weit vorausgeeilt war. Van Gogh und Cézanne und eine Generation danach etwa Juan Gris und Picasso wurden zu symbolhaften Repräsentanten eines neuen Aufbruchs, der dann auch die deutsche Szene erfaßte. Ebenso war es in der Literatur, wo Mallarmés ›poesie pure‹ die dichterische Entsprechung zum absoluten Wissen Hegels darstellt – und in die gleiche Richtung deuteten in der deutschen Literatur die Entdeckung des späten Hölderlin, aber auch Georges formstrenge Verskunst und die Dinggedichte Rilkes. Das waren Entwicklungen, die der Sprache der Dichtung wie der des Gedankens zu einer neuen *objektiven* Symbolkraft verhalfen. Es ist kein Zufall, daß die erste Dokumentation der ›Kehre‹ in Heideggers Denken in seinem Römer Hölderlinvortrag von 1936 zu Worte kam und daß auch sonst die alte romantische Nachbarschaft von Poesie und Philosophie auflebte, die mich selbst von früh an geprägt hat.

Es ist wahr, daß Heidegger selber damals dem Begriff der Hermeneutik nicht länger zutraute, sein Denken von den Konsequenzen einer transzendentalen Bewußtseinstheorie freizuhalten – wie er denn auch die Sprache der Metaphysik durch eine halbpoetische Sondersprache zu überwinden trachtete[10]. Aber mir selber schien eben diese Aufgabe zugefallen, dem Geschehen im Verstehen, der Überwindung des modernen Subjektivismus in einer Analyse der hermeneutischen Erfahrung, die sich ihrer selbst bewußt wird, das Wort zu reden. So begann ich bereits 1934 mit einer kritischen Analyse des ästhetischen Bewußtseins, von dem ich nachzuweisen suchte[11], daß es dem Wahrheitsanspruch der Kunst nicht gerecht wurde, und, begleitet von beständigem Umgang mit den griechischen Klassikern, insbesondere mit Plato, suchte ich die historistische Selbstentfremdung zu überwinden, mit der der historische Positivismus Gedanken zu Meinungen, Philosophie zu Doxographie hatte verblassen lassen[12]. Jene Theorie der ›Gleichzeitigkeit‹, die Kierkegaard aus religiösen und theologiekritischen Gründen dem ›Verstehen auf Abstand‹ entgegengesetzt hatte – 1924 durch die Diederichsausgabe der ›religiösen Reden‹ (›Leben und Walten der Liebe‹) zu überzeugender

[10] Zu Heideggers späterer Vermeidung des Begriffs der Hermeneutik vgl. ›Unterwegs zur Sprache‹, S. 98, 120ff.

[11] Meine erste Veröffentlichung auf diesem Gebiete war mein Beitrag in der Festschrift für Richard Hamann, Burg bei Magdeburg 1939: Zu Kants Begründung der Ästhetik und dem Sinn der Kunst.

[12] Noch vor ›Wahrheit und Methode‹ ist das vor allem in meinen Vorlesungen in Louvain (Chaire Cardinal Mercier, 1957) deutlich, die unter dem Titel ›La connaissance historique‹ 1963 veröffentlicht worden sind.

Wirkung gelangt –, kam mir zu Hilfe. Aber bereits eine meiner frühesten Denkerfahrungen hatte mich – auf dem Umwege über Kierkegaard und mit paradoxer Begeisterung für den Assessor Wilhelm in ›Entweder-Oder‹ – zu Hegel geführt, ohne daß ich es ganz realisierte.

Gewiß, was so mein Denken formte, war ein personalisierter, ein dialogischer Hegel, hinter dem immer der tägliche denkende Umgang mit den platonischen Dialogen stand. Obendrein hatte ich von früh an kritischen Abstand gegenüber den akademischen Verstiegenheiten der Kathederphilosophie gesucht, die mir in einer Reihe von Erfahrungen an meinen eigenen Lehrern entgegentrat. Lebenserfahrung und Platostudium hatten mich schon früh zu der Einsicht geführt, daß die ›Wahrheit‹ einer einzelnen Aussage nicht an ihrem bloßen Sachverhältnis von Richtigkeit und Zutreffen gemessen werden könne, und auch nicht nur von dem Zusammenhange abhängt, in dem sie steht, sondern am Ende von der Echtheit ihrer Verwurzelung und Bindung an die Person des Sprechers, in dem sie ihr Wahrheitspotential gewinnt. Denn der Sinn einer Aussage erschöpft sich nicht in dem Gesagten. Er läßt sich nur aufschließen, wenn man auf ihre Motivationsgeschichte zurückgeht, auf ihre Implikationen vorausblickt. Das wurde von nun an eine meiner führenden hermeneutischen Evidenzen, in denen das Erbe Diltheys mit der phänomenologischen Klärung, die Husserl gebracht hatte, zusammenging. Warum bleibt denn Sokrates in unseren Augen, auch wenn er oft die vernünftigsten, ja, die sokratischsten Antworten seiner Gesprächsparter mit den bedenklichsten Mitteln logischer Art zu Fall bringt, weit von dem Verdacht frei, nur einer dieser nichtigen Sophisten zu sein, die das Spiel ihrer dialektischen Überlegenheit spielen[13]? Die ›Logik‹ in Ehren, aber die lächelnde Überlegenheit, mit der die platonischen Argumentationen in der modernen Forschung auf ihre logische Schlüssigkeit geprüft – und, wenn es hochkommt, wohlwollend verbessert werden –, ist mir immer als eine beinahe komische *Metabasis eis allo genos* erschienen, eine Verwechslung von wissenschaftlicher Beweisführung mit dialogischer Überzeugungskraft, von Logik mit der Rhetorik des Gedankens, deren alter Name ›Dialektik‹ lautet. Aber es sollte mich noch lange Jahre kosten, bis sich die Zentralstellung des Dialogs in der Theorie der Hermeneutik und für die Sprachlichkeit unserer Welterfahrung insgesamt in meinem Denken durchsetzte.

Es bedurfte dazu mannigfacher Hilfe. Die eine kam mir noch zur Zeit des zweiten Weltkriegs durch die Autobiographie von Collingwood, dem Schü-

---

[13] Vgl. mein Plato-Buch von 1931 ›Platos dialektische Ethik‹ (2. Aufl. 1966) [jetzt Ges. Werke Bd. 5, S. 3–163] und insbesondere meinen Aufsatz ›Logos und Ergon im platonischen Lysis‹. [Ges. Werke Bd. 6, S 171 ff.]

ler B. Croces und letzten Repräsentanten des englischen Hegelianismus[14]. Dort fand ich, meisterhaft veranschaulicht an der Forschungserfahrung, die der große Entdecker der Limesführung im römischen Britannien gemacht hatte, als ›logic of question and answer‹ zum Prinzip erhoben, was mir aus meiner Praxis als Philologe und Interpret wohlvertraut war. Wie Collingwood den Verlauf des römischen Limes nicht durch den Zufall glücklicher Grabungsfunde aufgeklärt hatte, sondern durch die vorgängige Stellung und Beantwortung der Frage, wie eine solche Schutzanlage vernünftigerweise angelegt sein mußte, so wird auch der Umgang mit der philosophischen Überlieferung nur sinnvoll, wenn sich die Vernunft in ihr wiedererkennt, das heißt ihr eigenes Fragen an sie richtet. Daß man einen Satz nur ›versteht‹, wenn man ihn als Antwort auf eine Frage versteht, ist von schlagender Evidenz. Daß ich dennoch der Theorie geschichtlicher Erkenntnis, der Theorie des *re-enactment*, die Collingwood aufgebaut hatte, nicht ganz folgen konnte, lag an seiner auch das heutige Denken über diese Dinge oft beirrenden Verwechslung von Praxis und Handeln, durch die das Wesen und die Erfahrung der Geschichte voluntaristisch verstellt wird. Eine Theorie der Planung oder der Handlung kann niemals der Erfahrung der Geschichte gerecht werden, in der unsere Pläne zu scheitern und unsere Handlungen und Unterlassungen zu unerwarteten Folgen zu führen pflegen.

Aber solche kurzschlüssigen Anwendungen, wie ich sie bei Collingwood fand, hinderten mich im Grunde nicht. Ich hatte die stärkere Position Hegels dahinter erkennen gelernt, freilich zugleich in einer undogmatisch-freien Weise. Daß das Bewußtsein des Einzelnen – von dem Sonderfall der ›weltgeschichtlichen Individuen‹ abgesehen – der Vernunft in der Geschichte nicht gewachsen ist, hatte Hegel in seiner berühmten Lehre von der List der Vernunft einleuchtend gezeigt. Aber mußte sich dieses Wissen um die Endlichkeit und Begrenztheit des Einzelnen, der als Handelnder in der Geschichte steht, nicht auch auf den Einzelnen, der denkt, auswirken? Was muß das für den Anspruch des philosophischen Gedankens auf Wahrheit bedeuten? Daß die alte Form des Satzes nicht geschickt ist, spekulative Wahrheiten auszudrücken, hatte Hegel zwar gesagt und erkannt, aber es galt, diese Einsicht gegen ihn selbst und den Methodenzwang, den er sich antat, zu kehren. Was mich an Collingwoods ›Logik von Frage und Antwort‹ überzeugte, war nicht ihre methodologische Brauchbarkeit, die am Ende trivial ist, sondern ihre allen Methodengebrauch übersteigende universale Geltung, derzufolge Frage und Antwort ganz ineinander verschränkt sind. Was ist denn eine Frage? Doch sicher etwas, was man verstehen muß und nur versteht, wenn man die Frage selber von etwas her, d.h. aber als eine

14 Collingwoods Autobiographie ist auf meine Veranlassung von J. Finkeldei übersetzt und mit einer Einleitung von mir veröffentlicht worden, unter dem Titel ›Denken‹ (1955).

Antwort versteht und damit den dogmatischen Anspruch einer jeden Aussage begrenzt. Die Logik von Frage und Antwort erwies sich als eine Dialektik von Frage und Antwort, in der sich Frage und Antwort beständig vertauschen und in die Bewegung des Verstehens auflösen.

Damit tauchte mit einem Male hinter aller Methodenlehre der Geisteswissenschaften und aller Erkenntnistheorie die Einheit von Dialog und Dialektik auf, die Hegel und Plato in überraschender Weise aufeinander bezog und die hermeneutische Erfahrung freisetzte: Sie war nicht länger auf das ›Sein zum Texte‹ zu beschränken, auf ein Verfahren zur Befragung und zur Auslegung vorgegebener Texte für einen methodenkundigen Interpreten: plötzlich trat das motivierende Interesse, das aller Erkenntnis und Auslegung vorangeht, das Geheimnis der Frage, ins Zentrum. Eine Frage stellt sich, drängt sich auf, wird unabweisbar. Es ist nicht schwer zu erkennen, daß es keine Methode gibt, fragen zu lernen, und man erinnert sich, daß das alte rhetorische Lehrstück *de inventione* wenigstens einen indirekten Hinweis auf die Bedeutung der Frage für alle Erkenntnis enthält. Die Struktur des Dialogs sollte sich als Schlüssel für die Rolle erweisen, die die ›Sprachlichkeit‹ für alles Erkennen und Verstehen spielt.

Zugleich aber war ein anderer größerer Lehrmeister an mich herangetreten. Ich meine Aristoteles, den mir, dem ganz Jungen, der junge Heidegger zuerst aufgeschlossen hatte. An der aristotelischen Theorie der ›Phronesis‹, der praktischen Vernünftigkeit, hatte ich das existenzphilosophische Pathos der seinerzeitigen Kierkegaardrezeption langsam ins Begriffliche durchzuklären gelernt. Was uns Kierkegaard gelehrt hatte und was wir damals ›existenziell‹ nannten (Jahrzehnte vor dem in Frankreich formulierten ›Existentialisme‹), fand sein Vorbild in der Einheit von Ethos und Logos, die Aristoteles als ›praktische Philosophie‹ und insbesondere als die Tugend der ›praktischen Vernünftigkeit‹ zum Thema gemacht hatte. Gewiß ist die zweitausendjährige Tradition der praktischen Philosophie, die auf Aristoteles zurückgeht, am Ende dem Druck des modernen Wissenschaftsbegriffs erlegen. Die Wendung von der ›Politik‹ als einer Disziplin der ›praktischen Philosophie‹, die vor allem von den Historikern noch tief ins 19. Jahrhundert hinein gepflegt wurde, zur ›Politologie‹ oder ›politischen Wissenschaft‹ ist dafür ein sprechender Ausdruck. Aber in ihr steckt ein Moment, das zu der hermeneutischen Erfahrung, und insbesondere der in den Wissenschaften wirksamen, eine genaue Entsprechung darstellt. Wer die Tugend der praktischen Vernünftigkeit besitzt, ist sich der normativen Gesichtspunkte bewußt, denen er folgt, und weiß sie in der konkreten Entscheidung, die die praktische Situation fordert, wirksam zu machen.

Die normativen Gesichtspunkte sind also in der praktischen Situation, in der einer steht, gewußt, aber nicht im Sinne theoretischen Wissens, sondern dank ihrer verbindlichen Geltung. Praktische Philosophie kann dieselben ihrerseits zum Gegenstand ihrer Theorie machen und, etwa wie Aristoteles die ›ethischen Tugenden‹, im Umriß beschreiben. Aber der Theoretiker kann diese Gesichtspunkte nur angemessen, d.h. von ihrer erfüllten Konkretion her, sehen, sofern er sich selber unter ihrer verbindlichen Geltung erfährt. So hat Aristoteles die Möglichkeiten theoretischer Einsicht im praktischen Felde eingeschränkt. Nun scheint mir das gleiche für die Hermeneutik zu gelten und damit für die ›Geisteswissenschaften‹ und für alles Verstehen überhaupt[15]. Die Praxis des Verstehens ist – im Leben wie in der Wissenschaft – in ähnlicher Weise Ausdruck der Zugehörigkeit dessen, der versteht, zu dem, den er versteht, und zu dem, was er versteht. Die theoretische Rechenschaftsgabe über die Möglichkeiten des Verstehens ist nicht eine objektivierende Reflexion, die ›Verstehen‹ durch Wissenschaft und Methodik beherrschbar macht. Sie zeigt vielmehr, daß das Allgemeine als gewußtes der unabweisbaren Forderung seiner vernünftigen Anwendung unterliegt.

Damit erweist sich aber das Problem der Hermeneutik als ein Grundproblem der Philosophie überhaupt. Wie die praktische Philosophie steht die philosophische Hermeneutik jenseits der Alternative von transzendentaler Reflexion und empirisch-pragmatischer Erkenntnis. Es war am Ende das große Thema der Konkretisierung des Allgemeinen, das ich als die hermeneutische Grunderfahrung denken lernte – und so war ich erneut in die Nähe des großen Lehrers der konkreten Allgemeinheit, in die Nähe Hegels geraten. Nicht nur Theologie und Jurisprudenz kannten und kennen die hermeneutische Aufgabe der Konkretisierung des Allgemeinen von jeher. Daß die Allgemeinheit der Regel der Anwendung bedarf und daß es für die Anwendung von Regeln ihrerseits keine Regel gibt, konnte man, wenn schon nicht aus eigener Einsicht, von Kants ›Kritik der Urteilskraft‹ lernen und von ihrer Nachfolge, insbesondere von Hegel.

Wir stehen voller Bewunderung vor Hegels großer Synthese von Christentum und Philosophie, von Natur und Geist, von griechischer Metaphysik und Transzendentalphilosophie, die Hegel als absolutes Wissen entwarf. Aber sie geht nicht in uns auf. Die anderthalb Jahrhunderte, die uns von Hegel trennen, lassen sich nicht verleugnen. Zwar möchte ich nicht in Hegel selbst die Zerstörung der »sicheren Grundlage des transzendentalen Bewußtseins, von der aus die apriorische Grenzziehung zwischen transzendentalen und empirischen Bestimmungen, Geltung und Genesis sicher schien«, wie Habermas einmal formuliert hat, erblicken, aber daß die Gewaltsamkeit seiner Synthese in dieser Richtung wirkte und daß wir diese Wirkung durch

---

[15] Vgl. meine Arbeit ›Hermeneutik als theoretische und praktische Aufgabe‹ [Ges. Werke Bd. 2, S. 301–318] und meinen Kongreßvortrag in Thessaloniki (1978) über Aristoteles' praktische Philosophie. Vgl. Vom Ideal der praktischen Philosophie, in Lob der Theorie, Frankfurt a. M., 1983, S. 67–76.

ein ganzes Jahrhundert, das man das historische nennt, erfahren haben, ist gewiß. Marx, Nietzsche, Freud haben der Selbstgewißheit des denkenden Denkens ihre Grenzen gezeigt.

So geht es nicht um Nachfolge Hegels, sondern um Innesein der Herausforderung, die er darstellt. Unter dieser Herausforderung begann für den nachdenklichen Blick die hermeneutische Grunderfahrung ihre wahre Universalität zu enthüllen, sofern unser Gebrauch der Sprache oder besser, sofern der Gebrauch, den die Sprache in uns findet, wenn wir denken, unsere gesamte Welterfahrung durchzieht. Sie leistet beständig die Konkretion des Allgemeinen[16]. Damit hatte die Hermeneutik ihre dienende Funktion, die sie als Methodenlehre der Geisteswissenschaften besessen hatte, mit einer alles bestimmenden Stellung vertauscht: sie war zur Philosophie geworden. Die Tendenzen unseres Jahrhunderts, die ich damit teilte, die Sprache als die wahre Konkretion des Gedankens zu denken, konvergieren allenthalben mit der platonisch-aristotelischen Erbschaft der griechischen Dialektik. Dem galt mein besonderes Forschungsinteresse. Aber sie bewahren auch etwas von der großen Synthese von Vernunft und Geschichte, die Hegel gewagt hatte, auch wenn sie sich dessen nicht bewußt sind. In der Sprachlichkeit unseres Weltzugangs sind wir in das Traditionsgeschehen eingestellt, das uns als geschichtliche Wesen auszeichnet. Sprache ist nicht ein Instrumentarium, ein Werkzeug, das wir anwenden, sondern das Element, in dem wir leben und das wir nicht so zum Gegenstand machen können, daß es je aufhörte, uns zu umgeben.

Dies Element, das uns umgibt, ist jedenfalls nicht, was uns einschließt und dem zu entkommen unser Bestreben sein könnte. Das Element der Sprache ist überhaupt nicht ein bloßes leeres Medium, in dem das eine oder andere begegnet. Es ist der Inbegriff all dessen, was uns überhaupt begegnen kann. Was uns umgibt, ist Sprache als das Gesprochene, die Reden *(ta legomena)*. In der Sprache leben heißt, sich im Sprechen über etwas und im Sprechen zu jemandem bewegen. Noch wenn wir eine fremde Sprache sprechen, ist es nicht so sehr Sprache, was uns umgibt, als das in ihr Gesprochene. Aber daß es uns als Gesprochenes umgibt und nicht als das drohende Feld der Andersheit, demgegenüber es nur Selbstbehauptung, Siegen oder Unterliegen geben kann, das bildet den Raum unserer Freiheit.

Mag uns der Idealismus der Freiheit, den Hegel und seine Generation entwickelt haben, abstrakt erscheinen, mag heute die Freiheit aller, die Hegel als das Ziel der Weltgeschichte bezeichnete, angesichts der steigenden Unfreiheit aller wie eine Utopie erscheinen und mag der Widerspruch zwischen dem, was wirklich ist und dem, was vernünftig wäre, am Ende

16 Darauf beruht die Universalität der Hermeneutik, die den Gegenstand der Diskussion in dem Suhrkampband ›Hermeneutik und Ideologiekritik‹, Frankfurt 1971, bildet.

unauflösbar sein – all das bezeugt unsere Freiheit. Es sind nicht Naturnotwendigkeiten und Kausalzwänge, die unser Denken und unser Meinen bestimmen – wollend und handelnd, fürchtend oder hoffend oder zweifelnd. So bewegen wir uns im Raume der Freiheit. Dieser Raum ist nicht der Freiraum einer abstrakten Konstruktionsfreudigkeit, sondern ein Raum, der von vorgängiger Vertrautheit mit der Wirklichkeit erfüllt ist.

Hegel hatte dafür den schönen Ausdruck von ›Sich-Einhausen‹. Das Zu-Hause-Sein schließt keineswegs ein, für das Hergebrachte Partei zu nehmen. Es begründet ebenso die Freiheit zur Kritik und zum Entwurf auf neue Ziele im gesellschaftlichen Leben und Handeln. Gerade darin gilt es, sich als Erben Hegels zu bekennen, daß wir zwar seine Antizipation des Absoluten nicht als ein Wissen denken, das wir der Philosophie zutrauen, aber noch weniger von der Philosophie erwarten, daß sie den Forderungen des Tages dient und sich vor irgendeiner Instanz legitimiert, die zu wissen meint, was an der Zeit ist. Es gilt, die Dialektik des Allgemeinen und des Konkreten mit Hegel als die Summe der ganzen bisherigen Metaphysik zu erkennen und ineins damit zu begreifen, daß diese Summe immer neu gezogen werden muß. Man redet zwar vom Ende der Metaphysik und von dem wissenschaftlichen Zeitalter, in dem wir stehen, und vielleicht gar von der Geschichtslosigkeit des technischen Zeitalters, in das wir hineingehen. Am Ende dürfte Hegel recht behalten. Wir würden es freilich von der Menschheit im Ganzen sagen, was Hegel über ein ›gebildetes Volk‹ gesagt hat, daß es ohne Metaphysik ›wie ein Tempel ohne Allerheiligstes‹ wäre[17].

Die Herausgesetztheit aus den Bahnen der Natürlichkeit, die uns als Denkende auszeichnet, stößt überall und immer wieder an die Grenzen, über die unser Denken dennoch unwiderstehlich hinausgetrieben wird. Da ist das Rätsel des Anfangs, heute jedermann durch die Wissenschaft, durch den big bang, auf den Leib gerückt, auf das einst die Theologie der Schöpfung ihre Antwort anbot – oder war es eine Frage? –, das Rätsel des Weltganzen, das im Logos des Kosmos zuerst zum Begriff kam und das sich im expandierenden Universum der Natur und der Geschichte immer tiefer einhüllt, das Rätsel der menschlichen Freiheit, an der wir aufgrund unserer Erfahrung immer wieder – ebenso wie an der menschlichen Vernunft – zweifeln müssen und die wir doch als Denkende notwendig immer wieder in Anspruch nehmen, und da ist schließlich das Denken der Endlichkeit, das Denken des Endes unserer selbst als des Denkenden – ein Gedanke, den das Denken als solches nicht wahrhaben kann. All das läßt uns nicht los. Das alte griechische ›Erkenne dich selbst!‹ gilt auch noch für uns. Es meinte ja: ›Erkenne, daß du kein Gott, sondern ein Mensch bist‹. Was Selbsterkenntnis wirklich ist, ist jedenfalls nicht die vollendete Durchsichtigkeit des Wissens, sondern die

17 Hegel, Wissenschaft der Logik, Vorrede.

Einsicht, die Grenzen annehmen zu müssen, die endlichen Wesen gesetzt sind. Aber wie die großen griechischen Denker den Mahnruf zur Bescheidung, den vor allem ihre Dichter zu erheben pflegten, dennoch nicht befolgen konnten, sondern dem Andrang des Fragens nachgaben, um »soweit es angeht, unsterblich zu werden«[18], so wird auch uns das Erbe Hegels nicht freilassen.

Das heißt nicht, daß Metaphysik als Wissenschaft für uns möglich wäre, diese einmalige Gestalt unserer westlichen Zivilisation, die in Hegel ihre triumphale Vollendung und ihr Ende fand. Aber ohne dieses Erbe der Metaphysik wäre es uns selber nicht möglich, auch nur zu begreifen, was die Wissenschaft ist, die unser Zeitalter zutiefst bestimmt – und welchen Platz sie in unserem eigenen Selbstverständnis einnimmt und verdient. Im vollen Bewußtsein unserer Endlichkeit werden wir den Fragen ausgesetzt bleiben, die über uns hinausgehen. Sie überfallen uns, wenn schon nicht den Einzelnen in seiner stillsten Stunde, so uns alle von dem her, worin wir uns alle erkennen, und darin bestätigen wir alle Hegels Lehre vom absoluten Geist. Wir wissen mit ihm von der Vielfalt der über alle geschichtliche Bedingtheit hinausreichenden Begegnung mit uns selbst. Wir begegnen uns in der Kunst, allem Sozialutilitarismus zum Trotz. Wir begegnen uns in der Herausforderung der Religion, die im Zeitalter der Wissenschaft fortbesteht. Wir begegnen uns ebenso im Denken. Da sind es die Fragen, die wir philosophisch nennen und die uns im Umgang mit unserer philosophischen Überlieferung fort und fort bewegen. Von ihnen kann sich in Wahrheit kein denkendes Wesen je ganz fernhalten. Das brauche ich im Schwabenlande nicht weiter zu beweisen. Diese Fragen halten uns in Atem.

Nachwort

Meine Hegel-Rede, mit der ich der Stadt Stuttgart für die empfangene Auszeichnung dankte, sucht die spannungsvolle Nähe darzustellen, die die Entwicklung einer philosophischen Hermeneutik zu dem großen Denkentwurf Hegels aufweist. Auch wenn man die Endgestalt des spekulativen Idealismus für die abschließende systematische Grundlegung von Philosophie überhaupt halten möchte, kann man sich nach ein und einem halben Jahrhundert nicht einfach in dem Gehäuse dieses Denkens festmachen wollen. Bereits am Anfang der Entwicklung unseres Jahrhunderts hatte Benedetto Croce das gleiche Bedürfnis gespürt, Lebendiges und Totes in Hegels Philosophie zu unterscheiden und damit aus der fortwirkenden Tradition des italienischen Hegelianismus eine Summe zu ziehen. Ähnliches begab sich in England (McTaggart, Bradley) und in Holland (Bolland). Etwa zur

[18] Vgl. Aristoteles, Eth. Nic. K 7, 1177 b_{31} ff.

gleichen Zeit setzte in Deutschland im Ausgang von dem Neukantianismus, der damals die deutsche akademische Szene beherrschte und sich seinem Ende zuzuneigen begann, eine Wiederannäherung an die Philosophie Hegels ein. Windelband lieh ihr seine Stimme in der Heidelberger Akademierede von 1910, und die neue Bewegung wurde von seinem Schülerkreis, von Emil Lask und Richard Kroner, von Julius Ebbinghaus, Georg von Lukács und Ernst Bloch und von vielen anderen vorangetragen. Aber erst als die volle Masse des romantischen Erbes der Geisteswissenschaften in die transzendental-philosophische Fortbewegung des Neukantianismus, der den Weg von Kant zu Hegel nochmals wiederholte, einströmte, sollte das Zeitbewußtsein als Ganzes vom philosophischen Gedanken Hegels her neu erfaßt werden.

In Wahrheit bedeutete das, daß Hegel selber aus seiner dünnblütigen akademischen Repristination befreit und auf seine eigensten Motive zurückgestellt wurde. Das Zeitbewußtsein des beginnenden 20. Jahrhunderts geriet zunehmend mehr unter den Einfluß von Friedrich Nietzsche und der Philosophie des Lebens, die in Henri Bergson ihren europäischen Stimmführer gefunden hatte. Das Neue war, daß man hinter die Aussagen des Selbstbewußtseins zurückfragte und im Namen des historischen Bewußtseins, der Ideologiekritik, der Tiefenpsychologie den Wahrheitsanspruch einer Philosophie bestritt, die auf den Begriff der transzendentalen Subjektivität und die Unerschütterlichkeit des Selbstbewußtseins gegründet war. In dieser Lage mußte die neue Bekanntschaft mit den frühen politisch-theologischen Entwürfen Hegels, die auf Diltheys Anregung hin von Hermann Nohl ediert worden waren, eine starke Resonanz finden und neue Perspektiven öffnen. Es war die neue Konkretion, die das idealistische Prinzip des Selbstbewußtseins bei Hegel gewonnen hatte, die jetzt an ihm sichtbar wurde. Von dem Begriff des Lebens aus, der als die Potenz des Organismus von Schelling abgeleitet wurde und auf den sich die höhere Potenz des Selbstbewußtseins, aufgerissen durch den ›Blitzschlag aus dem Absoluten‹, gründete, vor allem aber auch von dem johanneischen Begriff der Liebe aus, den der junge Hegel in seinen religiösen wie in seinen gesellschaftlichen Bezügen thematisiert hatte, weitete sich der gesamte Horizont, in dem das Denken Hegels erschien. Herbert Marcuses Dissertation, die er bei Heidegger geschrieben hatte, ist dafür symptomatisch[19]. Es geht da um die innere Verflechtung von Leben, Bewußtsein und Geist. So konnte das, was Heidegger selbst in der Hinterfragung des »phantastisch idealisierten Subjekts« der Transzendentalphilosophie im Auge hatte, in eine gewisse Nähe zu Hegel führen. Ein Neukantianer, ein auf das ›Faktum der Wissenschaft‹ gegründeter Logiker

[19] Herbert Marcuse, Hegels Ontologie und die Grundzüge einer Theorie der Geschichtlichkeit, 1. Aufl., Frankfurt 1932.

der reinen Erkentnnis im Stile Cohens, oder ein Phänomenologe der transzendentalen Subjektivität im Stile Husserls war Hegel jedenfalls nicht. So hat Heidegger von früh an[20] die Anziehung von seiten Hegels erfahren – und gerade deswegen seine kritische Abgrenzung gegen Hegel betrieben. Hegel war ihm mit seiner Überschreitung des ›subjektiven Idealismus‹ nahe genug, um ihn um so mehr herauszufordern[21].

Es mußte für ihn wie auch für seine Schüler ein beständiges Anliegen sein, die Nähe und Ferne zu Hegel zu bestimmen. Wenn ich mit meinem eigenen Bericht über das Erbe Hegels und über das, was ich als hermeneutische Philosophie entwickelt habe, in die Öffentlichkeit trete, muß ich auf die Frage gefaßt sein, wie die Hermeneutik glauben könne, sich den Konsequenzen zu entziehen, die Hegel gezogen hatte, als er den notwendigen Gang des Geistes durch die Bewußtseinsgestalten seines Erscheinens in umfassender Analyse bis zum ›absoluten Wissen‹ hinausgeführt hatte. Heidegger hat sich in einem Aufsatz seiner ›Holzwege‹ so tief in diesen Argumentationsweg der ›Phänomenologie des Geistes‹ eingelassen, daß das Widerstreben seines eigenen Denkens dabei fast überhörbar wurde. Ich habe der Frage, die die Ambivalenz in Heideggers Haltung zu Hegel betrifft, eigene Beiträge gewidmet[22] und versuchte, gerade auch das bleibende Erbe des Hegelschen Denkens zur Geltung zu bringen und insbesondere die Dialektik des Selbstbewußtseins von kurzschlüssigen Anwendungen (durch Marx, durch Kojève und Sartre) zu reinigen[23]. Aber die Herausforderung bleibt bestehen, daß Heidegger die kritischen Motive Schellings, Kierkegaards, Nietzsches aufgriff und von der hermeneutischen Grundverfassung des Daseins aus die

---

20 Vgl. den Schlußsatz in Heideggers Habilitationsschrift ›Die Kategorien- und Bedeutungslehre von Dun Scotus‹ 1916. Er spricht von »der großen Aufgabe einer prinzipiellen Auseinandersetzung mit dem an Fülle wie Tiefe, Erlebnisreichtum und Begriffsbildung gewaltigsten System einer historischen Weltanschauung, als welches es alle vorausgegangenen fundamentalen philosophischen Problemmotive in sich aufgehoben hat, mit Hegel.«

21 Aus einem Brief Heideggers vom 2. 12. 1971: »Ich weiß selber noch nicht hinreichend deutlich, wie meine ›Position‹ gegenüber Hegel zu bestimmen ist – als ›Gegenposition‹ wäre zu wenig; die ›Positions‹-Bestimmung hängt mit der Frage nach dem Geheimnis des ›Anfangs‹ zusammen; sie ist weit schwieriger, weil einfacher als die Erläuterung, die Hegel darüber gibt vor dem Beginn der ›Bewegung‹ in seiner ›Logik‹. – Immer wieder habe ich mich gegen die Rede vom ›Zusammenbruch‹ des Hegelschen Systems gewendet. Zusammengebrochen, das heißt herabgesunken ist, was folgte – Nietzsche mit einbezogen.«

22 Hegels Dialektik. Fünf hermeneutische Studien, 1971 [jetzt Ges. Werke Bd. 3, S. 3ff.]. Auf diese Veröffentlichung beziehen sich die Briefe Heideggers, aus denen im Nachwort zitiert wird.

23 ›Hegels Dialektik des Selbstbewußtseins‹, in H. F. Fulda und D. Henrich (Hrsg.) ›Materialien zu Hegels Phänomenologie des Geistes‹, suhrkamp taschenbuch wissenschaft, S. 217–242 [jetzt Ges. Werke Bd. 3, S. 47ff.].

Idee des absoluten Wissens und die Ineinanderspiegelung von christlicher Religion und absolutem Geist, die Hegels universale Synthese gewagt hatte, in seine kritische Destruktion der Metaphysik einbezog.

Auch die von mir entwickelte Hermeneutik bestand auf der ›Endlichkeit‹ und der Geschichtlichkeit des Daseins und suchte Heideggers Abkehr von seiner transzendentalen Selbstauffassung fortzuführen – freilich nicht auf Heideggers eigenem Wege einer Inspiration durch den dichterischen Mythos Hölderlins, sondern im Rückgang auf die ›offene‹ Dialektik Platos und in Anlehnung an jene ›Abdämpfung der Subjektivität‹, wie Julius Stenzel das genannt hat, die mich von früh an zum griechischen Denken hingezogen hatte. Daß dann, wie im Denken unseres Jahrhunderts im Ganzen, auch in der ›Hermeneutik‹ das Problem der Sprache mehr und mehr in den Vordergrund trat und das Sprachgeschehen in Verstehen und Verständigung zum Unterpfand der Endlichkeit wurde, war nur konsequent und entsprach insoweit den Denkintentionen Heideggers, der sich ›unterwegs zur Sprache‹ wußte. Doch hatte ich gute Gründe, den Dialogcharakter der Sprache in den Vordergrund zu stellen. Nicht nur war dadurch die Zentrierung in der Subjektivität des Selbstbewußtseins offenkundig überschritten, sondern vor allem strebte ich an, auf diesem Wege den von Heidegger in einem fast tragischen Ringen geführten Kampf gegen den Rückfall in die Sprache der Metaphysik beizulegen.

Heideggers Ansicht, daß wir über die Sprache der Metaphysik deshalb nicht hinauskommen, weil die Grammatik unserer Sprachen unser Denken an die Metaphysik bindet, hatte ich bereits in meinem Beitrag zur Löwith-Festschrift (vgl. jetzt Ges. Werke Bd. 3, S. 229ff. ›Die Sprache der Metaphysik‹) durch eine Gegenerwägung zu überwinden gesucht. Die Gleichnisrede, die Parabel und all die anderen indirekten Redeweisen, die im Nahen und Fernen Osten entwickelt worden sind, zeigen eine narrative Struktur und vermitteln dennoch Einsichten der philosophischen Metaphysik. Die Sprache dieser Texte hat nichts zu tun mit der prädikativen Struktur des Urteils und ist unabhängig von jeder bestimmten Grammatik. Selbst in der Übersetzung behalten solche Reden und Sprüche eine tiefe Verständlichkeit.

Umgekehrt sind Heideggers halbpoetische Redeversuche manchmal mehr Ausdruck seiner Sprachnot als deren Überwindung. So habe ich auf den Tauschweg des Dialogs und auf die dialogische Struktur der Sprache verwiesen, in der sich beständig eine ganz undogmatische Dialektik vollzieht, und habe gezeigt, wie sich da über das Bewußtsein des einzelnen Sprechers hinaus eine gemeinsame Sprache herausbildet und damit eine schrittweise Enthüllung von ›Sein‹ zustande kommt. Das aber wiederholt sich im Gespräch der Seele mit sich selbst, als das wir seit Plato das Denken denken. Gewiß geschieht solche Enthüllung von ›Sein‹ im vollkommenen Gedicht auf ganz andere, unmittelbare Weise, und so nennen wir ein Gedicht, bei dem das ausbleibt, ›leer‹. Die dialogische Struktur des Denkens kann solche Unmittelbarkeit niemals erreichen, aber sie kann sich auf sie hin bewegen. Das ist die Dimension der hermeneutischen Erfahrung. Noch in Hegels spekulativer Zersetzung des ›Satzes‹ spricht sich aus, daß die Anstrengung des Begriffs die in der Gestalt des Urteils und des Satzes angelegte Deformation des Denkens zu einer substantialistischen Metaphysik zu überwinden und spekulative Wahrheiten auszudrücken sucht.

So erwies sich die ›dialogische‹ Struktur alles Verstehens und aller Verständigung, die ich herausarbeitete, von einer so allgemeinen Tragweite, daß auch unser Verhältnis zur Überlieferung und insbesondere zur Denkgeschichte der ›abendländischen Metaphysik‹ von da modifiziert wurde. Was in Heideggers Perspektive als wachsende Seinsvergessenheit erscheint, verteidigt gleichwohl seine Partnerschaft im Gespräch des Denkens mit sich selbst[24]. Die extremen Konsequenzen des Gedankens, in die sich Nietzsche mit beängstigendem Enthusiasmus, Heidegger mit eschatologischem Pathos gesteigert haben, finden ihren Gegenhalt in dem Fortbestand einer sprachlich ausgelegten Lebensordnung, die in Familie, Gesellschaft und Staat sich selbst beständig aufbaut und erneuert.

Das so zu betonen, wie ich es in ›Wahrheit und Methode‹ tat, mag in einem Zeitalter des Wissenschaftsglaubens und der rasanten technologischen Zerstörung alles Gewachsenen wie blinder Optimismus klingen. In Wahrheit steht hinter solchem Optimismus eine tiefe Skepsis bezüglich der Rolle des ›Intellektuellen‹ und im besonderen der Philosophie im Lebenshaushalt der Menschheit. Nicht, daß ich die Ubiquität der Philosophie leugnete. Ich bin sogar davon überzeugt, daß es keinen Menschen gibt, der nicht irgendwann und irgendwie ›denkt‹, das heißt, sich über das Leben und den Tod, über die Freiheit und über das Zusammenleben der Menschen, über das Gute und über das Glück ›allgemeine‹ Ansichten bildet, die er für wahr hält. Diese Ansichten beruhen zumeist auf undurchschauten Voreingenommenheiten und kurzschlüssigen Verallgemeinerungen, und vielleicht kann man sagen, daß sie in den Denkversuchen und in den Begriffsklärungen der ›Philosophen‹ ihre Kritik und insofern eine gewisse Berichtigung finden – jeweils für den, der weiter ›denkt‹. Aber das ist das Äußerste, was sie von sich erwarten dürfen. Das große Gleichgewicht der Lebendigkeit, das den Einzelnen in seiner Privatheit wie in seiner gesellschaftlichen Verfaßtheit und in seiner Lebensansicht trägt und durchstimmt, umfaßt auch noch die Denken-

---

[24] Heidegger selbst hat in dem oben genannten Brief zu meinem Freiburger Vortrag über ›Hegel und Heidegger‹ die Bemerkung gemacht: »Aber ich meine, Sie bringen die Bewußtseins- und ›Seins‹dialektik zu nahe mit der platonischen zusammen – im Hinblick auf das ›Gespräch‹ vielleicht mit Recht.« Dies Zugeständnis ist genau das, worauf es mir ankam und was ich insbesondere in meiner Gedenkrede »Sein Geist Gott« [jetzt Ges. Werke Bd. 3, S. 320ff.] etwas weiter ausgeführt habe.

den. Nietzsche mag diese Wahrheit allzu provokativ formuliert haben, wenn er von der ›kleinen Vernunft‹ des Menschen sprach. Gelassener war das griechische Denken, das die Erhebung zur Klarheit des Wissens und das Glück der ›Theoria‹ zwar für die höchste menschliche Lebensform hielt und als das Ideal des besten Lebens erkannte, aber wohl wußte, daß solche ›Theorie‹ in die Praxis des bedingten und gelebten Lebens eingebettet und von ihr getragen ist[25].

So hat es einen sachlichen Grund, daß ich in der Durchdenkung des hermeneutischen Phänomens mehr und mehr auf das Vorbild der praktischen Philosophie des Aristoteles gewiesen wurde. Heidegger hatte in seinem Kant-Buch von 1929 – gewiß eine vorübergehende Phase seines Denkens – die Idee einer endlichen Metaphysik entwickelt, indem er sich auf die Rolle der transzendentalen Einbildungskraft berief, aber ohne die entschlossenen Konsequenzen Fichtes und der anderen ›absoluten Idealisten‹ ziehen zu wollen[26]. Das wurde mir erneut interessant. Kein Zweifel, daß sich das Problem, das hier liegt, auch in der umfassenden Synthese des Hegelschen Denkens seine Abbildung verschafft hat. Das absolute Wissen ist nicht ablösbar von dem ganzen Gang des Geistes durch seine Bedingtheiten und Erscheinungsweisen. Der Denker Hegel selbst war sich seiner eigenen Bedingtheit und Begrenztheit und damit der Verbesserungsfähigkeit der von ihm ausgearbeiteten ›philosophischen Wissenschaft‹ wohl bewußt, und das Ziel der Weltgeschichte, die Freiheit aller, schwebt in Wahrheit auch heute, vielleicht aus einsehbaren Gründen, in der Ferne einer ›schlechten Unendlichkeit‹. Das gleiche gilt am Ende von der Einheit von Geschichte und System der Philosophie, die Hegels theoretische und historische Arbeit als Voraussetzung trägt. Daran zu erinnern ist der Wahrheitspunkt der hermeneutischen Philosophie.

So ist es zu verstehen, daß ich einmal formulierte: »Dialektik muß sich in Hermeneutik zurücknehmen«[27]. Dieser Satz läßt sich nicht umkehren, we-

---

25 Dem weitverbreiteten Vorurteil, daß Aristoteles das theoretische Lebensideal aus Anhänglichkeit an den Platonismus vorangestellt habe, in Wahrheit aber das praktisch-politische Lebensideal in der Konsequenz seiner Ethik liege, bin ich in meinem Vortrag in Thessaloniki entgegengetreten: »Wir sind nicht vor die Wahl gestellt, ob wir Götter sein wollen oder Menschen.«

26 Vgl. ›Kant und die philosophische Hermeneutik‹ [jetzt Ges. Werke Bd. 3, S. 213 ff.].

27 Aus einem Brief von Heidegger vom 29. 2. 72: »Soweit ich bisher Ihre Plato- und Hegel-Studien übersehen kann und durchdacht habe, verdeutlichen sie und begründen zugleich die Weisung, mit der sie Ihren Freiburger Vortrag schließen: ›Dialektik muß sich in Hermeneutik zurücknehmen‹. – Damit öffnet sich zum ersten Mal produktiv ein Weg zur Verwindung der Dialektik. Die nähere Bestimmung der Hermeneutik drängt jedoch zugleich in die Frage, ob und auf welche Weise der eigentümlich universale Anspruch der Informatik als ein im äußersten Maße deficienter Modus der ›Verständigung‹ in Hermeneutik zurückgeholt werden kann. – Die Übernahme beider Aufgaben muß für deren Austrag die Sprachnot des Denkens nicht nur durchleiden und anerkennen, sondern

nigstens dann nicht, wenn man unter Dialektik mit Hegel die entfaltete Form des philosophischen Beweises versteht und nicht nur jenes ›Spekulative‹, das freilich allen letzten Grundaussagen der Philosophie von Heraklits Tagen an ihr spannungsvolles Gepräge gibt. Dagegen kann gerade die Dialogkunst Platos und die ›Dialektik‹ dieser unermüdlichen Selbstkorrektur aller abstrakten Einseitigkeiten, die der sokratische Dialog spiegelt, gewisse Winke geben, wie sich eine philosophische Denkfigur aufbauen ließe, die die Frage der Metaphysik nach dem Unendlichen und Absoluten an die unaufhebbare Endlichkeit des Fragenden zurückbindet. Plato selber bezeichnete das Relationsgeflecht der Logoi als ›Dialektik‹, und diese ist eine des Seins selber, das sich dem Denken darstellt. Damit meinte er zugleich, daß dasselbe sich nie in abgeschlossener Präsenz eines ›unus intuitus‹ oder einer unendlichen Monade im Sinne von Leibniz erfassen läßt, sondern, wie alle menschliche Klarheit und Helle, von Dunkel, Vergehen und Vergessen umwölkt ist. Das wußte Diotima, wenn sie das menschliche Wissen mit dem Leben der Gattung verglich, die nur im unermüdlichen Reproduktionsprozeß der einzelnen Exemplare ihr beständiges Sein hat[28]. Die Hermeneutik sucht das festzuhalten, indem sie den Traditionszusammenhang, in dem wir stehen, als einen beständigen Neuerwerb auszeichnet, der ins Unendliche fortgeht. Sie trachtet ihn so anzueignen, wie jedes lebendige und produktive Gespräch mit einem anderen den Horizont des anderen mit dem eigenen zu vermitteln weiß.

So scheint mir auch die von W. Pannenberg eröffnete Debatte über Hermeneutik und Universalgeschichte, in der er mir die geschichtsphilosophische Konsequenz Hegels aufzunötigen suchte, am Ende ohne wirklichen

---

eigens bedenken auf eine Art, die aller Reflexion vorausgeht und zu einer anfänglichen ›Be-Stimmung‹ der Phänomenologie unterwegs ist.« Heidegger hat sicher recht, wenn er in der Informatik den Extremfall sieht, der der Hermeneutik die äußerste Aufgabe stellt. Doch frage ich mich auch hier, was die Sprachnot des Denkens eigentlich bedeutet. Heidegger fährt in seinem Briefe fort: »Weshalb bleibt das Denken notwendig in der Sprach-Not der Wortfindung? Vermutlich weil das Sagen des Denkens das Sein (eher noch die Differenz zum Seienden) zu sagen hat, die jeweilige geschickliche Sprache jedoch selbstvergessen das Seiende an- und ausspricht. Das Wort ist auf die Sage des Seienden gestimmt. Aber sie vermag auch wiederum nur so zu sprechen, weil sie aus der Lichtung des Seins spricht, sprechend sogar dieses nennt. Doch wie rätselhaft sind die Namen *dieses* Nennens. Wie ist es mit der Hermeneutik *solcher Namen*?«

Ich möchte vermuten, daß Heidegger hier, weil er so sehr auf den Namen und das Nennen hinsieht, nahelegt, von ›rätselhafter‹ Metaphorik zu sprechen. Aber wird eine Metapher nicht gerade dadurch rätselhaft, daß sie wie ein Name aus dem Duktus der Rede herausgelöst wird? Sollte die Sprachnot nicht vielmehr aus dem Ideal des Nennens selber stammen und sich in der dialogischen Bewegung des Denkens wie von selbst überwinden?

[28] Vgl. Platos Symp. 207f.

Streitpunkt[29]. Nicht das ist ja strittig, daß die christlichen und nichtchristlichen Heilsgeschichten – und selbst Unheilsgeschichten wie die Nietzschesche des heraufziehenden europäischen Nihilismus – ein legitimes Bedürfnis der menschlichen Vernunft sind, die sich ihrer Geschichtlichkeit bewußt ist. Insoweit ist Universalgeschichte unbestrittenermaßen ein Aspekt der Erfahrung unserer Geschichtlichkeit. Wie alle Geschichte muß aber auch die Universalgeschichte, sofern sie nicht als Heilsgeschichte ihr absolutes Datum besitzt, immer neu geschrieben werden, und jeder Entwurf derselben hat nicht viel längere Geltungsdauer als der Schein eines Blitzes, der einen Augenblick lang das Dunkel der Zukunft wie das der sich im Dämmer verlierenden Vergangenheit aufreißt. Das ist die Aussage der hermeneutischen Philosophie, die ich selbst gegen Hegel zu verteidigen wage.

Gewiß bin ich der letzte, die ursprüngliche Gemeinsamkeit zu leugnen, die alle Denkversuche der Menschheit verbindet und vollends die unserer abendländischen Tradition. So habe ich selber gegen Heidegger in Plato und im Platonismus und ebenso in Hegel (und nicht nur in Schelling) jenen ›Anfang‹ wiederzuerkennen versucht, auf den Heideggers Destruktion der Metaphysik zurückfragte. Ich würde auch nicht bestreiten, daß etwa im Denken Diltheys – und mehr noch in dem des Grafen Yorck – ›lebensphilosophische‹ Motive wirksam sind, die über den historischen Positivismus hinwegführen, dem Dilthey in seiner erkenntnistheoretischen Grundlegung der Geisteswissenschaften allzu sehr nachgibt[30]. Diltheys Übergang von der Psychologie zur Hermeneutik trägt in Wahrheit über die Methodenlehre der Geisteswissenschaften hinaus und bringt ihn so mit innerer Konsequenz in die Nähe zu Hegel. Alles, was seine Schule und seine Wirkung unter dem Begriff des ›objektiven Geistes‹ verstand, bezeugt dieses Erbe.

Aber man muß auch umgekehrt sehen, daß jeder Denkansatz eines Denkenden, auch wenn sie am Ende alle nach dem Selben fragen, sich gegen die jeweiligen Partner seines philosophischen Gesprächs profilieren muß, wenn er sich überhaupt soll artikulieren können. Als Heidegger den Einleitungssatz zu Hegels ›Logik des Wesens‹ »Die Wahrheit des Seins ist das Wesen« zum Thema jenes denkwürdigen Freiburger Jubiläumsseminars vom Jahre 1964 machte, war mir die Profilierungsabsicht, die ihn leitete, völlig klar. Aber ich glaubte (und glaube), daß Heidegger diesen Satz selber hätte schreiben können – freilich in seinem Sinne und in seiner Sprache. Er würde

[29] Wolfhart Pannenberg, ›Hermeneutik und Universalgeschichte‹ in: Zeitschrift für Theologie und Kirche 60, 1963, S. 90–121, auch in: Gadamer/Boehm (Hrsg.), Die Hermeneutik und die Wissenschaften. Frankfurt 1985², S. 283–319.

[30] Das hat Collingwood in seiner ›Theorie der Geschichte‹ besonders betont und kritisiert. Neuere Forscher versuchen umgekehrt die ›positivistische‹ Seite in Dilthey in positiver Absicht zu betonen, vgl. die wohlabgewogene Darstellung bei Manfred Riedel, Verstehen oder Erklären?, 1978, insbesondere S. 42ff.

dann etwa meinen: »Die Offenbarkeit des Seins geschieht als das An-Wesen«. Das habe ich ihm in einem Briefe zu unterstellen gesucht. Indessen hat Heidegger in seinem Antwortbrief an mich die Selbstprofilierung so weit getrieben, daß er Hegels Satz vollständig verfremdete und folgendermaßen wiedergab: »Certitudo objektivitatis reflectitur qua relucentia«, und er erläuterte das so: »Die Absicht des Seminars war, zu zeigen, wie es für Hegel zu der doch befremdenden Bestimmung der Reflexion als ›Wesen‹ kommt. Um dies zu *sehen*, ist es nötig, im vorhinein die Wahrheit als Gewißheit zu denken und ›Sein‹ als Gegenständlichkeit in der Transzendentalität des absoluten Wissens«[31].

Ein ähnliches Beispiel wäre etwa, daß sowohl in Aristoteles' Begriff des Seins als des *ti en einai* als auch in Hegels Begriff des Wesens, das ›gewesen‹ ist, der Zeithorizont des Seins anklingt, wie gerade Heidegger selber gezeigt hat. Gleichwohl hat er in Aristoteles wie in Hegel die Vertreter des vulgären Zeitbegriffs der gemessenen Zeit gesehen, der in der Tat den Gegenstand

[31] Der genaue Zusammenhang, aus dem die im Text zitierten Briefstellen in Heideggers Brief vom 2. 12. 1971 stammen, lautet folgendermaßen:

»Um auf die Frage Ihres Briefes einzugehen, ob Sie S. 94 ›etwas richtig geahnt‹ haben, verweise ich auf die beiden beiliegenden Fotos, die mir Schadewaldt im vergangenen September geschickt hat. (Rb.: das dreifach unterstrichene *›en‹* in *›to ti en einai‹* das schon *gewesen* der Vermittelung).

Die Absicht des Seminars war, zu zeigen, wie es für H. zu der doch befremdenden Bestimmung der Reflexion als ›Wesen‹ kommt.

Um dies zu sehen, ist es nötig, im Vorhinein die Wahrheit als Gewißheit zu denken und ›Sein‹ als Gegenständlichkeit in der Transzendentalität des absoluten Wissens.

Der Satz ›Die Wahrheit des Seins ist das Wesen‹ müßte lateinisch lauten: Certitudo objectivitatis reflectitur qua relucentia. Aber auch *so* spricht die lat. Sprache, wie Sie überzeugend darlegen, nicht philosophisch im Sinne Hegels.

Wenn Oskar Becker noch lebte – übrigens eine ausgezeichnete Aufnahme von Schadewaldt – könnte er bezeugen, daß ich bereits 1922 von der ›Reluzenz‹ im Dasein sprach. Das Wort möchte anderes sagen als die Reflexion als Akt des Bewußtseins – nämlich das Zurückscheinen des Anwesens auf das u. im Dasein. Dies gehört zu der in der ersten Marburger Vorlesung versuchten Descartes-Kritik.

Demgemäß ist Seite 67f. die ›Arbeitsnotiz‹ anders zu denken. ›Das Unheimische‹ besteht nicht darin, daß die Reflexion ›nirgends verweilen kann‹, sondern darin, daß ›die 'Aletheia‹ selbst und als solche *nicht* erfahren und gegründet ist, daß sie nicht zum ›Wesen‹ (v) kommt ›als das ›Ereignis‹ (vgl. Identitätsvortrag).

Dieses Erfahren der ›Aletheia‹ ist der Schritt zurück zum ›Ältesten des Alten‹ (vgl. Aus d. Erf. d. Denkens S. 19), die Einkehr in den ›anderen Anfang‹ d. h. in den *einen* u. *selbigen einzigen* Anfang des abendländisch europäischen Denkens, aber *dieser*Anfang in anderer Weise gedacht. Während ich schon Jahrzehnte hindurch diese Überlieferung dachte und zu hüten versuchte, verfiel ich in dem mit dem genannten Jubiläumsseminar gleichzeitigen Vortrag ›Der Satz der Identität‹ der ganz ungemäßen Rede vom ›Sprung‹; wenn Sie mein Handexemplar sähen, könnten Sie die Korrekturen feststellen, die ich sogleich anbrachte, als ich den Text gedruckt vor mir hatte. Dies in Kürze zu Ihren rhetorischen Fragen S. 90, 2. Abschn. unten.«

ihrer thematischen Analysen des Zeitproblems bildet. Dabei war es doch offenkundig, daß beide auch in anderem Sinne von der Zeit wußten. Das ging mir als Problem nach, und so habe ich Heidegger zu seinem achtzigsten Geburtstag eine Arbeit über ›leere und erfüllte Zeit‹ gewidmet, die auf andere Zeiterfahrungen innerhalb der Geschichte der Metaphysik (im Platonismus wie bei Schelling und Hegel) hinwies[32]. Er antwortete mir, daß der eigentliche Gegenbegriff zur erfüllten Zeit nicht die leere Zeit sei, sondern die gemessene Zeit. So stark war der Profilierungswille, der ihn festhielt.

Ebenso bestand Heidegger darauf, Hegels Reflexion in sich, die doch gewiß von der ›äußeren Reflexion‹ ausdrücklich genug abgehoben wird, als Zeugnis der Hegel beherrschenden Orientierung am Selbstbewußtsein zu verstehen und ließ den Schritt Hegels zum ›objektiven Geist‹ unterbetont.

Indessen gilt für sein eigenstes Unternehmen, die Seinsfrage neu zu stellen und die säkulare Antwort der Metaphysik, sowie die Sprache der Metaphysik, zu ›überwinden‹, daß dies Neue mit dem Alten untrennbar zusammengehört. ›Überwindung‹ setzt den Bestand der Metaphysik für Heideggers eigenes Denken voraus, nicht als etwas, was hinter ihm liegt, sondern als einen Partner, gegen den er sich zu profilieren vermag[33]. Die Metaphysik ist für die Überwindung der Metaphysik und für Heideggers ›Schritt zurück‹ ebenso sehr eine Voraussetzung wie die totale ›Seinsvergessenheit‹ des technologischen Denkens unserer Zeit.

Ich muß wohl nicht hinzufügen, daß ich in meinem eigenen Versuch von ›Wahrheit und Methode‹ ähnlich profilierend (und einseitig) verfahren bin. Mit Schleiermacher, dessen Hermeneutik ich von seiner Dialektik allzu sehr trennte, mit Dilthey, den ich an den Konsequenzen Heideggers und Nietzsches maß, und gewiß mit Hegel, dem ich aus diesem Grunde weitere Studien gewidmet habe und dessen Herausforderung ich mich im Positiven wie im Negativen zu stellen suche, wo immer ich kann.

---

32 [Jetzt Ges. Werke Bd. 4, S. 137ff.]

33 Heidegger selber hat diesen Zusammenhang durchaus anerkannt und sich in späteren Jahren ausdrücklich gegen den Mißbrauch seiner Parole von der ›Überwindung der Metaphysik‹ gewandt. Er schlug als neuen Ausdruck »die Verwindung der Metaphysik« vor, und ich habe in meinem Aufsatz über ›Hegel und Heidegger‹ diese neue Redewendung erläutert: Was man verwindet, liegt nicht einfach hinter einem, als überwunden oder aufgehoben, sondern bestimmt einen fort.

14. Heidegger und die Sprache der Metaphysik

1968

Die Macht, die in den frühen zwanziger Jahren von der zusammengefaßten Energie Heideggers ausging, hat die nach dem ersten Weltkrieg heimkehrende oder neu ins Studium tretende Generation derart mitgerissen, daß mit Heideggers Auftreten – lange bevor das in Heideggers eigenem Denken zur Aussage kam – ein vollständiger Bruch mit der traditionellen akademischen Philosophie einzutreten schien. Es glich einem neuen Aufbruch ins Unbekannte, der allen bloßen Bildungsmächten des christlichen Abendlandes ein Neues entgegensetzte. Eine vom Zusammenbruch eines Zeitalters erschütterte Generation wollte ganz neu beginnen und nichts von dem zurückbehalten, was bisher galt. Bis in die Sprache hinein, im Hochsteigern der eigenen deutschen Sprache zum Begriff, schien jeder Vergleich mit dem, was bisher Philosophie hieß, durch Heidegger niedergeschlagen – und das trotz der unablässigen und intensiven interpretatorischen Bemühung, die gerade Heideggers akademischen Unterricht auszeichnete, seine Vertiefung in Aristoteles und Plato, in Augustin und Thomas, in Leibniz und Kant, in Hegel und Husserl.

Es waren allzu ungewohnte Dinge, die unter diesen Namen vorgestellt wurden und zur Sprache kamen. Jede dieser Gestalten unserer klassischen philosophischen Überlieferung war wie völlig verwandelt und schien eine unmittelbare, zwingende Wahrheit auszusprechen, die mit dem Denken ihres entschlossenen Interpreten völlig ineins verschmolz. Die Distanz, die unser historisches Bewußtsein von der Überlieferung trennt, schien wie nicht vorhanden; auch der beruhigte und selbstgewisse Abstand, mit dem die neukantianische Problemgeschichte die Überlieferung auszuwerten gewohnt war, und das ganze zeitgenössische Denken, das sich vom Katheder vernehmen ließ, erschien nun plötzlich als die reine Spielerei.

In der Tat stellte der Bruch mit der Tradition, der sich in Heideggers Denken vollzog, ebensosehr eine unvergleichliche Erneuerung derselben dar, und erst langsam wurde den Jüngeren sichtbar, wieviel Kritik in der Aneignung, wieviel Aneignung in der Kritik steckte. Es sind aber zwei der großen Klassiker des philosophischen Gedankens, die auf lange hinaus in Heideggers Denken ein seltsames Zwielicht behielten und sich ebensosehr durch Affinität wie durch radikale Distanz heraushoben: Plato und Hegel.

Plato stand bei Heidegger von vornherein im kritischen Lichte, sofern Heidegger die Aristotelische Kritik an der Idee des Guten rezipiert und fruchtbar umgewandelt hatte und insbesondere den Aristotelischen Analogiebegriff unterstrich, und doch hat Plato das Motto zu ›Sein und Zeit‹ abgeben können, und erst nach dem zweiten Weltkrieg wurde die Zweideutigkeit, in der Plato figurierte, durch eine entschiedene Einordnung Platos in die Seinsgeschichte beendet. Um Hegel aber kreist Heideggers Denken in immer wieder neuen Abgrenzungsversuchen bis zum heutigen Tage. Seine Dialektik des reinen Gedankens setzte sich gegenüber dem phänomenologischen Handwerk, das allzuschnell vom Zeitbewußtsein wieder vergessen und verlernt wurde, in erneuerter Lebenskraft durch. So war es Hegel, der nicht nur Heidegger zur ständigen Selbstabwehr reizte, sondern mit dem Heidegger in den Augen all derer, die sich gegen Heideggers Denkanspruch zu wehren suchten, zusammenfloß. Sollte in der neuen Radikalität, mit der Heidegger die ältesten Fragen der Philosophie zu neuer Aktualität erweckte, die abschließende Gestalt der abendländischen Metaphysik wirklich überholt sein und eine neue metaphysische Möglichkeit, die Hegel ausgelassen hätte, verwirklicht werden? Oder war es der Zirkel der Reflexionsphilosophie, der alle solche Freiheits- und Befreiungshoffnung paralysierte und auch Heideggers Denken in seinen Bann zurücknötigte?

Man kann sagen, daß die Entfaltung von Heideggers Spätphilosophie kaum irgendwo auf eine Kritik gestoßen ist, die nicht letzten Endes auf die Hegelsche Position zurückging, sei es im Sinne der negativen Zuordnung Heideggers zu dem gescheiterten spekulativen Titanenaufstand Hegels – so hat als erster Gerhard Krüger[1] und nach ihm unzählige andere geurteilt –, sei es in dem anderen, positiv hegelianisierenden Sinne, daß Heidegger seiner eigenen Nähe zu Hegel nicht genügend inne sei und deshalb der radikalen Position der spekulativen Logik nicht wirklich gerecht werde.

Es waren vor allem zwei Problemkreise, an denen sich diese Kritik abspielte. Einmal die Hineinnahme der Geschichte in den eigenen philosophischen Ansatz, die Heidegger mit Hegel zu teilen scheint, und zweitens die geheime und undurchschaute Dialektik, die allen wesentlichen Heideggerschen Aussagen anhafte. Wenn Hegel vom Standpunkt des absoluten Wissens aus die Geschichte der Philosophie philosophisch zu durchdringen, d. h. zur Wissenschaft zu erheben suchte, so war das, was Heidegger als die Seinsgeschichte und im besonderen als die Geschichte der Seinsvergessenheit beschrieb, von ähnlich umfassendem Anspruch. Zwar steht bei Heidegger nirgends etwas von jener Notwendigkeit des geschichtlichen Fortgangs, die Glanz und Elend der Hegelschen Philosophie ausmacht. Für ihn ist vielmehr die im absoluten Wissen, d. h. in der absoluten Gegenwart

[1] Martin Heidegger und der Humanismus, Theol. Rdsch. 1950 (18), S. 148–178.

erinnerte und aufgehobene Geschichte geradezu das Vor-Zeichen der radikalen Seinsvergessenheit, in die die Weltgeschichte Europas im nachhegelschen Jahrhundert eingetreten ist. Es ist Geschick, und nicht (erinnerte und verstehbare) Geschichte, was mit dem Seinsdenken der griechischen Metaphysik anhob und in der modernen Wissenschaft und Technik die Seinsvergessenheit auf die Spitze treibt. Jedoch – mag es der zeitlichen Verfassung des Menschen noch so sehr eigen sein, der Unvorhersehbarkeit des Geschickes ausgesetzt zu sein, das schließt nicht aus, den Anspruch ständig neu zu erheben und zu legitimieren, im Lichte des abendländischen Geschichtsganges das, was ist, zu denken, und so scheint auch Heidegger ein genuines geschichtliches Selbstbewußtsein, ja auch ein eschatologisch bezogenes, für sich in Anspruch zu nehmen.

Das zweite kritische Motiv geht von der Unbestimmtheit und Unbestimmbarkeit dessen aus, was Heidegger ›das Sein‹ nennt, und sucht die angebliche Tautologie des Seins, das es selbst ist, mit den Mitteln Hegels als verkappte zweite Unmittelbarkeit zu deuten, die aus der totalen Vermittlung des Unmittelbaren hervorgehe. Und sind nicht überdies wirklich dialektische Gegensätze am Werk, wenn sich Heidegger selber expliziert? Da haben wir die dialektische Spannung von Geworfenheit und Entwurf, von Eigentlichkeit und Uneigentlichkeit, vom Nichts als dem Schleier des Seins und schließlich und vor allem die Gegenwendigkeit von Wahrheit und Irrtum, Entbergung und Verbergung, die das Seinsgeschehen als Wahrheitsgeschehen ausmachen. Hat nicht die Vermittlung von Sein und Nichts in der Wahrheit des Werdens, und das heißt in der Wahrheit des Konkreten, die Hegel unternimmt, den gedanklichen Rahmen schon abgesteckt, innerhalb dessen diese Heideggersche Lehre von der *Gegenwendigkeit* der Wahrheit allein liegen kann? Ist es möglich, über die Überwindung des Verstandesdenkens, wie sie Hegels dialektisch-spekulative Zuspitzung der Gegensätze des Verstandes herbeiführt, überhaupt hinauszugelangen und gar zu einer Überwindung der Logik und der Sprache der Metaphysik insgesamt?

Der Zugang zu unserem Problem liegt ohne Frage in dem Problem des Nichts und seiner Niederhaltung durch die Metaphysik, wie das Heidegger in seiner Freiburger Antrittsvorlesung formuliert hat. In dieser Perspektive erscheint das Nichts bei Parmenides und bei Plato, aber auch die Bestimmung des Göttlichen durch Energeia ohne Dynamis bei Aristoteles, als die totale Entmachtung des Nichts. Gott als das unendliche Wissen, das das Seiende von sich selbst hat, wird von der privativen Erfahrung des Menschseins her, wie sie in den Erfahrungen von Schlaf, Tod und Vergessen liegt, als die unbegrenzte Präsenz alles Präsenten verstanden. Nun tritt aber neben diese bis Hegel und Husserl reichende Entmachtung des Nichts eine andere Motivreihe, die im Denken der Metaphysik mit am Werke ist. Während die aristotelische Metaphysik in der Frage gipfelte: »Was ist das Sein des

Seienden?«, hält die von Leibniz und Schelling gestellte, von Heidegger geradezu die Grundfrage der Metaphysik genannte Frage: »Warum ist überhaupt Seiendes und nicht vielmehr Nichts?« die Konfrontierung mit dem Problem des Nichts ausdrücklich durch. Die Analyse des Begriffs der Dynamis bei Plato, bei Plotin, in der negativen Theologie, beim Cusaner, bei Leibniz bis hin zu Schelling, von dem Schopenhauer, Nietzsche und die Metaphysik des Willens ausgehen, – in unserem Jahrhundert Max Schelers Dualismus von Drang und Geist, Ernst Blochs Philosophie des Noch-Nicht usw. –, aber auch solche Phänomene der hermeneutischen Dimension wie die Frage, der Zweifel, die Verwunderung usw. vermögen zu zeigen, daß das von der Präsenz her gedachte Seinsverständnis beständig durch das Nichts bedroht ist. Insofern hat Heideggers Einsatz eine innere Vorbereitung in der Sache der Metaphysik selbst.

Um die immanente Notwendigkeit der Gedankenbewegung verständlich zu machen, die Heidegger als ›die Kehre‹ bezeichnet, und um zu zeigen, daß das nichts mit einer dialektischen Umkehrung zu tun hat, muß man davon ausgehen, daß schon die transzendental-phänomenologische Selbstauffassung von ›Sein und Zeit‹ von der Husserls wesentlich verschieden ist. Insbesondere läßt sich an Husserls Konstitutionsanalyse des Zeitbewußtseins zeigen, daß die Selbstkonstitution der Urpräsenz (die Husserl wohl als eine Art Urpotentialität bezeichnen könnte) ganz auf den Begriff der konstitutiven Leistung gestellt und damit auf das Sein der geltenden Objektivität hinbezogen ist. Die Selbstkonstitution des transzendentalen Ego, ein Problem, das sich auf die fünfte logische Untersuchung zurückverfolgen läßt, hält sich also ganz innerhalb des Seinsverständnisses der Tradition, trotz, ja gerade vermöge der absoluten Historizität, die den transzendentalen Grund aller Objektivitäten bilden soll. Nun ist zuzugeben, daß der transzendentale Ausgangspunkt Heideggers von dem Seienden, dem es um sein Sein geht, und die Lehre von den Existenzialien in ›Sein und Zeit‹ den transzendentalen Schein mit sich führen, als wäre Heideggers Denken nur, mit Oskar Becker[2] zu sprechen, die Ausarbeitung weiterer, bisher nicht festgelegter Horizonte der transzendentalen Phänomenologie, die die Geschichtlichkeit des Daseins betreffen. In Wahrheit bedeutet aber Heideggers Unternehmen etwas ganz anderes. Zwar fand es in dem durch Jaspers formulierten Begriff der Grenzsituation einen ersten Ansatzpunkt, um die Endlichkeit der Existenz in ihrer prinzipiellen Bedeutung herauszuarbeiten. Aber das diente der Vorbereitung der Seinsfrage in einem radikal

[2] Von der Hinfälligkeit des Schönen und der Abenteuerlichkeit des Künstlers, in: Festschrift Husserl, Halle a. S. 1929. [Neuerdings in: Dasein und Dawesen, Gesammelte Aufsätze, Pfullingen 1963, S. 11–40].

veränderten Sinn, nicht etwa der Ausarbeitung einer im Husserlschen Sinne regionalen Ontologie. Auch der der ›Fundamentaltheologie‹ nachgebildete Begriff der ›Fundamentalontologie‹ ist eine Verlegenheit. Die innere Zusammengehörigkeit von Eigentlichkeit und Uneigentlichkeit des Daseins, von Entbergung und Verbergung, die in ›Sein und Zeit‹ mehr im Sinne der Zurückweisung eines ethizistischen Affektdenkens auftrat, erweist sich mehr und mehr als der eigentliche Kern der Seinsfrage. Ek-sistenz und Insistenz, wie Heidegger in ›Vom Wesen der Wahrheit‹ formuliert, sind zwar noch vom menschlichen Dasein her gedacht, aber wenn er dort sagt: Die Wahrheit des Seins ist die Unwahrheit, d. h. die Verbergung des Seins in der ›Irre‹, dann ist der entscheidende Wandel im Begriff des ›Wesens‹ nicht mehr zu übersehen, der aus der Destruktion der griechischen Tradition der Metaphysik folgt, indem er den traditionellen Begriff des Wesens ebenso wie den des Wesensgrundes hinter sich läßt.

Was das Ineinander von Verbergung und Entbergung bedeutet und was es mit dem neuen Begriff des ›Wesens‹ auf sich hat, läßt sich an einigen wesentlichen Denkerfahrungen Heideggers durchaus mit phänomenologischen Mitteln zur Ausweisung bringen: Am Sein des Zeugs, das nicht in seiner gegenständlichen Aufsässigkeit sein Wesen hat, sondern in seinem Zurhandsein, das einen immer schon über es hinaus bei der Arbeit sein läßt; am Sein des Kunstwerks, das seine Wahrheit so in sich birgt, daß dieselbe auf keine andere Weise offenbar ist als im Werk – dem ›Wesen‹ entspricht hier seitens des Betrachters oder Aufnehmenden das Verweilen beim Werk –; am Ding, das als das Eine und Einzige, das in sich selbst steht, ›zu nichts gedrängt‹, vom Begriff des Konsumgegenstandes, wie er der industriellen Produktion zugehört, durch seine Unersetzlichkeit abgehoben ist. Und endlich am Wort: Auch dieses hat sein ›Wesen‹ nicht in seiner totalen Ausgesagtheit, sondern in dem, was es ungesagt läßt, wie insbesondere am Verstummen und am Verschweigen demonstrierbar ist. Die gemeinsame Struktur von Wesen, die in allen diesen vier Denkerfahrungen sichtbar wird, ist ein ›Dasein‹, das ebenso das Abwesend-Sein wie das Anwesend-Sein umfaßt. Heidegger hat einmal in den frühen Freiburger Jahren in einer Vorlesung gesagt: »Man kann Gott nicht so verlieren, wie man sein Taschenmesser verliert.« In Wahrheit kann man aber nicht einmal sein Taschenmesser einfach ›nur so‹ verlieren, daß es nicht mehr da ist. Wenn man ein lang gewohntes Gebrauchsding wie sein Taschenmesser verloren hat, so beweist es sein Dasein dadurch, daß es einem ständig fehlt. Auch Hölderlins ›Fehl der Götter‹ oder das Schweigen der chinesischen Vase bei Eliot sind nicht Nicht-Dasein, sondern im dichtesten, weil lautlosen Sinne ›Sein‹. Die Lücke, die das Fehlende reißt, ist nicht eine Stelle im Vorhandenen, die leer bleibt, sondern sie gehört zum Dasein dessen, dem etwas fehlt, und ist in ihm ›an-wesend‹. So läßt sich das ›Wesen‹ konkretisieren, und so läßt sich zur Ausweisung bringen, wie das Anwesende zugleich Verdeckung des Anwesens ist.

Geht man von solchen Erfahrungen aus, dann werden Probleme faßbar, die sich der transzendentalen Fragestellung entziehen mußten und als bloße Grenzphänomene auftraten. An erster Stelle die ›Natur‹. Hier kommt Beckers Postulat einer Paraontologie sachlich zu ihrem Recht, sofern Natur nicht mehr nur »ein Grenzfall des Seins von möglichem innerweltlichem Seienden« ist – nur daß Becker selbst es nie erkannt hat, daß sein Gegenbegriff der Para-Existenz, der so wesentliche Phänomene wie die der mathematischen und der Traumexistenz umfaßt, eine dialektische Konstruktion ist, die Becker selbst mit ihrem Gegenteil zusammengedacht und so als eine dritte Position ausgezeichnet hat, ohne zu bemerken, wie dieselbe der Heideggerschen Lehre nach der ›Kehre‹ entspricht. Ein zweiter großer Problemkomplex, der jetzt in ein neues Licht tritt, ist das Du und das Wir. Aus Husserls ständiger Diskussion der Intersubjektivitätsproblematik bekannt, in ›Sein und Zeit‹ von der besorgten Welt her interpretiert, wird am Gespräch, d. h. am Hörenkönnen aufeinander in concreto faßbar, was hier die Seinsweise des Wesens ausmacht, z. B. wenn man das im Gespräch Waltende oder im quälenden Gespräch sein Ausbleiben spürt. Vor allem aber stellt sich das abgründige Problem von Leben und Leiblichkeit in einem neuen Sinne. Der Begriff des Lebe-Wesens, wie er von Heidegger im ›Humanismus-Brief‹ mit Betonung gebraucht wird, wirft neue Fragen auf, insbesondere die nach seiner Entsprechung zu dem Menschen-Wesen und dem Sprach-Wesen. Dahinter steht aber die Frage nach dem Selbstsein, das vom Reflexionsbegriff des deutschen Idealismus aus leicht zu bestimmen war, aber in dem Augenblick rätselhaft wird, in dem nicht mehr vom Selbst des Selbstbewußtseins oder – mit ›Sein und Zeit‹ – des menschlichen Daseins ausgegangen wird, sondern vom Wesen. Daß in der Lichtung das Sein anwest und daß der denkende Mensch auf diese Art Platzhalter des Seins ist, weist auf eine ursprüngliche Zusammengehörigkeit von Sein und Mensch. Das Zeug, das Kunstwerk, das Ding, das Wort – in all dem tritt im Wesen selbst der Bezug auf den Menschen deutlich zutage. Aber in welchem Sinne? Schwerlich in dem Sinne, daß dadurch das menschliche Selbstsein seine Bestimmung erführe, wie ja schon das Beispiel der Sprache lehrt, von der Heidegger doch nicht ohne Sinn sagt, daß sie uns spricht, sofern keiner von uns ihrer wirklich ›mächtig‹ ist (auch wenn niemand bestreitet, daß wir es sind, die sie sprechen).

Man wird hier neuplatonische Denkweisen heranrufen – und abweisen müssen, wenn man sich der Frage nach dem Selbst bei Heidegger stellen will. Denn ein kosmisches Drama, das im Hervorgang aus dem Einen und der Rückkehr in es besteht und das Selbst als die Wende zur Rückkehr auszeichnet, liegt jenseits des hier Möglichen. Man könnte nun denken, das, was Heidegger unter ›Insistenz‹ versteht, enthalte die Lösung. Gewiß ist das, was Heidegger die In-sistenz des Daseins und was er die Irre genannt hat, aus der Vergessenheit des Seins zu denken. Aber ist diese Vergessenheit die alleinige Weise des An-wesens? Wird dadurch die Platzhalterschaft des menschlichen Daseins verständlich? Läßt sich der Begriff des An-wesens und des Da in dem ausschließlichen Bezug auf das menschliche Dasein durchhalten, wenn man an das Aufgehen der Pflanze und an das Lebe-Wesen denkt? Muß nicht der Begriff der In-sistenz, der in ›Vom Wesen der Wahrheit‹ noch ganz von dem Seienden her gedacht war, das erstmals ›den Kopf aufhob‹, in einem weiteren Sinne genommen werden? Und damit auch die Ek-sistenz? Gewiß bedeutet die Verspanntheit des Lebewesens in seine Umgebung, von der der ›Humanismus-Brief‹ spricht, daß es nicht für das Sein offen ist, wie der seines Nicht-sein-Könnens innige Mensch. Aber haben wir nicht von Heidegger gelernt: Das eigentliche Sein des Lebewesens ist nicht sein eigenes einzelnes Da-Sein, sondern Gattung, und ist nicht die Gattung für das Lebewesen ›da‹ – wenn auch nicht in der gleichen Weise, in der für den Menschen das Sein in der In-sistenz der Seinsvergessenheit da ist? Macht es nicht das Sein der Gattung aus, daß ihre Angehörigen sich ›erkennen‹, wie der tiefsinnige Ausdruck der Luther-Bibel es nennt, zwar *als* Erkennen ihnen selbst verborgen und doch so, daß es in es übergeht? Ist nicht auch das In-sistenz, wie das Tier nur sich selbst meint (conservatio sui) und eben damit doch die Reproduktion der Art besorgt? Ähnliches möchte man für das Aufgehen der Gewächse fragen: Ist das nur An-wesen für den Menschen? Hat nicht jedes Lebendige als solches die Tendenz in sich, sich in seinem Sein festzumachen, ja zu versteifen? Ist das nicht auch gerade seine Endlichkeit, derart verweilen zu wollen? Und gilt das nun nicht auch vom Menschen, daß das Dasein ›in ihm‹, wie Heidegger es nannte, gar nicht als eine Art höchsten Selbstbesitzes zu denken ist, das den Menschen wie einen Gott aus dem Stromkreis des Lebens heraustreten läßt? Ist nicht unsere ganze Lehre vom Menschen durch den metaphysischen Subjektivismus der Neuzeit entstellt und nicht dadurch schon in Ordnung gebracht, daß man einsieht, das Wesen des Menschen ist die Gesellschaft (*ζῷον πολιτικόν*)? Sagt nicht ebendies die ›Gegenwendigkeit‹, die das Sein selber ist? Und heißt das nicht, daß es sinnlos wird, die Natur gegen das ›Sein‹ auszuspielen?

In diesen Zusammenhängen bleibt es eine beständige Schwierigkeit, die Sprache der Metaphysik zu vermeiden, die all das von der Potenzenlehre der Reflexion her denkt. Aber was heißt Sprache der Metaphysik? Daß die Erfahrung des ›Wesens‹ nicht die des verfügenden Begreifens ist, ist einleuchtend. Der Begriff des ›An-denkens‹ hat von da etwas Natürliches. Es ist wahr, daß das Andenken selbst etwas ist und in ihm Geschichte Wirklichkeit hat und daß nicht Geschichte durch es erinnert wird. Aber was geschieht darin? Ist es wirklich überzeugend, darin so etwas wie Umkehr, wie das Jähe des Geschicks zu erwarten? Am Phänomen des Andenkens scheint mir das Wichtige, daß dadurch etwas im Da festgehalten und bewahrt wird, so daß es, solange das Andenken lebendig bleibt, nie nicht sein kann. Gleichwohl ist das Andenken nicht das sich versteifende Festhalten eines Entschwindenden – sein Nichtdasein wird gar nicht verdeckt oder beharrlich bestritten, vielmehr ist so etwas wie Zustimmung darin (von der Rilkes ›Duineser Elegien‹ etwas wissen). Es ist darin keine Insistenz.

Umgekehrt entspringt die Faszination durch das Machen-Können und die Macht der Technik der Insistenz, d. h. der menschlichen Seinsvergessenheit. Einer solchen Art der Seinserfahrung, die wir seit Nietzsche Nihilismus nennen, ist an sich keine Grenze gesetzt. Aber wenn es eine Faszination ist, die von einer solchen sich ständig steigernden Versteifung ausgeht – findet sie nicht in sich selbst ihr eigenes Ende gerade dadurch, daß das Neue beständig etwas Überaltertes wird, und das gerade, ohne daß ein besonderes Ereignis eintritt oder eine Umkehr geschieht? Bleibt nicht das natürliche Gewicht der Dinge vernehmbar und macht sich vernehmbar, je eintöniger der Lärm des beständig Neuen schallt? Sicherlich hat Hegels Idee des Wissens, das als absolute Selbstdurchsichtigkeit gedacht ist, etwas Phantastisches, wenn es die volle Heimatlichkeit im Sein wiederherstellen soll. Aber könnte es nicht in dem Sinne eine Wiederherstellung geben, in dem das Sich-heimisch-Machen in der Welt nie aufgehört hat, sich zu vollziehen: als die eigentliche, und nicht durch den Wahn des Machenkönnens betäubte Wirklichkeit. Wenn das Traumhafte der Technokratie, die lähmende Gleichgültigkeit dessen, was man alles machen kann, fühlbar wird und den Menschen auf das zutiefst Befremdliche des eigenen endlichen Seins hin wieder freigibt? Gewiß gewinnt sich diese Freiheit nicht im Sinne eines absoluten Durchsichtigseins oder eines von nichts mehr gefährdeten Heimischseins. Aber wie das Denken des Unvordenklichen das Seine, z. B. die Heimat, bewahrt, wird doch auch das Unvordenkliche unserer Endlichkeit in der beständigen Sprachwerdung unseres Daseins mit sich selbst geeint und ist im Auf und Ab, im Entstehen und Vergehen, ›da‹.

Ist das die alte Metaphysik? Ist das die Sprache nur der Metaphysik, die diese beständige Sprachwerdung unseres In-der-Welt-Seins leistet? Gewiß ist es die Sprache der Metaphysik und mehr noch hinter ihr die Sprache der indogermanischen Völkerfamilie, die solches Denken formulierbar macht. Aber kann eine Sprache oder Sprachfamilie je mit Recht Sprache des metaphysischen Denkens heißen, nur weil in ihr die Metaphysik gedacht oder, was mehr wäre, antizipiert worden ist? Ist nicht Sprache immer Sprache der Heimat und der Vollzug des Heimisch-Werdens in der Welt? Und heißt das nicht, daß die Sprache keine Schranken kennt und niemals versagt, weil sie unendliche Möglichkeiten des Sagens bereit hält? Hier scheint mir die hermeneutische Dimension einzusetzen, die im Sprechen des

Gesprächs ihre innere Unendlichkeit beweist. Gewiß ist die Schulsprache der Philosophie vorgeprägt durch den grammatischen Bau der griechischen Sprache und hat in ihrer griechisch-lateinischen Geschichte ontologische Implikationen etabliert, deren Vorurteilshaftigkeit Heidegger aufgedeckt hat. Aber sind die Universalität der objektivierenden Vernunft und die eidetische Struktur der sprachlichen Bedeutungen wirklich an diese besonderen Auslegungen von subjectum und species und actus gebunden, die das Abendland gezeitigt hat? Oder gelten sie für alle Sprachen? Daß es Strukturmomente der griechischen Sprache und ein grammatisches Selbstbewußtsein insbesondere der lateinischen Sprache gibt, die die Hierarchie von Gattung und Art, die Relation von Substanz und Akzidenz, die Struktur der Prädikation und das Verbum als Tätigkeitswort in einer bestimmten Auslegungsrichtung festlegen, ist nicht zu leugnen. Aber gibt es keine Erhebung über solche Vorschematisierungen des Denkens? Wenn man etwa der abendländischen prädizierenden Urteilsaussage die morgenländische Bildlichkeit entgegenstellt, die ihre Sagkraft von der Ineinanderspiegelung von Gemeintem und Gesagtem her gewinnt, sind das nicht in Wahrheit nur differente Sagweisen innerhalb des einen und einzigen Allgemeinen, d. h. des Wesens von Sprache und Vernunft? Bleiben nicht Begriff und Urteil in das Bedeutungsleben der Sprache eingebettet, die wir sprechen und in der wir zu sagen wissen, was wir meinen?[3] Und läßt sich nicht umgekehrt auch das Unterschwellige solcher orientalischer Spiegelungsaussagen ebenso wie die Aussage des Kunstwerks immer in die hermeneutische Bewegung hineinholen, die Einverständnis schafft? In solcher Bewegung wird ständig Sprache, und soll man wirklich meinen, daß es in einem anderen Sinne Sprache gibt als eh und je im Vollzuge solcher Bewegung? Auch Hegels Lehre vom spekulativen Satz scheint mir hierhergehörig und hebt die eigene Zuspitzung zur Dialektik des Widerspruches immer in sich auf. Im Sprechen bleibt immer die Möglichkeit, seine objektivierende Tendenz aufzuheben, wie Hegel die Verstandeslogik, Heidegger die Sprache der Metaphysik, die Orientalen die Verschiedenheit der Seinsbereiche und die Dichter alles Gegebene überhaupt aufheben. Aufheben aber heißt: in Brauch nehmen.

[3] Dieser rhetorischen Frage würde freilich J. Derrida nicht zustimmen. Er würde darin vielmehr einen letzten auch Heidegger auf die ›Metaphysik‹ zurückwerfenden Mangel an Radikalität sehen. Erst Nietzsche ist in seinen Augen der wahre Überwinder des metaphysischen Denkens, und so ordnet er folgerichtig die Sprache der ›ecriture‹ unter (vgl. l'ecriture et la differance). [Über den Gegensatz zwischen der Hermeneutik und dieser post-strukturalistischen Nietzsche-Nachfolge vgl. meine neueren Arbeiten Ges. Werke Bd. 2, S. 330–360 und S. 361–372.]

15. Hermeneutik und ontologische Differenz

1989

Wenn ich mich an die ersten Vorlesungen Heideggers, die ich selber 1923 in Freiburg und 1924 in Marburg gehört habe, erinnere, so war damals das Wort »ontologische Differenz« wie ein Zauberwort. Es kam immer wieder mit dem ganzen Nachdruck vor, mit dem ein konzentrierter Denker, auch ohne im einzelnen die Bezüge und die Bedeutung dessen, was er sagen wollte, wirklich in Worte zu fassen, es spüren ließ, daß hier etwas ganz Entscheidendes anvisiert wird. So war es mit diesem Sprachgebrauch des jungen Heidegger. Er war fast wie eine andere gewöhnliche Redensart, mit der wir sehr oft abgespeist wurden, wenn wir im Seminar unsere eigenen Denkversuche und kleinen Beiträge vorzubringen suchten. Heidegger sagte dann: »Ja, ja – aber das ist ontisch, nicht ontologisch.«

Wir wollen uns zu verständigen suchen, was dieser Unterschied »ontisch« – »ontologisch« eigentlich meint. Den Ausdruck »ontologische Differenz« hat Heidegger wie einen symbolhaltigen Terminus immer wieder gebraucht. Man sprach jedoch niemals von »theologischer« Differenz. Dafür war die Erstprägung des neuen Heideggerschen Terminus zu stark und zu exklusiv. Der Sache nach bleibt es aber richtig, beides zu fragen, was meint ›das Sein‹ und was das Göttliche und was Gott ist. Für die theologische Wendung hatte damals Rudolf Otto die berühmte Formulierung »das ganz Andere« vorgeschlagen. In diesem Ausdruck liegt offenkundig ein Bezug auf Differenz. Das Differente, das Andere, heißt auf griechisch *to heteron*, und das ›Heteron‹ ist immer ein *heteron tou heterou*, ein anderes des Anderen. Mit Rudolf Ottos Ausdruck besteht der Theologe auf der absoluten Differenz, die der Christ als den Unterschied zwischen dem Schöpfer und seinen Geschöpfen kennt. Da versteht man das Andere wahrlich nicht im logischen Sinne des Wortes *heteron*.

Ich möchte noch ein anderes Wort anführen, das mir aus diesen ersten Zeiten bei Heidegger haften geblieben ist. Wenn man lernt, haftet anfangs immer ein halbverstandenes Wort. Man sollte nicht unterschätzen, wieviel man dabei aufnimmt – gewiß mehr, als man sich selber bewußt ist, und mehr, als man wirklich wiedererkennt, wenn man zu verstehen beginnt. Ein solches anderes Wort, über das ich bis heute nachdenke und das alle Kenner des Werkes Heideggers sofort wiedererkennen, ist die Wendung »das Seiende im Ganzen«. Da habe ich anderen Heidegger-Kennern nichts voraus, und doch gehöre ich zu den wenigen, die diesen Ausdruck damals zum ersten Male als ebenso vieldeutig wie bedeutsam erfahren haben. Der junge Heidegger gebrauchte diesen Ausdruck fast ebenso wie die »ontologische Differenz«. Es ist eine sehr vage Formulierung. Sie deutet an, wie ich heute erläutern würde, daß Heidegger damit eine allzu herausfordernde terminologische Zuspitzung vermied und nicht eindeutig Sein und Seiendes unterscheiden wollte, wie es der spätere Heidegger mit einem wahren Vergnügen tat, und am Ende das Sein nicht nur von dem Seienden und der Seiendheit unterschied, sondern sogar das Sein von dem mit ›y‹ geschriebenen »das Seyn«. In der Terminologie des späteren Heidegger artikulierten alle diese Ausdrücke das, was er damals »das Seiende im Ganzen« nannte. Die Wendung wird einem am ehesten klar, wenn man an die ersten Anfänge des griechischen Denkens zurückdenkt. Das hatte Heidegger wohl im Auge, wenn er mit einem gewissen terminologischen Schliff nicht »das Sein« sagte, sondern »das Seiende im Ganzen«. Ich sehe heute darin die beste Formulierung für die Intention, die das Lehrgedicht des Parmenides in Verse gefaßt hat. Da ist von dem Sein die Rede, und dafür heißt es auf griechisch: ›das Seiende‹ (*to on*). Was an diesem Wort auffällt, ist der Singular. Das war ja die Auszeichnung des Parmenideischen Denkens, daß da einer aufstand, der das Nicht-Sein und das Viele verbannte – und das tat er angesichts des gewaltigen Ausbruchs von kosmologischem, astronomischem, geographischem Weltwissen, Himmelswissen, Sternenwissen, Erdwissen, der sich in Milet ereignet hatte. Milet war eines der großen Zentren der Kolonialzeit, in der die Griechen den ganzen Mittelmeerraum zivilisatorisch für sich erschlossen. Heideggers Wendung »das Seiende im Ganzen« beschreibt auf treffende Weise genau das, was das Lehrgedicht des Parmenides vorführt. Da fragt man nicht nach all dem vielen Seienden, was es im Grunde ist, ob Wasser oder Luft oder was immer, und wie all das einander das Gleichgewicht hält. Es geht nicht mehr um das Entstehen und Vergehen, das einander gegenseitig begrenzt, wie der Wechsel von Tag und Nacht, von Wasser und Land und all dem, was einer seefahrenden Nation wie den Griechen bei solchen Beschreibungen sofort im Blick war. Jetzt heißt es bei Parmenides ›das Seiende‹ und ›das Eine‹, das alles Seiende umfaßt. Dieses Neutrum, dieser Singular ›das Seiende‹, ist ein erster Schritt zum Begriff[1]. Heidegger hielt sich damals gegenüber der späteren Formulierung »das Sein« bewußt zurück – vielleicht gar schon, damit das Sein nicht als das Sein des Seienden, das Was-Sein im Sinne der Metaphysik, mißverstanden werde. Parmenides hat

1 Siehe dazu auch ›Parmenides oder das Diesseits des Seins‹ in Ges. Werke Bd. 7 (Nr. 1).

in der Tat »das Sein« als dieses Seiende im Ganzen beschrieben, wie es überall gleichmäßig wie ein einziger riesiger Ball alles erfüllt. Nirgends ist nichts.

Wenn Heidegger später von der »ontologischen Differenz« spricht, meint er das in dieser ersten Formel noch Unausgedrückte. Er zielt damit auf den Unterschied des Seins von allem Seienden. Was das heißen soll, ist dunkel genug. Kein Mensch weiß im Grunde, was der Begriff »das Sein« meint, und trotzdem haben wir alle ein erstes Vorverständnis, wenn wir das hören, und wir verstehen, daß hier das Sein, das allem Seienden zukommt, nunmehr zum Begriff erhoben wird. Damit ist es von allem Seienden unterschieden. Das meint zunächst »die ontologische Differenz«. Der junge Heidegger hat schon immer gewußt, daß es ein wahres Rätsel ist, daß wir zwar vieles Seiende erfahren und benennen, aber daß wir auch das Sein des Seienden benennen und bedenken.

Um das Rätselhafte dieser Unterscheidung zu illustrieren, erzähle ich eine Geschichte. Es war in Marburg. Ich begleitete mit meinem Freunde Gerhard Krüger Heidegger nach der Vorlesung nach Hause. Es muß noch in der Schwanallee gewesen sein, deswegen kann ich es genau datieren – es muß im Frühjahr 1924 gewesen sein. Damals waren wir also schon tüchtig mit der ontologischen Differenz traktiert worden, und so fragten wir Heidegger, wie man das eigentlich mache, wie man dazu komme, diese ontologische Unterscheidung zu machen. Vermutlich wollten wir auf den Begriff der Reflexion hinaus, der im deutschen Idealismus den Anfang des Denkens bildete. Heidegger sah uns aber ganz überlegen an und sagte: »Aber nein, diese Unterscheidung wird doch nicht von uns gemacht.« Das war 1924 – lange vor der sogenannten »Kehre«. Die Kenner des späteren Heidegger wissen das längst, daß der Unterschied nicht etwas ist, was jemand macht, sondern daß wir in diesen Unterschied gestellt sind, in diese Differenz. ›Sein‹ zeigt sich ›im‹ Seienden, und darin liegt bereits die Frage, was es heißt, daß es Seiendes ›gibt‹. Einleitend ließe sich also sagen, wie es Heidegger in dem späten Nietzsche-Werk formuliert hat, unser Denken befinde sich von Anbeginn an auf dem Weg zur Unterscheidung des Seienden vom Sein. Bekanntlich hat sich der französische Heideggerianismus oder Nietzscheanismus an diesen Sinn von Differenz angeschlossen und im Anschluß an Heidegger, von ihm inspiriert, das Wort ›Différence‹ absichtsvoll falsch geschrieben und statt dessen ›Différance‹. Offenbar will diese Änderung den lateinischen Doppelsinn bewußtmachen, der in ›differre‹ liegt, nämlich Aufschub oder Unterschied. Der Unterschied ist dann also nicht etwas, was man macht, sondern etwas, was sich da tut, sich auftut wie ein Abgrund. Etwas tritt auseinander. Ein Aufgehen findet statt.

Beim späten Heidegger heißt das »die Öffnung des Seins«, das Ereignis, das der spätere Heidegger in zahlreichen Denkversuchen auf den Begriff und zur Anschauung zu bringen versucht hat. Unter diesen Umständen mußte der Rückgang auf die ersten Schritte des griechischen Denkens für Heidegger naheliegen. Das war ein altes Thema Heideggers, ›der Anfang der abendländischen Philosophie‹, was jetzt in das Zentrum trat. Die Titellinie klingt heute wahrscheinlich schon recht altmodisch. Man muß sich dieser Jahre erinnern, in denen einer der größten Bucherfolge der Zeit, Spenglers Buch ›Der Untergang des Abendlandes‹ hieß. All das hörte man mit, wenn der junge Heidegger über den Anfang der abendländischen Philosophie las. Man hörte immer schon etwas von einem Ende mit, das zu diesem Anfang gehört – und in der Tat, welcher Anfang ist denn überhaupt ein Anfang, der nicht Anfang eines Endes ist? Wir können ja überhaupt nur von einem Ende her so etwas wie Anfang denken. So reicht der Leitbegriff »ontologische Differenz« von den ersten Anfängen Heideggers bis zu den spätesten Formulierungen seines Denkens. Man kann bei Heidegger noch in spätester Zeit die unvorgreifliche Wendung »das Seiende im Ganzen« gelegentlich finden.

Der zweite Leitbegriff, den ich ebenso einleitend besprechen möchte, ist der Ausdruck »Hermeneutik«. Das ist kein im Bereich der Philosophie üblicher Ausdruck. Der Jurist wußte, was das war, aber er nahm es – damals – nicht gerade wichtig. Der Theologe ebenso. Selbst bei Schleiermacher, dem Großvater der modernen Hermeneutik, ist Hermeneutik noch fast wie eine Hilfsdisziplin und jedenfalls der Dialektik untergeordnet. In seiner Nachfolge ist bei Dilthey Hermeneutik der Psychologie eingeordnet. Es war erst die Wendung, die Heidegger der Husserlschen Phänomenologie gab und die zugleich die Rezeption des Diltheyschen Werkes durch die Phänomenologie bedeutete, die der Hermeneutik erstmals eine grundlegende philosophische Bedeutung gegeben hat. Die erste Vorlesung, die ich bei Heidegger hörte, im Jahre 1923, hatte den Titel ›Ontologie. Hermeneutik der Faktizität‹. Die ganze Spannweite unseres Themas ist in dieser Titellinie der Vorlesung offenkundig. Wie akademische Ankündigungen sind, hat auch diese hier eine akademische Vorgeschichte. Ich glaube zu wissen, daß Heidegger damals im letzten Augenblick von einem geplanten Titel abgehen mußte, weil ein älterer Fachgenosse etwas ähnliches vorhatte. Vermutlich hat er sich geholfen, indem er »Ontologie« durch »Hermeneutik« einschränkte. Jedenfalls ist es ein recht spannungsreicher Titel, der so herauskam. Was bedeutet hier »Ontologie« – und was ist »Hermeneutik«? Heidegger konnte in seinen einleitenden Vorlesungen oft ziemlich pedantisch sein. Später spürte man als erfahrener akademischer Lehrer, der man selber inzwischen geworden war, wie der junge Heidegger seinen enormen Ideenreichtum und die Dichtigkeit seiner Gedanken immer wieder vor sich herschob, wie in der Sorge, ob das wohl für das ganze Semester reichen wird. So macht es ein junger Anfänger in der Philosophie – besonders, wenn er etwas zu sagen hat. Das war bei Heidegger auch nicht anders – nur, daß er sehr viel zu sagen hatte. So entlud sich bei ihm meist in der letzten Vorlesungswoche geradezu ein stürmisches Gewitter, in dem all das aufblitzte, was ihm vorschwebte und was er noch nicht zur Sprache bringen konnte.

Aber was ist »Hermeneutik der Faktizität«? Gewiß, man kann auf den alten Hermeneutikbegriff zurückgreifen. Danach ist die Hermeneutik die Lehre vom Verstehen und die Kunst der Auslegung des so Verstandenen. Das hat Heidegger auch in der Einleitungsvorlesung von 1923, die jetzt gedruckt vorliegt[2], seinen Studenten umständlich vorgetragen. Dann aber, nach dieser Vorbereitung, faßte er die gegenwärtige Problemlage der Philosophie zusammen. Dieses Kapitel ist zwar noch nicht von so erleuchteter Klarheit wie bei dem späteren Heidegger zumeist. Aber man kann an diesem Kapitel sehen, wie der junge Heidegger damals die Lage der Philosophie ansah. Da sind zwei Dinge. Das eine ist der Historismus. Das war vor allem die große Figur Diltheys, seine Schule und seine Nachfolge. Durch sein ›historisches Bewußtsein‹ war uns allen ein neues methodisches Selbstbewußtsein abgenötigt. Wie der deutsche Idealismus vom Absoluten zu reden, ging nicht mehr an.

Wir haben uns ständig mit der Frage auseinanderzusetzen, wie man angesichts des Aufgangs des geschichtlichen Bewußtseins von einem philosophischen Gedankenwerk überhaupt noch Wahrheitsgeltung in Anspruch nehmen dürfe. Dieser Historismus war die Herausforderung, unter der das Philosophieren in meiner Jugend stand. Es war das Problem des historischen Relativismus, vor den man sich gestellt sah. Es gibt Leute, die mich heute auch für einen Relativisten halten. Heidegger hat aber gezeigt, daß das nur vom fiktiven Standpunkt eines absoluten Zusehens aus gelten konnte, in dem man sich begnügt, mit Objektivität festzustellen und zur Kenntnis zu nehmen, was in den verschiedenen Zeiten der Denkgeschichte des Abendlandes gedacht worden ist. Dem stellte nun Heidegger eine andere extreme Möglichkeit entgegen. Es klingt bei dem damaligen Heidegger sehr taktvoll – aber wer weiß, ob es nicht vielleicht herausfordernd gemeint ist, wenn es taktvoll klingt. Ich würde doch sagen, daß in jedem Falle der Angeklagte das System der Philosophie ist. Man hört förmlich Rickert. Heidegger beschreibt so ein Ordnungsdenken, das letzten Endes das Zeitliche ins Ewige einzuordnen sucht. Das ist eine schöne und interessante Formulierung. Danach stünde dem Relativismus eine Philosophie entgegen, die das Absolute in systematischer Form umgreift und alle Probleme der Geschichte der Philosophie in einen großen Zusammenhang einordnet. Heideggers Gegenthese war nun: in diesen beiden Formen ist das Wesentliche der Philosophie versäumt und verdeckt. Worauf es wesentlich ankommt, sei vielmehr, die

[2] Gesamtausgabe Bd. 63 (Frankfurt 1988), S. 9ff.

Verwurzelung des philosophischen Fragens im faktischen menschlichen Dasein zu finden. Faktizität meint also das Dasein des Menschen. Der Sache nach meint es noch mehr als das. Ich habe mir über die Wortbildung Gedanken gemacht, woher »Faktizität« eigentlich herrührt. »Faktum« ist doch eigentlich gerade genug. Nun war im Neukantianismus die letzte Grundlage des Apriorismus das Faktum der Wissenschaft. Das soll gerade nicht mehr genügen.

Wortgeschichtlich gesehen dürfte es sich bei dem Wort »Faktizität« anfangs um das theologische Problem handeln, das auf Hegels Synthese von Glauben und Wissen gestellt war. Die christliche Kirche mußte ihm gegenüber auf dem Osterglauben, d. h. auf dem Faktum der Auferstehung, beharren. Faktizität unterstreicht die Tatsächlichkeit der Tatsache. So wird es zu einer herausfordernden Formulierung für alles Verstehenwollen, etwa so, wie wenn in ›Sein und Zeit‹ von der Geworfenheit des Daseins die Rede ist. Zum menschlichen Dasein gehört, daß man, ohne gefragt zu sein, auf die Welt kommt und abgerufen wird, ohne gefragt zu werden. In aller seiner »Geworfenheit« lebt einer auf seine Zukunft hin, auf die er sich entwirft.

Hermeneutik konzentriert sich damit auf etwas Unverständliches. Das gilt indes für Hermeneutik irgendwie immer. Hermeneutik wird durch das Unverstandene oder Unverständliche herausgefordert, dadurch auf den Weg des Fragens gebracht und zum Verstehen genötigt. Darin liegt durchaus kein vorgreifliches Herrsein über alles Sinnhafte. Vielmehr ist es ein Antworten auf die sich immer erneuernde Herausforderung, etwas nicht zu Verstehendes, überraschend Anderes, Fremdes, Dunkles – und vielleicht Tiefes, das wir verstehen müßten. Indessen, auch das verharmlost noch das Paradox, das in der Hermeneutik der Faktizität liegt. Nicht dies oder jenes Unverstandene, sondern das schlechthin Unverständliche, das Faktum, da zu sein, und noch mehr die Unverständlichkeit, nicht zu sein, wird auf Sinn hin entworfen. Hier kommen wir an Einsichten des jungen Heidegger, die ihn zu einem Zeitgenossen der Wirkung Nietzsches und der Lebensphilosophie gemacht haben. Es ist die Einsicht, daß das Leben nicht nur erwacht und aufgeht wie ein Samenkorn und sozusagen offen ist für alles Seiende, wie der Same aufgeht bis zu Blüte und Frucht. So hat die Metaphysik mit Aristoteles den Nous und Hegel das absolute Wissen gedacht. Das Leben ist dagegen so, daß es ständig Verdeckungen schafft und um sich aufrichtet. Es gibt ein Wort Heideggers, an dem manche unglückliche Heidegger-Übersetzer gescheitert sind – und einige schwache Interpreten auch: »Das Leben ist diesig.« Man muß etwas vom Segeln verstehen und vom Meer wissen, um dieses Wort richtig zu verstehen. Es hat nichts mit dem deutschen Wort »dies hier« zu tun. Diesig heißt nebelig. Der Fortgang des Heideggerwortes zeigt es deutlich, den die Interpreten offenbar erst recht nicht verstanden haben. Es heißt nämlich vom Leben weiter: »Es nebelt sich ständig selber wieder ein.« Gewiß, das wache Leben ist Helle und Offenheit für alles, was ist – und dann ist auf einmal wieder alles verdeckt und verborgen. So kommen wir immer wieder an eine Grenze aller Offenheit, die immer wieder weiter zurückweicht. Als Philosoph hat Schelling solche Grenze mit dem Ausdruck »das Unvordenkliche« bezeichnet. Das ist ein sehr schönes deutsches Wort. Sein Zauber beruht darauf, daß in ihm ein wirklicher Hauch von dieser Vorausbewegung spürbar ist, die immer vordenken und vorausdenken will und doch immer wieder an etwas kommt, wo man nicht mehr durch Vorstellen oder Vorausdenken dahinterkommen kann. Das ist das Unvordenkliche. Jeder Mensch kennt etwas davon. Der Theologe würde noch mehr davon zu sagen wissen als ich. Ich erinnere hier nur etwa an die Unvordenklichkeit der Heimat. Das ist etwas, was man niemandem vermitteln kann, was sie für einen ist. Besitz? Verlust? Wiedersehen? Gedächtnis und Rückkehr zur Erinnerung? All das sind Unvordenklichkeiten, welche sich im menschlichen Leben versammeln. Sie mögen die Anstrengung unseres Verstehens herausfordern. Man möchte freilegen, was da noch so im Dunkeln liegt. Und doch erfährt man, wie es sich ständig entzieht und gerade darum immer da ist. Eben davon weiß die Hermeneutik der Faktizität. Solche Hermeneutik folgt offenkundig nicht der ordnungssüchtigen Neugier, mit der das System der Philosophie auf Kathedern gelehrt wird. Es handelt sich auf seine Weise um ein anderes Verstehen – um das, was das Leben selber zu verstehen gibt. Hermeneutik der Faktizität steht vor dem Rätsel, daß das ins Da geworfene Dasein sich selber auslegt, sich selber ständig auf Möglichkeiten entwirft, auf Kommendes, das einem begegnet. Heidegger hat dies »als« als das hermeneutische »als« thematisch gemacht. In Wahrheit handelt es sich dabei um eine Übersetzung aus dem Griechischen – und mit einem Sprung sind wir gleich wieder bei unseren Anfängen. Aus der Begründung der Metaphysik durch Aristoteles kennen wir dies »als«: das ›Seiende als Seiendes‹ *(on he on)*. Das meint nicht das Seiende, sondern das Sein, das es ist, und daß es ist, abgelöst von allem, was ihm – bald dies, bald jenes – zukommen mag. Später hat sich das Sein, das so von allen möglichen Prädikationen oder Akzidenzen unabhängig und abgelöst ist, in dem neuplatonischen Begriffswort »das Absolute« formuliert. – Heidegger hat schon früh in Aristoteles Hilfe für das, was Sein eigentlich ist, gesucht. In einer seiner frühen Vorlesungsnotizen findet sich der Satz: »Von der Hermeneutik der Faktizität zurück zu A.« Das meint natürlich Aristoteles. Wenn man von der hermeneutischen Faktizität, d. h. der Selbstauslegung des Daseins, ausgeht, dann zeigt sich, daß sich das Dasein immer auf seine Zukunft entwirft und dabei zugleich seiner Endlichkeit inne ist. Das hat Heidegger in der bekannten Wendung vom »Vorlaufen zum Tode« als die Eigentlichkeit des Daseins ausgezeichnet. Das Sein im Da ist so Dasein zwischen zwei Dunkelheiten, der Zukunft und der Herkunft. Das lehrt uns die Hermeneutik der Faktizität. Sie zielt auf den radikalen Gegenbegriff zu Hegels absolutem Geist und seiner Selbstdurchsichtigkeit.

Was ›Sein‹ eigentlich heißt, ist aber trotz aller Erfahrungsdichte einem jeden, der im Denken des Abendlandes und in seinem religiösen Horizont erzogen ist, dunkel. Was ist ›es ist da‹? Es ist das Geheimnis des Da, nicht dessen, was da ist, sondern daß ›da‹ ist. Das meint nicht Dasein der Menschen, wie in der Wendung vom ›Kampf ums Dasein‹, sondern daß im Menschen das Da aufgeht und in aller Offenheit zugleich verborgen bleibt.

Beides hat Heidegger in wohlbekannten Auseinandersetzungen über den Begriff der ›Aletheia‹ als Unverborgenheit und als Verdeckung zum Thema gemacht. Es ist die Verdeckungstendenz des Daseins, die die Aufgabe der Hermeneutik insbesondere stellt. Sie muß das abdecken und das freilegen, woran immer das Verstehenwollen sich stößt. Das heißt ›Destruktion‹ und meint im Sprachgebrauch der zwanziger Jahre nicht, was unsere englischen und französischen Übersetzer dabei im Sinn haben, nämlich, daß das destruktiv ist, Zerstörung und Nihilismus beweise. Es ist Abbau zur Freilegung[3]. Es geht gegen Verdeckung und unternimmt die Freilegung dessen, was zugedeckt war. Verdecken geschieht aber in aller Selbstauslegung des Daseins. Jedes Dasein versteht sich aus seiner Umwelt und seinem täglichen Leben, und artikuliert sich in der sprachlichen Form, in der es sich bewegt. Insofern gibt es Verdeckung immer und überall – und immer auch Destruktion von Verdeckungen.

Wir gelangen so aber auch zu einem engeren technischen Sinn von Destruktion, der Heideggers philosophische Anfänge in weitem Umfang bestimmt hat. Er hat uns gezeigt, wie Destruktion an den Begriffen geübt werden muß, in denen die zeitgenössische Philosophie zu denken pflegte. Auch das war Destruktion, und auch das geschah um einer Freilegung willen. Was ist ›Bewußtsein‹ überhaupt? Das führt von Hegel und Kant zu Leibniz und Descartes, zur Spätscholastik, zum christlichen Neuplatonismus und zum heidnischen Platonismus und am Ende zu Aristoteles, zu Plato und zu Parmenides. Wenn Heidegger in diesem Zusammenhang von Destruktion spricht, hat er vor allem Aristoteles im Auge, und vor allem den thomistisch interpretierten Aristoteles im Blick, in dem er erzogen war. Aber jetzt, Anfang der 20er Jahre, hat sich das Genie seines eigenen Denkens ins Freie gearbeitet, und so kehrt er nun zu neuen Aristoteles-Studien zurück. Da entdeckt er, daß auch in Aristoteles ursprüngliche Selbstausgelegtheit des menschlichen Daseins zu finden ist, wenn auch nicht sofort in seiner ›Physik‹ und ›Metaphysik‹ kenntlich, die beide für die Geschichte der Metaphysik natürlich zentrale Bedeutung haben. Heidegger meint das of-

[3] Dazu ausführlicher ›Destruktion und Dekonstruktion‹ in Ges. Werke Bd. 2 (Nr. 25) und in Ges. Werke Bd. 10, S. 17 u. ö.

fenbar in der zitierten Notiz »zurück zu Aristoteles«, daß er von der Selbstauslegung des Daseins, die er in Aristoteles fand, und von der großartigen Denkdisziplin des Aristoteles lernen wollte. So begann er mit der ›Rhetorik‹. Da wurde ihm das zweite Buch der ›Rhetorik‹ für die Daseinsbedeutung der Befindlichkeiten wichtig. Daran schloß sich das 6. Buch der Nikomachischen Ethik, die Lehre von der Phronesis, aus der ich später selber soviel Kapital geschlagen habe. Heidegger sah in dem frühen Programm auch die Erhelltheit des Daseins und suchte von hier aus den Zugang zur Metaphysik, und unternahm es, diese aus ihrer scholastischen Ferne ins Leben zurückzubringen. So hat es Heidegger selber gesehen, und so kam es, daß er das *on he on*, das Seiende als Seiendes, die »Seinsfrage«, mit aristotelischen Augen zu sehen versucht hat, und das heißt in einer Gegenstellung zu Plato, die vielleicht auf einer fragwürdigen Konstruktion beruht. Aber in der Sache ist es richtig: Was immer ›Sein‹ ist, muß Bewegtheit sein, die zum Sein gehört. Niemand kann doch bezweifeln, daß wir in unserer Umwelt bewegtes Seiendes in seiner Bewegtheit sehen. So hat Heidegger bereits in den ersten Entwürfen von 1922/23 mit Aristoteles versucht, das höchste Sein als Bewegtheit zu denken und damit einen Gottesbegriff anzuzielen, dessen Wesen Bewegtheit ist und was alles Seiende anwesend sein läßt. Man versteht von da aus, daß im Zeichen des Aristoteles in der Geschichte der christlichen Kirche die pantheistische Häresie immer wieder eine Rolle gespielt hat. Weniger angesichts der aristotelischen Beschreibung des Gottes als der erste unbewegte Beweger als daß dessen Göttlichkeit sich in der Bewegtheit des ständigen Vernehmens von allem, was ist (d. h. was anwesend ist), hält, ist das kein Wunder. So hat sich Heidegger auch besonders für Siger von Brabant interessiert, und als er nach Marburg kam, hat er als erstes Mandonnets ›Les philosophes belges‹ zugleich mit der ›Summa‹ des Thomas von Aquin anschaffen lassen.

Nun müssen wir aber einen Schritt weitergehen, um zu sehen, wie sich der griechische Anfang in einer langen Denkgeschichte zu einem prägenden Grundschema der Ontologie transformiert hat und von Aristoteles' ›Physik‹ aus Metaphysik genannt wurde. Was hier Physik meint, ist nicht, daß etwas in Bewegung ist, sondern daß etwas so ist, daß es in sich selbst im Zustand der Bewegtheit ist (aufgrund der ›Archē‹ der Kinesis). Wir müssen uns dafür völlig von dem Bewegungsbegriff unserer Physik trennen. Diese sieht ganz davon ab, was sich da jeweils bewegt, und sie gewinnt auf diese Weise die Grundsätze der Mechanik aus dem Verhältnis von Ort, Zeit und Geschwindigkeit, die der Bewegung als solcher zukommen. Die galileische Physik abstrahiert also ganz von dem, was sich da jeweils bewegt. Man erinnere sich seiner Schulerfahrung. Das hat man im Physikunterricht gesehen, daß eine Bettfeder in annäherndem Vakuum fast genauso schnell fällt wie eine Bleiplatte. Bewegtheit meint dagegen nicht nur so etwas wie diesen Vorgang des

Fallens als solchen, sondern vor allem das Sein der ›vis motrix‹ des lebendigen Seienden. Das hat Heidegger zu sehr tiefsinnigen Analysen benutzt, die man in seinem Aufsatz von 1939 über das zweite Buch der ›Physik‹ kennt[4]. Im Grunde geht es dort bereits um den Zusammenhang von Zeit und Sein. So war in gewissem Sinne die aristotelische ›Physik‹ das wichtigste Buch des Aristoteles. Da wird im Grundcharakter der reinen Bewegtheit das Da des Seins sichtbar – und eben dadurch verdeckt. In dem rätselhaften Wunder des geistigen Wachseins liegt, daß Etwas-Sehen und Etwas-Denken nicht Bewegung ist, die von etwas zu seinem Ende führt. Vielmehr, wer etwas erblickt, der sieht es nun erst recht, und wenn sich Denken auf etwas richtet, dann denkt man erst recht darüber nach. So ist Bewegtheit Sich-im-Sein-Halten, und durch diese Bewegtheit des menschlichen Wachseins weht der ganze Atem von Lebendigkeit, der einen immer wieder für neues Vernehmen offen sein läßt. Das sind Grundzüge des »Da«, die sich an den Kategorien und Begriffen zeigen lassen, mit denen Aristoteles zuerst in der ›Physik‹ gearbeitet hat. Zu diesen Begriffen gehört der Begriff der Energeia, das An-der-Arbeit-Sein (bzw. ein Werkstück in Arbeit). Das Fertige heißt dann das Telos, und in der Tat ist es die höchste Auszeichnung der lebendigen Natur, daß es Bewegtheit in sich selber hat (schon ganz lebendig ist, sein *telos* hat). Für die kunstfertigen Griechen und ihre Fertigkeiten war nur das wahrhaft da, was vollkommen fertig ist, so ganz da wie all das, was immer ist oder so seiend sich ständig verfertigt. So führt die aristotelische ›Physik‹ zur Ontotheologie. Als Heidegger seine Entwürfe zur Metaphysik des Aristoteles plante, war er offenkundig ganz davon durchdrungen, daß ›Sein‹ – ob Lebendiges oder nicht – seinem eigenen Sinne nach Bewegtheit, in Bewegung ist, d. h. Energeia des *dynamei on* ist. Aristoteles hatte im Denken seiner Vorgänger die begrifflichen Mittel erarbeitet, die zu sagen vermögen, was Sein heißt, dem beständigen Anderssein zum Trotz, das in Bewegung ist.

Als Heidegger sich diese Dinge erarbeitete, hatte er es offenkundig in einer letzten Abzweckung auf theologische Kritik getan. So habe ich in meinem Einleitungsaufsatz zu den frühen Papieren Heideggers den Titel gewählt: ›Heideggers »theologische« Jugendschrift‹[5]. Das spielt an Hegels theologische Jugendschriften an, von denen die Gelehrten mit großem Rechte behaupten, es sei doch eigentlich wenig Theologie darin und es sei weit mehr ein politischer Traktat. Auch im Falle von Heideggers »theologischer« Jugendschrift handelt es sich dem Anschein nach nicht um Theologie, sondern es geht um Aristoteles.

Und doch war es im Grunde eine theologische Kritik, auf die Heidegger

[4] ›Vom Wesen und Begriff der *Φύσις*. Aristoteles, Physik B, 1‹. Jetzt zugänglich in: Wegmarken. Frankfurt 1967 (= Gesamtausgabe Bd. 9. Frankfurt 1976).

[5] In: Dilthey-Jahrbuch 6 (1989), S. 228–234.

als der christlich bedrängte Denker zielt. Aus diesem Interesse hat er den Aristoteles so stark gemacht und ihn aus den Grundantrieben des menschlichen Daseins zu verstehen gesucht, wie Aristoteles in seiner ›Rhetorik‹ und seiner praktischen Philosophie das Menschsein verstand. Heidegger wollte prüfen, ob die aristotelische Metaphysik und ihre Frage nach dem Sein dem genügte, was er selbst suchte. Es ist doch offenkundig nicht das, was wir suchen, wenn wir als christlich Erzogene mit dem Urgedanken der Inkarnation konfrontiert werden – etwas, das absolut nicht mit der ›Parousia‹ verwechselt werden darf, in der bei den Griechen Götter den Menschen erschienen. Wie soll man mit dem Mysterium der Trinität zu Rande kommen, dem sich selbst Augustin nur mit vorsichtigen Analogien zu nähern gewagt hat? Das sind ganz anders geheimnisvolle Dinge, denen wir als Denkende nicht gewachsen sind und die wir nicht mit den Kategorien der aristotelischen Physik und Metaphysik und noch weniger mit der neuzeitlichen Wissenschaft begreifen können. Insofern ist der Abendmahlsstreit zwischen Luther und den anderen Reformatoren ein symbolkräftiger Ausdruck für die begriffliche Schwierigkeit, die Heilsbotschaft der christlichen Kirche denkend zu bewältigen. Heideggers Rückgang auf die aristotelische Metaphysik ist als ein Rückgang in theologiekritischer Absicht zu verstehen. Das ist beinahe ebenso herausfordernd, wie das handschriftliche Motto herausfordernd ist, das am Anfang seines Programms stand. Dort heißt es, mit ihrer Aufnahme des Aristoteles habe die christliche Theologie lediglich eine Begrifflichkeit geborgt – und zwar eine, die nicht geeignet ist, das auszudrücken, worauf es im Christusglauben ankomme.

Nun geht es darum, sich klarzumachen, daß wir alle nicht mehr in den griechischen Anfängen leben. Die Wiederbegegnung mit Aristoteles und mit dem ganzen griechischen Denken, das Jahrhunderte der abendländischen Geschichte beherrscht hat, ändert nichts daran, daß wir von unserer eigenen abendländischen Erbschaft unwiderruflich geprägt sind. Gewiß tritt jetzt heraus, daß diese Denktraditionen den ursprünglichen Anfängen gegenüber Verdeckungen sind. Aber auch jede Verdeckung hat ihre Lebensfunktion. Das wissen wir alle. Was wäre Leben ohne Vergessen? Und doch stehen wir vor der Aufgabe, in unserem Denken Verdeckungen abzutragen, auf ursprüngliche Erfahrungen zurückzugehen und diese in den Begriff zu erheben. Dafür bleibt uns das griechische Denken ein Muster. Die ursprünglichen Erfahrungen des griechischen Denkens sind – angeeignet und doch unbedacht – in die Wissenschaftskultur unserer Gegenwart eingegangen. Es bedurfte der raffinierten Denkkunst eines Hegel, um zwischen moderner Aufklärung und christlicher Botschaft eine gewisse Versöhnung zustandezubringen. Gerade deshalb war Hegel für Heidegger eine ständige Herausforderung. Heidegger hat in Hegel den letzten Griechen gesehen. Was kann aber uns in unserer Auseinandersetzung mit der modernen Aufklärung eine bloße dialektische Vermittlung helfen? Das hat Heidegger in seinen letzten Lebensjahren ständig im Blick gehabt, und gewiß auch bei jener Griechenlandfahrt in der Ägäis, als ihm aus dem Morgennebel eine Insel auftauchte. Da schrieb er mir: »Wir denken die Griechen noch immer nicht griechisch genug.« Was war für die Griechen ›Sein‹? – Sein ist ›Erscheinung‹.

Was hat er damit sagen wollen? Daß wir unsere *Ferne* von ihnen immer wieder vergessen? Oder daß wir, indem wir ihrer innebleiben, auf unserem eigenen Wege vorankommen? Andenken an Hölderlins Erfahrung des Göttlichen in Natur und Geschichte? So mag Heidegger es gemeint haben.

In seiner Jugend hatte er wohl noch nicht gedacht, daß auch ihm die rechte Begrifflichkeit für seine Lebensaufgabe bis zu seinem Ende fehlen würde. Er sprach es später selbst aus, wenn er von der Überwindung der Metaphysik oder von der Sprache der Metaphysik redete und vom Übergang, in dem wir uns befänden. Die Sprache der Metaphysik war für ihn etwas, worein wir immer wieder zurückfallen – auch er. Heidegger hat das immer wieder in seinen Schriften bekannt und erst recht uns anderen fühlbar gemacht, gerade auch durch seine eigenen Sprachkühnheiten. Er wußte doch, daß die Sprache uns wie ein Element trägt. Und doch hat er sie oft mit Gewalt genötigt, sich gegen sich selbst zu kehren.

In der Tat: Was ist die Sprache der Metaphysik? Was heißt hier »Sprache«? Ich habe Heideggers Sprachgewaltsamkeiten wie seinen gewaltsamen Interpretationen oft nicht folgen können und mich bemüht, den hermeneutischen Anstoß, den ich von Heidegger erhalten hatte, gleichwohl weiter zu entwikkeln. Ich habe nicht die Denkschritte des Abendlandes wie einen gerichteten Weg abzuschreiten versucht, sondern alle hermeneutische Anstrengung aufgeboten, mit Plato und Plotin, Augustin oder Thomas oder wo immer ins Gespräch zu kommen, um an unserem Bestreben, die rechte Sprache für das Gesuchte zu finden, teilzugewinnen. Gewiß, wir stehen alle in der ontologischen Differenz und werden von ihr aus niemals die theologische Differenz zwischen Göttlichem und Kreatürlichem denkend überwinden können oder wollen – einer solchen gnostischen Versuchung hat sich Hegel kühn ausgesetzt, ohne ihr ganz zu erliegen. Es war nicht Hegels Weg, den Heidegger verfolgte. Er hatte an Hölderlins dichterischer Aussagekraft seine Orientierung genommen – obwohl er die Nähe zum dichterischen Wort nicht für sich in Anspruch nehmen durfte, aber die begriffliche dialektische Sprache nicht zur Versuchung werden ließ.

Ich habe der Wegweisung durch Heidegger zu folgen gesucht. Was ich an den alten Texten verstand, habe ich mir immer gegenwärtig gehalten, gewiß nicht in deren Worten, sondern in unseren Worten, auch wenn das nur in der Annäherung gelingt. Aber hier geht es noch um etwas anderes. Wir erinnern uns nochmals an Heideggers tiefste Einsichten, die ihn etwa mit Hamsun als zeitgenössischem Dichter verbanden und vor allem mit Nietzsche ständig konfrontierten. Es geht nicht nur darum, daß sich im Bewußtsein immer zugleich auch Verdrängung betätigt. Gewiß ist Bewußtes in die Helligkeit gestellt, und anderes ist dadurch niedergehalten. Aber das, was niedergehalten wird, ist nicht einfach nicht mehr da. Das Traumthema der Psychoanalyse ist wohlbekannt und ist doch nur ein schwacher Zeuge für die Gewalt der Triebstruktur, kraft deren wir ständig zu leben haben. Unser Denken wie unsere Voreingenommenheit sind ständig davon bedroht, dem *désir* zu erliegen. So können wir uns nicht verbergen, wie schwer es ist und wie unentbehrlich es ist, daß wir im Gespräch leben. Wir suchen das Gespräch nicht nur, um den Anderen besser zu verstehen. Vielmehr sind wir selber von der Erstarrung unserer Begriffe bedroht, wenn wir etwas sagen wollen und der Andere uns aufnehmen soll. Meine eigenen Denkversuche sind noch von einer anderen Evidenz geleitet. Nicht das ist es, daß wir den Anderen nicht verstehen, sondern daß wir uns nicht verstehen. Gerade wenn wir den Anderen zu verstehen suchen, machen wir die hermeneutische Erfahrung, daß wir einen Widerstand in uns brechen müssen, wenn wir den Anderen als den Anderen hören wollen. Das ist nun wirklich eine radikale Grundbestimmung alles menschlichen Daseins und beherrscht auch noch unser sogenanntes Selbstverständnis. Was wir im 18. Jahrhundert »Selbstliebe« nannten, dafür sagen wir heute wohl »Narzißmus«. Wie man aber auch moderne Ansichten mit älteren Einsichten in Verbindung bringen mag – eins ist jedenfalls deutlich, daß die Sprache selber eine Form des Lebens ist und wie das Leben diesig ist und auch sie sich immer wieder einnebelt. So bewegen wir uns immer wieder nur für eine Weile in einem sich lichtenden Nebel, der uns wieder einhüllt, wenn wir das rechte Wort suchen. Es lebt sich leichter, wenn alles nach den eigenen Wünschen geht, und doch verlangt die Dialektik der Anerkennung, daß es keine billigen Lorbeeren sein dürfen. Das erfahren wir an dem Widerstand, den wir empfinden, wenn wir den Anderen gegen uns gelten lassen sollen. Uns dessen bewußt zu sein, mag uns am ehesten helfen, über unsere Voreingenommenheiten an die Sachen selbst heranzukommen und am Ende sich selbst in Frage gestellt zu sehen – und von woher am besten, wenn nicht von dem Anderen, der auf sich besteht? So möchte ich mit einem kleinen Kierkegaard-Wort schließen, das diesen Punkt besonders deutlich macht und auch den tieferen Sinn meines Bestehens auf dem Gespräch rechtfertigen mag, in dem allein Sprache lebendig ist. Es ist der Titel einer Rede, die Kierkegaard einmal geschrieben hat: »Über das Erbauliche in dem Gedanken, gegen Gott allzeit Unrecht zu haben«.

D. Hans-Georg Gadamer im Dialog

16. Dialogischer Rückblick auf das Gesammelte Werk und dessen Wirkungsgeschichte[1]

1996

Jean Grondin: Herr Gadamer, Sie können auf einen langen Denkweg zurückblicken. Ihr Lehrer Martin Heidegger hat einmal gesagt, jeder Denker gehe in seinem Leben nur einem Grundgedanken nach, gehe auf einen Stern zu. Auch wenn Sie selber diese Sprechweise und aus Bescheidenheit den Anspruch, ein Denker vergleichbaren Ranges zu sein, von sich abweisen mögen, möchte ich Sie zunächst fragen, worin im Rückblick, und eventuell von Anfang an, Ihr Grundgedanke, Ihre Leitfrage bestanden haben mag. Oder halten Sie die Frage für sinnlos?

Hans-Georg Gadamer: Nein, die Frage ist sicherlich sehr begründet, weil am Ende eines längeren Lebens ja doch Strukturen bewußt werden, die man durchaus nicht als solche geplant zu haben scheint. In meinem Falle liegt es sicher darin, daß ich aus einem naturwissenschaftlichen Milieu stamme, aber von Anfang an von der Kunst angezogen wurde, ohne daß das in meinem Elternhause oder auch in den damaligen Schulverhältnissen eine größere Rolle spielte. Aber immerhin kam es dazu, daß ich für große Dichtungen von früh an empfänglich war. Ich erinnere mich, daß ich vor allem Shakespeare sehr früh gelesen habe und ein eifriger Theaterbesucher war, und daß ich schon in der Schulzeit Lyrik liebte, und schon damals war ich von Georges Verskunst bezaubert. Noch im letzten Kriegsjahre wurde ich Student und folgte in der Schule empfangenen Anregungen, indem ich Germanistik, Geschichte und Kunstwissenschaft studierte. Ich hatte damals keine Neigung, klassische Philologie zu betreiben. Diese Seite des Schulunterrichts befand sich damals unter schwierigen Umständen. Es waren die letzten Jahre des 1. Weltkrieges, in denen nur sehr alte Lehrer diesen Unterricht gaben, so daß ich zwar Griechisch und Lateinisch gut lernte, aber ohne wie von Shakespeare und auch sonst vom Theater der Klassiker und der Moderne angezogen zu werden. Deswegen bin ich in Breslau, als ich 1918 auf die Universität kam, leider an den klassischen Philologen – Wilhelm Kroll war

[1] Das Gespräch mit dem Herausgeber fand am 3. und am 24. Mai 1996 statt. Der Text wurde mehrfach von Hans-Georg Gadamer überprüft und ergänzt.

damals dort – vorbeigegangen. An der Universität war dann die Germanistik eine Enttäuschung, als ich sah, wie allein die Sprachwissenschaft gemeint war und gar nicht das durch Sprache Mitgeteilte. So kam es, daß ich, je mehr ich unbefriedigt war, meine eigenen Fragen zu formulieren suchte – und dafür konnte ich natürlich im Umgang mit Philosophie am meisten gewinnen. Es kam auf diese Weise dazu, daß ich vor allem versuchte, die Präsenz dessen, was mir wichtig und insofern wahr zu sein schien, gegenüber der Überbewältigung durch die rein geschichtliche Fragestellung freizulegen. So würde ich Ihre Frage beantworten, daß es mir von vornherein um dieses ging: Das Studium der Philosophie sollte mehr sein als eine Reflexion über die Wissenschaften. Es sollte auch die Erfahrung der Kunst und ihre Nähe zur philosophischen Fragestellung freilegen. Das ist im Grunde meine Aufgabe geblieben, wenn auch natürlich auf langen Umwegen.

JG: Ihre Philosophie ist zweifelsohne mit dem Stichwort der »Hermeneutik« verbunden. Selbst Heidegger hat einmal in einem Brief gesagt: »Die hermeneutische Philosophie, ach, das ist die Sache von Gadamer«.[2] Inwiefern ist das Ihre Sache, im Unterschied zu Heidegger, und wie kann man überhaupt einem Laien – und das ist man immer in der Philosophie – verständlich machen, was Hermeneutik ist?

HGG: Sicherlich ist das Wort Heideggers über mich so zweideutig, zwischen Kritik und Anerkennung, wie alles, was er in solchen Fällen zu sagen pflegte. Es ist ein Wort der Kritik darin, daß ich in meinen philosophischen Arbeiten die Hermeneutik als meine Sache verteidigte, während der spätere Heidegger den Gebrauch dieses Wortes aufgab, das ihm ursprünglich durch seine theologischen Studien geläufig gewesen war. Was Hermeneutik ist, war freilich damals eine bloße Hilfswissenschaft, vor allem für die Theologen und die Juristen. Aber bei Heidegger war es eine mich überzeugende Entwicklung der Phänomenologie zu einer hermeneutischen Phänomenologie. Als sich mir schließlich dieser Begriff der Hermeneutik mit eigenem Inhalt füllte, war mir gleichwohl voll bewußt, daß ich dabei immer den späten Heidegger vor Augen hatte, freilich ohne dem Sprachgebrauch der ›Kehre‹ zu folgen. Mir kam auf diesem Wege sehr deutlich zu Bewußtsein, daß die Fragen der Philosophie, die Heidegger in der Kritik an der metaphysischen Überlieferung entwickelte, erst richtig überzeugend würden, wenn man den anderen, zu dem man spricht, dabei erreicht. So etwa würde ich auch erklären, warum ich den Widerstand gegen den Begriff Hermeneutik im Titel, den der damalige Verleger äußerte, ganz willig aufnahm. Es ging mir nicht um eine Wissenschaftstheorie oder Theorie der Geisteswissenschaften. Ich wollte umgekehrt zeigen, daß in den Geisteswissenschaften nicht nur

[2] Brief von Martin Heidegger an Otto Pöggeler vom 5. 1. 1973, zitiert in O. Pöggeler, Heidegger und die hermeneutische Philosophie, Freiburg/München 1983, S. 395.

Wissenschaft und Methode eine Rolle spielen, sondern vor allem auch die geheimnisvolle Präsenz, die ein Kunstwerk hat und die sich immer erneuernden Fragen der Metaphysik und der Religion auch haben.

JG: Sie haben darauf angespielt, daß Ihr Verleger Bedenken gegen den ursprünglichen Titel »Grundzüge einer philosophischen Hermeneutik« hatte. Daraufhin sind Sie auf den Titel »Wahrheit und Methode« gekommen. Aber 1986 umfaßte der Titel »Wahrheit und Methode« nicht nur die »Grundzüge« von 1960, sondern auch einen 2. Band (»Hermeneutik II« hieß auch der Band), der Vorstufen, Ergänzungen und Weiterentwicklungen brachte. Was beabsichtigten Sie mit dieser Ausdehnung des Titels »Wahrheit und Methode«?

HGG: Von mir aus sah das wohl so aus, daß ich mich vor allem als Phänomenologe fühlte, für den die Sachen selbst und die ›Lebenswelt‹ das Ziel sind und nicht wie für den Neukantianismus das Faktum der Wissenschaft. Es hat mich schließlich an Heidegger am allermeisten angezogen, wie sehr er die Sachen zum Greifen naherückte. Das war der Grund, warum ich mich später bevorzugt mit der griechischen Philosophie befaßt habe, weil das Lateinische in allen Kultursprachen der Neuzeit die ganze Begriffssprache gefärbt hat und damit philosophische Vorentscheidungen aufnötigte. Bei den Griechen konnte man dagegen auf die alltägliche Welterfahrung zurückgehen. Das führte mich auf die umfassende Rolle der Sprache. Freilich war mir dabei bewußt, und damit komme ich zur Antwort auf Ihre Frage, daß der 3. Abschnitt von *Wahrheit und Methode* nur eine Skizze war und nicht alles so sagte, wie ich es eigentlich im Auge hatte. Man konnte also etwa den schönen Marquardtschen Scherz, statt des Seins-zum-Tode käme in der Hermeneutik das Sein-zum-Text, in der Darstellung des 3. Teiles von *Wahrheit und Methode* mitempfinden. In Wahrheit wollte ich zeigen, daß sich in den Texten Erfahrungen auftun, die viel eher der Kunst, der Religion und der Philosophie zugehören als der Wissenschaft.

JG: Ihre Hermeneutik, und das ist vor allem »Wahrheit und Methode«, hat zahlreiche kritische Reaktionen hervorgerufen, die aus ihrer eigenen Wirkungsgeschichte nicht mehr wegzudenken sind. Es wäre müßig, auf spezifische Einwände zurückzukommen. So möchte ich mich hier auf einige sachliche Themen und Erwiderungen beschränken. Ich möchte drei solche Stichworte nennen, die jeweils auf die drei Teile und Themenbereiche von »Wahrheit und Methode« (Kunst, Geschichte und Sprache) zielen. Die nicht sehr schön formulierten Stichworte, die auf kritische Stellen ihrer Hauptthesen hinweisen, lauten Ästhetizismus, Relativismus und Linguistizismus. Unter Ästhetizismus versteckt sich der Verdacht, daß Sie am Ende einer ästhetischen Wahrheitsauffassung das Wort reden. Sie kritisieren zwar das «ästhetische Bewußtsein«, weil es vom Wahrheitsanspruch der Kunst absieht. Aber die Wahrheitsmomente, auf die Sie hinzielen, formulieren Sie doch am Ende von »Wahrheit und Methode« mit Hilfe des Begriffs des Schönen und der platonischen Lichtmetaphysik. Da regte sich das Bedenken, Wahrheit werde hier doch als rein ästhetisch gemeint.

HGG: Zunächst muß man im Auge behalten, daß ich den Begriff des Schönen am Schluß von *Wahrheit und Methode* in Anlehnung an den griechischen Begriff des *kalon* im Auge habe, und das schließt die Untrennbarkeit des Guten und des Schönen ein. Das ist das eine, was ich gleich als erstes sagen würde.

Und dann würde ich sagen: Es ist alles andere als eine Ästhetisierung, weil ja meine ganze Sache gerade mit der Kunst und nicht mit der Ästhetik ansetzt. Da würde ich eher von der Transzendenz sprechen, die alle im Leben begegnende Erfahrung überschreitet. Nehmen wir etwa den Undank, den Mangel an Dankbarkeit. Den lernt man durch *König Lear*! Das ist es auch, was Aristoteles gemeint hat, wenn er die Dichtung philosophischer als die Geschichtsschreibung findet. Denn sie drückt bleibende Wahrheiten aus. Die Geschichtsschreibung behandelt Dinge, wie sie wirklich geschehen sind, die Dichtung dagegen zeigt, wie es immer zugeht.

Ich habe seinerzeit den ersten Teil der *Kritik der Urteilskraft* Kants von der Verzerrung befreit, man könne durch den Begriff des ›interesselosen Wohlgefallens‹ Kunst charakterisieren. Das schien in der Entwicklung unseres Jahrhunderts am Ende erwünscht, daß man an der Kunst nichts anderes zu suchen habe, als interesseloses Wohlgefallen. Demgegenüber habe ich zu zeigen versucht, was freilich allgemein noch immer nicht apperzipiert ist, daß Kant im Ausgang von der ästhetischen Frage den Übergang zur Kunst erst gesucht hat. So hat er zunächst vor allem an das Naturschöne gedacht und mit Hilfe des Erhabenen den Übergang von der Ästhetik zur Kunst gesucht. Es ist ein Irrtum und ein Mißbrauch mit der *Kritik der Urteilskraft*, daß man hier Kant für die objektlose Kunst hat sprechen lassen. Man verkennt, daß auch die Moderne und Postmoderne Kunst sein kann und nicht bloße Dekoration. Das war in meinen Augen ein Mißverständnis. So habe ich später den Aufsatz von 1983 »Text und Interpretation« bereits in den zweiten Band meiner Ausgabe aufgenommen, um die Richtung der späteren Arbeiten anzuzeigen.

Das Ziel meiner kritischen Arbeiten zur Ästhetik war also die Befreiung von allem bloßen Historismus. Kunstgeschichte war schließlich im Zeichen des Historismus mehr oder minder zur Ikonographie geworden.

JG: Und wie transzendiert die Kunst den Historismus?

HGG: Es scheint mir überzeugend, daß ein Werk der Kunst sich jeder Umformung in eine andere Form der Aussage widersetzt. Als Philosoph verteidigt man also hier eine Art von Erfahrung, die man nicht durch bloße Begriffskunst ersetzen kann. Dieser Sinn von Transzendenz meint also, daß hier jede steigerungsfähige Präzision fehl am Platze ist. Ein Werk der Kunst ist gut oder schlecht, stark oder schwach. Aber das, was man dabei erfährt, ist eine spezifische Gegenwärtigkeit. Das nenne ich hier Transzendenz.

JG: Unter dem Stichwort Relativismus denkt man insbesondere an Ihre Rehabilitierung von Vorurteilen als Bedingungen des Verstehens. Die Geschicklichkeit erheben Sie zum hermeneutischen Prinzip. Muß das nicht ein historischer Relativismus sein?

HGG: Das Wort ›Relativismus‹ hat es nicht gegeben, so lange es nicht Zweifel an der absoluten Wahrheit gab, die in der Metaphysik verkörpert sein sollte. Unter dem stillen Vorbehalt des Relativismus der Erfahrung hat sich der Neukantianismus besonders bemüht, den Apriorismus geschichtsfrei zu halten. Das war es, was man unter a priori zu verstehen hatte. In der Philosophie unseres Jahrhunderts und vor allem in den großartigen Entwürfen des Idealismus Fichtes und Hegels geht es um das absolute Wissen. Für endliche Wesen gibt es aber kein Wissen des Absoluten. Was wir im Sinne von Science ›Wissenschaft‹ nennen, sind in Wahrheit Erfahrungswissenschaften – mit Ausnahme der Mathematik und der Logik –, und Erfahrungswissenschaften können kein absolutes Wissen sein. Es scheint mir die richtige Antwort auf den Einwand des Relativismus, wenn die griechische Philosophie nur die Mathematik ›Wissenschaft‹ nannte und alle unsere Erfahrungswelt in dem grenzenlosen Bereich der Sprachlichkeit und der Rhetorik ansiedelt. Da ist durchaus nicht alles beweisbar. Was als wahr gelten muß, zielt auf das Glaubhafte ab.

In Wahrheit steht es schon bei Platon im *Phaidros* und im *Philebos*, und das gleiche wird dann von Aristoteles ausführlich für die Ethik geltend gemacht, daß für sie der Wahrheitsbegriff der Mathematik keine Geltung hat. In der Mathematik und ihren Notwendigkeiten kommt alles auf die Findung der Beweise an. Für das Sein und Handeln der Menschen könne man aber nicht die Genauigkeit der Mathematik verlangen. Das heißt nicht, daß es in der Ethik nicht um Wahrheit geht, aber es gibt da freilich keine Beweise von zwingender Kraft. In der Rhetorik gibt es keine Syllogismen, sondern das enthymema [das Beherzigenswerte]. Darin geht es um das Glaubhafte und das gilt für alle Begriffe vom Wahren, die wir in dem klassischen Begriff der Rhetorik kennen. Das gilt sogar für die Physik, soweit es sich um die sublunare Welt handelt, daß auch da Zufälliges geschieht. In Wahrheit zwingt damit Aristoteles zu einem ganz engen Begriff von episteme als Wissenschaft, den er nur in der Mathematik gelten läßt. Nur da gibt es wirkliche Beweise und nur da kann es keine Ausnahmen geben.

Das Gebiet der Geisteswissenschaften sollte man also eigentlich besser unter dem alten Begriff der Rhetorik zu Ehren bringen, wo es sich um glaubwürdige Aussagen handelt und nicht um zwingende Beweise. Das gilt für die historische Forschung so gut wie für die Rechtswissenschaft oder die Theologie, und so gilt es auch für die Erfahrung der Kunst. Da mag es noch so viel Wissen und Wissenschaft geben, aber nichts davon betrifft die Kunst als Aussage.

JG: Sie heben in Ihrem Ansatz die Vorstruktur des Verstehens heraus und bestehen gleichzeitig auf einer Ausweisung an den Sachen selbst, wie die phänomenologische Parole bei Husserl wie bei Heidegger es nennt. Wie läßt sich das beides vereinbaren: Vorgängigkeit der Vorurteilsstruktur und die Ausweisung der Sache selbst? Schließt nicht eins das andere aus?

HGG: Ja, wenn wir unsere Vorurteile je ganz ausschalten könnten. Unsere Vorurteile sind aber gerade dadurch definiert, daß wir uns unserer Vorurteile nicht bewußt sind.

JG: Aber was meint dann die Sache selbst?

HGG: Man muß sich nur klar sein, was ›die Sache‹ eigentlich meint. Die Sache ist immer die Streitsache. Das sollten wir irrenden Menschen nie vergessen, und darauf beruht alle Bemühung, unsere Vorurteile zu überwinden. Die Sache selbst hat auch Husserl den intentionalen Gegenstand genannt, und ich erinnere mich, wie Heidegger im Proseminar in Freiburg fragte, was der internationale Gegenstand eigentlich sei. Der kühne Vorgriff, den er darauf selber als Antwort gab war, der intentionale Gegenstand sei das Sein – offenbar im Gegensatz zum Seienden. Wenn Heidegger von der Sache selbst und dem Phänomen spricht, das sich zeigt, so meint er dabei die Destruktion des Verdeckenden und darin ist die ganze temporale und historische Substruktion impliziert. Das Aufdecken der Vorurteile, die dazu führen soll, daß das Sein sich zeigt, ist eine Folgerung der Zeitlichkeitsanalyse in Heideggers *Sein und Zeit.* Die Vorurteile, aufgrund derer man urteilt, sind einem gar nicht bewußt. Insofern ist die Sache immer eine Streitsache. Wogegen man streitet, wenn man die Sache meint, ist das Wunschdenken, und es gilt, das Anderssein zu verteidigen. Diesem Ziele dient im besonderen, wenn ich und Du ein Gespräch bestreiten. Denn darauf kommt es an, daß der andere auch von ihm unbewußten Vorurteilen aus am Gespräch teilnimmt. Das gehört zu einem fruchtbaren Gespräch. Wenn wir nicht mit solchem Wohlwollen zuhören, das den anderen in dem, was er meint, anerkennt, sind wir Sophisten. Das jedenfalls ist es, was der Sprachgebrauch meint, wenn er in unserem Sinne von Sophistik redet. Der Sophist will gar nicht verstehen, sondern recht behalten. Was man hier sophistisch nennt, ist der Scheincharakter solcher Widerlegungen.

JG: In dem dritten Teil von *Wahrheit und Methode* geht es um die universale Dimension der Sprachlichkeit, die damit eine ontologische Dimension der Hermeneutik freilegt. Hier scheinen Sein, Verstehen und Sprache ganz ineinander verwoben zu sein, und so haben viele das im Sinne von Panlinguistizismus interpretiert. Vor allem die berühmte Formel hat dazu verführt, die das wohl meist zitierte Wort aus Ihrem Werk ist: »Sein, das verstanden werden kann, ist Sprache«. Was meinen Sie mit dieser Formel?

HGG: Vor allem heißt es das eine: Sein, das erfahren und verstanden werden kann, bedeutet: Sein spricht. Nur über die Sprache kann Sein verstanden werden. Die zitierte Formulierung hat gewiß etwas Schillerndes, aber das ist eine Eigenschaft spekulativer Aussagen, daß sie von verschiedenen Seiten zum Sprechen kommen. Diese Erfahrung macht man in der Praxis oft, je nachdem, wie einer fragt, was er meint, oder wer er ist, der einen fragt, antwortet man ein wenig anders. Das scheint mir keineswegs der Kritik bedürftig, sondern entspricht genau dem, was in der Rhetorik des Aristoteles das enthymema ist. Darin drückt sich eine Zuwendung zum anderen aus, die die wahre Rhetorik auszeichnet. Eine rhetorische Zuwendung ist als solche kein zwingender Schluß, aber sie ist deswegen nicht ohne Sinn und nicht ohne Überzeugungskraft und Wahrheitsanspruch. Alle Rede ist doch so, daß das Gemeinte sich von verschiedenen Seiten zeigt und sich daher auf vielfältige Weise wiedergeben läßt. Das ist der Sinn von Schlüssigkeit, der etwas Überzeugungskräftiges ausdrückt, ohne ein zwingender Beweis zu sein.

Ich gebe ein Beispiel: Heidegger sagt einmal »die Sprache spricht«. Ich muß gestehen, daß ich mich der forcierten Paradoxie dieser Formulierung Heideggers lange Zeit widersetzt habe. Es hat mir nicht so ganz gefallen, und ich habe erlebt, wie treueste Heidegger-Schüler darüber erbost waren, daß Heidegger das gesagt hat. Es sei doch klar, daß es der jeweils sprechende Mensch sei, der spricht. Nun, inzwischen habe ich begriffen, was Heidegger meinte, wenn er sagte, die Sprache spricht. Natürlich ist da einer, der spricht, aber dieser ist nicht, ohne durch Sprache eingeengt zu sein, weil es nicht immer das rechte Wort ist, das einem kommt. Das ist Hermeneutik, zu wissen, wieviel immer Ungesagtes bleibt, wenn man etwas sagt. Nach dieser Richtung geht sehr vieles, was durch den Wissenschaftsbegriff der Neuzeit fast ganz unserer Aufmerksamkeit entgeht. So habe ich es geradezu als das Wesen des hermeneutischen Verhaltens bezeichnet, daß man nie das letzte Wort behalten soll.

JG: Wenn ich recht verstehe, heben Sie damit auf die Grenzen der Sprache ab, während man in *Wahrheit und Methode* den entgegengesetzten Eindruck bekommt, daß das Universum der Sprache grenzenlos sei.

HGG: Aber nein, das habe ich nie gemeint und auch nicht gesagt, daß alles Sprache ist. Sein, das verstanden werden kann, ist Sprache. Darin steckt eine Begrenzung. Was also nicht verstanden werden kann, kann eine unendliche Aufgabe sein, das Wort zu finden, das der Sache wenigstens näher kommt.

JG: Warum berufen Sie sich in *Wahrheit und Methode* in diesem Zusammenhang auf Augustins Lehre vom inneren Wort?

HGG: Gerade deshalb, weil Augustin nicht weniger als 15 Bücher gebraucht hat, um dem Geheimnis der Trinität näher zu kommen, ohne deswegen in den falschen Ausweg gnostischer Anmaßung zu verfallen. Das ist für mich ein sehr wichtiger Punkt geworden, den ich mit Nachdruck verteidigen muß. In Wahrheit geht es nämlich gar nicht um den Turmbau von Babel, das heißt um die Vielfältigkeit der Sprachen und der Sprachverwirrung, die nach dem Alten Testament dem Turmbau ein Ende machte und die Menschen auf ihr eigenes Schicksal zurückwies. In Wahrheit ist es gar nicht die Vielfältigkeit der Sprachen, die für die hermeneutische Aufgabe eine unübersteigbare Barriere darstellen soll. Jede Sprache ist lehrbar. So ist ein jeder zum Überschreiten aller Grenzen immer wieder fähig, wenn er die Verständigung mit anderen sucht. Ja, es liegt in der Grenzerfahrung, die im Wort als solchem liegt, geradezu eine unendliche Aufgabe.

Das habe ich später in einigen Aufsätzen über die Grenzen der Sprache auszuführen versucht[3]. So rechtfertigt sich jeweils die Bemühung, verstanden zu werden. Wenn ich eine fremde Sprache höre, die ich nur ganz wenig kenne, dann glaube ich mich sogleich wie unterwegs zu einer Gesprächsbasis. Ich mache jetzt in unserem gegenwärtigen Sprachwirrwar, in dem wir uns befinden, immer wieder die gleiche vielsagende Erfahrung. Sie besteht darin, daß Menschen, die sich in einer fremden Sprache ausdrücken, wenn es auch noch so schlecht geht, ein großes Wohlwollen seitens der Einheimischen finden. Es klingt paradox, aber es ist wahr: man verständigt sich im Stottern einer fremden Sprache leichter als in Verständigungsversuchen in einer gemeinsamen Muttersprache.

Ich habe regelmäßig eine Erfahrung gemacht. Da geschieht es oft genug, daß einem der andere anbietet: ach, wir wollen es uns doch einfach machen, Sie reden Deutsch, und ich rede mit Ihnen Englisch, Französisch, Spanisch oder was auch immer. Aber das geht nicht. Wenn man miteinander reden will, wird nach einiger Zeit die eine oder die andere Sprache gesprochen. An dieser Erfahrung, die wir alle kennen, kommt in meinen Augen heraus, was für eine konkrete Realität das Gespräch und die Sprachlichkeit darstellt. Das sind nicht nur einfach Abstraktionen des Allgemeinbegriffes für Sprache. Es ist ausgesprochen irreführend, wenn es auch in der antiken Geschichte des Wortes graphein und gramma seine natürliche Wurzel hat: Worte sind nichts Geschriebenes. Worte sind nicht im Gehirn eingegraben. Was dort sozusagen angelegt ist, ist vielmehr die Fähigkeit, neue Kombinationen zu stiften, also Sprechen möglich zu machen. Das ist Sprachlichkeit, und der Ausdruck meint deshalb das »innere Gespräch«, das die Stoa den logos endiathetos genannt hat. Augustin hat es sehr eindrucksvoll entwickelt, daß dieses innere Gespräch ein Geheimnis der christlichen Religion verdeutlichen kann. Ich habe viel von Augustins Büchern *De trinitate* gelernt. Diese Bücher enthalten einen wahren Überfluß von Metaphern, die das große Geheimnis der christlichen Glaubenslehre, die Dreieinigkeit verständlich machen sol-

[3] Vgl. z. B. Grenzen der Sprache, in Ges. Werke Bd. 8, S. 350–361.

len. Augustin orientiert sich an dem Begriff des Logos und des Prozesses in Gott. Er ist da letzten Endes immer neuplatonisch inspiriert und erreicht so die Überwindung der Gnosis. Wenn das so ist, dann ist hier tatsächlich eine Grenze des Erkennens da, und es bedarf des Glaubens.

JG: Wenn die Trinität einen Prozeß in Gott meint, bedeutet das für Sie eine Grenze gegenüber der Gnosis, der Erkennbarkeit, des Instrumentalismus, des Nominalismus?

HGG: Ja. Das ist die augustinische Lehre mit allem Nachdruck, die trinitas bedeutet eben die Grenze. Da können wir uns nur annähern durch menschliche Analogien.

Das ist gerade kein Beweis Gottes, das ist nur ein Verständnisweg für die Offenbarung. Der Versuch Augustins ist, durch seine Bücher zu sagen, das größte Geheimnis der Verkündigung und der Offenbarung kann man immerhin für die menschliche Vernunft durch Analogien etwas verständlich machen. Aber beweisen kann man hier gar nichts. Insofern glaubte er dadurch, über die gnostischen Angriffe erhaben zu sein.

JG: Sehr erhellend. Aber man könnte entgegnen: Daß man sich dem Verständnis der Trinität, auch wenn es sie nicht geben soll, nur annähern kann, wird eventuell jeder Mensch zugeben. ›Trivialere‹ Realitäten kann man vielleicht beherrschen. Die Annäherung ist bei der Trinität augenfällig, weil es die Trinität Gottes ist, weil sie unser Verständnis übersteigt. Aber die anderen Bereiche unseres Wissens lassen sich doch beherrschen.

HGG: Es geht im Wissen nicht immer um Beherrschen. Es geht um Vertrautsein. Augustin hat 15 Analogien zu dem Geheimnis der Trinität dargelegt – gerade um zu zeigen, daß nicht alles beherrschbar ist. Das sind uns wohlvertraute Dinge, wie uns das vertraut ist, daß es Sprache gibt. Aber wie das zustande kommt, bleibt uns geheimnisvoll. Das genügt für den Theologen Augustin zu sagen: Also tut nicht so, als ob es so etwas ganz Neues wäre, dieses Geheimnis. – Es gibt viele Dinge, die wir im Grunde nicht wirklich verstehen, mit denen wir doch vertraut sind.

Wie wir alle wissen um solch Geheimnisvolles. Man denke etwa an das Gedächtnis, an Vergessen und Erinnern. In Platos Anamnesis-Lehre steckt eine tiefe Wahrheit. Man kann ein Wort suchen, das einem absolut nicht einfallen will. Aber wenn es einem wieder einfällt, ist es einfach da. Wie oft muß man dasselbe Wort trotzdem nochmals suchen. So steht die sprachliche Äußerung mit dem Begriff in einem merkwürdigen Verbunde.

Ob dieser Verbund von Wort und Begriff nicht vielleicht auch für die vieldiskutierte Frage bedeutsam ist, wie sich die praktische Philosophie mit dem Wissen der praktischen Einsicht, der Phronesis, unter der allgemeinen Begriffsperspektive darstellt, die Aristoteles in A 1 und mit Z 1 als skopos, als Gesichtspunkt für beides gebraucht und das, obwohl das eine in sich selber nicht praktisch ist, sondern eigentlich theoretisch, während das andere die Praxis selber meint? An dieser Beobachtung hängt die vieldiskutierte Frage, wie es eigentlich mit dem Verhältnis der Philosophie und der praktischen Philosophie zu dem praktischen Wissen der Phronesis steht. Es gibt eine ganze Debatte darüber. Die einen sagen, die Phronesis sei eine Art Ethik, weil Aristoteles darauf besteht, daß die Philosophie selber doch auch der Tugend selbst dienstbar und hilfreich sein soll. So scheint es eine genaue Grenze zwischen Wort und Begriff in diesem Bereich kaum zu geben. Erst die nominalistische Denkweise der Neuzeit, die alle Worte als Werkzeug ansieht, erkennt nicht mehr, daß in Wahrheit sich in Worten Lebensverhältnisse gestalten. Frage und Antwort müssen überdies nicht immer Worte sein. Auch ein Blick kann eine Frage sein, und ein Blick kann eine Antwort und Verstehen ausdrücken.

JG: Es gibt also nichtsprachliches Verstehen?

HGG: Zweifellos gibt es das.

JG: Und das würden Sie trotzdem Sprachlichkeit nennen?

HGG: Aber ja. Die Wortsprache ist doch jeweils nur eine besondere Konkretion von Sprachlichkeit, und das gleiche gilt wiederum genauso etwa für die Gesten. Ein Hund, dem man mit der Hand in die Richtung zeigt, läuft nie dorthin, sondern springt zu der Hand hinauf. Sprache gibt es ja auch für Stumme, sogar für Taubstumme. Auch für Wilhelm von Humboldt ist es so, der für mich besonders überzeugend ist, weil sein eigentliches Charisma darin bestand, daß er nicht nur ein großartiger Linguist war. Zugleich nahm er auch immer die Dinge, die in den verschiedenen Sprachen zugänglich wurden, wichtig. Man denke an die Einleitung in die Kawisprache. Das gilt für das ganze Problemgebiet, das den *Phaidros* so schwierig und mir unvergeßlich macht. Da wird gezeigt, wie die philosophische Dialektik im Bund mit der wahren Rhetorik steht. Es gibt da viele Probleme, die sich mir erst langsam stellen.

Eines dieser Probleme ist, wieso die mittelalterliche Scholastik schließlich so ganz von Aristoteles beherrscht worden ist. Wenn man Augustin liest, dann atmet man platonische Luft. Auch im Lesen Plotins trägt einen ein so seelenvolles Griechisch, daß die größten Geheimnisse des platonischen Geistes anklingen. Ob dieser spätere Übergang des Aristoteles in die christliche Theologie ohne die Araber möglich gewesen wäre? Das ist die Frage. Es ist doch wohl kein Zufall, daß der Durchgang durch die arabische Kultur in vielen Spuren unserer Sprache nachklingt. So nennen wir die von uns gebrauchten Zahlzeichen arabische Zahlen. Sie haben nichts mehr von den bekannten römischen Zahlzeichen, die immer etwas von der Abbildung der Vielzahl von Einsen erkennen lassen. An den arabischen Zahlen haben wir freigesetzte Symbole, die nichts abbilden. So ist auch der Begriff der Algebra arabischer Herkunft. Mit der arabischen Sprache haben wir eine ganz fremde Sprache vor uns, die doch wohl überhaupt nicht die copula kennt und all das, was die Logik und Grammatik im Griechischen wie im Lateinischen entwickelt hat. Sprache ist nie ganz frei von Metaphern. Aber nicht jede Sprache ist so logisch wie das Latein. Wenn man alles in logische Gattungsbegriffe und ihre Spezifikationen umprägen will, fällt immer ein Stückchen daneben. Es wird schwächer, es wird blasser. Das ganze Schicksal der abendländischen Zivilisation kündet sich hier, in dieser nominialistischen Wendung, im Universalismusstreit vielleicht schon an, sofern man nicht ein Gespräch zu führen strebt, sondern zwingend Beweisbares behaupten will. Um hier klarer zu sehen, sollte man sich an die Untrennbarkeit von Rhetorik und Dialektik erinnern, auf der der *Phaidros* besteht. Platos Werk ist dadurch besonders auffallend, daß es die Rhetorik und ihren Gebrauch zu demagogischen, populistischen Zwecken, die man Sophistik nennt, ausdrücklich zum Thema macht und Sokrates oft im Gespräch mit den Sophisten darstellt. Das ist eine geniale Erfindung von Plato.

JG: Sokrates im Gespräch mit den Sophisten, ist das von Platon erfunden?

HGG: Gewiß, und mit welcher poetischen Kraft! Man weiß ja, daß die großen Sophisten fast alle Ausländer waren, die nach Athen kamen. So hielt sich das von der intellektuellen Jugend und ihren Lehrern gereizte Volk eines Tages an den allein Greifbaren, an Sokrates, und nahm Rache für diese neuen Moden. Das ganze Werk Platos stellt diese Verwechslung des Sokrates mit den Sophisten wundervoll dar. Er hat für seine Kritik an den zersetzenden Folgen der sophistischen Aufklärungsbewegung auf seine Weise seinen Sokrates stilisiert[4] und dadurch das berühmte Wissen des Nicht-Wissens unsterblich gemacht, von dem Xenophon in seinen Erinnerungen offenbar überhaupt nichts gemerkt hat. Später, im *Phaidros*, sucht Plato so etwas wie einen Ausgleich zwischen Rhetorik und Dialektik, und daran hat Aristoteles angeknüpft, der in Platos Akademie Rhetorik und Logik gelehrt hat.

Ob die praktische Philosophie, die Aristoteles entwickelt hat, irgendwie Phronesis voraussetzt oder gar selber eine solche sittliche Einsicht sei, müßte man eigentlich klären können. Aber es scheint mir sehr bedeutsam, daß auch Aristoteles die Logik nicht an die oberste Stelle gestellt hat. Ich bin mehr und mehr der Überzeugung, daß Aristoteles ebenfalls durch seine Art des Denkens begriffliche Experimente unternimmt und daß seine Schriften nicht oder jedenfalls nicht in jedem Falle für eine Art Publikation gedacht waren. So muß man auch diese Schriften, wenn man sie verstehen will, in Dialog umsetzen.

Leider haben wir die von Aristoteles selbst verfaßten Dialoge, die weltberühmt waren, nicht mehr. Wir können sie aus Cicero doch soweit rekonstruieren, daß diese auch keine lehrhafte Sache gewesen sind und vieles in der Schwebe ließen. Man hört einer Debatte zu, in der ein Dritter vermittelt,

[4] Vgl. in diesem Band Plato als Porträtist.

aber am Ende bleibt vieles offen. Plato hat freilich in dieser Richtung einen noch viel stärkeren Effekt erzielt. Wenn er Sokrates im Gespräch darstellt, so fühlt man sich immer mit jeder Frage selber gemeint. Diese eintönige Rede des anderen, der meistens nur ›nein‹ ›ja‹, ›vielleicht‹ sagt, hat die Folge, daß man binnen kurzem überhaupt vergißt, daß es Gespräche sind. So sehr ist man selber mitten im Gespräch.

JG: Die Zentralstellung des Ausdrucks ›Sprachlichkeit‹ klingt aber doch etwas geheimnisvoll, wenn das überhaupt keine konkrete Sprache sein soll. Können Sie das erläutern?

HGG: Wir hatten schon eine Erläuterung, als ich an die Sprache der Gestik erinnerte. Das ist offenbar das Gemeinsame, daß selbst Haustiere, die nicht sprechen können, durch uns Menschen kaum etwas gezeigt bekommen können. Warum denn? Was ist da das Allgemeine? Offenbar fehlt die Fähigkeit, Symbolisches zu verstehen, nämlich, daß man an etwas, das man nicht meint, etwas anderes erkennt, das man meint, was auch immer es sei, und das so dazu paßt, wie die tessara hospitalis, mit der man sich noch nach Generationen als alter Freund des Hauses ausweist.

JG: Sprachlichkeit wäre also die ganz allgemeine Fähigkeit, mit etwas etwas zu meinen und mitzuteilen?

HGG: Ja, etwas als einen Wink zu verstehen und nicht, etwa nach diesem ausgestreckten Finger, wie der Hund zu schnappen, um es in Besitz zu nehmen, sondern verstehen, daß das etwas meint.

JG: Aber wie gestaltet sich hier das Verhältnis zwischen Logik und Rhetorik? Heutzutage steht Logik für strenges, wissenschaftliches, begründetes Wissen, während Rhetorik als Sophistik gilt.

HGG: Rhetorik ist heute ein Schimpfwort, gewiß! Ich halte das für eine große Schwäche unserer Zivilisation. Bei Vico ist noch der volle Sinn von Rhetorik da. Sie kennen diese lateinische Schrift *De ratione studiorum*. Sie hat mich immer sehr angezogen, viel mehr als die Anwendung, die er dann selber in *La nuova scienza* ausgeführt hat. Da stolpert man über viele philologische Seltsamkeiten. Doch bleibt auch dort das Grundsätzliche sehr einleuchtend. Sie erinnern sich gewiß, daß der lateinische Ausdruck für die Wissenschaft bei Vico critica lautet. Das heißt aber in Wahrheit nicht ›Kommunikation mit etwas‹, sondern Unterscheidung von etwas. Also der ganze neuzeitliche Begriff der Objektivität fängt in dieser Zeit an, sich zu bilden. Objektivität meinte ursprünglich das dem Subjekt sich Zeigende, den Gegenstand. Die cartesianische Wendung steht Vico bereits vor Augen. Sprachlichkeit, so könnte man es auch sagen, ist Symbolfähigkeit. Mit Stefan George würde ich vielleicht sogar Traumfähigkeit sagen.

JG: A propos: Wie reagieren Sie im allgemeinen auf den gängigen Vorwurf, daß das hermeneutische Denken wissenschafts-, logik- oder objektivitätsfeindlich sei? Das ist sehr verbreitet.

HGG: Gewiß.

JG: Ist das ein Mißverständnis?

HGG: Ich zitiere als Antwort den Exkurs aus dem *Politikos*, in dem diese beiden Formen des Messens nebeneinander gestellt werden und ausdrücklich gesagt wird: Zum Menschen, der als solcher ein politisches Wesen ist, gehört beides. Die Wissenschaft, welche Macht ist und etwas zu beherrschen beansprucht, ist nur eine Form von Wissen. Es gibt aber noch eine andere, und diese andere ist es, was ich verteidigen möchte: das rechte Wort im richtigen Augenblick zu finden, dieses Genaue selber. Das war der alte ehrwürdige Begriff der Rhetorik.

Also dieses Mißverständnis ist eine tatsächliche Irreführung. Ich meine, es ist ganz selbstverständlich, daß ich sage: Überall dort, wo durch das messende Verfahren und die Logik Blindheit entsteht, liegt die wirkliche Blindheit nicht in diesem Wissen, sondern darin, dieses Wissen für das Ganze zu halten. Das ist das, was ich verteidigen würde. Und an der Kunstwissenschaft und überhaupt an den Geisteswissenschaften ist das gleiche meine Grunderfahrung gewesen. Was mich an diesen Dingen anzog, war eben genau das, was nicht durch Methodik erreicht wird. Es ist vielmehr wiederum diese symbolische Präsenz. Man erkennt *sich* in der Geschichte zum Beispiel. In der methodischen Geschichtsforschung hält man das für ganz falsch: »objektiv« wollen wir sein!

Das sind natürlich sehr tiefgreifende Dinge, die ich jetzt am Ende meines Arbeitslebens mit dem Gedanken begleite, was die globale Ausdehnung unserer Wissenschaftskultur für Folgen haben wird. Wird es jetzt vielleicht eine Rückkehr zu gewissen Ritualisierungsformen geben? Ich verweise dafür auf meine Aufsätze über Bild und Abbild[5]. Was ich da will, würde ich immer verteidigen. Ritualisierung ist etwas, was uns an China oder Japan so unendlich fremdartig ist. Ich erinnere immer daran, was für Selbstbeherrschung ein Japaner braucht, um nicht zu lachen, wenn er einen europäischen Blumenstrauß sieht. Weil wir nicht sehen, wie symbolisch ein Blumenstrauß ist. Diese Europäer, die tun da bloß irgendwelche Farben zusammen! In Wahrheit ist das große Kunst und beweist eine große Erziehungsleistung der japanischen Kultur. Es sind höchst kunstvolle Sachen, in denen sich Ritual vollzieht und niedergeschlagen hat.

JG: Ist es aber nicht so, daß in unserer Gesellschaft das technische Können zum neuen Ritual geworden ist, so daß es kein Zurück geben kann?

HGG: Nein. Ritual ist alles andere als automatisierte Regelung. Ritual wird vollzogen und drückt Verehrung aus. Das Ritual ist auch keineswegs nützlich. Es bringt eher eine ungeheure Umständlichkeit ins Leben, die

[5] Vgl. Wort und Bild – »so wahr, so seiend« (1992) sowie Zur Phänomenologie von Ritual und Sprache (1992), beide in Ges. Werke, Bd. 8.

wahrscheinlich viele explosive Gefahren unseres emotionalen Lebens gemindert hat. Da denkt man an keinen Nutzen. Im Prinzip meine ich das mit dieser Stelle im *Politikos*. Kein Mensch redet davon, daß die Wissenschaft als solche nichtig oder gefährlich ist. Die Anwendung der Wissenschaft freilich ist nicht mehr Wissenschaft. Das muß man doch zugeben.

Die eigentliche Einsicht Heideggers über das technische Zeitalter und das Gestell besteht darin, daß dies sozusagen die Folge hat, daß von ihm keinerlei Faszination mehr ausgehen sollte. Das ist der entscheidende Punkt.

JG: Ihr Verhältnis zu Heidegger ist natürlich ein sehr komplexes. Je nach Perspektive können Sie als Nachfolger oder als ...

HGG: ... als ein Zurückbleiber, hinter Heidegger gesehen werden. Das ist ganz gewiß beides berechtigt.

JG: Je nachdem, kann man Sie als seinen Fortbilder oder Ihre Hermeneutik als eine Alternative zu Heidegger betrachten. Worin liegt die Nachfolge, worin das Gegenkonzept? Wie sehen Sie Ihr Verhältnis zu Heidegger im allgemeinen?

HGG: Das ist eine sehr wesentliche Frage. Zunächst: Heidegger kann man gar nicht aus meinem Werden wegdenken. Und diese Frage kann sich nur darauf beziehen, was ich, nachdem Heidegger sozusagen nicht mehr da ist, mir überhaupt dabei denke. Da würde ich sagen: Ihn hat seine religiöse Prägung, sein lebenslanges Gottsuchertum in alle seine Radikalismen getrieben. Ich kenne das auf meine Weise auch, aber mit dem großen Unterschied, daß ich keine echte Kindheitsprägung in der gleichen Richtung hatte. Das war natürlich bei dem jungen Knaben Heidegger in Meßkirch als Messnersohn ganz anders.

Ich war ein Bewunderer von Heidegger und noch heute würde ich sagen, mein erstes Buch, *Platos dialektische Ethik*, ist noch zu sehr in das Schema gepreßt, das damals Heidegger verteidigte: Plato ist da nur ein Vorbereiter von Aristoteles. Heute würde ich sagen, damit wurde er Plato nicht gerecht, so daß er nicht gesehen hat, was eben Hegel gesehen hat. Wenn ich etwa Hegels Band zur Geschichte der Philosophie nehme, so schlecht diese ganze Edition auch ist, und schlage bei jeder beliebigen Stelle auf und darf nicht nachsehen, was auf der Linie darüber steht, da weiß ich nicht: ist es Plato oder Aristoteles? Hegels Kommentar Platos und sein Kommentar des Aristoteles kann man fast beliebig vertauschen. Er hat etwas gesehen! Natürlich von seinen Voraussetzungen aus. Was ich Heidegger verdanke, war, daß er mich nötigte, klassische Philologie zu studieren und dadurch eine etwas besser disziplinierte Befolgung seiner eigenen Tendenz lernte, nämlich aus der Sprache zu zeigen, was eigentlich die Herkunft von Begriffen ist. Auf die Grundfrage, die Sie stellen, wie mein Verhältnis zu ihm ist, würde ich antworten: Ich bewunderte seine Denkphantasie und Denkkraft. Bei allem, was man an Heidegger kritisieren kann, muß man bedenken: Wer so kraftvoll denken kann, vermag möglicher Selbstkritik blitzschnell auszuweichen. Er folgte seiner Vision. Daß ihm solches so gut gelang, erklärt auch seinen politischen Irrtum. Er hatte dabei ein schlechtes Gewissen, schon am Anfang. Zunächst bekam ich die ersten Nachrichten aus Freiburg über seinen Verkehr mit den Nazikreisen. Das nahm ich nicht ernst. Ich habe nie geglaubt, daß er sich je in die Politik wagen würde. Daß er dafür kein Talent hatte, war zu evident. Und insofern war ich also nicht so überrascht, daß das schiefging. Es ist mir auch ziemlich klar, daß Heidegger zu seinem politischen Irrtum immer verführt wurde durch sein Voraussehen der Domination der industriellen Revolution über die Menschheit. Das hat er gesehen. Da war der Bauernbub aus Meßkirch hellsichtiger als wir, die wir schon von früh an in dem Zivilisationsklima und für es erzogen wurden. Das war auch das, was Heidegger in meinen Augen richtig in seiner Diskussion über die Technik gesagt hat. Er hat recht, wenn er sagt, nicht die Technik ist das Gefährliche, sondern die Faszination, die von ihr ausgeht. Die muß man überwinden. Man muß sehen, daß dies etwas ist, was nun eine gewaltige Rückständigkeit unserer europäischen Kultur spiegelt. Am wenigsten vielleicht in den lateinischen Ländern. Ich sehe da sehr wohl die Rolle der katholischen Kirche. Die kann man sehr kritisch sehen, insbesondere wenn man in einer anderen Konfession erzogen ist. Aber das würde ich heute doch sagen, immerhin neben den anderen großen Weltreligionen ist dies eine Form der Scheu, während der Puritanismus am Ende doch eigentlich, wie Heidegger schreibt, ›Seinsvergessenheit‹ ist.

JG: 1985 haben Sie eine 10bändige Ausgabe letzter Hand in Angriff genommen, deren letzter Band 1995 erschien. Es ist ein seltenes Glück, daß ein Autor das Ende seiner eigenen Gesamtausgabe erlebt. Die letzte Hand bei dieser Ausgabe ist also stets die Ihrige gewesen. Was waren Ihre allgemeinen Richtlinien bei der Gestaltung dieser Ausgabe?

HGG: Das ist tatsächlich ein Paradox. Da war mein allererster Gedanke: Ich möchte nicht, daß man aus mir einen Klassiker macht, von dem man alles, was er je gesagt hat, sammelt. Meine Ausgabe heißt nicht Gesamtausgabe – darauf hat mein Verleger Siebeck sehr mit Recht bestanden –, sondern Gesammelte Werke. Da sammelt man und läßt weg. Das ist der erste Schritt in dem Ganzen. Nun hatte man mit der Tatsache zu rechnen, daß ich kaum hoffen konnte, noch die Vollendung in eigener Verantwortung machen zu können. Die ersten Bände waren die griechischen. Dadurch ist es überhaupt entstanden, weil ich die Erfahrung machen mußte, daß die von sehr verschiedenen Verlagshäusern herausgebrachten Studien zur griechischen Philosophie im Ausland meist nicht allen bekannt waren. So bekam ich Fragen zu lesen, auf die ich meine Antworten längst gedruckt hatte. So fragte ich den Verleger, den Vater des jetzigen Verlegers Siebeck, ob er vielleicht nicht eine Sammlung dieser griechischen Studien herausbringen könnte. Darauf ging er gern ein, meinte aber: dann doch lieber das Ganze. So haben wir uns darauf geeinigt: Gut, ich wähle selber aus und tue mein Bestes, das Wichtigste, was ich im Laufe dieser beinahe 15 Jahre an neuen Arbeiten mache, auch dort herauszubringen. Dadurch ist die chronologische und thematische Folge durcheinandergeraten.

Und mit dieser kleinen Bilanz, nach dem erfolgreichen Abschluß der Ausgabe, nehme ich nun davon Abschied, daß ich mir sage: Dies wird es nie sein, was eine posthum veranstaltete Ausgabe macht, aber es wird sie ersetzen. Damit wird man auch fertig werden, daß es diese großen Grabdenkmäler einer vollständigen posthumen Ausgabe bei mir nicht geben wird. Ich sehe darin, offengestanden, einen Gewinn, daß mir das zuteil geworden ist.

JG: Nachdem diese Ausgabe zu Ende ist, welche Arbeiten möchten Sie noch in Angriff nehmen?

HGG: Ich möchte natürlich gern die Leitlinie, die zwischen Wort und Begriff hin und her geht, in einigen gründlichen Untersuchungen noch fundieren[6]. Eine derselben wird das Thema behandeln, was Ethik ist, was bedeutet es, daß man theoretisch über etwas Praktisches redet. Können wir den alten weiten Sinn von Rhetorik neu beleben? Nach meiner Meinung hat der späte Heidegger beide Themen nicht mehr verfolgt. Ihn hat Nietzsche in die äußersten Konsequenzen gejagt. Da hat er nicht mehr ohne poetisierende Anleihen überhaupt auskommen können und er hat keine wirkliche Sprache gefunden. Daß er weit geblickt hat, ist unbestritten. Ich verteidige Heidegger vor allem immer durch den Hinweis auf diese Arbeit von 1938 über »Das Zeitalter des Weltbildes«. Ist das von gestern oder nicht eher von morgen? Oder übermorgen?

[6] Vgl. in diesem Band Vom Wort zum Begriff. Die Aufgabe der Hermeneutik als Philosophie (1995).

Bibliographische Nachweise

1. Selbstdarstellung.
Erstdruck in Philosophie in Selbstdarstellungen, hrsg. von L. J. Pongratz, Hamburg 1977, Band III, S. 59–100. Wiederabdruck in H.-G. Gadamer, Gesammelte Werke [GW], Bd. 2, 1986, S. 479–508.

2. Klassische und philosophische Hermeneutik.
Erstdruck auf italienisch unter dem Titel »Ermeneutica« in: Encyclopedia del Novecento, Roma 1977, Bd. II, S. 731–740. Auf deutsch in kürzerer Fassung in: Historisches Wörterbuch der Philosophie, hrsg. v. J. Ritter, Bd. III, S. 1061–1073. Wiederabdruck in GW, Bd. 2, S. 92–117.

3. Die Universalität des hermeneutischen Problems.
Erstdruck in Philosophisches Jahrbuch 73 (1966), S. 215–225. Wiederabdruck in GW, Bd. 2, S. 219–231.

4. Sprache und Verstehen.
Erstdruck in: Zeitwende. Die neue Furche 41 (1970), S. 364–377. Wiederabdruck in GW, Bd. 2, S. 184–198.

5. Über die Möglichkeit einer philosophischen Ethik.
Erstdruck in Sein und Ethos. Untersuchungen zur Grundlegung der Ethik, hrsg. von Paulus M. Engelhardt, Mainz 1963. Wiederabdruck in GW, Bd. 4, S. 175–188.

6. Vom Wort zum Begriff.
Die Aufgabe der Hermeneutik als Philosophie.
Erstdruck in Menschliche Endlichkeit und Kompensation, Bamberg 1995, S. 111–124.

7. Ästhetik und Hermeneutik.
Erstdruck in Algemeen Nederlands Tijdschrift voor Wijsbegeerte en Psychologie 56 (1964), S. 240–246. Wiederabdruck in GW, Bd. 8, S. 1–8.

8. Von der Wahrheit des Wortes.
Erstdruck in GW, Bd. 8, S. 37–57.

9. Text und Interpretation.
Erstdruck in Text und Interpretation, hrsg. von P. Forget, München 1984, S. 24–55. Wiederabdruck in GW, Bd. 2, S. 330–360.

10. Wort und Bild – ›so wahr, so seiend‹.
Erstdruck in GW, Bd. 8, S. 373–399.

11. Die griechische Philosophie und das moderne Denken.
Erstdruck in der Festschrift für Franz Wieacker zum 70. Geburtstag, Göttingen 1978, S. 361–365. Wiederabdruck in GW, Bd. 6, S. 3–8.

12. Plato als Porträtist.
Erstdruck beim Verein der Freunde und Förderer der Glyptothek und der Antikensammlungen München 1988. Wiederabdruck in GW, Bd. 7, S. 228–257.

13. Das Erbe Hegels.
Erstdruck in Das Erbe Hegels. Zwei Reden aus Anlaß der Verleihung des Hegel-Preises 1979 der Stadt Stuttgart an Hans-Georg Gadamer am 13. Juni 1979, Frankfurt 1980, S. 35–64. Wiederabdruck in GW, Bd. 4, S. 463–483.

14. Heidegger und die Sprache der Metaphysik.
Erstdruck unter dem Titel »Anmerkungen zu dem Thema ›Hegel und Heidegger‹«, in Natur und Geschichte. Karl Löwith zum 70. Geburtstag, hrsg. von H. Braun und M. Riedel, Stuttgart 1967, S. 123–131. Wiederabdruck in GW, Bd. 3, S. 229–237.

15. Hermeneutik und ontologische Differenz.
Erstdruck in GW, Bd. 10, S. 58–70.

16. Dialogischer Rückblick auf das Gesammelte Werk.
Das Gespräch fand am 3. und 25. Mai 1996 in Heidelberg statt. Der Text wurde von Hans-Georg Gadamer überprüft und ergänzt. Erstdruck.

Namenregister

Sachregister